Edition KWV

Die „Edition KWV" beinhaltet hochwertige Werke aus dem Bereich der Wirtschaftswissenschaften. Alle Werke in der Reihe erschienen ursprünglich im Kölner Wissenschaftsverlag, dessen Programm Springer Gabler 2018 übernommen hat.

Weitere Bände in der Reihe http://www.springer.com/series/16033

Sungchole Park

Politische Theologie bei Karl Barth, Helmut Gollwitzer und Jürgen Moltmann

Eine politisch-hermeneutische Untersuchung zum Zusammenhang vom Linksbarthianismus und der „neuen" politischen Theologie

Sungchole Park
Wiesbaden, Deutschland

Bis 2018 erschien der Titel im Kölner Wissenschaftsverlag, Köln
Dissertation, Rheinische Friedrich-Wilhelms-Universität Bonn, 2015

Edition KWV
ISBN 978-3-662-58396-8   ISBN 978-3-662-58397-5   (eBook)
https://doi.org/10.1007/978-3-662-58397-5

Die Deutsche Nationalbibliothek verzeichnet diese Publikation in der Deutschen Nationalbibliografie; detaillierte bibliografische Daten sind im Internet über http://dnb.d-nb.de abrufbar.

Springer Gabler
© Springer-Verlag GmbH Deutschland, ein Teil von Springer Nature 2015, Nachdruck 2019
Ursprünglich erschienen bei Kölner Wissenschaftsverlag, Köln, 2015
Das Werk einschließlich aller seiner Teile ist urheberrechtlich geschützt. Jede Verwertung, die nicht ausdrücklich vom Urheberrechtsgesetz zugelassen ist, bedarf der vorherigen Zustimmung des Verlags. Das gilt insbesondere für Vervielfältigungen, Bearbeitungen, Übersetzungen, Mikroverfilmungen und die Einspeicherung und Verarbeitung in elektronischen Systemen.
Die Wiedergabe von Gebrauchsnamen, Handelsnamen, Warenbezeichnungen usw. in diesem Werk berechtigt auch ohne besondere Kennzeichnung nicht zu der Annahme, dass solche Namen im Sinne der Warenzeichen- und Markenschutz-Gesetzgebung als frei zu betrachten wären und daher von jedermann benutzt werden dürften.
Der Verlag, die Autoren und die Herausgeber gehen davon aus, dass die Angaben und Informationen in diesem Werk zum Zeitpunkt der Veröffentlichung vollständig und korrekt sind. Weder der Verlag, noch die Autoren oder die Herausgeber übernehmen, ausdrücklich oder implizit, Gewähr für den Inhalt des Werkes, etwaige Fehler oder Äußerungen. Der Verlag bleibt im Hinblick auf geografische Zuordnungen und Gebietsbezeichnungen in veröffentlichten Karten und Institutionsadressen neutral.

Springer Gabler ist ein Imprint der eingetragenen Gesellschaft Springer-Verlag GmbH, DE und ist ein Teil von Springer Nature
Die Anschrift der Gesellschaft ist: Heidelberger Platz 3, 14197 Berlin, Germany

Inhaltsverzeichnis

Vorwort IX

1. Einleitung 1
1.1. Problemlage 1
1.2. Fragestellung 10
1.3. Vorgehensweise 12

2. Religiöser Sozialismus bei Karl Barth 15
**2.1. Das Verhältnis des Reiches Gottes zum Sozialismus in
den »Sozialistischen Reden«** 16
    2.1.1. Das Verständnis des Reiches Gottes als soziale Bewegung vor
dem Ausbruch des Ersten Weltkrieges 16
    2.1.2. Erster Weltkrieg und das neue religiös-sozialistische Bewusstsein 22
    2.1.3. Konstruktive Kritik an der bolschewistischen Revolution 31

**2.2. Die sozialistische Revolution und die Revolution Gottes in
*Der Römerbrief I*** 37
    2.2.1. Sozialistische Imperialismuskritik 37
    2.2.2. Die Revolution Gottes und gewaltloser Widerstand durch Solidarität 42

**2.3. Die sozialistische Bewegung und die Bewegung Gottes in
*Der Christ in der Gesellschaft*** 49
    2.3.1. Die Bewegung »senkrecht von oben her« 49
    2.3.2. Das Reich Gottes als Revolution 54

2.4. Transzendenz Gottes und Sozialismus 61
    2.4.1. Der unendliche qualitative Unterschied und die Revolution Gottes in
Der Römerbrief II 61
    2.4.2. Sozialistische Momente in den Vorträgen von 1922 64
    2.4.3. Kritik an der neuzeitlichen Kriegsideologie und dem Kapitalismus in
Ethik I 69

3. Politische Theologie bei Karl Barth 75
3.1. Die Verhältnisbestimmung von Theologie und Politik nach 1933 76

3.1.1. Die Priorität des Evangeliums vor dem Gesetz in der Barmer
Theologischen Erklärung 76
3.1.2. Das positive Verhältnis von Theologie und Politik in
Evangelium und Gesetz 81

3.2. Politischer Gottesdienst und die Königsherrschaft Christi I: *Gotteserkenntnis und Gottesdienst* 86
3.2.1. Zum Begriff des politischen Gottesdienstes 86
3.2.2. Die innere Verbindung von Kirche und Staat unter der Königsherrschaft
Christi und das politische Engagement für Recht, Frieden und Freiheit 87
3.2.3. Die Relativierung der staatlichen Autorität und die aktive Resistenz gegen
den Totalitarismus 89

3.3. Politischer Gottesdienst und die Königsherrschaft Christi II: *Rechtfertigung und Recht* 93
3.3.1. Die Aufgabe staatlicher Macht bei der göttlichen Rechtfertigung 94
3.3.2. Vom totalitären Staat zum Rechtsstaat 96
3.3.3. Die göttliche Rechtfertigung als das rechtliche Kontinuum und die Kirche
als das politische Kontinuum 98

3.4. Das politische Engagement von Christen im Rechtsstaat: *Christengemeinde und Bürgergemeinde* 101
3.4.1. Die zwei Kreise Christengemeinde und Bürgergemeinde unter
der Königsherrschaft Christi 101
3.4.2. Das politische Engagement im Rechtsstaat und die »Richtung und Linie« 104
3.4.3. Kapitalismuskritik und politisches Engagement für sozial Schwache und
Unterdrückte 107

3.5. Politische Theologie in *Das christliche Leben* 111
3.5.1. Totalitarismus und Kapitalismus als die herrenlosen Gewalten 112
3.5.2. Ideologien und chthonische Mächte als herrenlose Gewalten 117

4. Neomarxismus und Linksbarthianismus bei Helmut Gollwitzer 121
4.1. Gollwitzers frühe politische Theologie im Kirchenkampf und Krieg (1933–1945) 122
4.1.1. Pfarramt in Berlin-Dahlem 122
4.1.2. Die sowjetische Gefangenschaft 124

4.2. Die politische Ethik in der Bonner Zeit (1950–1957) 126

4.2.1. Die Verhältnisbestimmung von Kirche und Marxismus im
       Ost-West-Konflikt 126
4.2.2. Die Verhältnisbestimmung von Kirche und Politik im Ost-West-Konflikt 132
4.2.3. Die politische Haltung der Kirche im Atomzeitalter 138

4.3. Die politische Theologie in der Berliner Frühzeit (1957–1968) 144
4.3.1. Christen, Deutsche und die Gründung des Staates Israel 144
4.3.2. Kirche und Antisemitismus 147
4.3.3. Kirche und die marxistische Religionskritik 151

4.4. Die politische Theologie in der Berliner Spätzeit (1969–1993) 158
4.4.1. Theologie der Revolution und die politische Verantwortung der Kirche 158
4.4.2. Kirche und Klassenkampf in *Die kapitalistische Revolution* 164
4.4.3. Bergpredigt und Zwei-Reiche-Lehre 172

5. Politische Hermeneutik und Ethik der Hoffnung bei Jürgen Moltmann 179
5.1. Theologie der Hoffnung als politische Theologie 179
5.1.1. Eschatologische Hoffnung und Weltveränderung 180
5.1.2. Die Eschatologie der Offenbarung 182
5.1.3. Kapitalismuskritisches Bewusstsein und politische und soziale
       Veränderungen 185

5.2. Christliche Hoffnung und demokratischer Sozialismus 191
5.2.1. Hoffnung und Revolution 191
5.2.2. Konflikt mit der Befreiungstheologie und demokratischer Sozialismus 197
5.2.3. Die Befreiung der Unterdrücker 200

5.3. Neue politische Theologie als politische Hermeneutik 204
5.3.1. Politische Hermeneutik der Hoffnung und Kreuzestheologie 204
5.3.2. Ethik der Hoffnung 207
5.3.3. Politisches Engagement für Menschenrechte und Widerstand gegen
       Massenvernichtungsmittel 209

5.4. Ethik der Hoffnung als politische Ethik 214
5.4.1. »Ethik der Hoffnung« und Kapitalismuskritik 214
5.4.2. Ethik des gerechten Friedens und soziale Gerechtigkeit 218
5.4.3. Politisches Engagement gegen die Aggressivität der neoliberalen
       Weltordnung 221

6. Schlussbetrachtung **227**
6.1. Ergebnisse der Untersuchung **227**
a) Politische Theologie bei Karl Barth 227
b) Die Radikalisierung der politischen Theologie bei Helmut Gollwitzer 234
c) Jürgen Moltmanns Weg von der Theologie der Hoffnung zur Ethik
    der Hoffnung 237

6.2. Konsequenzen **240**
a) Die neue Interpretation von Ganz-Andersheit der Transzendenz Gottes 240
b) Die politische Theologie Gollwitzers im Vergleich zu Barth 243
c) Die politische Theologie Moltmanns im Vergleich zu Barth 249
d) Die politische Theologie Moltmanns im Vergleich zu Gollwitzer 256

6.3. Ausblick **261**

Literaturverzeichnis **265**

Vorwort

Die vorliegende Untersuchung wurde im Wintersemester 2014/15 von der Philosophischen Fakultät der Rheinischen Friedrich-Wilhelms-Universität Bonn als Dissertation angenommen und vor der Veröffentlichung noch einmal geringfügig überarbeitet.

Sie präsentiert eine umfassende Analyse der politisch-ethischen Schriften Karl Barths, Helmut Gollwitzers und Jürgen Moltmanns, indem sie ihre theologischen Diskurse vor dem Hintergrund des politischen Zeitgeschehens differenziert beleuchtet.

Meine Doktorväter Prof. Dr. Andreas Pangritz und Prof. Dr. Michael Schulz haben mich während des Entstehungsprozess dieser Arbeit mit ihrem Rat und ihrer Unterstützung begleitet. Bei Herrn Pangritz bedanke ich mich vor allem für die Idee zu dieser Arbeit und seine hervorragende Betreuung. Er stand mir stets mit konstruktiver Kritik zur Seite und bestärkte mich in meiner Überlegungen. Herrn Schulz danke ich für seine Anregungen und seine Geduld, die zum Abschluss mit beigetragen haben.

Die Prüfungskommission übernahmen Prof. Dr. Volker Ladenthin und Prof. Dr. Eberhard Hauschildt. Sie haben sich viel Zeit genommen, meine Überlegungen mit mir zu diskutieren. Für ihre Mühen gebührt ihnen ebenfalls mein großer Dank.

Vielmals bedanke ich mich bei Christian Spohn und Michael Topp für ihr akribisches Korrektorat. – Des Weiteren danke ich dem Kölner Wissenschaftsverlag für die unkomplizierte Aufnahme meiner Dissertation in das Verlagsprogramm.

Schließlich bin ich meiner Familie zu besonderem Dank verpflichtet, die mir seit Beginn des Studiums den Rücken gestärkt hat – ohne die Unterstützung meines Bruders Pastor Sungbaek Park und meiner Mutter Jungsoon Kang hätte ich diesen Weg nicht gehen können. Ihnen ist diese Arbeit gewidmet.

Bonn, im Februar 2015   Sungchol Park

1. Einleitung

1.1. Problemlage

Die vorliegende Untersuchung befasst sich mit der politischen Theologie bei Karl Barth, Helmut Gollwitzer und Jürgen Moltmann und versucht, den Zusammenhang zwischen der politischen Komponente der Barthschen Theologie und der »neuen« politischen Theologie herauszuarbeiten.[1] Die ganze Theologie Barths hatte »immer eine starke politische Komponente«,[2] und diese Komponente ermutigte ein politisches Engagement von Christen, besonders einen aktiven Widerstand gegen tyrannische politische Systeme und Strukturen. Sie gewinnt in der politischen Theologie von Gollwitzer und Moltmann eine immer größere Bedeutung. Eine ähnliche politische Komponente, d. h. die Forderung und Förderung des politischen Engagements von Christen gehört interessanterweise auch zur »Minjung«-Theologie. Die Minjung-Theologie wurde Anfang der 70er Jahre aus der Demokratiebewegung der südkoreanischen Christen geboren und entwickelte sich im politischen Widerstand gegen die Militärdiktatur (1961–

---

[1] Der Begriff Politische Theologie hat im deutschsprachigen Raum seinen Ursprung im mittelalterlichen Begriff »theologia civilis«, der jedoch mehrdeutig ist. Carl Schmitt legte ihn im Sinne einer affirmativen Theologie neu aus, und zwar als »Identifikation christlicher Verheißung mit zeitlich-politischen Formen« (Dorothee Sölle, Politische Theologie. Auseinandersetzung mit Rudolf Bultmann, Stuttgart 1971, S. 73). Seine Vorstellung trug von Grund auf antisemitische und faschistische Züge (Johann Baptist Metz/Werner Kroh, Art. Politische Theologie, EKL 3 [1992], Sp. 1261–1265, hier Sp. 1261). Mitte der 1960er Jahre entstand ein neues, gegen Schmitt gewandtes Konzept einer politischen Theologie, das häufig als »neue« politische Theologie bezeichnet wird. Auf dem Boden der Theologie Karl Rahners stellte Johann Baptist Metz seine selbst so benannte neue politische Theologie auf (Jürgen Moltmann, Politische Theologie in ökumenischen Kontexten, in: Francis Schüssler Fiorenza/Klaus Tanner/Michael Welker [Hg.], Politische Theologie. Neuere Geschichte und Potenziale, Neukirchen-Vluyn 2011, S. 1–10, hier S. 1). Er versteht die politische Theologie als »kritisches Korrektiv gegenüber einer extremen Privatisierungstendenz gegenwärtiger Theologie« und als »Versuch, die eschatologische Botschaft unter den Bedingungen unserer gegenwärtigen Gesellschaft zu formulieren« (Johann Baptist Metz, Zur Theologie der Welt, Mainz/München 1968, S. 99). In Anknüpfung an Metz sieht Moltmann die politische Theologie als »das Bewußtsein der politischen Relevanz jeglicher Theologie« an und entwickelte seine politische Theologie (Jürgen Moltmann, Politische Theologie – Politische Ethik, München/Mainz 1984, S. 9). Heutzutage wird die politische Theologie als ein Sammelbegriff für Tendenzen begriffen (Martin Honecker, Art. Politik und Christentum, TRE 27 [1997], S. 6–22, hier S. 16). In der vorliegenden Arbeit wird der Begriff »Politische Theologie« im Sinne von Moltmann und Metz verwendet, d. h. er umfasst die neue politische Theologie und die damit verbundenen theologischen Strömungen, z. B. Befreiungstheologie, Minjung-Theologie.

[2] Karl Barth, «Musik für einen Gast» (Eine Radiosendung), in: ders., Letzte Zeugnisse, Zürich 1969, S. 11–31, hier S. 21: »Die Theologie, in der ich entscheidend probiert habe, aus der Bibel zu schöpfen, ist für mich nie eine private Sache gewesen, etwas der Welt und dem Menschen Fremdes, sondern ihr Gegenstand ist: Gott für die Welt, Gott für den Menschen, der Himmel für die Erde. Das hat dazu geführt, daß meine ganze Theologie immer eine starke politische Komponente hatte, ausgesprochen oder unausgesprochen.«

1987).³ Sie war also von Anfang an streng politisch orientiert. Aus der starken politischen Komponente, die einen aktiven Widerstand gegen tyrannische politische Systeme und Strukturen verlangt, ergibt sich die Verbindung zwischen Barths Theologie und der Minjung-Theologie. Diese Verbindung war aber in der Frühzeit der Minjung-Theologie in Südkorea nicht bewusst. Ihre Begründer Ahn Byung-Mu (1922–1996) und Suh Nam-Dong (1918–1984) richteten ihre Aufmerksamkeit sehr selten auf diese Verbindung. Der Hauptgrund ist, dass sie die Minjung-Theologie auf eine neue Grundlage im koreanischen Kontext stellen wollten. Sie betonten die soziale und politische Rolle der Kirche im Konflikt zwischen Nord- und Südkorea und in der südkoreanischen Situation der politischen Unterdrückung, und sie strebten an, den theologischen Sinn der Begriffe »Minjung« (Volksmasse) und »Han« (Leiden) herauszufinden.⁴ Die Minjung-Theologen stießen aber auf eine neue Herausforderung, als 1993 eine demokratisch gewählte Regierung in Südkorea gebildet wurde. Die rasante politische Wandlung brachte nicht nur eine strukturelle Veränderung des gesellschaftlichen Systems hervor, sondern sie bereitete den Minjung-Theologen auch ein epistemologisches Problem, d. h. die Südkoreaner, die früher als Minjung bezeichnet wurden, nehmen sich selbst nicht mehr als Minjung wahr.⁵ Hinzu kommt, dass sich die Probleme der spätkapitalistischen Gesellschaftsordnung und der neoliberalen Weltordnung nicht auf Deutschland oder die Eurozone beschränken. Sie sind globale Probleme. Zwar stößt die Minjung-Theologie auch auf diese Probleme, aber hat keine rechte Antwort darauf. In dieser Grenzsituation stellen sich heute die Minjung-Theologen die Frage, wie sich die Minjung-Theologie als eine kontextuelle Theologie in einer neuen gesellschaftlichen Situation weiter entwickeln kann.⁶ Manche von ihnen sehen sich gezwungen, ihren theologischen Horizont zu erweitern, und damit nimmt das Interesse am politischen Denken Barths unter ihnen ständig zu. Daher soll in dieser Arbeit die Entwicklung und Wirkung seines politischen Denkens untersucht werden.

---

³ Siehe Volker Küster, Art. Minjung-Theologie, RGG⁴ 5 (2002), Sp. 1254–1256.

⁴ Siehe Jürgen Moltmann, Vorwort, in: ders. (Hg.), Minjung. Theologie des Volkes Gottes in Südkorea, Neukirchen-Vluyn 1984, S. 7–13, hier S. 9: »Bei der Gruppe der Minjung-Theologen, die in diesem Buch zu Wort kommen, finden wir sozusagen eine Art dritter Phase: die Heimkehr der christlichen Theologen nach Korea, die Wiederentdeckung der eigenen Traditionen und den mutigen Weg von christlichen Bildungseliten ›in das Volk‹. [...] In der dritten Phase kann es zum Heimischwerden der Gemeinde Christi im koreanischen Volk kommen und zur aktiven Partizipation der Christen am Kampf des eigenen Volkes um seine Würde, seine Freiheit und seine Identität.« Zum Begriff »Minjung« siehe Byung-Mu Ahn, Jesus und das Minjung im Markusevangelium, in: Moltmann, Minjung, S. 110–132; zum Begriff »Han« siehe Nam-Dong Suh, Han: Darstellungen und theologische Reflexionen, in: Moltmann, Minjung, S. 27–46.

⁵ Moltmann, Politische Theologie in ökumenischen Kontexten, S. 9.

⁶ Siehe Lothar Schreiner, Art. Kontextuelle Theologie, EKL 2 (1989), Sp. 1418–1422, hier Sp. 1419.

In dieser Hinsicht ist es bezeichnend, dass Gollwitzer, Marquardt und Moltmann, die ihre theologischen Schwerpunkte auf die Korrelation zwischen Politik und Theologie legen und politisches Engagement von Christen als ein zentrales Thema ihrer Theologie betrachten, in Barths politischer Ethik wurzeln. Das Verhältnis von Staat und Kirche (sowie von Politik und Theologie) war zwar in vielen theologischen Diskursen, wie z. B. in Augustins *De civitate dei*, der Zwei-Schwerter-Lehre im Mittelalter, der lutherischen Zwei-Reiche-Lehre usw. ein umstrittenes Thema gewesen, aber es führte nicht zu einer Diskussion über politisches Engagement von Christen.[7] Weiter war die lutherische Zwei-Reiche-Lehre von manchen deutschen Lutheranern zur wohlwollenden Neutralität gegenüber Adolf Hitler im Dritten Reich pervertiert worden, während die Bekennende Kirche (BK) auf Grund von Barths Lehre von der Königsherrschaft Christi dem NS-Regime in Ansätzen Widerstand leistete.[8] Politisches Engagement war für Barth selbstverständlich,[9] und es gibt »schon eh und je ein Implikat der politischen Stellungnahme in Barths Theologie«.[10] Die Forderung nach politischem Engagement macht zwar die Königsherrschaft-Christi-Lehre aus, aber mehrere Barth-Studien führten dennoch oft zu dem Missverständnis, dass seit dem Ende des Ersten Weltkrieges die politische Komponente in Barths Theologie keine zentrale Rolle mehr spiele. Es ist kaum zu bezweifeln, dass Barths Theologie Charakteristika aufweist, die oft auf den ersten Blick nicht ersichtlich sind, und dass sie sich zudem in mehrere Perioden unterteilen lässt.[11] Im Hinblick auf jenes Missverständnis ist die folgende Kritik Marquardts jedoch zu beachten: »Karl Barths Theologie ist vielschichtiger, als wir bisher wahrgenommen haben. Zumal in Deutschland wurde sie nur in eigentümlich verengten Ausschnitten angeeignet, die ihrer thematischen Weite und inneren Beweglichkeit auffallend widersprechen.«[12]

---

[7] Obwohl in der Reformationszeit die lutherische Zwei-Reiche-Lehre den politischen Charakter gegen den Klerikalismus trug, besteht die Intention zunächst vor allem darin, Übergriffe geistlicher Autorität in weltliche Angelegenheiten abzuwehren und der Vermischung von geistlicher und weltlicher Gewalt entgegenzutreten. Siehe Honecker, Politik und Christentum, S. 14.

[8] Moltmann, Politische Theologie – Politische Ethik, S. 123. Als theologischer Terminus stammt die Königsherrschaft-Christi-Lehre von Ernst Wolf, der ihn verwendete, um die Grundzüge des Reiches Gottes in Barths Theologie darzustellen. Siehe Ernst Wolf, Die Königsherrschaft Christi und der Staat, in: Werner Schmauch/Ernst Wolf, Königsherrschaft Christi. Der Christ im Staat (ThEx NF 64), München 1958, S. 20–61, hier S. 20f.

[9] Sölle, Politische Theologie, S. 72.

[10] Friedrich-Wilhelm Marquardt, Theologische und politische Motivationen Karl Barths im Kirchenkampf, Junge Kirche 34 (1973), S. 283–303, hier S. 284.

[11] Eberhard Busch, Karl Barths Lebenslauf. Nach seinen Briefen und autobiographischen Texten [1975], Zürich 2005 (Unveränderte Neuauflage), S. 5.

[12] Friedrich-Wilhelm Marquardt, Theologie und Sozialismus. Das Beispiel Karl Barths [1972], München 1985

In der 2. Hälfte des 20. Jahrhunderts gab es einen theologischen Diskurs, bei dem es sich um das Verhältnis der politischen Komponente der Barthschen Theologie zum Sozialismus handelte. 1951 sprach Hans Urs von Balthasar teilweise von einer »universalistisch-sozialistischen, [...] anti-institutionellen Tendenz« der Barthschen Theologie.[13] 1966 legte Wolf-Dieter Marsch dar, dass »Barth nun doch der marxistischen Ideologie eine gewisse Prävalenz zugesteht« unter der Voraussetzung, dass »im Materialismus im marxistischen Sinn etwas [...] von der Botschaft der Auferstehung des Fleisches« steckt.[14] Sein Argument geht von der 5. These des Darmstädter Wortes von 1947 und der ursprünglichen Intention Barths aus.[15] Die theologische Debatte über den Zusammenhang der Barthschen Theologie mit dem Sozialismus nahm an Schärfe zu, als 1972 Marquardts Werk *Theologie und Sozialismus: Das Beispiel Karl Barths* veröffentlicht wurde. Aus seiner Sicht waren die Belege »sowohl für positive Erklärungen Barths zu Sozialismus und Marxismus als auch für den Gebrauch sozialistischer und marxistischer Argumentationsweisen in Barths Theologie so zahlreich«, dass

---

(3., erweiterte Auflage), S. 10.

[13] Hans Urs von Balthasar, Karl Barth. Darstellung und Deutung seiner Theologie [1951], Einsiedeln ⁴1976, S. 258.

[14] Wolf-Dieter Marsch, »Gerechtigkeit im Tal des Todes«. Christlicher Glaube und politische Vernunft im Denken Karl Barths [1966], in: Wilhelm Dantine/Kurt Lüthi (Hg.), Theologie zwischen gestern und morgen. Interpretationen und Anfragen zum Werk Karl Barths, München 1968, S. 167–191, hier S. 181.

[15] Das Darmstädter »Wort des Bruderrates der Evangelischen Kirche in Deutschland zum politischen Weg unseres Volkes« ist ein evangelisches Bekenntnis in der Tradition der Bekennenden Kirche, das von Hans Joachim Iwand und Karl Barth verfasst wurde. Die von Barth formulierte 5. These lautet: »Wir sind in die Irre gegangen, als wir übersahen, dass der ökonomische Materialismus der marxistischen Lehre die Kirche an den Auftrag und die Verheißung der Gemeinde für das Leben und Zusammenleben der Menschen im Diesseits hätte gemahnen müssen. Wir haben es unterlassen, die Sache der Armen und Entrechteten gemäß dem Evangelium von Gottes kommenden Reich zur Sache der Christenheit zu machen« (Wort des Bruderrates der Evangelischen Kirche in Deutschland zum politischen Weg unseres Volkes [vom 8. August 1947] in: Kirchliches Jahrbuch für die Evangelische Kirche in Deutschland 1945–1948, Gütersloh 1950, S. 220–222, hier S. 221). Im Vorentwurf vom 6. Juli 1947 erwähnte Iwand als vier Irrwege: »den nationalen Irrweg«, »den konservativen Irrweg«, »den weltanschaulichen Irrweg«, »den religiösen Irrweg« (Bertold Klappert, Versöhnung und Befreiung. Versuche, Karl Barth kontextuell zu verstehen, Neukirchen-Vluyn 1994, S. 224f). In Ergänzung zum Vorentwurf Iwands wurden von Barth drei weitere Irrwege – »der machtstaatliche Irrweg«, »der kapitalistische Irrweg« und »der spiritualistische Irrweg« – namhaft gemacht. Gegen den spiritualistischen Irrweg betont Barth »den ökonomischen Materialismus der marxistischen Lehre als ein Licht der leiblichen Auferweckung Jesu Christi und als Licht der umfassenden Prophetie Jesu Christi« (ebd., S. 226). Seine sozialistische Gesinnung zeigt sich in der 4. These seines Entwurfs vom 10. Juli 1947 (ebd., S. 228): »Wir sind in die Irre gegangen, indem wir es übersahen, daß der ökonomische Materialismus der marxistischen Lehre ein von der Kirche weithin vergessenes wichtiges Element biblischer Wahrheit (Auferstehung des Fleisches!) neu ans Licht gestellt hat, indem wir ihm ein unbiblisch spiritualistisches Christentum gegenüberstellten und indem wir es in dieser falschen Kampffront unterließen, die Sache der Armen im überlegenen Licht des Evangelium von Gottes kommendem Reich zur Sache der Kirche zu machen.«

sie einer Zusammenstellung und genaueren Untersuchung bedurften.[16] Marquardt behauptete zudem einen direkten literarischen Einfluss von W. I. Lenins Schrift *Staat und Revolution* in der ersten Ausgabe von Barths Römerbrief-Kommentar.[17] Marquardts Argumentationen führten eine Spaltung zwischen den Freunden und Schülern Barths herbei, und dadurch bildeten sich zwei unterschiedliche theologische Strömungen – Rechts- und Linksbarthianismus – heraus.[18] Zwischen den beiden kam es zu einer heftigen theologischen Debatte über die sozialistische Barth-Interpretation.

Beide theologischen Strömungen sind sich aber darin einig, dass Barths Theologie in seiner Safenwiler Zeit (1911–1921) vom Religiösen Sozialismus geprägt war. Barth trat – anders als Kutter – Ende 1915 in die schweizerische Sozialistische Partei ein, die »vor ihrem Auseinanderfall in einen kommunistischen und einen revisionistischen Flügel« noch radikal war.[19] Nach Gollwitzer war es für Barth selbstverständlich, dass das Evangelium »nicht nur aufs Heil des einzelnen vor Gott geht, sondern auf eine

---

[16] Marquardt, Theologie und Sozialismus, S. 15.

[17] Ebd., S. 126ff. Die »These von einer direkten *literarischen* Abhängigkeit Barths« von Lenins Schrift *Staat und Revolution* fand vor allem bei Wilfried Groll heftigen Widerspruch (ebd., S. 378). 1976 verneinte Groll die These Marquardts (Wilfried Groll, Ernst Troeltsch und Karl Barth – Kontinuität im Widerspruch, München 1976, S. 65). 1985 nahm Marquardt in der dritten Auflage seines Buches *Theologie und Sozialismus* seine These von der direkten Abhängigkeit der Barthschen Römer-13-Auslegung von der Leninschen Schrift »vorläufig« zurück (Marquardt, Nachbemerkung »Nach dreizehn Jahren« [1985], in: Theologie und Sozialismus, S. 360–407, hier S. 378).

[18] Vgl. Marquardt, Theologische und politische Motivationen, S. 284. Als Terminus treten »Rechts-« und »Linksbarthianismus« zum ersten Mal in Max Geigers Schrift *Karl Barth-Tagungen auf dem Leuenberg* (1973) auf. Aus dem Auszug einer Übersicht über *Programm und Probleme der Karl Barth-Nachlass-Edition* wurde diese Schrift gebildet. Bei der Karl Barth-Tagung auf dem Leuenberg von 1972 nahmen die Freunde und Schüler Barths deutlich wahr, dass sie unter sich keine geschlossene Einheit in Bezug auf das Verhältnis von Barths Theologie und Sozialismus – in Verbindung mit Marquardts Werk *Theologie und Sozialismus* – zu bilden vermochten. Bei dieser Tagung sahen die Linksbarthianer bei den Rechtsbarthianern »den Rückfall in eine in ihrer formalen Begrifflichkeit sich selbst genügende Scholastik und in eine individualisierende Engführung, die sie nur als Ausdruck einer versteckten, aber um so wirksameren bürgerlich-traditionellen Grundhaltung zu interpretieren vermögen«, und sahen die Rechtsbarthianer »die angestrebte Verbindung von christlichem Glauben und Sozialismus als Verrat an der Freiheit der theologischen Erkenntnis, als Preisgabe der ersten Barmer These, als Errichtung einer ‹neuen Götzenfabrik›« an (Max Geiger, Karl Barth-Tagungen auf dem Leuenberg, in: Eduard Thurneysen, Karl Barth. «Theologie und Sozialismus» in den Briefen seiner Frühzeit, Zürich 1973, S. 41–46, hier S. 45f). Anders wird der Linksbarthianismus im Werk von Jan Rohls *Protestantische Theologie der Neuzeit* charakterisiert (Jan Rohls, Protestantische Theologie der Neuzeit, Bd. II: Das 20. Jahrhundert, Tübingen 1997, S. 799): »Die Verbindung von Offenbarungspositivismus und revolutionärer Eschatologie kennzeichnet den Linksbarthianismus insgesamt.« – In der vorliegenden Arbeit werden die Termini »Rechts-« und »Linksbarthianismus« im Sinne von Geiger, d. h. unter dem Aspekt des Verhältnisses von Barths Theologie und Sozialismus, verwendet.

[19] Friedrich-Wilhelm Marquardt, Sozialismus bei Karl Barth, Junge Kirche 33 (1972), S. 2–15, hier S. 2.

Weltumwälzung, auf eine Weltrevolution«.[20] Das Argument des Rechtsbarthianismus gegen die sozialistische Barth-Interpretation geht davon aus, dass der Erste Weltkrieg ein entscheidendes Umdenken (»Eine Wendung«) mit sich brachte.[21] Eberhard Jüngel verstand das Umdenken als einen Bruch mit der von Hermann Kutter (nicht Leonhard Ragaz) übernommenen Identifikation von Reich Gottes und sozialer Bewegung.[22] Klaus Scholder ging sogar so weit zu behaupten, dass die politische Welt im engeren Sinne, die Welt der politischen Ideen und Entscheidungen, fortan keinen grundlegenden Bestandteil von Barths theologischem Denken mehr gebildet habe.[23] Die Beziehung Barths zum Religiösen Sozialismus in der dialektischen Phase (1922–1931)[24] war nicht mehr in gleicher Weise deutlich wie zu seiner Safenwiler Zeit.[25] Es ist jedoch in Bezug auf die Auseinandersetzung mit der sozialistischen Barth-Interpretation nicht zu übersehen, dass sich das kritische Bewusstsein über den kapitalistischen Imperialismus und die sozialistische Gesellschaftskritik weiterhin in den während des

---

[20] Helmut Gollwitzer, Reich Gottes und Sozialismus bei Karl Barth (ThEx 169), München 1972, S. 7.

[21] Karl Barth, Autobiographische Skizzen Karl Barths aus dem Fakultätsalbum der Ev.-Theol. Fakultät in Münster (1927) und der Ev.-Theol. Fakultät in Bonn (1935 und 1946), in: Karl Barth–Rudolf Bultmann Briefwechsel 1911–1966, hrsg. v. Bernd Jaspert, Karl Barth-Gesamtausgabe, Abt. V. Briefe, Zürich 1994 (2., revidierte u. erweiterte Auflage), S. 290–300, hier S. 296: »Eine Wendung brachte erst der Ausbruch des Weltkriegs. Er bedeutet für mich konkret ein doppeltes Irrewerden: einmal an der Lehre meiner sämtlichen theologischen Meister in Deutschland, [...] sodann am Sozialismus, von dem ich gutgläubig genug noch mehr als von der christlichen Kirche erwartet hatte, daß er sich jener Ideologie entziehen werde, und den ich nun zu meinem Entsetzen in allen Ländern das Gegenteil tun sah.«

[22] Eberhard Jüngel, Art. Barth, Karl, TRE 5 (1980), S. 251–268, hier S. 253 u. ders., Einführung in Leben und Werk Karl Barths, in: ders., Barth-Studien, Zürich-Köln/Gütersloh 1982, S. 22–60, hier S. 25. In der Safenwiler Zeit war Barth noch mit dem Schweizer Religiösen Sozialismus, vor allem Ragaz, in Kontakt (Eberhard Busch, Karl Barth – Einblicke in seine Theologie, Göttingen 2008, S. 14). Zu Jüngels Sozialismusverständnis vgl. Eberhard Jüngel, Theologische Zusammenfassung, in: Helmuth Flammer (Hg.), Kirche und Sozialismus, Gütersloh 1981, S. 112–128, bes. S. 116ff.

[23] Vgl. Klaus Scholder, Die Kirchen und das Dritte Reich, Bd. 1, Vorgeschichte und Zeit der Illusionen 1918–1934, Frankfurt a. M. 1977, S. 56.

[24] Der sog. »dialektische« Weg taucht bei Barth zum ersten Mal explizit im Vortrag *Das Wort Gottes als Aufgabe der Theologie* (1922) auf (Karl Barth, Das Wort Gottes als Aufgabe der Theologie [1922], in: Vorträge u. Kleinere Arbeiten 1922–1925, hrsg. v. Holger Finze, Karl Barth-Gesamtausgabe, Abt. III. Vorträge u. kleinere Arbeiten, Zürich 1990, S. 144–175, hier S. 166). Der Name »Dialektische Theologie« wurde als Bezeichnung für eine neue theologische Richtung und Schule zum ersten Mal im Jahre 1922 verwendet (Karl Barth/Eduard Thurneysen/Georg Merz, Abschied von »Zwischen den Zeiten« [1933], in: Jürgen Moltmann [Hg.], Anfänge der dialektischen Theologie, Teil II, München 1967, S. 313–331, hier S. 313). Im Vorwort des ersten Halbbandes der Kirchlichen Dogmatik (1932) erklärte Barth selbst den Abschied von »der sog. Dialektischen Theologie« (Karl Barth, Die Kirchliche Dogmatik, 1. Bd.: Die Lehre vom Wort Gottes. Prolegomena zur kirchlichen Dogmatik, 1. Halbband [= KD I/1], München 1932, S. X). Der für die vorliegende Arbeit verwendete Begriff »dialektische Phase« leitet sich aus dem Zeitraum 1922 bis 1931 ab.

[25] Eckhard Lessing, Das Problem der Gesellschaft in der Theologie Karl Barths und Friedrich Gogartens, Gütersloh 1972, S. 283. Siehe Gollwitzer, Reich Gottes und Sozialismus bei Karl Barth, S. 57.

Ersten Weltkrieges verfassten Vorträgen und Schriften Barths finden. Barth blieb noch nach dem Ende des Ersten Weltkrieges bei der realistischen Reich-Gottes-Hoffnung der beiden Blumhardt.[26] Hinzu kommt, dass seine akademische Tätigkeit in Deutschland teilweise das Zurücktreten von seinem politischen Engagement in der dialektischen Phase verursachte.[27] In seinem Brief an Eberhard Bethge zu dessen Bonhoeffer-Buch (1967) erklärt Barth seine politische Zurückhaltung in den 20er Jahren wie folgt:

> Da ist zunächst das, was Andreas Lindt in seinem neulichen Aufsatz in der »Reformatio« Bonhoeffers »Weg vom christlichen Glauben zum politischen Handeln« nennt. Eben das war nach meinem Abschied vom theologischen Liberalismus auch mein Thema: in Gestalt des »Religiösen Sozialismus« in seiner spezifisch schweizerischen Gestalt... Dieses Thema trat dann bei mir, als ich an den »Römerbrief« geriet, ... als ich 1921 nach Deutschland kam, zunächst etwas zurück, und ich wurde meiner deutschen Hörerschaft und Leserschaft in dieser Hinsicht weniger eindrücklich als in meinem nun für mich in den Vordergrund gerückten Versuch, die Reformation neu zu interpretieren und aktuell zu machen. Es bestand aber in dem durch die Problematik seiner lutherischen Tradition belasteten Deutschland ein richtiger »Nachholbedarf« gerade in der von mir stillschweigend vorausgesetzten oder nur nebenbei betonten Richtung: Ethik – Mitmenschlichkeit – dienende Kirche – Nachfolge – Sozialismus – Friedensbewegung – und in und mit dem Allem, eben Politik.[28]

Das Argument muss daher noch intensiv diskutiert werden, ob sich Barths theologische Wende im Ersten Weltkrieg als Bruch mit dem Religiösen Sozialismus verstehen lässt. Falls dieses Argument nicht überzeugend genug ist, muss man sich die Frage stellen, ob eine andere Interpretationsweise gefunden werden kann. Sie betrifft wohl das Problem der politischen Hermeneutik, weil die Debatte um diesen Bruch auf das Sozialismusverständnis der Forscher angewiesen ist. Es besteht zunächst eine Differenz zwischen der ursprünglichen Sozialismustheorie und dem real-existierenden Sozialismus. Zudem gibt es auf der begrifflichen Ebene verschiedene Vorstellungen von Sozialismus.[29] Während die Rechtsbarthianer die politische Komponente in Barths Theologie überwiegend im Zusammenhang mit dem real-existierenden Sozialismus erfassen wollten, geht die sozialistische Barth-Interpretation vom ursprünglichen Sozialismusbegriff aus. Aus der Perspektive der politischen Philosophie hat Barths Sozialismus zwar viele Gemeinsamkeiten mit Sozialismus nach Christoph Blumhardt, Rosa

---

[26] Barth, Autobiographische Skizzen, S. 296 u. ders., Vergangenheit und Zukunft (1919), in: Vorträge u. kleinere Arbeiten 1914–1921, S. 528–545, bes. S. 538; Jüngel, Art. Barth, S. 253 u. ders., Einführung in Leben und Werk Karl Barths, S. 25. Im April 1915 besuchte Barth Christoph Blumhardt in Bad Boll. Thurneysen vermittelte Barth die nähere persönliche Bekanntschaft der beiden Blumhardt. Siehe Busch, Karl Barths Lebenslauf, S. 96f.
[27] Barth, «Musik für einen Gast», S. 22.
[28] Karl Barth, Brief an E. Bethge, EvTh 28 (1968), S. 555–556, hier S. 555f.
[29] Iring Fetscher, Was wird unter Sozialismus verstanden?, in: Flammer, Kirche und Sozialismus, S. 7–27, hier S. 9ff.

Luxemburg, aber in seinen verschiedenen theologischen Phasen wird der Begriff des Sozialismus im übertragenen Sinne verwendet. Marquardt versteht daher den Sozialismus bei Barth als eine »Handlungsorientierung« und bringt vor, dass es nicht möglich ist, den Sozialismus bei Barth »im Sinne irgendeines philosophischen oder gesellschaftlichen Systembegriffs« zu qualifizieren.[30] In Anschluss an Marquardt bezeichnet Gollwitzer den »wahren Sozialismus« als »Idee, Bewegung und schließlich erreichten Zustand«.[31] Im politischen Kontext der 80er Jahre hebt Moltmann die Grundelemente des demokratischen Sozialismus als »der vorläufig und heute relativ besten Entsprechung zur Herrschaft Christi und zum Reich Gottes« hervor.[32]

Abgesehen davon, dass sich eine positive Einstellung zum Sozialismus im ursprünglichen Sinne noch in Barths späteren Werken findet, kann festgestellt werden, dass die starke politische Komponente in Barths Theologie nicht nur mit dem Begriff Sozialismus zu fassen ist. Mit dem Auftauchen der »neuen« politischen Theologie wurde diese Konzeption darum in den Barth-Forschungen sehr positiv aufgenommen. Schon 1969 beurteilte Daniel Cornu Barths *Rechtfertigung und Recht* (1938) als »ein erstes wirkliches Werk politischer Theologie«.[33] 1971 begriff Dorothee Sölle Barths Theologie als Beispiel verschiedener »Ausgangspunkte und Wege, die zu einer politischen Theologie führen«.[34] Marquardt verwendet den Terminus politische Theologie, um die Theologie des frühen Barth von Barths späterer »(reiner) dogmatischer Theologie« zu unterscheiden.[35] 1973 bezeichnete Gollwitzer gegen die Forschung Lessings Barth und Gogarten als »politische Theologen«.[36] Allerdings erhoben einige Theologen Einwände gegen diese politisch-theologische Barth-Interpretation. Gerhard Sauter stellte schon 1975 die Auffassung von Gollwitzer in Frage. Für ihn war unbestritten, dass sich »zahlreiche Äußerungen Barths und Gogartens politisch« auswirkten und dass beide »eine bestimmte soziale Struktur« in Anspruch nahmen, »die der Theologie Freiheit von gesellschaftlichen Verwicklungen und gleichwohl öffentliche Resonanz gewährte«.[37] Er lehnte aber den Versuch ab, die beiden Theologen deswegen als politische Theologen

---

[30] Marquardt, Theologie und Sozialismus, S. 36.
[31] Gollwitzer, Reich Gottes und Sozialismus bei Karl Barth, S. 9.
[32] Moltmann, Politische Theologie – Politische Ethik, S. 148.
[33] Daniel Cornu, Karl Barth und die Politik. Widerspruch und Freiheit, Wuppertal 1969, S. 58.
[34] Sölle, Politische Theologie, S. 10.
[35] Marquardt, Theologie und Sozialismus, S. 31.
[36] Helmut Gollwitzer, Vom Nutzen und Grenzen soziologischer Theologiebetrachtung. Bemerkungen zu Eckhard Lessings Barth- und Gogarten-Interpretationen, EvTh 33 (1973), S. 622–626, hier S. 622.
[37] Gerhard Sauter, Soziologische oder politische Barth-Interpretation?, EvTh 35 (1975), S. 173–183, hier S. 174.

zu qualifizieren, denn gemäß seiner eigenen strengen Definition des Begriffes wäre dies unhaltbar.[38] Auch Jüngel wirft in seinen *Barth-Studien* die Frage auf, ob sich Barths »Theorie der Praxis« in der zweiten Auflage des *Römerbriefs*,[39] die er selbst als »eine sich aus politischen Prämissen ergebende Theorie von Gott« verstanden wissen will, als politische Theologie interpretieren lässt.[40]

Es liegt auf der Hand, dass sich die ganze Theologie Barths nicht nur auf eine politische Theologie reduzieren lässt. Aber Sauter und Jüngel grenzen den Begriff der politischen Theologie zu eng ein, weswegen bei ihnen eine politisch-theologische Barth-Interpretation auf Ablehnung stößt. Als ein Sammelbegriff für eine theologische Tendenz kann man den Terminus »politische Theologie« – im Sinne von Moltmann und Metz – auf Barths weitere theologische Texturen anwenden,[41] so dass man die politische Theologie als eine von zwei Säulen, die Barths Theologie stützen, voraussetzen kann, d. h. sowohl dogmatische als auch politische Schwerpunkte sind kennzeichnend für Barths Theologie. Darum werden die politisch-theologischen Barth-Forschungen ständig weitergeführt.[42] Aber viele einzelne Forschungen – sei es die sozialistische Barth-Interpretation, sei es die politisch-theologische Barth-Forschung – haben den Entwicklungsvorgang der politischen Komponente in Barths Theologie vernachlässigt. Auch kam der Zusammenhang zwischen der politischen Ethik Barths und der neuen politischen Theologie nicht zur Sprache, obwohl sich die neue politische Theologie im en-

---

[38] Ebd., S. 175: »Wer jedoch annimmt, die Theologie sei auf jeden Fall politisch affiziert, sie beziehe jederzeit politisch Stellung – gerade auch dann, wenn sie wähnt, a-politisch zu bleiben –, der benutzt das Politische als Schlüssel zur Deutung der Theologie. Und das bedeutet: er stellt sie ausschließlich als öffentliche Äußerung fest und ordnet sie in das Beziehungsfeld sozialer Ursachen und Wirkung ein. Daß die Theologie so gedeutet werden kann, ist zT. eine Folge tatsächlicher politischer Verwicklungen, hauptsächlich beruht es jedoch auf einem Wandel des historischen Bewußtseins. Erst wenn Theologie sich diesen Wandel voll und ganz zu eigen macht, wenn sie sich also als Bewußtmachung der politischen Realitäten versteht, ist sie politische Theologie. Daß Gogarten und Barth so gedacht und geredet haben, ist mW. nicht zu belegen.«

[39] Karl Barth, Der Römerbrief (Zweite Fassung) 1922 [= Römerbrief 2], hrsg. v. Cornelis van der Kooi u. Katja Tolstaja, Karl Barth-Gesamtausgabe. Abt. II. Akademische Werke 1922, Zürich 2010, S. 575.

[40] Vgl. Eberhard Jüngel, Die theologischen Anfänge. Beobachtungen, in: Barth-Studien, S. 61–126, hier S. 126.

[41] 1972 bezeichnete Lessing auf Grundlage Max Webers die Schriften Barths und Gogartens aus der Zeit zwischen 1929 und 1938 als »politische Theologie«, obwohl er den Versuch ablehnt, die ganze Theologie Barths auf eine politische Theologie zu reduzieren, vgl. Lessing, Das Problem der Gesellschaft, S. 207f.

[42] Peter Winzeler setzte sich 1982 in seinem Buch *Widerstehende Theologie* intensiv mit der Barthschen Theologie von 1920 bis 1935 aus einer politisch-theologischen Perspektive heraus auseinander. Siehe Peter Winzeler, Widerstehende Theologie. Karl Barth 1920–35, Stuttgart 1982, S. 15f. 1995 versuchte Sabine Plonz in ihrer Dissertation *Die herrenlosen Gewalten* Barths Theologie auf befreiungstheologischer Basis zu interpretieren. Siehe Sabine Plonz, Die herrenlosen Gewalten. Eine Relektüre Karl Barths in befreiungstheologischer Perspektive, Mainz 1995, S. 13f.

gen Zusammenhang mit dem Linksbarthianismus entwickelte.[43] Weiter lenkten nach der deutschen Wiedervereinigung nur wenige Theologen innerhalb Deutschlands ihre Aufmerksamkeit auf die politische Theologie Barths. Diese theologische Tendenz war bis zum Zusammenbruch der neoliberalen Weltordnung von 2008 vorherrschend.

1.2. Fragestellung

In diesem Kontext dreht sich die vorliegende Arbeit um die Frage, was den Zusammenhang zwischen den politischen Theologien von Barth, Gollwitzer und Moltmann ausmacht. Um sie zu beantworten, muss zunächst das Verhältnis von Theologie und Politik in Barths Denken erörtert werden. Nicht zuletzt muss Barths Sozialismusverständnis im Zusammenhang mit seiner Dogmatik – besonders seinem Reich-Gottes-Verständnis – näher ausgeführt werden. Denn seine Dogmatik umfasst notwendig die ethische Frage,[44] und seine politische Ethik zeigt durchgehend eine Tendenz in Richtung auf eine sozialistische Praxis. Barths politische Theologie liegt nicht nur dem Linksbarthianismus, sondern auch der neuen politischen Theologie zugrunde. Im Vordergrund steht deshalb eine politisch-hermeneutische Analyse von Barths Theologie und der neuen politischen Theologie, wie sie in Anknüpfung und Kritik an Barth von Gollwitzer und Moltmann formuliert worden ist. Im Allgemeinen gesprochen ist Hermeneutik die »Kunst des Verstehens«.[45] Unter Hermeneutik versteht man in erster Linie die Kunst der Auslegung und Deutung von Texten als sprachliches Gewebe zur Erfassung ihres tieferen Sinnes. Politische Hermeneutik ist ein Versuch, die hermeneutische Disziplin auf politische Texturen anzuwenden, um sie zu entschlüsseln, weil das Weben und Verweben von Botschaft auch in der Politik stattfindet.[46] In theologischer Perspektive ist die politische Hermeneutik ein Prozess, nach der hermeneutischen Disziplin die politischen Komponenten in der Bibel oder in theologischen Texturen zu

---

[43] Metz/Kroh, Politische Theologie, Sp. 1262.
[44] Karl Barth, Die Kirchliche Dogmatik, 3. Bd.: Die Lehre von der Schöpfung, 4. Teil [= KD III/4], Zollikon-Zürich 1951, S. 1.
[45] F. D. E. Schleiermacher, Hermeneutik und Kritik. Mit einem Anhang sprachphilosophischer Texte Schleiermachers, hrsg. u. eingeleitet v. Manfred Frank (stw 211), Frankfurt a. M. 1977, S. 75.
[46] Siehe Paul Ricœur, Der Text als Modell: hermeneutisches Verstehen [1971], in: Hans-Georg Gadamer/Gottfried Boehm (Hg.), Seminar: Die Hermeneutik und die Wissenschaften (stw 238), Frankfurt a. M. 1978, S. 83–117, bes. S. 83. Dazu siehe Jürgen Habermas, Der Universalitätsspruch der Hermeneutik, in: Rüdiger Bubner/Konrad Cramer/Reiner Wiehl (Hg.), Hermeneutik und Dialektik, FS Hans-Georg Gadamer zum 70. Geburtstag, Aufsätze I, Tübingen 1970, S. 73–103, bes. S. 78f.

analysieren und dann in der heutigen Praxis ihren tieferen oder ursprünglichen Sinn zu verstehen und zu vergegenwärtigen.[47] Dieses politisch-hermeneutische Verständnis spricht sich in Gollwitzers These, in der sich die politische Theologie des frühen Barth verdichtet: »Theologie und Nationalökonomie, Predigt und Politik gehören unlösbar zusammen; die Politik interpretiert die Predigt, und die Predigt interpretiert die Politik.«[48]

Diese Untersuchung folgt also einer zweifachen Zielsetzung:

Die eine Zielsetzung ist, einen Beitrag zur Diskussion um den Zusammenhang des Verständnisses von Sozialismus mit der politisch-theologischen Tendenz in Barths Theologie zu leisten. Barths politisches Denken scheint auf den ersten Blick nicht systematisch, sondern fragmentarisch zu sein. Wird jedoch ihre sozialistische Tendenz erkannt, dann kann eine Kontinuität in Barths politischer Theologie festgestellt werden.

Die andere Zielsetzung ist, einen wirkungsgeschichtlichen Beitrag zu der politisch-theologischen Grundfrage nach dem Zusammenhang zwischen dem Linksbarthianismus und der neuen politischen Theologie zu leisten. Bei ihr geht es um die sozialistische Barth-Interpretation Marquardts und die politischen Theologien von Gollwitzer und Moltmann.

---

[47] Siehe Jürgen Moltmann, Existenzgeschichte und Weltgeschichte. Auf dem Wege zu einer politischen Hermeneutik des Evangeliums, in: ders., Perspektiven der Theologie. Gesammelte Aufsätze, München/Mainz 1968, S. 128–146, hier S. 139: »Wenn wir in der Bibel die schriftgewordene Verheißung der Freiheit und in der Verkündigung die Mission dieser Freiheit finden, dann muß eine geschichtliche Hermeneutik die Mittel und die Methoden praktischer Befreiung entwerfen. Diese Hermeneutik kann darum politische Hermeneutik genannt werden, weil sie die Politik als den umfassenden Lebenshorizont des Menschen wahrnimmt.« Vgl. auch ebd., S. 142: »Kommt damit die Gesamtheit der christlichen Lebensäußerungen oder Charismen in die Hermeneutik des Christusgeschehens und seiner Bedeutung, dann wird deutlich, warum man sie nicht mehr aus einem Prinzip ableiten kann. Hermeneutik ist dann nicht nur die ›Kunstlehre des Verstehens schriftlich fixierter Lebensäußerungen‹, sondern aller geschichtlichen Lebensäußerungen im politischen Kontext.« Zu Hermeneutik als Kunstlehre des Verstehens schriftlich fixierter Lebensäußerungen vgl. Wilhelm Dilthey, Die Entstehung der Hermeneutik (1900), in: Die geistige Welt. Einleitung in die Philosophie des Lebens, 1. Hälfte: Abhandlungen zur Grundlegung der Geisteswissenschaften, Wilhelm Dilthey-Gesammelte Schriften, V. Bd., Stuttgart/Göttingen ^{4}1964, S. 317–338, bes. S. 332f.

[48] Gollwitzer, Reich Gottes und Sozialismus bei Karl Barth, S. 8.

1.3. Vorgehensweise

Der Hauptteil der vorliegenden Arbeit besteht aus vier Kapiteln.

Das erste Kapitel befasst sich im Anschluss an die Barth-Studien von Gollwitzer und Marquardt mit der Entwicklung der politischen Komponente von Barths Theologie in seiner Safenwiler Zeit und in seiner dialektischen Phase. Dieses Kapitel hat nicht zum Ziel, die sozialistische Barth-Interpretation von Gollwitzer und Marquardt wieder aufzunehmen, sondern darauf hinzuweisen, dass das kapitalismuskritische Bewusstsein und die sozialistische Gesellschaftskritik die politische Komponente der Barthschen Theologie ausmachen. Es ist dennoch nicht zu übersehen, dass in den Vorträgen und Schriften aus seiner frühen Safenwiler Zeit das Gottes- und Sozialismusverständnis zusammengehören.[49] Darum wird zunächst die Identifikation vom Reich Gottes mit einer sozialen Bewegung in Barths Vortrag *Jesus Christus und die soziale Bewegung* (1911) erörtert, die darauf hinweist, dass in der Safenwiler Zeit Barth vom Religiösen Sozialismus geprägt war. Dann wird seine Einstellung zum Sozialismus in einigen Vorträgen und Schriften der 1910er Jahre im Zusammenhang mit seinem Gottesverständnis verdeutlicht. Anschließend werden die erste und die zweite Auflage von *Der Römerbrief*, der Tambacher Vortrag *Der Christ in der Gesellschaft* (1919) und weitere Vorträge der 1920er Jahre untersucht, um die Entwicklung seines politischen Denkens zu verstehen.

Das zweite Kapitel beschäftigt sich mit der Entwicklung der politischen Komponente der Barthschen Theologie nach 1933. Hier rückt Barths kritische Einstellung zu der nationalsozialistischen Staatsideologie und der Propaganda der Glaubensbewegung »Deutsche Christen« (DC) ins Zentrum. Denn seit der Machtergreifung der Nationalsozialisten engagierte sich Barth strak politisch dagegen, und damit tendiert seine Theologie zu einer politischen Theologie, die dem Totalitarismus widersteht. Die politische Theologie Barths drückt sich im Thema »Politischer Gottesdienst« aus. Zum Verständnis dieser theologischen Entwicklung werden zunächst die Barmer Theologische Erklärung (1934), in der alle theologischen Entwicklungen im Kirchenkampf und in der Nachkriegszeit ihren Ursprung haben, und die Abhandlung *Evangelium und Gesetz* (1935) untersucht. Als ein theologisches Hauptthema taucht der Terminus Politischer Gottesdienst zum ersten Mal in Barths »Gifford Lectures« – später unter dem Titel *Gotteserkenntnis und Gottesdienst nach reformatorischer Lehre* veröffentlicht –

---

[49] Marquardt, Theologie und Sozialismus, S. 126f.

auf, dann wieder in *Rechtfertigung und Recht* (1938), weshalb diese zwei Abhandlungen untersucht werden. Die Lektüre der Abhandlung *Christengemeinde und Bürgergemeinde* (1946) und der Band *Das christliche Leben* (1976) werden hinzugezogen, um die Eigenart der politischen Theologie Barths in der Nachkriegszeit zu erfassen.

Das dritte Kapitel wendet sich der politischen Theologie Gollwitzers zu. Man kann ihre Entwicklung in drei Phasen unterteilen: die Bonner Zeit (1950–1957), die Berliner Frühzeit (1957–1967) und die Berliner Spätzeit (1968–1993). Der Ansatz zu Gollwitzers politischer Theologie findet sich aber deutlich schon im Kirchenkampf. In diesem Kapitel wird zunächst seine frühe politische Theologie im Kirchenkampf und im Zweiten Weltkrieg (1933–1945) abgehandelt. In Gollwitzers Bonner Zeit wurde seine politische Ethik von der politischen Ethik Barths geprägt, und es rücken die Themen Verhältnis von Christentum und Marxismus, Ost-West-Konflikt und Atomwaffen in den Vordergrund. Auffallend dabei ist, dass Gollwitzer bis zum Ende der 60er Jahre eine kritische Einstellung zum marxistischen Atheismus hatte, obwohl die sozialistische Gesellschaftskritik in seiner Theologie positiv aufgenommen wurde. In der Berliner Frühzeit gelten der Antisemitismus und die marxistische Religionskritik als Hauptthemen. Denn nach seinem Israel-Besuch von 1958 fasste Gollwitzer das Problem des Antisemitismus in der christlichen Theologie ins Auge, und er war sich des Problems des scheinbaren Gegensatzes zwischen dem marxistischen Atheismus und dem christlichen Glauben bewusst. Seine zurückhaltende Haltung gegenüber der marxistischen Religionskritik bis zur 68er- Studentenbewegung zeigt sich in *Die marxistische Religionskritik und der christliche Glaube* (1962). Sie veränderte sich dann jedoch durch die 68er-Studentenbewegung, und vor diesem Hintergrund beschäftigte sich Gollwitzer mit der »Theologie der Revolution«.[50] Der Begriff der Theologie der Revolution spielt in seiner Berliner Spätzeit eine zentrale Rolle. Darum werden die dieses Thema betreffenden Abhandlungen und sein Werk *Die kapitalistische Revolution* (1973), in dem sich seine politische Theologie kristallisiert, hinzugefügt.

---

[50] Der Terminus »Theologie der Revolution« wurde in den Diskussionen der Arbeitsgruppe »Friedensdienst der Jugend« auf der 2. Allchristlichen Friedensversammlung in Prag vom 28. Juni bis 3. Juli 1964 zum ersten Mal geprägt (durch den Theologen Martin Schröter) und in den Schlussbericht aufgenommen. Siehe Bericht der Arbeitsgruppe »Friedensdienst der Jugend« auf der II. Allchristlichen Friedensversammlung in Prag vom 28. Juni bis 3. Juli 1964, in: Ernst Feil/Rudolf Weth (Hg.), Diskussion zur »Theologie der Revolution«. Mit einer Einleitung, einem Dokumententeil und einer Bibliographie zum Thema, München/Mainz ²1970, S. 291–297.

Das vierte Kapitel befasst sich mit der politischen Theologie Moltmanns. Sein Hauptwerk *Theologie der Hoffnung* (1964), das auf seinen »bescheidenen Ansätzen einer nachbarthianischen Reich-Gottes-Theologie« basiert,[51] hat zunächst zur Folge, dass er sich seinen eigenen theologischen Weg bahnt. Damit beginnt auch seine politische Theologie, die sich später in Anknüpfung an die neue politische Theologie von Johann Baptist Metz weiter entwickelt. Darum wird zunächst die Theologie der Hoffnung als politische Theologie in diesem Zusammenhang besprochen. Anschließend wird die weitere Entwicklung der politischen Theologie Moltmanns nach dem Jahr 1968 dargelegt, von dessen Bewegungen und Erfahrungen die neue politische Theologie geprägt wurde.[52] Im Hinblick auf diese Entwicklung ist in Betracht zu ziehen, dass sich Moltmanns politische Theologie seit 1975 von der lateinamerikanischen Befreiungstheologie differenzierte. Die Differenz zwischen den beiden entspringt letztlich einem Unterschied des Verständnisses von Marxismus und Befreiung. Sie zeigt sich in Moltmanns Schriften *Hoffnung und Befreiung* (1976) und *Die Befreiung der Unterdrücker* (1978). Sein Werk *Politische Theologie – Politische Ethik* (1984) gilt als der Höhepunkt seiner politischen Theologie, und ihre Extension wird durch sein Werk *Ethik der Hoffnung* (2010) erweitert. Die beiden Werke werden also in diesem Kapitel ausführlich erläutert.

In der Schlussbetrachtung werden die Ergebnisse der vorliegenden Untersuchung zunächst zusammengefasst. Anschließend wird der Zusammenhang zwischen dem Linksbarthianismus und der neuen politischen Theologie unter hermeneutischer Perspektive noch genauer erklärt. Hier kommen vor allem die Barth-Interpretationen von Marquardt, Gollwitzer und Moltmann und die Kontinuität und Diskontinuität zwischen Barth, Gollwitzer und Moltmann zur Sprache. Im Ausblick wird auf die gegenwärtige Bedeutung der politischen Theologien von Barth, Gollwitzer und Moltmann und ihren Beitrag in der heutigen koreanischen Situation hingewiesen.

---

[51] Jürgen Moltmann, Weiter Raum. Eine Lebensgeschichte, Gütersloh 2006, S. 103.
[52] Moltmann, Politische Theologie in ökumenischen Kontexten, S. 3.

2. Religiöser Sozialismus bei Karl Barth

Trotz aller heftigen Debatten um sein Werk *Theologie und Sozialismus* und der Schwierigkeiten der sozialistischen Barth-Forschung in der Periode des Kalten Krieges blieb Marquardt von der engen Verbindung zwischen Barths Theologie und dem Sozialismus überzeugt.[53] Barth lag schon in seiner Theologie-Studienzeit (1904–1908) viel an der sozialen Frage, und die Predigten von Leonhard Ragaz prägten Barth in dieser Zeit.[54] Aber in Genf (1909–1911) begegnete Barth bewusst wirklicher Armut, so dass er einmal öffentlich Hermann Kutter und die Schweizer Religiösen Sozialisten kritisierte, weil sie unfähig seien, sich mit den Armen tatsächlich »in Reih und Glied« zu stellen.[55] In seiner Safenwiler Zeit (1911–1921) war er mit dem Schweizer Religiösen Sozialismus – besonders Ragaz – in Kontakt. Es liegt klar auf der Hand, dass Barth in seiner Safenwiler Frühzeit vom Religiösen Sozialismus stark geprägt war,[56] und dass die sozialistische Gesellschaftstheorie auch nach dem Bruch mit dem »alten« religiös-sozialistischen Verständnis seinem politischen Denken noch zugrunde lag. Das kann man aus den Texten im literarischen Nachlass Karl Barths klar erkennen, die Barth mit einem handschriftlichen Titel versah: »Sozialistische Reden«.[57] Zu ihnen gehören 43 Manuskripte in einer zum Teil schwer zu entziffernden Handschrift, und sie lassen sich inhaltlich in vier größere Themengruppen gliedern, die sich auf Barths Verständnis des Sozialismus beziehen, obwohl er über sie öfter und unter verschiede-

---

[53] Marquardt, »Nach dreizehn Jahren«, in: Theologie und Sozialismus, S. 406f: »Barths ganzes Denken steht unter der Bundesvoraussetzung: ›Wir sind drinnen und nicht draußen‹. [...] Ich habe, Barths theopolitische Äußerungen von den dreißiger bis zu den fünfziger Jahren überprüfend, die ihm eigentümliche Formel des ›Inseins‹ des Politischen im Theologischen analysiert, die bisher immer noch überlesen wird wie so vieles sonst in diesem Bereich. Indem Barth den Ort der Theologie ›drinnen‹ und nicht ›draußen‹ angesiedelt hat, konnte es bei ihm auch zu denjenigen Verantwortungen kommen, auf die er auch im Verhältnis von Sozialismus und Theologie geantwortet hat. [...] Wir verhandeln in Westeuropa derzeit das Thema dieses Buches nicht mehr unter dem Stichwort des ›Sozialismus‹. Das hängt mit geschichtlichen Bedingungen zusammen, von denen ich in meinem nach diesem Buch veröffentlichten Kommentar zu Barths Tambacher Vortrag Rechenschaft versucht habe. Gerade in dieser Situation ist die Weite des Barthschen Sozialismus-›Begriffs‹ erst recht aktuell.«

[54] Karl Barth, Zofingia und Sociale Frage (1906), in: Vorträge u. kleinere Arbeiten 1905–1909, in Verbindung mit Herbert Helms hrsg. v. Hans-Anton Drewes u. Hinrich Stoevesandt, Karl Barth-Gesamtausgabe, Abt. III. Vorträge u. kleinere Arbeiten, Zürich 1992, S. 61–103, bes. S. 74.

[55] Vgl. Karl Barth, John Mott und die christliche Studentenbewegung (1910), in: Vorträge u. kleinere Arbeiten 1909–1914, in Verbindung mit Herbert Helms u. Friedrich-Wilhelm Marquardt hrsg. v. Hans-Anton Drewes u. Hinrich Stoevesandt, Karl Barth-Gesamtausgabe, Abt. III. Vorträge u. kleinere Arbeiten, S. 266–284, hier S. 279; vgl. dazu Busch, Karl Barths Lebenslauf, S. 67.

[56] Barth, Autobiographische Skizzen, S. 306.

[57] Friedrich-Wilhelm Marquardt, Erster Bericht über Karl Barths »Sozialistische Reden«, in: ders., Verwegenheiten. Theologische Stücke aus Berlin, München 1981, S. 470–488, hier S. 470.

nen Titeln referierte.⁵⁸ Dieses sein Verständnis entwickelte sich »in seinem praktischen Verhältnis zum organisierten Sozialismus, zur Sozialdemokratischen Partei der Schweiz und zur sozialistischen Internationale«.⁵⁹ Marquardt teilt diese Entwicklung in den sozialistischen Reden in drei Phasen ein. Die erste Phase ist von 1911 bis zum Ausbruch des Ersten Weltkrieges (1914) anzusiedeln, die zweite Phase von 1914 bis zum Ausbruch der Februarrevolution in Russland (1917) und die dritte Phase von 1917 bis zur Gründung der Kommunistischen Internationale (1919).

2.1. Das Verhältnis des Reiches Gottes zum Sozialismus in den »Sozialistischen Reden«

2.1.1. Das Verständnis des Reiches Gottes als soziale Bewegung vor dem Ausbruch Des Ersten Weltkrieges

Im am 17. Dezember 1911 gehaltenen Vortrag über *Jesus Christus und die soziale Bewegung* argumentiert Barth für die These: »Jesus ist die soziale Bewegung, und die soziale Bewegung *ist* Jesus Christus in der Gegenwart.«⁶⁰ Mit der sozialen Bewegung ist schließlich eine sozialistische gemeint. Hier sind die Begriffe »Sozialismus« und »Sozialdemokratie« als Idee zu verstehen.⁶¹ Darum versucht Barth mit diesem Vortrag, zwei Missverständnisse zu beseitigen, um von »der innern Verbindung zwischen Jesus und dem Sozialismus« zu überzeugen.⁶² Das eine Missverständnis geht von der Masse

---

⁵⁸ Ebd., S. 470ff: »1. Ein großer Redekomplex dreht sich um *innere Probleme der Sozialdemokratischen Partei*. Hier haben wir es mit alltäglichen Praxisfragen zu tun, die allen sozialistischen Parteiführern von Engels bis zu Lenin zu schaffen gemacht haben: [...]. 2. Natürlich nimmt nach 1914 die *Kriegsfrage* einen breiten Raum ein. [...] Aber in den Sozialistischen Reden taucht die Kriegsfrage nun auch in anderer Perspektive, im Zusammenhang der sozialistischen und internationalistischen Diskussion auf. [...] 3. In den Entscheidungsjahren 1917 und 1919 hat Barth in seiner Partei mehrmals *weltpolitische Lageberichte* vorgetragen: über Friedensaussichten 1917, über den Schweizerischen Landesstreik 1918, über den Ablauf der bolschewistischen Revolution 1919. [...] 4. Besonders auffallend ist die Reihe von Vorträgen, in denen Barth das äußere und innere *Verhältnis von Religion und Sozialismus*, Christentum und Sozialismus, Kirche und Sozialismus, aber auch Evangelium und sogar Jesus Christus und die soziale Bewegung behandelt hat.«

⁵⁹ Ebd., S. 478.

⁶⁰ Karl Barth, Jesus Christus und die soziale Bewegung (1911), in: Vorträge u. kleinere Arbeiten 1909–1914, S. 380–409, hier S. 386f.

⁶¹ Ebd., S. 388: »Wenn ich von der sozialen Bewegung rede, so meine ich damit nicht das, was dieser und jener und meinetwegen *alle* Sozialdemokraten *machen*, sondern was sie *wollen*. Als Christen möchten wir ja auch von Gott und den Menschen nach dem beurteilt sein, war wir *wollen*, nicht nach dem, was wir *machen*.« Dazu ebd., S. 407: »Ich wiederhole noch einmal: ich habe von dem geredet, was die Sozialisten *wollen*, und nicht von der Art, wie sie es *machen*. Von dem, was sie wollen, sage ich: das wollte Jesus auch. Von der Art, wie sie es *machen*, könnte ich nicht dasselbe sagen.«

⁶² Ebd., S. 390.

der »bürgerlichen Kirchenbesucher« aus, die sich »energisch dagegen verwahren, daß man Christus zu einem Sozialdemokraten mache«.[63] Dieses Missverständnis kann wesentlich auf die Angst vor der Politisierung der Kirche zurückgeführt werden. Barth setzt sich dem dualistischen Gottesverständnis entgegen und strebt zugleich an, die Politisierung der Kirche zu verhindern, indem er die Christen an das ursprüngliche Motiv und die ideale Zielsetzung des sozialistischen Gedankens erinnert, um die innere Verbindung zwischen Sozialismus und der Lehre Jesu aufzuweisen.[64] Aus der Arbeiterklasse ergibt sich das andere Missverständnis, dass die Zusammenstellung von Christentum und Sozialismus »ein konservatives Manöver« sei.[65] Um dieses Missverständnis zu beseitigen, bestreitet Barth zwei Glaubensvorstellungen. Die eine ist, dass sich der christliche Glaube nur in der Kirche abspiele, und die andere ist der christliche Glaube als eine Weltanschauung. Barth definiert den Sozialismus wie folgt: »Der Sozialismus ist eine Bewegung von unten nach oben. [...] Der Sozialismus ist die Bewegung der ökonomisch Unselbständigen, derer, die gegen Lohn für einen Andern, Fremden arbeiten, die Bewegung des *Proletariats* [...].«[66] Barth versteht das Proletariat zur Zeit Jesu als die Armen und Niedrigen, »weil es vor 2000 Jahren ein Proletariat im heutigen Sinne des Wortes noch gar nicht gab, weil es noch keine Fabriken gab«.[67] Das Reich Gottes kam zu den Armen, nicht im geistlichen Sinne, sondern im sozialistischen Sinne.[68] Dieses wird also mit dem Sozialismus identifiziert, indem das Kommen des Reiches Gottes in materialistischer Perspektive betrachtet wird.[69] Daraus ergibt sich Barths Kapitalismuskritik. Der Kapitalismus besteht im Erwerbsystem, dem das Privateigentum zugrunde liegt:

Der Kapitalismus ist das Erwerbssystem, das den Proletarier zum Proletarier, d. h. zum abhängigen und seiner Existenz ewig unsicheren Lohnarbeiter macht. Die zum Arbeitsbetrieb erforderlichen Mittel (Betriebskapital, Fabriken, Maschinen, Rohstoffe) sind *Privateigentum* des einen Mitarbeiters, nämlich des Meisters oder Fabrikanten. Der andere Mitarbeiter (der «Arbeiter») besitzt nichts als seine Arbeitskraft, die er gegen ein bestimmtes En[t]gelt an den Fabrikanten abgibt, während der Reinertrag der gemeinsamen Arbeit ohne weiteres zum Kapital, d. h. aber zum *Privateigentum* des Letztern geschlagen wird.[70]

---

[63] Ebd., S. 387.
[64] Ebd., S. 388f.
[65] Vgl. ebd., S. 390.
[66] Ebd., S. 391. Vgl. auch ebd., S. 391: »Der Proletarier ist nicht immer arm, aber er ist immer abhängig in seiner Existenz von dem Vermögen und dem guten Willen seines Brotherrn, des Fabrikanten. Hier setzt der Sozialismus ein: er ist und will sein eine proletarische Bewegung. Er will die Abhängigen unabhängig machen mit allen Konsequenzen für ihr äußeres, sittliches und geistiges Leben, die das mit sich führen müßte.«
[67] Ebd., S. 391f.
[68] Ebd., S. 392f.
[69] Ebd., S. 395f.
[70] Ebd., S. 398.

Barth war davon überzeugt, dass Jesus hinsichtlich der Privateigentumsfrage sozialistischer als die Sozialisten ist, so dass aufgrund der Lehre Jesu vom Eigentum Barth Kritik am kapitalistischen Privateigentum übt.[71] Der Kapitalismus kann mit der Lehre Jesu nicht zusammengehen, weil der Kapitalismus »das System des schrankenlos wachsenden Privateigentums« ist.[72] Barth geht sogar so weit zu betonen, dass »das selbstsüchtige Eigentum« abgeschafft werden müsse.[73] Marquardt beurteilt daher Barths Stellung zur Sozialdemokratie wie folgt: »Die Sozialdemokratie, bei der er aktiv wurde, in die er eintrat, mit der und um die er kämpfte, war noch die radikale, die sozialistische, die noch nicht revisionistische Sozialdemokratie der zweiten Internationale vor Ausbruch des ersten Weltkrieges und vor der Loslösung des linken kommunistischen Flügels von dieser Bewegung.«[74] Als das Mittel zur Verwirklichung des Sozialismus sind die Organisationen des Proletariats und seine Solidarität bedeutend.[75] Barth arbeitet die Solidarität auch auf dem theologischen Boden heraus, indem er darauf hinweist, dass den Schweizer Reformatoren (Zwingli und Calvin) die Religion »von vornherein etwas Genossenschaftliches, etwas Soziales, nicht nur äußerlich, sondern innerlich« war.[76] Und die Feststellung, dass »es für Jesus nur einen solidarischen, sozialen Gott und darum auch nur eine solidarische, soziale Religion gibt!«,[77] zeigt, dass die Identifikation des Reiches Gottes mit sozialer Bewegung vom Gottesverständnis als einem solidarischen, sozialen Gott ausgeht. Das ist der Grund dafür, dass Barth am Schluss seines Vortrags mit mehreren Zitaten aus dem Matthäus- und Markusevangelium darauf hinweist, dass der christliche Glaube an Gott nicht nur persönlich, sondern auch sozial ist.[78] Dieses Gottesverständnis ist ein Beweis für die »Parallelen zur Entwicklung der politischen Gedanken in der Entwicklung der theologischen Gedanken«.[79]

Barths Betonung des solidarischen, sozialen Gottes bedeutet aber nicht, dass er einen persönlichen Gott leugnet oder den Glauben an den persönlichen Gott ablehnt. Anfang September 1913 fand die Jahresversammlung der schweizerischen reformierten Predi-

---

[71] Ebd., S. 400f.
[72] Ebd., S. 402.
[73] Vgl. ebd., S. 408.
[74] Marquardt, Erster Bericht über Karl Barths »Sozialistische Reden«, S. 479.
[75] Barth, Jesus Christus und die soziale Bewegung, S. 403: »Ein Sozialist sein heißt ein ‹Genosse› sein: im Konsumverein, in der Gewerkschaft, im politischen Parteiverein«.
[76] Ebd., S. 405.
[77] Ebd., S. 405.
[78] Ebd., S. 406f.
[79] Marquardt, Erster Bericht über Karl Barths »Sozialistische Reden«, S. 485.

gergesellschaft in Chur statt. Dort hielt Barth einen Vortrag mit dem Titel *Der Glaube an den persönlichen Gott*, der das theologische Hauptthema ihrer Versammlung war. Er lehnt zuerst die metaphysische Gottesvorstellung ab und wendet sich dem Begriff der Persönlichkeit zu.[80] Persönlichkeit als »individuell geistiges (werdendes) Ich« wird im Glauben Gott zugesprochen.[81] Der Begriff Gottes als Persönlichkeit wird in erster Linie verwendet, um Kritik an Pantheismus und Deismus zu üben. Er schließt die Beziehung zur Persönlichkeit des Andern und zur Welt ein.[82] Das Evangelium Jesu enthält die Spannung zwischen dem Gedanken des Reiches Gottes als dem Inbegriff des Erhabenen und dem Gedanken des Kindes Gottes als dem Inbegriff der Persönlichkeit.[83] Darum widersprechen sich der solidarische, soziale Gott und der persönliche Gott im frühen Barth nicht, weshalb er sich vor dem Ersten Weltkrieg dem Religiösen Sozialismus zuwandte.

Im Manuskript seines Vortrages *Evangelium und Sozialismus* (1. Februar 1914) tritt seine religiös-sozialistische Einstellung hervor: »*1. Ein rechter Christ muß Freude haben am Soz. u. muß das Seine tun zum sozialen Fortschritt 2. Ein rechter Sozialist muß Freude haben am Evg., muß dort seine Richtlinie u. seine Kraft suchen*«.[84] Statt der herkömmlichen Definition des Evangeliums und des Sozialismus definiert er die beiden Begriffe neu. Das Evangelium, das Jesus in die Welt brachte, ist Gedanke, Kraft und Person, nicht das Christentum, das aus Kirchentum und Institutionen besteht.[85] Als soziale Bewegung geht der Sozialismus über die Grenzen der sozialistischen Partei hinaus. Er strebt danach, die auf Selbstsucht und Geringschätzung der Menschen beruhende Gesellschaftsordnung durch eine neue, auf Solidarität und

---

[80] Karl Barth, Der Glaube an den persönlichen Gott (1913), in: Vorträge u. kleinere Arbeiten 1904–1914, S. 494–554, hier S. 500.
[81] Ebd., S. 514; Der Begriff der Persönlichkeit lässt sich in erster Linie in Verbindung mit Psychologie verstehen, aber er hat auch transzendentalen Charakter. Aufgrund dieser Charakteristika ist Persönlichkeit »Geist-Sein«, und Individualität ist »die besondere Form der Aktualisierung des Geistes« (ebd., S. 510). Barth definiert darum Persönlichkeit als »*das individuell geistige Ich*« (ebd., S. 511) und ergänzt diese Definition folgendermaßen: »In dieser Definition bezeichnet also ‹geistig› das Moment der Unbeschränktheit. Aber es handelt sich um ‹individuelle› Geistigkeit. ‹Individuell› enthält das Moment der Beschränktheit« (ebd., S. 513).
[82] Ebd., S. 549.
[83] Ebd., S. 552ff.
[84] Karl Barth, Evangelium und Sozialismus (1914), in: Vorträge u. kleinere Arbeiten 1909–1914, S. 729–733, hier S. 729.
[85] Ebd., S. 730.

Gerechtigkeit gegründete, zu ersetzen.⁸⁶ In dieser Hinsicht war Barth von einer Affinität von Evangelium und Sozialismus überzeugt:

Wie bin ich dazu gekommen Evg. u. Soz. zu verbinden? Wurde dazu erzogen, Menschen nicht nach ihrem Geldwert zu beurteilen und die materielle Not Anderer als ein ernstes Problem anzusehen. Lernte als Student die satte Indifferenz der bürgerlichen Kreise kennen u. in Genf die Armut. Hielt damals noch die soziale Not für eine naturnotwendige Tatsache, unter die der Glaube blos eine starke aber unpraktische Hoffnung zu setzen habe. – Etwas Neues brachte mir *Calvins* Idee des *Gottesstaates* auf Erden u. das führte mich darauf, daß *Jesus* das *Reich Gottes* als einen Zustand vollkommener Gottes- u. Bruderliebe beschrieben hat. – Durch S[afenwil] mit Soz. Bekannt u. zu genauerem Überlegen u. Studieren der Sache getrieben. Seitdem halte ich die sozialist. Forderungen für ein wichtiges Stück Anwend[un]g des Evgs., glaube allerdings auch, daß sie sich nicht ohne d. Evg. Realisieren lassen.⁸⁷

Trotz seiner religiös-sozialistischen Gesinnung stellt Barth klar, dass Jesus weder als politischer noch als religiöser Genosse qualifiziert werden kann, weil Jesus in seiner Zeit und in seinen Anschauungen lebte. Aber wenn die Christen auf ihn hören, werden sie auf den Sozialismus hingewiesen: »Jesus kündigte die *neue* Welt der *Gottesordnung* u. der *Bruderliebe* an. Der Soz. realisiert davon nur ein Stück, bringt nicht d. Paradies a[uf] d. Erde (Neid, Zank, Kleinlichkeit, Stumpfsinn, Begehrlichkeit!) aber doch ein Stück, das die Voraussetzung anderer ist. Vom ‹Endziel› des Evgs. ist das Endziel des Soz. eine Vorstufe.«⁸⁸ Ohne die Gesinnung und die Kraft des Evangeliums kommen Sozialisten weder ins Reich Gottes noch bis zum sozialistischen Endziel. Nur als Christen liefern sie »die *Bedingungen*«, die ihnen die Fähigkeit zum Kämpfen und das Recht zum Hoffen auf die sozialistischen Ziele geben.⁸⁹ So markierte Barth die wachsende sozialistische Bewegung als Zeichen für das kommende Reich Gottes und als Verwirklichung von Gottes Willen auf Erden.

In der am 21. Juli 1914 geschriebenen Schrift *Politik, Idealismus und Christentum bei Friedrich Naumann* findet sich eine Kritik des kapitalistischen Imperialismus und seiner Expansionspolitik. Barth sieht in der »Entfaltung von deutscher Industrie, Demokratie und Weltmacht« das Ziel von Naumanns politischer Weltanschauung.⁹⁰ Das sei nichts anderes als imperialistische Machtpolitik.⁹¹ Naumanns »Trennung des Religiös-

---

⁸⁶ Ebd., S. 730.
⁸⁷ Ebd., S. 730f.
⁸⁸ Ebd., S. 732.
⁸⁹ Ebd., S. 732.
⁹⁰ Karl Barth, Politik, Idealismus und Christentum bei Friedrich Naumann (1914), in: Vorträge u. kleinere Arbeiten 1914–1921, in Verbindung mit Friedrich-Wilhelm Marquardt (†) hrsg. v. Hans-Anton Drews, Karl Barth-Gesamtausgabe, Abt. III. Vorträge u. kleinere Arbeiten, Zürich 2012, S. 48–60, hier S. 49.
⁹¹ Vgl. ebd., S. 50: »Weltmacht, von industr[iellem] Ideal aus gefordert. Germanismus, Glaube an die besondre

christlichen von der Politik« ist für Barth unannehmbar, weil sie sich mit dieser Machtpolitik abfindet.[92] Christen sollen nicht mit dieser Politik einverstanden sein. Naumann meint: »Die ‹Kindschaft Gottes in Galiläa› eignet sich nicht zur Grundlage neudeutscher Wirtschaftspolitik (Bruderliebe, Reinheit, Sorglosigkeit contra Bismarck, Kaufmannsgeist, gepanzerte Faust u.s.f.) Die Begründung dieser Scheidung vollzieht sich nicht prinzipiell, sondern praktisch-impressionistisch: Naumann in Jerusalem, an Ausstellungen etc.«[93] Barth stellt Naumanns politische Weltanschauung in Frage:

> Steht die Idee hier wirklich noch im Kampf? Gilt eigentlich für N. das Seiende oder das Seinsollende? Sind die Kompromisse mit der Welt als etwas Vorläufiges aufgefaßt und behandelt? Ist die Unruhe, die Sehnsucht nach der absoluten Zukunft größer oder das (ästhetische!) Behagen an den Relativitäten der Gegenwart? Ist die Idee Wahrheit oder die Wirklichkeit.[94]

Barth selbst antwortet so: »*Die Freude an der ästhetisch verklärten ‹Wirklichkeit› ist schließlich größer als die Freude an der Idee.* Als Wirklichkeit werden unbesehen d. h. empirisch hingenommen 1. die bürgerlich-kapitalistische Wirtschaftsentwicklung 2. der nationale Staat 3. der Krieg.«[95] Naumann schaltet den Protest gegen die Wirklichkeit »nahezu völlig aus seiner Politik« aus und legt stärkstes Gewicht »auf die Unterstreichung und Verteidigung dieser relativen Wirklichkeiten gegenüber ‹Schwärmern›«.[96] Es fehlen dabei Enthusiasmus und Glaube an Weltüberwindung, die er in das persönliche religiöse Gefühl zurückdrängte.[97] Darum äußerte sich Barth sehr kritisch über den Revisionismus in der SPD und die politische Haltung von August Bebel im Hinblick auf Naumanns Einstellung zur Sozialdemokratie: »Aber damit Schluß. Beurteilung des sozialist. ‹Endziels› als Phrase und Utopie. Vergnügen am Revisionismus. Bebel wird gelobt – als Auch-Nationalist und -Militarist! Völliges Unverständnis gegenüber dem religiösen Sinn des sozialdemokratischen Radikalismus.«[98] Barth verwirft Naumanns Ästhetizismus und »*Moralistisches Mißverständnis*

Mission Deutschlands, jedenfalls: wir brauchen Macht. Daher Kaisertum, Militär, Marine, Expansionspolitik.«
[92] Ebd., S. 51.
[93] Ebd., S. 51f.
[94] Ebd., S. 54.
[95] Ebd., S. 54f.
[96] Ebd., S. 55.
[97] Ebd., S. 55.
[98] Ebd., S. 57f.

des Ev[an]g[elium]s«.⁹⁹ Die radikale Veränderung der bestehenden Gesellschaftsordnung geht vom religiös-sozialistischen Gottesverständnis aus.¹⁰⁰

2.1.2. Erster Weltkrieg und das neue religiös-sozialistische Bewusstsein

Der Ausbruch des Ersten Weltkrieges selbst bringt »die *zweite Phase in Barths Sozialismus-Rezeption*: die Radikalisierung seines Begriffs von Sozialismus«.¹⁰¹ So eschatologisierte sich das Gottesverständnis, wie sich das Sozialismusverständnis zum Gedanken der Revolution hin radikalisiert.¹⁰² Barths Kritik am Ersten Weltkrieg richtet sich vor allem gegen Nationalismus, Militarismus, Kapitalismus, undemokratischen Gouvernementalismus.¹⁰³ Aber wichtiger ist ihm das Versagen der drei Geistesmächte vor Kriegsausbruch: »Christentum, Wissenschaft, Sozialismus«.¹⁰⁴ In dieser Hinsicht ist bezeichnend, dass der Religiöse Sozialismus oft in den nach dem Kriegsausbruch entstanden Schriften Barths kritisiert wurde. Es erscheint dennoch fraglich, ob sich seine theologische Wende als Bruch mit dem Religiösen Sozialismus verstehen lässt. Denn in seinen während des Ersten Weltkrieges verfassten Schriften und Vorträgen finden sich immer noch religiös-sozialistische Konzeptionen. Außerdem kann aus seinen »sozialistischen Reden« abgeleitet werden, dass diese theologische Wende nicht als ein Bruch mit dem Religiösen Sozialismus, sondern als die Herausbildung eines neuen religiös-sozialistischen Verständnisses aufzufassen ist. Barth brach mit dem »alten« religiös-sozialistischen Verständnis und bildete seine eigene Einstellung zum Religiösen Sozialismus heraus, der vom radikalen Christentum und dem radikalen Sozialismus ausgeht.

Dieses neue Verständnis richtet sich vor allem gegen die militaristische Weltordnung. Barth verstand den Militarismus als unvermeidliche Konsequenz des Kapitalismus, weshalb der Erste Weltkrieg für ihn den kapitalistisch-imperialistischen Krieg bedeutete. In seinem Vortrag *Unsre Stellung als Schweizer zum Weltkrieg* bezeichnet Barth den Ersten Weltkrieg als Krieg zwischen »den Rassen«, »den Militärmächten« und »den

---

⁹⁹ Ebd., S. 58.
¹⁰⁰ Ebd., S. 60: »Sich Naumann gegenüber nicht auf die praktischen Fragen einlassen. Es handelt sich *nicht* um diese. Entscheidend ist die Gottesfrage. Wir möchten von Gott mehr erwarten, – stellen uns *darum* kritischer zum Bestehenden, positiver zum Seinsollenden in der Politik.«
¹⁰¹ Marquardt, Erster Bericht über Karl Barths »Sozialistische Reden«, S. 480.
¹⁰² Ebd., S. 486.
¹⁰³ Ebd., S. 480.
¹⁰⁴ Ebd., S. 481.

widerstreitenden Geldinteressen«.[105] Aus seiner Sicht haben die Schweizer darum keinen Anlass, an diesen Gegensätzen teilzunehmen. Dabei legt er dar, dass der Kapitalismus die Menschen im Frieden aussauge und diesen Krieg mitverschuldet habe.[106] Im Vortrag *Krieg, Sozialismus und Christentum* von 1914 forderte er von den Christen seiner Zeit die Aufhebung der kapitalistischen Interessen, die zum Ersten Weltkrieg führten, und die Ablehnung des Militarismus.[107] Er fordert »eine Gesellschaftsordnung«, die »auf die Wertschätzung des Menschen gegenüber dem toten Kapital, auf die *solidarische Verpflichtung* der Menschen gegeneinander, auf die *Gerechtigkeit* in ihren gegenseitigen Beziehungen« aufgebaut ist.[108] Sie wird als der ursprüngliche Sozialismus bezeichnet, der die Beseitigung des Krieges in sich einschließt. Obwohl das Christentum und der Sozialismus im ursprünglichen Sinne den Militarismus und den damit verbundenen Krieg verbieten, schafften die Christen und die Sozialisten zur Zeit Barths es nicht, den Ersten Weltkrieg zu verhindern. Aus der kritischen Reflexion über ihre Schuld ergibt sich die Notwendigkeit eines »*radikalen Sozialismus*«.[109] Der radikale Sozialismus appelliert »an das *Gerechtigkeitsgefühl*«, an das Göttliche im Menschen, »nicht an seine niedern Instinkte (Klassenhaß, Hunger, Vergnügungssucht)«.[110] Darum spricht Barth überzeugend davon, dass der rechte Sozialist »allein durch den Glauben« (Röm 3,28) lebt.[111] Der radikale Sozialismus will »einfach durch seine *Wahrheit* siegen« und erwartet »nichts von der Gewinnung der Macht«.[112] Nach Barth wollten die damaligen Sozialisten durch unsozialistische Mittel – »Presse zur ‹Massenaufklärung›, Mehrheitsprinzip, Mitsprache in der Regierung, Pressierung gewisser Führer« – sozialistische Ziele erreichen, um innerhalb der bestehenden Welt Einfluss und Macht zu gewinnen.[113] Der radikale Sozialismus richtet sich grundlegend gegen die alte Konzeption des Sozialismus. Er ist mit dem radikalen Christentum untrennbar verbunden.[114] Die Christen dürfen »Parteimenschen sein, aber nur im Äußersten ihres Wesens«.[115] Sie dürfen für die Partei arbeiten, aber nicht für ihre äußere Macht, son-

---

[105] Karl Barth, Unsre Stellung als Schweizer zum Weltkrieg (1914), in: Vorträge u. kleinere Arbeiten 1914–1921, S. 80–85, hier S. 84.
[106] Vgl. ebd., S. 85.
[107] Karl Barth, Krieg, Sozialismus und Christentum I (1914), in: Vorträge u. kleinere Arbeiten 1914–1921, S. 86–94, hier S. 87.
[108] Ebd., S. 87.
[109] Ebd., S. 91.
[110] Ebd., S. 91.
[111] Ebd., S. 91.
[112] Ebd., S. 92.
[113] Ebd., S. 92.
[114] Ebd., S. 92.
[115] Ebd., S. 93.

dern für ihren Inhalt.[116] Auffallend ist dabei, dass die Kritik des Ersten Weltkrieges in diesem Vortrag an Rosa Luxemburg erinnert. Sie verstand den Ersten Weltkrieg als Krieg imperialistischer Mächte, die auf Militarismus basieren.[117] Für sie ist der Imperialismus die »letzte Lebensphase und höchste Entfaltung der politischen Weltherrschaft des Kapitals«.[118] Die Aufgabe der Sozialdemokraten ist es, den kapitalistischen Imperialismus zu verneinen und dem Militarismus Widerstand zu leisten.[119]

Am 26. Januar 1915 trat Barth der Sozialdemokratischen Partei der Schweiz bei, und am 14. Februar 1915 hielt er im Grütliverein Zofingen den Vortrag *Krieg, Sozialismus und Christentum II*. Das radikale Christentum und der radikale Sozialismus kommen auch hier zur Sprache. Die Beiden sind »Nichts Neues«, aber »das Alte in ursprünglicher Reinheit« und »Kraft.«[120] Barth erklärt zuerst den Begriff des radikalen Christentums mit der Bitte um das Kommen des Reiches Gottes in Mt 6,10.[121] Die damit verbundene Soteriologie beinhaltet die Ablehnung der bestehenden Weltordnung und Verhältnisse. Christen müssen es wagen, das Evangelium wieder als »einen Protest« und als »eine Aufgabe« zu empfinden.[122] Die urchristlichen Gemeinden hatten »die Hoffnung« und »den Glaubensgehorsam«, der einer neuen Welt entgegensieht und entgegengeht.[123] Heutige Kirchen und Glaubensgemeinschaften sollen wieder zu »Sammelpunkten« und »Organen« wirklichen Gottesglaubens werden.[124] Das ist das radikale Christentum, das sich auch im politischen Bereich auswirkt: »In diesem weltfreien und weltüberwindenden Christentum liegen die Kräfte, die auch den Krieg unmöglich machen.«[125] Es lässt sich allerdings erkennen, dass sich die Schnittmenge der zwei Kreise Sozialismus und Christentum durch die Erfahrung des Ersten Weltkrieges verklei-

---

[116] Ebd., S. 93.
[117] Rosa Luxemburg, Leitsätze über die Aufgabe der internationalen Sozialdemokratie, Anhang zu: die Krise der Sozialdemokratie [1916], in: dies., Politische Schriften II [= PS II], hrsg. v. Ossip K. Flechtheim, Frankfurt a. M. ²1968, S. 152–157, hier S. 153.
[118] Ebd., S. 154.
[119] Rosa Luxemburg, Militarismus, Krieg und Arbeiterklasse. Rede vor der Frankfurter Strafkammer [1914], in: PS II, S. 5–17, hier S. 14f.
[120] Karl Barth, Krieg, Sozialismus und Christentum II (1915), in: Vorträge u. kleinere Arbeiten 1914–1921, S. 105–117, hier S. 114.
[121] Ebd., S. 114: »Es komme dein Reich, es vergehe diese Welt! Die Liebe Gottes läßt die Welt nicht bestehen, sondern erlöst sie. Ein Christ sein heißt Anteil haben an jenem ewigen Willen, der hinter der Geschichte verborgen[,] u. darum ein Salz der Erde sein [Mt. 5,13], so ungeheuer schwer das ist u. so sehr dieser Weg ein Weg des Leidens werden muß.«
[122] Ebd., S. 114.
[123] Ebd., S. 115.
[124] Ebd., S. 115.
[125] Ebd., S. 115.

nerte. Sie ist aber groß genug, um sie als Religiösen Sozialismus zu qualifizieren. Von diesem Gesichtspunkt aus bezeichnet das radikale Christentum ein neues religiös-sozialistisches Bewusstsein. Darum konnte Barth klarstellen: »Ein wirklicher Christ muß Sozialist werden (wenn er mit der Ref. des Chrts. Ernst machen will!) Ein wirklicher Sozialist muß Christ sein (wenn ihm an der Ref. des Soz. gelegen ist!) muß im Evg. das Allein Notwendige, die umfassende Lebenskraft erkannt u. empfangen haben.«[126]

Im am Bezirkstag der sozialdemokratischen Partei des Bezirks Lenzburg am 25. April 1915 gehaltenen Vortrag *Christus und die Sozialdemokraten* ist der radikale Sozialismus nichts anderes als ein Sozialismus im ursprünglichen Sinn der Marxschen Konzeption. Er besteht in der »*Freiheit des Menschen vom Gelde*« und einer »*Neuordnung der Gesellschaft auf Grund der Gerechtigkeit*«.[127] In diesem Vortrag verwendet Barth die beiden Begriffe »Sozialismus« und »Sozialdemokratie« parallel. Den Glauben an Freiheit und Gerechtigkeit unter den Menschen vertrete die Sozialdemokratie gegenüber einer Welt, die auf das Geld und die Macht aufgebaut ist.[128] Aber inzwischen hatte die sozialdemokratische Partei ihre Identität als »revolutionäre Partei« verloren.[129] Der radikale Sozialismus setzt sich nicht Wahlerfolge, sondern sozialistische Persönlichkeiten zum Ziel. Aufgrund dieser Eigenschaften lässt er sich nicht auf eine parteipolitische Ideologie beschränken, weshalb Barth das bloße parteipolitische Engagement von Christen kritisch reflektiert. Das sozialistische Programm kann nur in dem Fall, »ein kleiner Ausschnitt aus Jesu Programm« sein, dass der Sozialismus radikal und die Sozialdemokratie revolutionär ist.[130]

Im Hinblick auf Barths Sozialismusverständnis nach dem Ausbruch des Ersten Weltkrieges ist auch sehr bemerkenswert, dass Barth in seinem Referat *Die innere Zukunft der Sozialdemokratie* vom 12. August 1915 den bestehenden Sozialismus als »national-bürgerlich« ansah und ihn als »Kriegssozialismus« und »Profitsozialismus« verwarf.[131] Hier richtet er seine Aufmerksamkeit auf »*die innere Zukunft*«, auf »*den sozialistischen Geist*«, der kommen muss, wenn es anders werden soll.[132] Zudem wird

---

[126] Ebd., S. 117.
[127] Karl Barth, Christus und die Sozialdemokraten (1915), in: Vorträge u. kleinere Arbeiten 1914–1921, S. 131–37, hier S. 134.
[128] Ebd., S. 135.
[129] Ebd., S. 135.
[130] Ebd., S. 135.
[131] Karl Barth, Die innere Zukunft der Sozialdemokratie (1915), in: Vorträge u. kleinere Arbeiten 1914–1921, S. 152–155, hier S. S. 153.
[132] Ebd., S. 153.

die Auffassung der Geschichte von Karl Kautsky als »zu äußerlich-mechanisch« beurteilt.[133] Nach Barth hat der historische Materialismus im Sinn von Marx nicht den Sinn eines rein ökonomischen Ablaufs, sondern »gerade des Selbstständig*werdens* der lebendigen Menschen gegenüber der Materie«.[134] In der folgenden Äußerung zeigt sich Barths neue sozialistische Gesinnung:

a) Der Inhalt des Sozialismus ist *Gerechtigkeit für die Menschheit*, nicht blos Verbesserung des Loses der Arb[eiter]klasse. [...] Ein egoistischer Sozialismus [ist] Widerspruch in sich selbst u. wird solche Konzessionen machen müssen wie jetzt in Deutschland. [...] b) Der Weg des Sozialismus ist die *Siegeskraft seiner Wahrheit*. Der Kampf um die polit. u. wirtschaftl[iche] Macht stellt ihn äußerlich dar, aber notwendig nur unvollkommen. Der Soz[ialismus] vertritt die absolute Gerechtigkeit, sein äußeres Thun wird immer nur relativ gut sein, seine Schlagkraft muß er aus andern Tiefen nehmen, sonst ist er zankende[,] übel riechende, kompromisselnde Partei unter andern. [...] c) Das Ziel des Sozialismus ist *die freie[,] reine Persönlichkeit*. Der Zukunftsstaat ist dabei nur Mittel zum Zweck. Darum kommt es schon jetzt nicht darauf an[,] Mitglieder, sondern Sozialisten zu gewinnen u. zu werden, die solche P[ersönlichkeiten] sind u. werden möchten: Erlöst vom Egoismus des Bürgertums, erlöst von seinem falschen Idealismus, erlöst von einem halbernsten Christentum, erfaßt von der transzendenten Kraft der sozialistischen Wahrheit.[135]

Im am 16. August 1915 im Arbeiterverein Safenwil gehaltenen Vortrag *Was heißt: Sozialist sein?* bezeichnet Barth diese sozialistische Idee als »einen Seelen-[,] Gemüts- und Gewissensozialismus« und die Sozialisten, die davon überzeugt sind, als »*innerliche Sozialisten*«.[136] Hier wird die banale Durchschnittlichkeit sozialistischer Lebensverwirklichung sehr stark kritisiert:

Die *trägen Mitglieder* sagen: die Beiträge zahlen, Zeitung halten u. in d. Versammlung gehen. Der *Vorstand* sagt: die fleißig in die Vers[ammlung] gehen u. bereit sind zum Agitieren etc. Die *eifrigen Sozialisten*: die von der Wahrheit u. Geltung des Programms überzeugt sind u. danach thun. *Das ist Alles wahr, aber das genügt nicht.* Es gab am 1. VIII 1914 genug Sozialisten in diesem Sinn in allen Ländern. Aber wo blieb das[,] was im ersten u. letzten Satz des Programms geschildert ist?[137]

Aus Barths Sicht kam es aufgrund des degenerierten Zustandes der Sozialisten zum Ersten Weltkrieg: »Die Sozialisten konnten nichts dagegen thun! Die Sozialisten mußten mitmachen! Die Sozialisten *wollten* mitmachen! – *ganz wie beim Christentum.* Es

---

[133] Ebd., S. 153: »Kautsky behauptet[,] Intelligenz, Disziplin u. Organisationstalent seien durch den Kapitalismus bereits großgezogen[,] mehr brauche es nicht. Die angebl[iche] Vorbedingung werde Ergebnis des Sozialismus sein. – Aber diese Auffassung der Geschichte ist zu äußerlich-mechanisch.«

[134] Ebd., S. 153.

[135] Ebd., S. 154f. Vgl. auch Barth, Krieg, Sozialismus und Christentum II, S. 115f.

[136] Karl Barth, Was heißt: Sozialist sein? (1915), in: Vorträge u. kleinere Arbeiten 1914–1921, S. 161–163, hier S. 162.

[137] Ebd., S. 161; vgl. Marquardt, Erster Bericht über Karl Barths »Sozialistische Reden«, S. 481.

zeigte sich auf einmal: sie sind gar nicht so gefährlich, sie lassen im Grunde schon mit sich markten.«[138] Dagegen will Barth, dass die Sozialisten den bisherigen gesellschaftlichen und staatlichen Ordnungen gefährlich werden. Vor diesem Hintergrund sind »*innerliche Sozialisten*« und ein »Seelen-«, »Gemüts-« und »Gewissensozialismus« gleichzeitig gefordert.[139] Die politischen und wirtschaftlichen Bemühungen müssen damit Hand in Hand gehen: »Nicht: zuerst bessere Menschen, dann bessere Zustände. Nicht: zuerst bessere Zustände, dann bessere Menschen. Beides *mit[-]* u. *in*einander.«[140]

Barth beginnt seinen am 7. Dezember 1915 in Baden gehaltenen Vortrag *Religion und Sozialismus* damit: »Vielleicht dient es am Besten zur Einführung in die grosse Sache, die uns heute beschäftigen soll, wenn ich es einfach versuche Ihnen zu sagen, wie ich dazu komme[,] mich als Pfarrer zum Sozialismus u. zur Sozialdemokratie zu bekennen[,] u. wie ich es meine, wenn ich das thue.«[141] Diese Rede zeigt ganz klar, dass er sich selbst noch als Sozialisten verstand. Er sei Sozialist »aus der Notwendigkeit der grossen Sache heraus« geworden, für die er leben möchte.[142] Dabei sind die Religion und diese Sache voneinander zu unterscheiden. Für Barth ist Religion nichts anderes als »das fromme Gefühl im einzelnen Menschen«, samt der besonderen Moral und dem besonderen Gottesdienst, die aus diesem Gefühl hervorgehen, aber die Sache, um die es sich ihm handelt, ist »etwas Grösseres« und »Klareres«.[143] Wenn sie »*die* Tatsache« ist, von der die ganze Menschheit im Grunde lebt, ist die Religion nur »ein Symptom, ein Anzeichen dieser Tatsache, eine ihrer Spiegelungen in dem sehr unvollkommenen Spiegel der menschlichen Seele, menschlicher Einrichtungen u. Bräuche«.[144] Bei dieser Sache geht es um das Reich Gottes. Das ist größer als Religion und Sozialismus.[145] Die strenge Unterscheidung von Religion und Reich Gottes ist mit der Unterscheidung von herkömmlichem Christentum und radikalem Christentum identisch. Barth liegt viel an dieser Unterscheidung, so dass er davon spricht: »Für das Reich Gottes möchte ich Pfarrer sein, nicht für die Religion, und im Dienste des Reiches Gottes, nicht im Dienste der Gesellschaft, der Kirche u. des Staates, die die

---

[138] Barth, Was heißt: Sozialist sein?, S. 162.
[139] Ebd., S. 162.
[140] Ebd., S. 163.
[141] Karl Barth, Religion und Sozialismus (1915), in: Vorträge u. kleinere Arbeiten 1914–1921, S. 211–223, hier S. 212.
[142] Vgl. ebd., S. 212.
[143] Ebd., S. 213.
[144] Ebd., S. 213.
[145] Ebd., S. 214.

Pflege der Religion wünschen.«[146] Im Vergleich mit der Darstellung des radikalen Christentums als Christentum in ursprünglicher Reinheit und Kraft zeigt sich, dass das radikale Christentum und das Reich Gottes dieselbe soziale Bewegung bezeichnen.[147] Barth lehnt zwar ab, sich selbst als »politischen Pfarrer« zu bezeichnen, aber er stellt sich als »**Sozialist** [Helvetica-Schrift]« und »Sozialdemokrat« vor.[148] Weiter hebt er die innere Verbindung von Reich Gottes und Sozialismus hervor:

Ich bin auf eine sehr einfache Weise Sozialist geworden u. ich bin es auf eine sehr einfache Weise. Weil ich an Gott u. sein Reich glauben möchte, stelle ich mich dahin[,] wo ich etwas von Gottes Reich zum Durchbruch kommen sehe. Glauben Sie nicht, dass ich mir dabei vom Sozialismus ein Idealbild zurechtgemacht habe. Ich meine die Fehler des Sozialismus u. seiner Bekenner sehr deutlich zu sehen. Aber noch deutlicher sehe ich in den **Grundgedanken** [Helvetica-Schrift], in den **wesentlichen Bestrebungen** [Helvetica-Schrift] des Sozialismus eine Offenbarung Gottes, die ich vor Allem anerkennen u. an der ich mich freuen muss. Die neue Gesellschaft, die auf den Grundlagen der Gemeinschaft u. der Gerechtigkeit ruht, statt auf den Grundlagen des Faustrechts u. der Willkür, die neue Ordnung der Arbeit im Sinne einer gemeinsamen Tätigkeit Aller u. für Alle statt im Sinne der Ausbeutung durch die Selbstsucht der Einzelnen, die neue Verbindung der Menschen als Menschen über die Schranken der Klassen u. Nationen hinweg statt der Gegensätze[,] die uns jetzt notwendig immer wieder auseinanderreissen – schliesslich der Weg zu diesen Zielen: die einfache Brüderlichkeit oder Solidarität zunächst einmal unter den Armen u. Entrechteten aller Länder – all dieses Neue, das der Sozialismus in das politische u. wirtschaftliche Leben hineinbringt, muss ich als ein Neues von Gott her anerkennen.[149]

Hier ist in Betracht zu ziehen, dass Barth trotz seiner Kritik an der sozialdemokratischen Partei nach dem Ausbruch des Ersten Weltkrieges seine Mitgliedschaft in der sozialdemokratischen Partei schätzt:

Durch meine Mitgliedschaft in der soz[ial]dem[okratischen] Partei meine ich mir selbst u. meiner Gemeinde gegenüber ganz schlicht an einem sehr wichtigen Punkte zu bekennen, dass Gott zu Ehren kommen muss, dass man ihm nicht ungehorsam sein darf. Religion kann man auch haben und sich einer andern Partei anschliessen oder parteilos bleiben. Wenn es mir nur um die Religion zu thun wäre, so würde ich wahrscheinlich bei den Parteilosen stehen od. vielleicht auch bei der liberal-konservativen Partei. Aber das Reich Gott kann ich da nicht finden, wo man doch immer wieder das Geld wichtiger nimmt als die Menschen, wo der Besitz doch immer wieder der

---

[146] Ebd., S. 214.
[147] Vgl. Barth, Krieg, Sozialismus und Christentum II, S. 114.
[148] Barth, Religion und Sozialismus, S. 218. Zu der Helvetica-Schrift siehe Hans-Anton Drewes, Vorwort, in: Barth, Vorträge u. kleinere Arbeiten 1914–1921, S. IX–XIX, bes. S. XVII: »In den ungedruckten Texten wie im textkritischen Apparat zu den gedruckten Stücken sind die Unterstreichungen, die Barth manchmal zur Verdeutlichung der Stelle im Gedankengang nachträglich mit Bleistift oder Farbstift im Manuskript eingetragen hat, durch die Helvetica-Schrift kenntlich gemacht, die dort *kursiviert* erscheint, wo eine gedankliche Hervorhebung aus der Phase der Niederschrift und eine rhetorische Markierung aus der Phase der Vorbereitung des mündlichen Vortrags zusammentreffen.«
[149] Ebd., S. 218f.

Massstab aller Werte ist, wo man ängstlich u. kleinlich das Vaterland über die Menschheit stellt, wo man immer wieder stärker an das Gegenwärtige glaubt, als an das Zukünftige.[150]

Marquardt betrachtet darum die Differenz von Evangelium und Religion in diesem Vortrag als »eine politische« sogar »eine parteipolitische Differenz«.[151]

Am 5. März 1916 hielt Barth im Arbeiterverein von Rohr einen Vortrag mit dem Titel *Der Wille Gottes und der Krieg*. Am Anfang seines Vortrags stellt er ganz klar fest, dass der Wille Gottes im Gebet um das Geschehen seines Willens kein dunkles Schicksal ist und einen klaren Inhalt hat.[152] Er äußert sich über den Willen Gottes so: »*Der Wille Gottes ist die Überwindung des Bösen u. das Kommen des Himmelreichs auf die Erde durch neue Menschen.*«[153] Das politische Engagement von Christen gegen den kapitalistischen Militarismus und den imperialistischen Krieg steht im engen Zusammenhang mit dem Willen Gottes.[154] Und das zielt nicht auf eine Reform, sondern auf eine Revolution. Barth verachtet eine soziale und politische Reform gegen den kapitalistischen Militarismus:

Der Krieg ist nur *ein Stück* der vom Willen Gottes noch nicht beherrschten Welt überhaupt. Kapitalismus! Machttrieb! Gewalt! Diese Welt- und Menschheitstatsachen wieder [?] kann man nicht durch Reform beseitigen, weil sie im Menschen wurzeln, ihre Überwindung setzt neue M[enschen] voraus[.] Haben wir das? [...] Der *Ausbruch des Krieges* hat gezeigt, daß die Völker noch nicht reif waren, ihn zu vermeiden, die internationale Einigkeit nicht stark genug, ihn zu verhindern. So ist der *Protest* gegen den Krieg zunächst zwecklos, ebenso die vielen Proteste gegen den Militarismus.[155]

Hier ist das Böse nicht nur der Krieg, sondern der Krieg als ein Stück von Kapitalismus, Machttrieb, Gewalt.[156] Eingehen auf den Willen Gottes heißt daher »nicht Reform, sondern **Revolution** [Helvetica-Schrift]«.[157] Damit spielt Barth auf eine radikale sozialistische Bewegung an. Seine Kritik an Pazifismus und Antimilitarismus ist also im Zusammenhang mit der Forderung nach Revolution zu verstehen.[158]

---

[150] Ebd., S. 219.
[151] Marquardt, Erster Bericht über Karl Barths »Sozialistische Reden«, S. 473.
[152] Karl Barth, Der Wille Gottes und der Krieg (1916), in: Vorträge u. kleinere Arbeiten 1914–1921, S. 260–264, hier S. 260.
[153] Ebd., S. 262.
[154] Ebd., S. 262f.
[155] Ebd., S. 263.
[156] Vgl. Marquardt, Erster Bericht über Karl Barths »Sozialistische Reden«, S. 482.
[157] Barth, Der Wille Gottes und der Krieg, S. 264.
[158] Ebd., S. 264: »Im Krieg rächt sich der Ungehorsam gegen den W. G. Es zeigt sich, daß unser Weg falsch war. Pazifismus u. Antimilitarismus kommen zu spät, sind nicht radikal genug. Insofern ist der Krieg eine Strafe,

Im Vortrag *Die Zukunft des Christentums und der Sozialismus* von 1917 wird das Verhältnis von Christentum und Sozialismus aufgegriffen. In Bezug auf die Fähigkeit zur Verwirklichung der »besseren Gesellschaft« vergleicht Barth die Eigenschaften des Christentums mit den Eigenschaften des Sozialismus, und dann stellt er fest, dass sich die bessere Gesellschaft nicht auf der Seite des Sozialismus, sondern auf der Seite des Christentums befindet.[159] In diesem Vergleich lässt sich der Unterschied zwischen den Eigenschaften der beiden Totalitäten deutlich erkennen. Barth war dennoch davon überzeugt, dass die Wahrheit der in Christus vollzogenen Versöhnung der Menschheit durch die Liebe Gottes die Wahrheit des Sozialismus in sich begreife und dass der Sozialismus im besten Fall ein kleines Teilstück der christlichen Ideen vertrete und auf die Ergänzung durch das Christentum angewiesen sei.[160] Er geht noch einen Schritt weiter, indem er davon spricht, dass beide Seiten »eine Heilslehre« vertreten, und beide »ein Arkanum« gegen die Leiden einer gefallenen Menschheit verkündigen.[161] Hier ist zudem zu berücksichtigen, dass sich das Evangelium als »Kraft Gottes zum Heil« in Röm 1,16 vom modernen Christentum abgrenzt, das »durch eine allgemeine Kraftlosigkeit« gekennzeichnet ist.[162] Barth verwirft das moderne Christentum wie folgt:

Aber es hat auch das Gefühl verloren für das Dynamische, Schöpferische, Tätige, Kräftige in Gott und für das Seufzen u. Harren der Kreatur, die sich mit uns nach Erlösung sehnt [Röm. 8,22f.]. Es erwartet so wenig. Es ist so schnell zufrieden mit ein wenig Seligkeit, ein wenig Erkenntnis, ein wenig christlicher Tätigkeit. [...] Und wo kein Sinn ist für Gott, da müssen die himmlischen Kräfte ruhen, da kann u. will Gott nicht helfen. Und während die himmlischen Kräfte ruhen müssen, sind die höllischen Mächte um so tätiger gewesen, haben sich entfalten dürfen im 19. Jahr[un]d[e]rt wie noch in keinem andern, haben ihre Babelstürme von Kapitalismus, Nationalismus, Militarismus aufbauen können[,] und die Christen, die Christen des 19 Jahrhdrts[,] die von der Erweckung herkamen, merkten gar nicht was vorging, liessen die Welt gehen, wie sie ging, halfen wohl noch in ihrer Ahnungslosigkeit den dunklen Gewalten, jammerten über besonders wüste Erscheinungen, über die vielen Seelen, die sie verloren gehen sahen, über die zunehmende Gottlosigkeit der Zeit und verstanden ihre Zeit doch so gar nicht, verstanden nicht[,] dass gegen Kräfte nur Kräfte etwas ausrichten.[163]

Aus den Beschreibungen dieses Christentums kann man schon erkennen, dass das Evangelium das radikale Christentum, das auf dem kapitalismuskritischen Bewusstsein basiert, kennzeichnet. Barth stellt darum fest, dass »bei Gott Kräfte *sind* noch heute auch gegen den Mammon, auch gegen den Unfrieden der Nationen, auch gegen

---

eine göttl. Führung, aber nie sehr klar.«
[159] Karl Barth, Die Zukunft des Christentums und der Sozialismus (1917), in: Vorträge u. kleinere Arbeiten 1914–1921, S. 390–407, hier S. 391ff.
[160] Vgl. ebd., S. 393.
[161] Ebd., S. 393.
[162] Ebd., S. 396.
[163] Ebd., S. 396f.

das Elend des Proletariats, auch gegen die Krankheit so gut wie gegen die persönlichen Sünden des Einzelnen, mit der sie sich ebenso endlos wie machtlos abmühten«.[164] Aus seiner Sicht liegt das Problem der Religiösen Sozialisten, die den Ersten Weltkrieg nicht verhindern konnten, darin, dass sie nicht mehr Wege zum radikalen Christentum oder Evangelium als Kraft Gottes suchten, sondern mit dem modernen Christentum, das diese Kräfte leider nicht hat, zufrieden waren.[165]

2.1.3. Konstruktive Kritik an der bolschewistischen Revolution

Wie in Abschnitt 2.1.2. bereits festgestellt, neigte Barth trotz einem theologisch prägnanten Wendepunkt noch im Ersten Weltkrieg dem revolutionären Sozialismus, d. h. dem Sozialismus im ursprünglichen Sinne von Marx, zu. In diesem Abschnitt werden die Fragen beantwortet, ob diese Einstellung zum Sozialismus noch nach dem Ende der Ersten Weltkrieges Bestand hatte und wie der Russische Bürgerkrieg und die Gründung der Dritten Internationale (= der Kommunistischen Internationale) auf Barths politisches Denken wirkten. Eine ambivalente Einstellung zur Oktoberrevolution und eine negative zum russischen Bürgerkrieg tauchen häufig in den Schriften und Vorträgen von 1919 auf. Von den beiden Einstellungen geht Barths konstruktive Kritik an der bolschewistischen Revolution aus.

In seinem am 11. Februar 1919 im Safenwiler Arbeiterverein gehaltenen Referat über *Schweizerischer Parteitag und internationale Konferenz* behandelt Barth das Problem der Sozialistischen Partei der Schweiz (SPS) und das Problem der Kriegsführung der Sozialisten. Barth fordert seine Zuhörer dazu auf, gegen die Sozialpatrioten zu protestieren: »*Das Urteil über die Sozialpatrioten.* Protestieren wir gegen sie. Aber keine Selbstgerechtigkeit, nicht die Heiligen spielen wollen[.] Adler, Kautsky! Haben wir den Mut, mit ihnen zu diskutieren.«[166] Er referiert hier den Antrag von Platten (linksaußen in der SPS), dem er aber nicht zustimmt.[167] Aber er verwirft die Kriegsführung der Sozialisten. Sein Vorwurf beruht auf seiner Kritik der Gewalt:

---

[164] Ebd., S. 397f.
[165] Ebd., S. 399.
[166] Karl Barth, Schweizerischer Parteitag und internationale Konferenz (1919), in: Vorträge u. kleinere Arbeiten 1914–1921, S. 437–443, hier S. 440.
[167] Ebd., S. 441ff.

Auf der Gewalt beruht das bisherige gesellschaftl. System. Grundsätzlich kann der Soz[ialismus] nicht daran denken, dieses alte Mittel zu verwenden. Freilich: es giebt keine reine Politik, auch die soz. kann es nicht sein. Es lassen sich Notlagen denken a) Fälle von Defensive gegen illegale Gegner b) Entscheidender Augenblick des Sieges c) Völlig verdorbene Situationen, wos zur Eruption kommt. Aber das sind Notlagen. Wer sie *rechtfertigt[,]* ist nicht mehr Sozialist. Man kann nur Alles tun zu ihrer Überwindung. Darum ist dieser Beschluß eine typische *Verirrung* als Verkennung der Lage und des Sozialismus selbst.[168]

Die Kritik der Gewalt gilt auch für die Diskussion über den Schweizerischen Landesstreik vom November 1918.[169] Im Hinblick auf Barths Kritik an der bolschewistischen Revolution ist seine positive Einschätzung zur sozialistischen Politik von Kurt Eisner in *Der Generalstreik im November 1918* (1919) zu berücksichtigen.[170] Sie zeigt sich auch in *Der internationale Sozialistenkongress in Bern* (1919): »Hier der Wille zu einer *Verständigung unter d. arbeitenden Völkern[,]* Nur Bruchteil vertreten, aber wichtiger. Dieser Wille ist da, mehr als zu erwarten war. Wertvolle Zugeständnisse von beiden Seiten. Noch ist die Kriegspsychose nicht überwunden, aber sie wird es. Die Internationale marschiert wieder, nicht in der Richtung der Soz[ial-]Patrioten, sondern in d. Richtung Eisner. Das wird man sich in Paris merken!«[171] Barth begrüßte die Beschlüsse des internationalen Sozialistenkongresses in Bern, dessen Mehrheit dem Bolschewismus gegenüber zu stehen schien.[172]

Im am 20. März 1919 gehaltenen Vortrag *Die russische Revolution 1917* unternahm es Barth, einen Überblick über die russische Revolution zu bieten. Er eröffnet seinen Vortrag mit folgenden Sätzen: »Eine vorläufige Orientierung zur Stellungnahme zur Frage: Demokratie oder Diktatur? Schwierig, weil mehrere Unbekannte in der Rechnung für uns a) Rußland b) die Bolschewiki c) die Tatsachen seit Nov. 1917 (Abwartende Stellung des internat. Soz[ialisten]kongresses[,] Haltung von Naine in s[einer] Broschüre) Also alles Mitteilungen, die der Ergänzung bedürfen.«[173] Er sieht Trudowiki als Brüderliche Sozialisten auf nationaler Basis, Narodniki und Menschewiki als Revolutionä-

---

[168] Ebd., S. 443.
[169] Karl Barth, Der Generalstreik im November 1918 (1919), in: Vorträge u. kleinere Arbeiten 1914–1921, S. 444–463, hier S. 462: »Streik ist nicht Gewalt, aber auf d. Weg dazu. Zweifellos Gedanke an Umsturz. Lag in dieser Richtung nicht ein böser Irrtum über die Lage? Weltgeschichtl. Betrunkenheit? Eine Folge der vielen Phrasen? Gefangen im eigenen Netz? Siegen oder Sterben!«
[170] Ebd., S. 450.
[171] Karl Barth, Der internationale Sozialistenkongress in Bern (1919), in: Vorträge u. kleinere Arbeiten 1914–1921, S. 464–480, hier S. 480.
[172] Ebd., S. 479.
[173] Karl Barth, Die russische Revolution 1917 (1919), in: Vorträge u. kleinere Arbeiten 1914–1921, S. 481–493, hier S. 482.

re Sozialisten, und Bolschewiki als Extreme Sozialisten.[174] Die Februarrevolution von 1917 wird wie folgt beurteilt:

Die Märzrevolution. Anlaß: neben den allgemeinen die kompromittierten Gestalten eines Stürmer, Suchomlinow, Rasputin. Die Entente begrüßt die Revolution! Ans Ruder kommen zunächst die Kadetten, mit denen sich die Soz[ial-]Revol[utionäre] verbinden. Fürst Lwow. Miljukov. Rodzanko. Frühlingstage in Moskau! Rückkehr der Exilierten. Aber die Zersetzung geht weiter. In der Masse grollt trotz der Demokratisierung das Mißtrauen gegen die Intelligenz. Großer Fehler: der demokratische Feldzug gegen Deutschland soll fortgesetzt werden. Auch die Soz.Rev. wollen jetzt (trotz ihrer frühen Haltung) den Krieg.[175]

Bei Barth gelten Lenin und Trotzki als »Willens[-] und Vernunftmenschen, ohne Ruhetrieb und Aufregung« und »Unmittelbare Intellektualisten«.[176] Hinzu kommt, dass sie als »moralisch kaum zu verdächtigen« und als »nicht machtgierig« gelten.[177]

Im am 9. April 1919 gehaltenen Vortrag *Bolschewismus* beantwortet Barth die Frage, wie die bolschewistische Partei ans Ruder kam: »Sie ist die Partei des städt[ischen] Industrieproletariats. Diese neue Klasse erfuhr *den Druck* der alten (nicht nur russischen!) Verhältnisse am Stärksten, war *innerlich gelöst* von den tradit[ionellen] Gütern (Familie, Vaterland, Religion, Bildung) […] Hier entstanden die radikalsten Reformgedanken, die ihrerseits wieder zur Macht wurden.«[178] Weiter wird die Führung von Lenin und Trotzki relativ positiv bewertet.[179] Barth nimmt aber die Problematik des bolschewikischen Systems wahr,[180] obwohl er glaubt, dass sich dieses System in einer Übergangsphase befinde.[181] In diesem Vortrag kann man erkennen, dass Barth eine konstruktiv kritische Einstellung zum Bolschewismus hatte. Auch im Vortrag *Demokratie oder Diktatur?* vom 16. April 1919 findet sich dieselbe Einstellung. Dieser Vortrag beginnt mit folgenden Sätzen: »*Nicht Urteil* über die russ. Partei. Grundsätzliche Wichtigkeit ihres Versuches, ganz abgesehen von s[einer] histor. Begreiflichkeit. Ein

---

[174] Ebd., S. 484f.
[175] Ebd., S. 485ff. Mit der Märzrevolution ist die nach dem neuen Kalender am 08.03.1917, nach dem alten russischen Kalender am 23.02.1917 ausgebrochene und heute meist Februarrevolution genannte Erhebung, gemeint.
[176] Ebd., S. 488f.
[177] Ebd., S. 489.
[178] Karl Barth, Bolschewismus (1919), in: Vorträge u. kleinere Arbeiten 1914–1921, S. 494–500, hier S. 494.
[179] Ebd., S. 494.
[180] Ebd., S. 495: »Im Zus[ammen]stoß mit der Wirklichkeit kommt es nun zu den grotesken *Konzessionen* an das[,] was man überwinden will (Klassenherrschaft, Staatsomnipotenz, Militarismus) die uns als das Wesen des B[olschewismus] erscheinen.«
[181] Vgl. ebd., S. 499f.

anderes ist die Nachahmung.«[182] In dieser Äußerung sieht Marquardt »das Kriterium der Ablehnung des Moskauer Zentralismus«.[183] Um die Frage, wie sich die europäischen Sozialisten zur Verschiebung ihres Programms im russischen Sinn stellen sollen, zu beantworten, kommentiert Barth die Sowjetverfassung: »Die *Sowjetverfassung* ist eine Sache für sich, die ernstlich zu erwägen ist. Unsre Dem[okratie] muss dem Leben besser angepasst werden. Es handelt sich um die *Diktatur*, um die Merkmale der Minoritätsherrschaft, der Exklusivität, der gewaltsamen Umwälzung.«[184] Allerdings meint Barth, dass der »*Grundsatz d. Vergeltung*« ausschalten müsse.[185] Sonst werden die Merkmale der gewaltsamen Umwälzung, der Minoritätsherrschaft und der Exklusivität gefährlich. Barth kritisiert hier diese Merkmale:

a) **Die gewaltsame Umwälzung.** Dann wird die neue Gesellschaft auf d. *alten Grundlagen* errichtet. Denn der Erfolg heiligt die Mittel nicht. Selbst die Luft von Treibhauskultur. Die Geschichte ruft solchen Gewaltsprüngen. – Das Ziel *wird nicht erreicht*. Der Sozialismus braucht freie Produktion, nicht neue Hörigkeiten. Freie Gesinnung, nicht Preßknebelung etc. Freie M[enschen], nicht soz[ialistische] Etikettenleute. […] b) **Die Minoritätsherrschaft.** Die anerkannten Fehler der *Demokratie* werden nicht besser durch ihre Aufhebung. […] Die *Minderheit* soll durch ihre Intelligenz herrschen d. h. zur Mehrheit werden c) **Die Exklusivität** d. Arbeiterklasse. Der Widerstand der Bauern würde s[ich] äußern durch Produkt[ions]verminderung, der der bürgerl. Klasse durch Verlegung [?] d. Industrie. Und das Ziel d. Aufhebung der Klassen? Und die geistigen Werte? Also: Nein, sondern Ausnützung der jetzigen Lage durch polit. Arbeit[.] Mehr Genossenschaftswesen, mehr soz. Bildung![186]

Barth stimmte zu, dass die Schweizer Sozialdemokratische Partei 1920 den Beitritt zur Komintern ablehnte,[187] und er verachtete »die 2½ Internationale«, die einen Mittelweg suchte, keineswegs.[188] Diese Zustimmung dürfte vom 1918 begonnenen russischen Bürgerkrieg beeinflusst worden sein. Denn Barth forderte in seiner ganzen Safenwiler Zeit ständig dazu auf, auf die Vergeltung mit Gewalt und die Kriegsführung der Sozialisten zu verzichten. Deshalb grenzte er sich vom sowjetischen Sozialismus ab, obwohl er mit dem ursprünglichen Ziel der russischen Revolution einverstanden war. Mit seiner Kritik an Karl Kautsky und der russischen Revolution nähert er sich dem Sozialis-

---

[182] Karl Barth, Demokratie oder Diktatur? (1919), in: Vorträge u. kleinere Arbeiten 1914–1921, S. 501–502, hier S. 501.
[183] Marquardt, Erster Bericht über Karl Barths »Sozialistische Reden«, S. 484.
[184] Barth, Demokratie oder Diktatur?, S. 501.
[185] Vgl. ebd., S. 501.
[186] Ebd., S. 501f.
[187] Karl Barth, Brief an Eduard Thurneysen vom 11. 12. 1920, in: Karl Barth–Eduard Thurneysen Briefwechsel, Band 1: 1913–1921 [= Barth–Thurneysen Briefwechsel I], bearbeitet u. hrsg. v. Eduard Thurneysen, Karl Barth-Gesamtausgabe, Abt. V. Briefe, Zürich 1973, S. 454: »Beitritt [zur kommunistischen Internationlae] mit 350 zu 213 abgelehnt, Spaltung perfekt!«
[188] Karl Barth, Brief an Eduard Thurneysen vom 20. 6. 1921, in: Barth–Thurneysen Briefwechsel I, S. 494–496, hier S. 496.

musverständnis Rosa Luxemburgs an, das sich gegen den Reformismus der SPD und gegen das Partei- und Revolutionskonzept Lenins abgrenzt.[189]

Barth hielt am 9. Juni 1919 bei einer Versammlung der Christlichen Studenten-Vereinigung (CSV) in Aarburg einen Vortrag mit dem Titel *Christliches Leben*. Dieser Vortrag ist formal und inhaltlich offenbar als Vorarbeit zum Tambacher Vortrag zu würdigen.[190] Hier ist das Thema »Das Verhältnis des in J[esus] nahe herbeigekommenen R[eiches] G[ottes] zu den Gebilden des natürl. Gem[einschafts-]Lebens: Ehe, Familie, Beruf, Wirtschaftsleben, Staat, Bezieh[ung] der Völker untereinander«.[191] Barth stellt das Verhältnis von Reich Gottes und Welt so dar: »Das R[eich] G[ottes] triumphiert über die Weltreiche. Es begreift sie in sich, es erklärt u. erleuchtet sie, es richtet sie auf u. stürzt sie, es ist ihr letzter Sinn u. ihr oberstes Ziel. Gott der **Schöpfer, der Erlöser, der Vollender** [Helvetica-Schrift], von ihm u. durch ihn u. zu ihm alle Dinge [Röm. 11,36], das ist das neue Licht, in dem die Weltverhältnisse stehen.«[192] Darum fordert er Christen auf, dass sie auf die »tote Abstraktion« über das Leben verzichten,[193] und erwägt die Möglichkeit, dass sie »**Stürmer des H[immel-]R[eiches]** [Helvetica-Schrift]« im Kampf von Licht und Finsternis werden.[194] Sie sollen für diesen Kampf »protestieren, kritisieren, reformieren, sozialisieren[,] revolutionieren«.[195] Dieser Vortrag basiert auf dem Verständnis Gottes und dem Verständnis des Reiches Gottes als des ganz Anderen:

Wer auch nur ein wenig in jener Erschütterung drinsteht, der weiß, daß das Andre[,] das wir in den jetz[igen] Verhältnissen vermissen u. nach dem wir suchen, nicht nur etwas Andres[,] sondern *das ganz Andre* ist. Das Reich Gottes ist d. R. *Gottes*. Wir können uns den Übergang von den Analogien des Göttlichen zu der göttl. Wirklichkeit nicht radikal genug denken. Das Schema der Entwicklung versagt, muß versagen, wenn wir das Ende der Wege Gottes, das Ziel der Erlösung ins Auge fassen wollen. [...] Wir warten nicht nur besserer, reformierter, revolutionierter Verhältnisse, sondern eines **n[euen] H[immels] u. einer n[euen] Erde** [Helvetica-

---

[189] Zu Luxemburgs Sozialismusverständnis und ihrer Kritik an der russischen Revolution vgl. Rosa Luxemburg, Die russische Revolution, in: PS III, hrsg. u. eingel. v. Ossip K. Flechtheim, Frankfurt a. M. 1968, S. 106–141, bes. S. 138f: »Der Grundfehler der Lenin-Trotzkischen Theorie ist eben der, daß sie die Diktatur, genau wie Kautsky, der Demokratie entgegenstellen. [...] Es ist die historische Aufgabe des Proletariats, wenn es zur Macht gelangt, an Stelle der bürgerlichen Demokratie sozialistische Demokratie zu schaffen, nicht jegliche Demokratie abzuschaffen. [...] Sozialistische Demokratie beginnt zugleich mit dem Abbau der Klassenherrschaft und dem Aufbau des Sozialismus.« Dazu siehe ebd., S. 134ff.
[190] Marquardt, Erster Bericht über Karl Barths »Sozialistische Reden«, S. 487.
[191] Karl Barth, Christliches Leben (1919), in: Vorträge u. kleinere Arbeiten 1914–1921, S. 503–513, hier S. 503.
[192] Ebd., S. 504.
[193] Ebd., S. 506.
[194] Ebd., S. 509.
[195] Ebd., S. 509.

Schrift][2.Petr. 3,13]. Das neue Jerus[alem] hat nicht das Geringste zu tun mit der neuen Schweiz und mit d. internat[ionalen] Zukunftsstaat[,] sondern es kommt, von **Gott zuvor bereitet** [Helvetica-Schrift] [,] auf die Erde [vgl. Apk. 21,2], wenn s. Stunde da ist. Die Schöpfungsordnung[,] die X wiederbringt, wird zugleich völlig **umgeordnet** [Helvetica-Schrift]. Es stehen der Vervollkommnung der jetz[igen] Verhältnisse Schranken entgegen, die nur Gott selbst brechen kann. Gott aber wird sie brechen.[196]

Nach Barth stehen Christen in der Übergangszeit, und darum sollen sie darin ihr Bestes tun, obwohl Gott »**Alles in Allen** [Helvetica-Schrift]« sein wird.[197] Und ihr Bestes zu tun und das sozialdemokratische Engagement widersprechen sich nicht.[198] Zum Schluss dieses Vortrags beantwortet Barth die Frage »Was sollen wir denn nun tun?« wie folgt:

Ich möchte darauf die Generalantwort geben, daß sehr wenig darauf ankommt, ob wir nun dies oder das tun. Wir müssen aber lebendige bewegliche M. sein – bewegt von der Wahrheit Xi in ihrem ganzen mannigfaltigen Reichtum. Reine **Weltbürger** [Helvetica-Schrift] haben wir genug, begeisterte **Kämpfer** [Helvetica-Schrift] haben wir auch genug, **Sehnsüchtige** [Helvetica-Schrift] nach der Heimat[,] die droben ist im Licht[,] haben wir auch genug. Es haben alle auf ihre Weise recht. Wir haben aber zu wenig M., die es einsehen[,] daß das R. G. Alles zugleich ist u. eins im Andern: regnum naturae, regnum gratiae u. regnum gloriae. Wären wir solche M., stünden wir in dieser Centralerkenntnis der Wege Gottes[,] die die rechte Lebenserkenntnis ist, wären wir Zeugen d. Auferstehung Jesu[,] so brauchten wir keine christl. Ethik. Wer Ohren hat zu hören, der höre [Mt. 11,15].[199]

Abschnitt 2.1. hat gezeigt, dass Barth in seiner Safenwiler Frühzeit vom Religiösen Sozialismus stark geprägt war. Mit der kritischen Reflexion über die Schuld der Christen und der Sozialisten am Ersten Weltkrieg beginnen aber Überlegungen zu einem radikalen Christentum, die zu einem neuen religiös-sozialistischen Bewusstsein führen. Der nächste Abschnitt soll aufzeigen, wie sich dieses Bewusstsein in der ersten Auflage des *Römerbriefs* im Begriff der Revolution Gottes ausdrückte.

---

[196] Ebd., S. 509ff.
[197] Ebd., S. 511.
[198] Ebd., S. 511: »Wir brauchen nicht zu befürchten, daß der Blick auf diese völlig neue Wendung in der Gesch[ichte] d. Taten G's uns den Mut u. die Kraft nehme für das Heutige u. Diesseitige. Die Kraft des Jenseits ist die Kraft des Diesseits. Die spes futurae vitae war der heimliche Hebel aller wirklichen Fortschritte u. Revolutionen. Viell[eicht] dient es zur Beruhigung od. Beunruhigung[,] wenn ich sage, daß ich mich im Blick gerade auf diese letzten Erwägungen erst recht freue, Soz[ial]dem[okrat] zu sein.«
[199] Ebd., S. 511f.

2.2. Die sozialistische Revolution und die Revolution Gottes in *Der Römerbrief I*

2.2.1. Sozialistische Imperialismuskritik

Der auf dem revolutionären Sozialismus beruhende Religiöse Sozialismus – anders ausgedrückt, das radikale Christentum – ist auf Barths neues Gottesverständnis zurückzuführen. Zwar findet sich sein Ansatz schon in den im Ersten Weltkrieg verfassten Schriften und Vorträgen, aber nach dem Ende des Ersten Weltkrieges nimmt es feste Gestalt an. Marquardt bezeichnet den Ansatz als »Ganz-Andersheit der Transzendenz Gottes«.[200] Im Blick auf die Transzendenz Gottes muss vor Augen gehalten werden, dass das Göttliche und das Weltliche in der ersten Auflage des *Römerbrief*s voneinander unterschieden, aber nicht getrennt sind. Hinzu kommt, dass die Transzendenz Gottes dem revolutionären Sozialismus im Sinne Barths nicht entgegensteht. Wenn sich beide Elemente in seiner Theologie einander widersprochen hätten, wäre seine sozialistische Einstellung in der ersten und zweiten Auflage des *Römerbrief*s und den Vorträgen der 20er Jahre nichts als ein schizophrenes Produktionsergebnis. Die spätere politische Ethik Barths beinhaltet zwar weitere wichtige Elemente, die weder im Sozialismus noch im Marxismus eingeordnet werden können, z. B. Widerstand gegen Nationalsozialismus (bzw. Totalitarismus), gegen Antisemitismus und gegen die atomare Rüstung (bzw. die Wiederbewaffnung Deutschlands), aber die sozialistische Imperialismuskritik spielt in der ersten Auflage des *Römerbrief*s noch weiterhin eine zentrale Rolle.

In der Auslegung von Röm 8,35–37 in der ersten Auflage des *Römerbrief*s kritisiert Barth die bestehende Weltordnung: »Nun ist's wohl wahr, daß hart im Raume sich die Sachen stoßen: da ist der Gewaltstaat und da ist die Scheinkirche, da ist die vom Mammon beherrschte gute Gesellschaft und da ist das dumpfe Rätsel der Masse.«[201] Hier kennzeichnen die vom Mammon beherrschte gute Gesellschaft, der Gewaltstaat und die Scheinkirche jeweils die bürgerliche Gesellschaft, den Imperialismus, der auf Militarismus basiert, während das Rätsel der Masse auf das Proletariat verweist. Der Gewaltstaat in der ersten Auflage des *Römerbrief*s bezeichnet den europäisch-imperialistischen Staat, und Barths Kriegskritik ist auf das kritische Bewusstsein gegen den kapitalistischen Imperialismus als die Ursache des Ersten Weltkriegs gegründet. Seine

---

[200] Friedrich-Wilhelm Marquardt, Eia, wärn wir da – eine theologische Utopie, Gütersloh 1997, S. 480.
[201] Karl Barth, Der Römerbrief (Erste Fassung) 1919 [= Römerbrief 1], hrsg. v. Hermann Schmidt, Karl Barth-Gesamtausgabe. II. Akademische Werke 1919, Zürich 1985, S. 352f.

Kritik am Ersten Weltkrieg entspricht der modernen soziologischen Analyse. Luxemburg versteht den Ersten Weltkrieg als einen kapitalistisch-imperialistischen Krieg und bezeichnet ihn als einen »Rückfall in die Barbarei« im Sinne von Friedrich Engels.[202] Max Weber versteht ihn als ersten umfassenden technisch-industriellen Massenkrieg und bezeichnet ihn als »Maschinenkrieg« des modernen Militärstaates.[203] Der Erste Weltkrieg ist der erste Krieg, der alle beteiligten Staaten zur umfassenden militärischen, politischen, sozialen und ökonomischen Mobilisierung und Zentralisierung aller Kräfte zwang.[204] Mit dem Zwang des Machtstaates ist die imperialistische Wehrpflicht zum Ersten Weltkrieg gemeint.[205] Unter diesem Aspekt betrachtet, ist der Erste Weltkrieg die schlimmste Folge der kapitalistisch-imperialistischen Expansionspolitik in Europa.[206]

Röm 12,14–16b weist die Christen an, ihren Gegner zu tolerieren und den Unterdrückten beizustehen. In der Auslegung von Röm 12,14–16b hebt Barth das politische Engagement von Christen hervor, indem er den gnostischen Dualismus verwirft. Er weist auf das Problem des transzendentalen und personalistischen Glaubens hin: »Stoizismus ist nicht Christentum, und ‹persönliches Leben› ist keine Antwort mehr auf Weltkrieg und Revolution.«[207] Durch Christen will das Göttliche auf christliche Weise, d. h. durch »die Besonnenheit«, reden und wirken.[208] Die Christen müssen in der Welt »der Sache Gottes« dienen, und auch »Freude und Leid der Welt« müssen in ihnen sein, weil sie nicht »Monaden ohne Fenster« sind.[209] Ihre solidarische Mitbewegung und

---

[202] Rosa Luxemburg, Die Krise der Sozialdemokratie (Junius-Broschüre) [1916], in: PS II, S. 19–152, hier S. 31: »Friedrich Engels sagte einmal: die bürgerliche Gesellschaft steht vor einem Dilemma: entweder Übergang zum Sozialismus oder Rückfall in die Barbarei. [...] Dieser Weltkrieg – das ist ein Rückfall in die Barbarei. Der Triumph des Imperialismus führt zur Vernichtung der Kultur – sporadisch während der Dauer eines modernen Krieges, und endgültig, wenn die nun begonnene Periode der Weltkriege ungehemmt bis zur letzten Konsequenz ihren Fortgang nehmen sollte.«

[203] Max Weber, Wirtschaft und Gesellschaft. Grundriss der verstehenden Soziologie, hrsg. v. Johannes Winckelmann, 2. Halbband, Tübingen 1976 (5., revidierte Auflage), S. 566.

[204] Jörn Leonhard, Weltkrieg, Erster, RGG^4 8 (2005), Sp. 1442–1445, hier Sp. 1442.

[205] Max Weber, Deutschland unter den europäischen Weltmächten (Oktober 1916), in: ders., Gesammelte Politische Schriften. Mit einem Geleitwort von Theodor Heuss, hrsg. v. Johannes Winckelmann, Tübingen 1971 (3., erneut vermehrte Auflage), S. 157–177, hier S. 169f.

[206] Der Kapitalismus führt immer wieder an Entwicklungsgrenzen und mündet in Krisen, die die Gelegenheit für Bereinigungen in den Proportionen des kapitalistischen Akkumulationsprozesses bieten. Die Dynamik der Akkumulation durch imperialistische Expansion regt das Wachstum an (Elmar Altvater, Art. Kapitalismus, RGG^4 4 [2001], Sp. 794–796, bes. Sp. 795).

[207] Römerbrief 1, S. 489.

[208] Ebd., S. 488.

[209] Ebd., S. 489.

die Rettung der Seele gehören zusammen. Für Barth ist die Welt kein metaphysischer Gegenstand, sondern die Gesamtheit der Gesellschaften, die aus politischen Strukturen bestehen. Sie wird von den »Gegensätzen von *Hoch und Niedrig*, Groß und Klein« beherrscht.[210] In dieser Welt sollen sich die Christen zugunsten der Niedrigen und Kleinen politisch engagieren. »Denn hier wird die Überwindung der Weltmaßstäbe und ihre Ersetzung durch andere nicht bloß (wie 12,14) durch innere Überlegenheit über die Kontraste und unter keinen Umständen (wie 12,15) durch anerkennende Teilnahme an ihren Möglichkeiten, sondern nur durch einseitige und entschiedene Parteinahme gefördert werden können.«[211] Die Niedrigen und die Kleinen entsprechen den sozial Schwachen und den politischen Unterdrückten. Bei dieser Auslegung gebraucht Barth zwar nicht direkt die Termini »Klassengesellschaft« und »Kapitalistischer Imperialismus«, aber seine Weltbeschreibung betrachtet die Welt im sozialistischen Sinne. Barth weist die Christen an, in der Klassengesellschaft nicht auf hohe Dinge zu sinnen, sondern sich zu den Niedrigen zu halten. »Denn Gott ist wohl ein Gott der Juden *und* der Heiden, aber nicht ein Gott der Hohen *und* der Niedrigen, sondern einseitig ein Gott der Niedrigen, nicht ein Gott der Großen *und* der Kleinen, sondern rücksichtslos ein Gott der Kleinen.«[212] Schließlich ist das politische Engagement von Christen für die sozial Schwachen und Unterdrückten keine Wahl, sondern ihr Auftrag. Unter diesem Gesichtspunkt bezeichnet Barth das Reich Gottes innerhalb der sozialen und kulturellen Gegensätze als »keine allgemeine und gleichmäßig ansetzende und fortgehende Bewegung«, sondern als »Bewegung von unten her«.[213] Im Zusammenhang mit der Parteinahme Gottes für die Niedrigen und die Kleinen kann die Bewegung von unten her als eine soziale Bewegung für die »arme[n] Klasse« im Sinne des jungen Marx betrachtet werden.[214]

Barth fängt an, Röm 12,21–13,8a auszulegen, indem er schreibt: »Und nun tritt uns natürlich in diesem Zusammenhang auch die rätselvoll-zweideutige Erscheinung des *Staates* und mit ihm das Problem der *Politik* entgegen«.[215] In der Auslegung von Röm 12,16c–13,10 (unter der Überschrift *Überlegenheit*) grenzt Barth 12,21–13,8a als eine

---

[210] Ebd., S. 489.
[211] Ebd., S. 489.
[212] Ebd., S. 490.
[213] Ebd., S. 490.
[214] Karl Marx, Verhandlungen des 6. rheinischen Landtags. Dritter Artikel: Debatten über das Holzdiebstahlsgesetz [1842], in: Karl Marx Werke, Artikel, Literarische Versuche bis März 1843, Karl Marx-Friedrich Engels-Gesamtausgabe, 1. Abt. (Werke, Artikel, Entwürfe), Bd. 1 [= MEGA² I.1], Berlin 1975, S. 199–236, hier S. 209.
[215] Römerbrief I, S. 499f.

inhaltlich einheitliche Perikope von 12,19–20 ab. In der Tat ist aber diese Abgrenzung der Perikope sehr ungewöhnlich, weil man üblicherweise nach thematischen Gesichtspunkten 12,9–21 von 13,1–7 abgrenzt. Barths Einteilung zielt darauf, dem kritischen Verhalten von Christen gegenüber der Obrigkeit Raum zu geben und den Gehorsam gegen die obrigkeitliche Gewalt zu relativieren, indem er den Vers 21 (»Laß dich nicht vom Bösen besiegen, sondern besiege im Guten das Böse!«) mit Röm 13,1 (»Jedermann unterziehe sich persönlich den obrigkeitlichen Gewalten«) verbindet. Denn Barth will anstelle der Verneinung des politischen Engagements von Christen verdeutlichen, wieweit der Gewaltstaat und seine Politik von der ursprünglichen Absichten Gottes entfernt sind.

Die Menschheit ist durch ihren Fall der unmittelbaren Leistung ihrer irdischen Verhältnisse durch die Gerechtigkeit Gottes entrückt worden. Dieser normale Zustand muß im Christus erst wieder hergestellt werden. Vorläufig und außer dem Christus ist die Geschichte Gebiet des göttlichen *Zorns*. […] So der jetzige *Staat*, wie er an die Stelle des ursprünglichen und im Christus zu erneuernden Gottesstaates getreten ist. Sein Name heißt «*Gewalt*», denn ausgesprochen und anerkannt ist sein reiner Macht- und Zwangscharakter im Gegensatz zu der Gerechtigkeit und Freiheit des Gottesstaates. […] Der Machtstaat der Gegenwart ist den Absichten Gottes diametral entgegengesetzt; er ist an sich böse.[216]

Darum sollen die Christen dem Gewaltstaat und seiner Politik widerstehen. Barth beschreibt das Verhältnis von Machtstaat und Bürokratie so: »Paragraphen und Maschinengewehre sind die Weisheit der bestehenden Gesellschaft, Paragraphen und Maschinengewehre die Weisheit der Revolution. Eisen und Blut schienen Bismarck ebenso unentbehrlich zur Durchführung seines Staatsideals wie Wilson zu der des seinigen.«[217] Laut Marquardt entspricht diese Beschreibung genau Lenins Beschreibung der Struktur der zentralisierten Staatsgewalt in der bürgerlichen Gesellschaft.[218] Marquardts These von der direkten literarischen Abhängigkeit von Lenins Schrift *Staat und Revolution* kann allerdings bestritten werden.[219] In der Tat findet sich eine ähnlich kritische Analyse des Verhältnisses von Machtstaat und Bürokratie auch bei Weber.[220] Aber Marquardts theoretische Überlegungen ergeben, dass Barth und Lenin die Gesellschaftskritik von Marx und das kritische Bewusstsein gegen den kapitalistischen Imperialismus teilen.

---

[216] Ebd., S. 501.
[217] Ebd., S. 502.
[218] Marquardt, Theologie und Sozialismus, S. 128.
[219] Siehe Marquardt, Theologie und Sozialismus, S. 378.
[220] Siehe Weber, Wirtschaft und Gesellschaft II, S. 566: »Auch die spezifische militärische Disziplin und technische Abrichtung ist normalerweise, mindestens in ihrem modernen Höhengrade, nur im bürokratischen Heer voll entfaltungsfähig.«

Es muss noch einmal daran erinnert werden, dass der Gewaltstaat in der ersten Auflage des *Römerbriefs* den europäisch-imperialistischen Staat bezeichnet, und Barths Kriegskritik auf das kritische Bewusstsein gegen den kapitalistischen Imperialismus als die Ursache des Ersten Weltkriegs gegründet ist, um Barths kritische Äußerung zum politischen Engagement von Christen richtig zu verstehen.[221] Im imperialistischen Staat ist alle Politik »als Kampf um die Macht, als die teuflische Kunst der Majorisierung, grundschmutzig«.[222] Aber auch das parlamentarisch erzwungene Prinzip der Unterordnung der Minderheit unter die Mehrheit ist ein Gewaltprinzip.[223] Barths kritische Äußerung zum politischen Engagement von Christen zielt darauf ab, zu betonen, dass sich die Christen nicht in die imperialistische Expansionspolitik verwickeln lassen sollen. Dennoch weist Barth »die göttliche Notwendigkeit der Politik« auf:

Die «Gewalt» an sich *und* die «Gewalten», die nun einmal tatsächlich da sind, sind eben als «Gewalten», als innerlich von den Gedanken Gottes gelöste, von der Kraft des Ursprungs abgesplitterte, eigenherrlich gewordene, nur – weltliche Kräfte *gottlos*, frevelhaft und bleiben doch, eben als Absplitterungen von der Kraft Gottes, nach Stellung, Dauer, Schauplatz und Grenzen, nach ihrer ganzen Wirksamkeit zur *göttlichen* Disposition gestellt – der göttlichen Leitung, der auch sie sich nicht entziehen können, untertan. Sie müssen, selber böse, das Böse rächen. Das ist das göttliche Daseinsrecht und Amt des Staates, *jedes* Staates, der nicht der Gottesstaat selber ist (13,1). Das ist die göttliche Notwendigkeit der Politik.[224]

Hier ist in Betracht zu ziehen, dass es einen qualitativen Unterschied gibt zwischen dem Staat als ein notwendiges Übel und dem imperialistischen Staat. Im Blick darauf, dass der Staat mit der politischen Macht Menschen belastet und mit der Gewalt ihre Freiheit beschränkt, ist er zwar selbstverständlich übel, aber er ist gleichzeitig für die Ordnungserhaltung notwendig. Wegen diesem Paradoxon ist er – wie auch die Politik – ein notwendiges Übel. Barth erkennt die relative Notwendigkeit des Staats und der Politik an. Aber der Imperialismus und die imperialistische Expansionspolitik sind nicht in dieser Kategorie einzuordnen. In dieser Hinsicht ist der Erste Weltkrieg als kapitalistisch-imperialistischer Krieg auf keinen Fall zu rechtfertigen. Deshalb sollte Barths Forderung der Nichtteilnahme der Christen an der kapitalistisch-imperialistischen Politik nicht als Argument für die Ablehnung des politischen Engagements von Christen, sondern als passiver Widerstand gegen die imperialistische Expansionspolitik gelten.

---

[221] Römerbrief 1, S. 503: »Ihr habt als Christen mit dem Gewaltstaat nichts zu schaffen.«; vgl. auch ebd., S. 506: »Abgesehen von diesem freilich jederzeit möglichen jenseitigen Zusammenhang, der eure volle Aufmerksamkeit auch auf diesem Gebiet erfordert, also an sich geht euch die ganze Politik als Christen nichts an.«
[222] Ebd., S. 502.
[223] Vgl. Marquardt, Theologie und Sozialismus, S. 129.
[224] Römerbrief 1, S. 503.

Barth erkennt die Verpflichtungen, die der Staat den Christen auferlegt, an: »Seine Steuern und Zölle, deren Erhebung mit Wissen und Willen der ‹Herrschenden› die Besitzlosen und die Ehrlichen am stärksten drückt und deren Verwendung letztlich immer nur ihm selbst zugute kommt.«[225] Der Begriff »Herrschende« kann als die herrschende Klasse im Sinne von Marx verstanden werden.[226] Vor diesem Hintergrund ist die folgende Kritik am Staat und seiner Unterdrückungsmethode zu verstehen:

Der Respekt, den er verlangt vor Gesetzen, bei deren Erlaß und Ausführung die Menschlichkeit und das Recht immer nur die letzten Motive sind. Die Ehre, die er beansprucht für Herren, denen verhältnismäßig gerade am wenigsten Ehre gebührt. Es ist unendlich selbstverständlich, daß das politische Parteiwesen nicht gerade zu dem, «was wahrhaftig ist, was ehrbar, was gerecht, was keusch, was lieblich, was wohllautet» (Phil. 4,8), und daß Flammenwerfer, Minenhunde, Gasmasken, Fliegerbomben und Unterseeboote nicht eben Gerätschaften des Himmelreichs sind. Aber gerade weil wir zum Staat *kein* positives Verhältnis einnehmen, gerade weil er uns mit Allem, was darum und daran ist, das problematische Gebilde einer vergehenden Welt ist, gerade darum können wir all das Merkwürdige, das er auch von uns verlangt, nicht so ernst nehmen, um uns in einen Streit *darüber* mit ihm zu verwickeln.[227]

So spielt die sozialistische Imperialismuskritik in der ersten Auflage des *Römerbriefs* weiterhin eine bedeutsame Rolle.

2.2.2. Die Revolution Gottes und gewaltloser Widerstand durch Solidarität

In der Auslegung von Röm 8,35–37 bezeichnet Barth den transzendentalen und personalistischen Glauben als »einen ‹frommen› Relativismus«.[228] Angesichts der gewaltsamen Reaktion der kapitalistisch-imperialistischen Welt rät er von einem frommen Relativismus ab, und definiert die Liebe Gottes neu als »der Hoffnung, der Unruhe, der Sehnsucht, der radikalen und permanenten Revolution treu bleiben«.[229] Hier ist erkennbar, dass Barth die Liebe Gottes im Blick auf die radikale und permanente Revolution versteht. Die Gewalten als Gegenteil der Liebe Gottes sind die politischen und militärischen.[230] In der ersten Auflage des *Römerbriefs* ist Revolution zwar ein um-

---

[225] Ebd., S. 519.
[226] Vgl. Karl Marx, Das Kapital. Kritik der politischen Ökonomie, 3. Bd., Buch III: Der Gesamtprozeß der kapitalistischen Produktion, MEW 25, Berlin ¹⁴1988, S. 614: »Je mehr eine herrschende Klasse fähig ist, die bedeutendsten Männer der beherrschten Klassen in sich aufzunehmen, desto solider und gefährlicher ist ihre Herrschaft.«
[227] Römerbrief 1, S. 519.
[228] Ebd., S. 353.
[229] Ebd., S. 353.
[230] Ebd., S. 354.

fassender Begriff, aber sie ist kein symbolischer Begriff, sondern ein theologischer und zugleich ein gesellschaftlicher und politischer Begriff. Damit dürfte Barth auf die permanente Revolution im Sinne von Karl Marx oder Leo Trotzki anspielen.[231]

Röm 12,21–13,8a weist Christen an, das Böse im Guten zu besiegen, und behandelt das Problem der obrigkeitlichen Gewalten. In der Auslegung von Röm 12,21–13,8a wird eine ganz andere Revolutionsform angesprochen. Barth erkennt zwar die relative Notwendigkeit des Staates und der Obrigkeit an, aber nicht »die Hoheit des Staates«.[232] In einer verzerrten Gesellschaftsstruktur und einem unterdrückenden politischen System können Christen nicht Untertanen, Bürger, Angehörige einer Nation oder Partei sein.[233] Barth bezeichnet alle gegenwärtigen politischen Situationen als »immer etwas Vorletztes« und die göttliche Lösung als »das Letzte«.[234] Das Letzte kennzeichnet »die *absolute* Revolution von Gott aus«.[235] Die Entscheidungskämpfe zwischen alter und neuer Welt werden in der politischen Arena nie ausgefochten, höchstens kann es »*bei Anlass* politischer Kämpfe auch zu Entscheidungskämpfen zwischen Geist und Fleisch kommen«.[236] Unter diesen Umständen müssen sich die Christen auf »die *absolute* Revolution von Gott aus« konzentrieren.[237] Die absolute Revolution Gottes ist unter dem Aspekt der Vollkommenheit und der Radikalität von der sozialistischen Revolution zu unterscheiden. Sie ist Barths politische Interpretation der Formulierung vom Krieg des Geistes wider das Fleisch in Röm 8,13. Damit ist auch ein anderer politischer Weg gemeint, der sich vom kapitalistisch-imperialistischen abgrenzt. Das Christentum soll verzerrte Gesellschaftsstrukturen und unterdrückende politische Systeme nicht rechtfertigen, sondern sich an der absoluten Revolution Gottes

---

[231] Vgl. Karl Marx, Ansprache der Zentralbehörde an den Bund vom März 1850, in: MEW 7, Berlin 1973, S. 244–254, hier S. 247f: »Während die demokratischen Kleinbürger die Revolution möglichst rasch und unter Durchführung höchstens der obigen Ansprüche zum Abschluss bringen wollen, ist es unser Interesse und unsere Aufgabe, die Revolution permanent zu machen [...].«; vgl. auch ebd., S. 254: »Ihr Schlachtruf muß sein: Die Revolution in Permanenz.« Leo Trotzki erweiterte den Begriff der permanenten Revolution zu einem systematischen Konzept. Siehe Leo Trotzki, Die permanente Revolution, Frankfurt a. M. 1981, S. 151: »Die sozialistische Revolution beginnt auf nationalem Boden, entwickelt sich international und wird vollendet in der Weltarena. Folglich wird die sozialistische Revolution in einem neuen, breiteren Sinne des Wortes zu einer permanenten Revolution: sie findet ihren Abschluß nicht vor dem endgültigen Siege der neuen Gesellschaft auf unserem ganzen Planeten.«
[232] Römerbrief I, S. 505.
[233] Ebd., S. 505.
[234] Ebd., S. 506.
[235] Ebd., S. 506.
[236] Ebd., S. 506.
[237] Ebd., S. 506.

ausrichten. Der imperialistische Staat muss Religionen instrumentalisieren und ausnutzen, um seine politische Entscheidung zu rechtfertigen und seine gesellschaftliche Struktur zu erhalten. Das Christentum verliert seine Dynamik, wenn es sich einem ideologischen System unterwirft. Es soll nicht mit dem Staat konkurrieren, sondern es soll ihn bis zu seiner Voraussetzung und seinem Wesen negieren. In diesem Sinne ist es »*mehr* als Leninismus«.[238] So unterscheidet sich die Revolution Gottes durch ihre Radikalität von der sozialistischen Revolution.

Die Radikalität der Revolution Gottes ist mit ihrer Vollkommenheit verbunden. Die Revolution Gottes hebt alle anderen Revolutionen auf, indem sie sie in sich einschließt. Sie richtet sich nicht auf einen Kompromiss zwischen dem Göttlichen und dem Weltlichen. Es geht bei ihr um das Programm »Alles oder nichts«, das sich auf die absolute Revolution ausrichtende Christentum erwartet die Vollendung, die »nicht das (‹relative› oder ‹absolute›) Ziel und Ergebnis einer Entwicklung eines allmählichen Aufstiegs der Menschheit ist, sondern die Enthüllung einer neuen Schöpfung oder der Inhalt einer neuen Erkenntnis«.[239] Die russische Revolution richtete sich auf die Umwälzung der Gesellschaftsstruktur und des politischen Systems. Aber »die göttliche Weltrevolution« schließt nicht nur den Gegenstand der leninistischen Revolution ein, sondern auch die anderen Gegenstände, die außerhalb der leninistischen Revolution stehen.[240] Sie ist von ihrer Vollkommenheit her mehr als die menschliche Revolution und daher das ideale Ziel. Im Gewaltstaat sollen Christen Selbstzucht üben und auf vorwitzige persönliche Lösungen verzichten. »Denn die göttliche Weltrevolution, die Aufrichtung des Gottesstaates ist nicht Sache des Einzelnen.«[241] Barth bringt den Zweifel an der Widerstandskraft des Einzelnen in der Praxis wie folgt zum Ausdruck:

Gerade die Willkür und Vereinzelung des Individuums, der Seele, baut immer neue Zellen dieses Gefängnisses zu den alten hinzu. Versucht es der Einzelne als solcher, sich rebellisch der «Gewalt» entgegenzusetzen, so stärkt er damit das, was er stürzen will, sei es, daß er ihm durch seinen Widerstand neue Energie verleiht – und so erliegt, sei es, daß er scheinbar erfolgreich, «fortschrittlich» ein neues Gebilde schafft, das doch dem alten nur zu gleichartig ist – und so ebenfalls erliegt. Der Einzelne als solcher erliegt dem Bösen immer [...]. Ihr sollt euch den obrigkeitlichen Gewalten persönlich unterziehen, weil ihr sie nicht durch Konkurrenz bejahen und verjüngen, weil ihr sie nicht wichtig, nicht ernst nehmen, sondern *religiös aushungern* sollt. [...] Der Einzelne, der sich, konservativ oder revolutionär, im Ernst mit dem Staate einläßt, wird vom Bösen besiegt, weil er sich ihm eben durch seine Vereinzelung schon *vor* dem Kampfe verkauft hat (7,14ff.).[242]

---

[238] Ebd., S. 506.
[239] Ebd., S. 506f.
[240] Ebd., S. 507.
[241] Ebd., S. 507.
[242] Ebd., S. 507f.

In diesem Punkt ist es bezeichnend, dass »die eigene Gewalt des Guten« mit einer sozialen Bewegung identisch ist.[243]

In seiner Safenwiler Zeit bezeichnete Barth oft das Reich Gottes als »Revolution«. Marquardt zufolge ist die Revolution zugleich in dem »bei Barth gegebenen real-politischen, nichtsymbolischen Sinn« festzuhalten.[244] Wie in Abschnitt 2.2.2. erwähnt, ist die Bewegung des Gottesreiches innerhalb der sozialen und kulturellen Gegensätze »grundsätzlich und einseitig eine Bewegung von unten her«.[245] Die Revolution Gottes wird durch die Bewegung des Gottesreiches vollzogen, die zwar die sozialistische Bewegung in sich einschließt, aber keine Entsprechung der sozialistischen ist. Darum ist die Bewegung des Gottesreiches mit der Revolution Gottes identisch. Die Frage nach dem Verhältnis von der Bewegung des Gottesreiches und der Bewegung von unten her wird auf den Zusammenhang zwischen der Revolution Gottes und der sozialistische Revolution angewendet. Die Revolution Gottes unterscheidet sich in inhaltlicher Weise, z. B. Ursprung, Antrieb und Ziel (als Radikalität und Vollkommenheit bezeichnet), von einer sozialistischen Revolution. Aber sie kommt in Gestalt einer sozialen Revolution. In diesem Gesichtspunkt ist sie keine Entsprechung der sozialistischen Revolution, sondern ihre begriffliche Erweiterung.

Hier kommt der gewaltlose Widerstand durch Solidarität ins Spiel. Allerdings gibt es ein Problem, das gelöst werden muss, bevor das Thema des gewaltlosen Widerstands behandelt wird. In der Auslegung von Röm 12,19–20 fordert Barth die Christen auf, nicht zu befürchten, dass der Sache Gottes durch ihren Nicht-Widerstand, durch ihren Verzicht auf den Kampf um das Recht Abbruch geschehen könnte.[246] Auf den ersten Blick ist es schwer, seine Aufforderung an das politische Engagement von Christen anzuknüpfen. Röm 12,19–20 weist an, auf die Rache zu verzichten. Anschließend wird der Nicht-Widerstand und der Verzicht auf den Kampf um das Recht erwähnt. Barth warnt zuerst vor dem Rachegedanken.[247] Doch fordert er die Christen auf, dass sie dem Geist der Rache nicht folgen, auch wenn sie Recht haben. In diesem Punkt ist

---

[243] Ebd., S. 508.
[244] Marquardt, Theologie und Sozialismus, S. 127.
[245] Römerbrief 1, S. 490.
[246] Vgl. ebd., S. 496.
[247] Ebd., S. 495: »Ich weiß: ein unmittelbares Gefühl, das dem ‹Brennen des Geistes› (12,11) sehr verwandt sein mag, treibt euch in gewissen Augenblicken fast unwiderstehlich dazu an, den Kampf mit denen, die euch Böses zufügen, mit den gleichen Waffen aufzunehmen, euch Recht zu schaffen mit den einzigen Mitteln, die ‹solchen Leuten› Eindruck zu machen vermögen, mit rächender Gewalt für die in eurer Person beleidigte Sache Gottes einzutreten, daß es schallt.«

wohl zu beachten, dass der Begriff »Feind« von Röm 12,19–20, den Barth als »Widersacher« bezeichnet, auch die Ungerechtigkeit oder eine ungerechte Handlung beinhaltet. Die Christen dürfen die Rache Gottes nur unter der Bedingung erwarten, dass sie der Sache Gottes dienen und ihre Widersacher tun, was vor Gott nicht recht ist. In diesem Fall sündigen ihre Widersacher nicht in erster Linie an den Christen, sondern »an Gott selbst«.[248] Deshalb stehen sie mit ihrem Verhalten unter dem Zorne Gottes, und ihr Vergehen trägt ihre Strafe schon in sich.[249] Vor diesem Hintergrund fordert Barth den Nicht-Widerstand und den Verzicht auf den Kampf ums Recht.[250] In der Auslegung von Röm 12,19–20 geht es nämlich nicht um den Nicht-Widerstand, sondern um den Racheverzicht.

Barth verbietet auf keinen Fall den Widerstand gegen verzerrte Gesellschaftsstrukturen oder unterdrückende politische Systeme. Aus seiner Sicht ist es unhaltbar, dass Christen gesellschaftlicher und politischer Ungerechtigkeit nur zusehen sollen. Im Gegenteil sollen sich die Christen durch die gewaltfreie Aktion politisch engagieren. In derselben Auslegung lehnt Barth Gewalt ab und versucht sie nach Gottes Willen zu überwinden. Die Gewaltanwendung von Christen ist für ihn »ein neuer Abfall von der Kraft Gottes, von dem ursprünglichen göttlichen Wesen« und »eine adamitische Emanzipation von der Gerechtigkeit der neuen Welt«.[251] Es ist ein falsches Vorurteil, dass die Christen durch ihre »Untätigkeit auf dem unheimlichen Gebiet des Hauens und Stechens«, durch ihren »Nicht-Widerstand, zur Untätigkeit im Kampf gegen das Böse« verurteilt werden.[252] Die neue Welt kann nur auf Gewaltlosigkeit gegründet werden. Mit der Gewaltlosigkeit ist nicht das kategorische Verbot der Gewaltanwendung im christlich-pazifistischen Sinne gemeint, sondern die Befreiung von der Gewalt als imperialistischem Kriegsmittel. Diese Gewalt brachte die Verzerrung der Beziehung mit der Arbeitsklasse:

Die Welt sei euer Acker, nicht euer Kriegsschauplatz! Die gottfremden Gegner mit ihrem Denken und Tun eure Arbeitsgenossen, nicht «eure Gegner»! Eure Feinde seien *nicht* eure Feinde, sondern eure notleidenden Freunde! Nur indem ihr *radikal* abtretet von der Ungerechtigkeit [2. Tim. 2,19], versteht ihr euer eigenes verletztes Gerechtigkeitsgefühl *recht*, gehorcht ihr dem zum Streit wider das Fleisch (8,13) rufenden Geiste, werdet ihr *ganz*, was der reisige Elia und der schreckliche Calvin nur *halb* waren. Nur indem ihr euch auch von den *Methoden* der bestehenden Welt lossagt, dient ihr ihrer wirklichen, radikalen Revolutionierung. *Eure Methode* aber ist eben die Solidarität mit dem Feinde. Nicht die schwachmütige Gleichgültigkeit, Kollegialität und Toleranz gegenüber

---

[248] Ebd., S. 496.
[249] Ebd., S. 496.
[250] Ebd., S. 496.
[251] Ebd., S. 497.
[252] Ebd., S. 497.

seiner unmöglichen Art, nicht das falsche Gemeinschafthalten des Feuers mit dem Wasser, aber die Barmherzigkeit Gottes, die nicht den Tod des Sünders will, sondern daß er sich bekehre und lebe [Hes. 33,11], die Auffassung der menschlichen Ungerechtigkeit nicht als einer Bosheit oder Torheit, die man niederschlagen, sondern als einer Not, eines «Prestens», in dem man tragend, helfend, erklärend, erleuchtend einspringen muß, so gut es einem gegeben ist.[253]

Hier setzt der Satz »Die Welt sei euer Acker, nicht euer Kriegsschauplatz!« ein kritisches Bewusstsein über den Ersten Weltkrieg voraus,[254] und die Formulierung »die gottfremden Gegner mit ihrem Denken und Tun« weist auf »eure Arbeitsgenossen« hin. Darin kann man eine Anspielung auf die Arbeiterklasse im Sinne von Marx sehen. Vor diesem Hintergrund betont Barth die Solidarität mit dem Feinde als die Methode der Revolution Gottes. Der kapitalistische Imperialismus strebte im Wesentlichen nach Gewalt, und das Streben führte schließlich zum Ersten Weltkrieg. In dieser alten Welt müssen die Christen dem Imperialismus durch die Solidarität mit dem Feinde widerstehen. Sie ist die wahre proletarische Solidarität. Dadurch dienen die Christen der wirklichen, radikalen Revolutionierung der Welt. Für Barth, der die Grausamkeit der Gewalt durch den Ersten Weltkrieg erkannte, ist es selbstverständlich, dass man durch solche Gewalt gesellschaftliche Ungerechtigkeit und politische Unterdrückung nicht beseitigen kann. Im Gegenteil gilt die gewaltfreie Aktion als die grundsätzliche und radikale Methode zum Widerstand gegen den Imperialismus. Die gewaltfreie Aktion bedeutet aber keine pazifistische Aktionsform im herkömmlichen Sinne, sondern eine proletarische Solidaritätsform, die auf die wirkliche, radikale Revolutionierung der Welt abzielt. Ohne dieses Solidaritätsverständnis kann man die Aussage in der Auslegung von Röm 12,21–13,8a nicht verstehen: »Wir bekämpfen ihn grundsätzlich, radikal – *bezahlen* die Steuern, *geben* dem Kaiser, was des Kaisers ist [Mt. 22,21], *gehen* in die Partei, *erfüllen* die Funktionen, die uns innerhalb des noch nicht gesprengten Rahmens des politischen – und leider auch etwa des *kirchen*politischen – Wesens pflichtgemäß zufallen.«[255]

Es ist dennoch bemerkenswert, dass die Warnung vor der falschen Vermischung von Politik und Religion auch für den Religiösen Sozialismus gilt:

Noch müssen uns die «Herrschenden» als Gottes «Amtsträger» an den Zorn erinnern, unter dem wir auch noch stehen und dem wir nicht wie Kinder entlaufen können. So anerkennen wir sie denn ohne Zimperlichkeit und Wehleidigkeit, in vollem Bewußtsein dessen, was wir damit tun - und *nicht* tun! Geben ihnen alles, was sie auf Grund der allgemeinen Lage zwischen Gott und Mensch und Welt jetzt noch von uns verlangen können: «Steuer,

---

[253] Ebd., S. 497f.
[254] Zur Welt als Ackerfeld vgl. Barth, Religion und Sozialismus, S. 216.
[255] Römerbrief I, S. 519.

dem Steuer, Zoll, dem Zoll, Respekt, dem Respekt, Ehre, dem Ehre gebührt« – aber keinen Schritt weiter! [...] Staatsbürgerliche Initiative und staatsbürgerlicher Gehorsam, aber *keine* Kombinationen von Thron und Altar, *kein* christlicher Patriotismus, *keine* demokratische Kreuzzugsstimmung. Streik und Generalstreik und Straßenkampf, wenn's sein muß, aber *keine* religiöse Rechtfertigung und Verherrlichung dazu! Militärdienst als Soldat oder Offizier, wenn's sein muß, aber unter keinen Umständen als Feldprediger! Sozialdemokratisch, aber *nicht* religiös-sozial![256]

Barths Kritik am Religiösen Sozialismus geht von seinem kritischen Bewusstsein gegenüber der Verdinglichung und Instrumentalisierung Gottes aus. Auch wenn die berühmte These von Ragaz »Der Sozialismus muß religiöser Sozialismus sein« nichts mit diesem Phänomen zu tun hat,[257] wurde im Religiösen Sozialismus Gott instrumentalisiert, indem die Totalitäten Gott und Welt vermischt wurden. Die staatliche Gewalt, die mit imperialistischen Ideologien verbunden ist, strebt immer an, ihre Anwendung religiös zu rechtfertigen. Im »Zeitalter des Imperialismus (1884–1914)«[258] machte sich der Religiöse Sozialismus nicht immer frei vom Verlangen, politische Macht und militärische Gewalt einzusetzen, und im Ersten Weltkrieg erreichte die Politisierung der Kirche ihre Spitze. Aber das Problem der Verdinglichung und Instrumentalisierung Gottes beschränkt sich nicht nur auf den religiös-sozialistischen Bereich. Die Liberale Theologie verdinglicht und instrumentalisiert Gott, indem er in der »Religiosität als anthropologische Struktur« assimiliert wurde.[259] Zwar finden sich solche Kritiken oft in den nach dem Ende des Ersten Weltkrieges verfassten Schriften, aber sie sollten nicht so verstanden werden, dass Barth die Teilnahme an der sozialistischen Bewegung ablehnte.

Wie in Abschnitt 2.2. dargestellt, betont Barth in der ersten Auflage des *Römerbriefs* die Revolution Gottes, die durch die Bewegung des Reiches Gottes vollzogen wird. Diese Revolution unterscheidet sich zwar durch ihre Radikalität und Vollkommenheit von einer sozialistischen, aber sie kommt in Gestalt einer sozialen Revolution und schließt die sozialistische in sich ein. Barth bezeichnet das Reich Gottes innerhalb der sozialen und kulturellen Gegensätze als »Bewegung von unten her«. Der nächste Abschnitt wird sich mit dem Reich Gottes als der Bewegung Gottes in Barths Tambacher Vortrag *Der Christ in der Gesellschaft* befassen.

---

[256] Ebd., S. 520f.
[257] Leonhard Ragaz, Unser Sozialismus (1917), in: ders., Weltreich, Religion und Gottesherrschaft, 2. Band, München/Leipzig 1922, S. 7–61, hier S. 50.
[258] Klaus Große Kracht, Art. Imperialismus, RGG[4] 4 (2001), Sp. 61–62, hier Sp. 61.
[259] Manfred Jacobs, Art. Liberale Theologie, TRE 21 (1991), S. 47–68, hier S. 48.

2.3. Die sozialistische Bewegung und die Bewegung Gottes in *Der Christ in der Gesellschaft*

2.3.1. Die Bewegung »senkrecht von oben her«

Am 25. September 1919 hielt Barth in Tambach einen Vortrag mit dem Titel *Der Christ in der Gesellschaft*. Marquardt beurteilt den Tambacher Vortrag wie folgt:

> Das Thema »Der Christ in der Gesellschaft« handelt nicht etwa über »Die Stellung des Christen« oder »Die Stellung der Kirche« in der Gesellschaft. Es wird hier kein sozialethisches, kirchenrechtliches, kirchenpolitisches oder sonstwie ekklesiologisches Thema verhandelt. Unter der Überschrift »Der Christ in der Gesellschaft« geht es vielmehr um eine historisch und begrifflich bestimmte gesamtgesellschaftliche Lagebestimmung, und zwar um die Lagebestimmung einer Gesellschaft im Widerspruch.[260]

Hier geht es um die Beziehung zwischen Politik und Theologie in der bürgerlichen Gesellschaft. Das Leben in der bürgerlichen Gesellschaft geht »nicht nur nach dem Gesetze seiner eigenen Logik und Mechanik [...] in Ehe und Familie, Wirtschaft und Kultur, Kunst und Wissenschaft, Staat, Partei und Völkerverkehr seinen bekannten Weg, sondern mindestens mitbestimmt durch einen anderen Faktor voll *Verheißung*«.[261] Nach Marquardt ist der Begriff der Logik im Entwicklungszusammenhang des Barthschen Denkens von den »Kantischen und Neukantischen Theorien« beeinflusst, die »der junge Barth wesentlich unter dem Gesichtspunkt der Praktischen Vernunft und Ethik und da wieder besonders unter dem Gesichtspunkt einer ›Kultur‹- oder Gesellschaftstheorie« durchdachte.[262] Barth sieht die Gesellschaft unter dem Aspekt der Totalität und Universalität. Er legt das gesellschaftliche Leben von Christen dar: »Vom Leben, von der Gesellschaft kann man sich nicht abwenden. Das Leben umgibt uns von allen Seiten [vgl. Ps. 139,5]; es stellt uns vor Entscheidungen. Wir müssen standhalten.«[263] In dieser Gesellschaft soll die Gemeinde Christi »nach allen Seiten offen« sein, weil Christus auch für die außerhalb Stehenden starb.[264] Im Tambacher Vortrag bemüht sich Barth darum, die Totalität Gesellschaft mit der neuen Totalität Gott in Beziehung zu setzen. Es geht um »eine offenbarungstheologische Konstruktion für den Zusammenhang von Christ und Gesellschaft« und um »die Entwicklung einer

---

[260] Friedrich-Wilhelm Marquardt, Der Christ in der Gesellschaft: 1919–1979. Geschichte, Analysen und aktuelle Bedeutung von Karl Barths Tambacher Vortrag (ThEx 206), München 1980, S. 40.
[261] Karl Barth, Der Christ in der Gesellschaft (1919), in: Vorträge u. kleinere Arbeiten 1914–1921, S. 546–598, hier S. 556.
[262] Marquardt, Der Christ in der Gesellschaft: 1919–1979, S. 40.
[263] Barth, Der Christ in der Gesellschaft, S. 556.
[264] Ebd., S. 557.

Logik Gottes, die unsere Logik zu erneuern und erst so im gesellschaftlichen Zusammenhang fruchtbar zu machen« vermag.[265] Im Christentum als einer Religion und dem Religiösen Sozialismus als einer falschen Säkularisation des Christentums kann die Verbindung zwischen den beiden Totalitäten nicht hergestellt werden.[266] Barth stellt besonders alle Formen der Bindestrich-Theologie in Frage, weil für ihn alle Kombinationen von Theologie und Politik nichts als »gefährliche Kurzschlüsse« sind.[267] Sie haben ihren Ursprung in der falschen Säkularisation Christi und der falschen Klerikalisierung der Gesellschaft.[268] Barth wollte sie verhindern, indem die Akzente auf die Ganz-Andersheit Gottes gesetzt werden: »Das Göttliche ist etwas Ganzes, in sich Geschlossenes, etwas der Art nach Neues, Verschiedenes gegenüber der Welt. Es läßt sich nicht auftragen, aufkleben und anpassen. Es läßt sich nicht teilen und austeilen, gerade weil es mehr als Religion ist. Es läßt sich nicht anwenden, es will stürzen und aufrichten. Wo hat denn die Gotteswelt offene Fenster gegen unser Gesellschaftsleben hin?«[269] Die Betonung der Andersheit des Göttlichen zielt auf die Verhinderung einer Vermischung von Gott und Welt.

Barth sieht die Lage der Christen in der bürgerlichen Gesellschaft zwischen »eine[r] große[n] Verheißung« und »eine[r] böse[n] Abstraktion«, und zwischen »Hoffnung und Not in Christus und in der Gesellschaft«.[270] In dieser Situation könne die Sache der Christen »nur das aufrichtige, nach allen Seiten eindringende, […] das priesterliche *Bewegen* dieser Hoffnung und Not« sein.[271] Diese Lage muss also als »Bewegung« statt »Standort« bezeichnet werden.[272] Denn die Stellung der Christen zur Lage

---

[265] Marquardt, Theologie und Sozialismus, S. 206.
[266] Barth, Der Christ in der Gesellschaft, S. 559.
[267] Ebd., S. 559.
[268] Ebd., S. 560: »Christus zum soundsovielten Male zu *säkularisieren*, heute z. B. der Sozialdemokratie, dem Pazifismus, dem Wandervogel zu Liebe, wie ehemals den Vaterländern, dem Schweizertum und Deutschtum, dem Liberalismus der Gebildeten zu Liebe, *das* möchte uns allenfalls gelingen.« Vgl. Ulrich Dannemann, Theologie und Politik im Denken Karl Barths, München/Mainz 1977, S. 44: »Die Anläufe, die zu einer falschen Harmonisierung der beiden Totalitäten unternommen worden sind, faßt Barth dabei unter den Stichworten Säkularisierung und Klerikalisierung zusammen. Mit beiden Begriffen umschreibt er den Versuch, eine der Totalitäten durch Anpassung an die andere zum Verschwinden zu bringen: Säkularisieren heißt für Barth, die göttliche Totalität in die gesellschaftliche zu integrierten, und klerikalisieren bedeutet, die gesellschaftliche Totalität durch die göttliche aufsaugen zu wollen. Gegen diese falschen Harmonisierungen wendet sich Barths These vom abstrakten Gegenüber von Gott und Gesellschaft.«
[269] Barth, Der Christ in der Gesellschaft, S. 560.
[270] Ebd., S. 563.
[271] Ebd., S. 563f.
[272] Ebd., S. 564.

ist tatsächlich »ein Moment einer *Bewegung*, dem Augenblicksbild eines Vogels im Fluge« vergleichbar.[273]

> Damit meine ich nun freilich weder die sozialistische, noch die religiös-soziale Bewegung, noch die allgemeine, etwas fragwürdige Bewegung des sogenannten Christentums, sondern *die* Bewegung, die sozusagen senkrecht von oben her durch alle diese Bewegungen hindurchgeht, als ihr verborgener transzendenter Sinn und Motor, *die* Bewegung, die nicht im Raum, in der Zeit, in der Kontingenz der Dinge ihren Ursprung und ihr Ziel hat und die nicht eine Bewegung neben andern ist: ich meine die Bewegung der Gottesgeschichte oder anders ausgedrückt: die Bewegung der Gotteserkenntnis, die Bewegung, deren Kraft und Bedeutung enthüllt ist in der Auferstehung Jesu Christi von den Toten.[274]

Hier stellt sich die Frage, wie sich die Bewegung, die »senkrecht von oben her« durch alle sozialen Bewegungen hindurchgeht, zu der Bewegung »von unten her« in der ersten Auflage des *Römerbriefs* verhält.[275] Die zwei Termini, die sich scheinbar begrifflich entgegenstehen, beziehen sich auf die Bewegung des Gottesreiches, die in Gestalt einer sozialen Bewegung kommt. Die Frage kann so beantwortet werden: Wenn die Bewegung von oben her im Hinblick auf ihren Ursprung und ihr Ziel die Bewegung des Reiches Gottes bezeichnet, bezeichnet die Bewegung von unter her im Hinblick auf das Subjekt der Bewegung in der Gesellschaft dieselbe Bewegung. Die Bewegung von oben her unterscheidet sich dadurch von allen menschlichen Bewegungen, dass sie als Gottesgeschichte ohne die Gotteserkenntnis nicht entstehen kann, und dass sie sich an Gottes Willen orientiert. In der Praxis richtet sie sich an die gesellschaftliche Unterschicht oder Unterklasse, die sozial Schwachen und die politischen Unterdrückten. In diesem Sinne kann man die Bewegung von unten her als die gesellschaftliche Analogie zu Gottes Bewegung von oben her verstehen. Um die Akzentsetzung auf »senkrecht von oben her« richtig zu verstehen, muss man berücksichtigen, dass Barth nicht nur die sozialistische Bewegung, sondern auch die sog. christliche der menschlichen Bewegung zuordnet.[276] Aus seiner Sicht ist das Christentum, das nur eine Religion bleiben will, keine Bewegung des Gottesreiches, weil das Subjekt der Bewegung des Gottesreiches Gott selbst ist und Gott nicht auf einen religiösen Gegenstand reduziert werden kann. Die Akzentsetzung auf »senkrecht von oben her« richtet sich in erster Linie nicht gegen die sozialistische Bewegung, sondern darauf, das Charakteristikum der Bewegung des Gottesreiches, durch das sie sich von den menschlichen Bewegungen unterscheidet, aufzuzeigen. Die Bewegung des Gottesreiches ist nicht auf eine phi-

---

[273] Ebd., S. 564.
[274] Ebd., S. 564
[275] Römerbrief 1, S. 490.
[276] Ebd., S. 564.

losophische oder theologische Theorie zu reduzieren oder zu beschränken.[277] Marquardt fasst Barths Problembewusstsein als die Frage danach auf, »wie diese Genera der Vernunftkritik, Gotteserkenntnis und der gesellschaftlichen Verwirklichung (Leben = Gesellschaft) zusammengehören, um als Theologie, Wort über das Wort, ein Ganzes zu werden«.[278]

Marquardts Einsicht hilft, den ganzen Inhalt des Tambacher Vortrags zu verstehen. In diesem Vortrag betont Barth besonders den Unterschied von Gesellschaftlichem und Göttlichem. Dies ist nur ein methodologischer Weg, um die falsche Harmonisierung beider Totalitäten zu verhindern und das positive Verhältnis von beiden theologisch aufzuzeigen. Er zielt keineswegs auf die dualistische Trennung beider Totalitäten. Im Gegenteil hebt die Bewegung des Reiches Gottes diese Trennung auf.

> Um *Gott* handelt es sich, um die Bewegung *von Gott her*, um unser Bewegtsein durch *ihn*, nicht um Religion. *Dein* Name werde geheiligt! *Dein* Reich komme! *Dein* Wille geschehe! [Mt. 6,9f. par.]. Das sogenannte «religiöse Erlebnis» ist eine durchaus abgeleitete, sekundäre, gebrochene Form des Göttlichen. Es ist auch in den höchsten und reinsten Fällen Form, nicht Inhalt. Allzulange hat unsere ganze Theologie die Bibel und die Kirchengeschichte unter diesem formalen Gesichtspunkt gelesen. Allzulange hat die Kirche ihre ganze Tätigkeit auf die Pflege von allerlei Frömmigkeit gerichtet. Wir wollen heute von dieser Form ganz absehen.[279]

Die Bewegung von Gott her setzt begrifflich voraus, dass sich das Göttliche durch sie auf das Menschliche auswirkt. In dieser Hinsicht ist dieser Terminus ein anderer Ausdruck für die Bewegung des Reiches Gottes und erinnert an »die *absolute* Revolution von Gott her«[280] (oder »die göttliche Weltrevolution«[281]) in der ersten Auflage des *Römerbriefs*. Es ist bemerkenswert, dass Barth seit der ersten Auflage des *Römerbriefs* den Akzent auf Gott als wesentliches Subjekt der Bewegung des Reiches Gottes setzt. Im Vortrag *Jesus Christus und die soziale Bewegung* (1911) handelt es sich auch um das Reich Gottes als soziale Bewegung, die die Welt umwälzt, die aus Gesellschaftssystem und politischer Struktur besteht. Im Vordergrund des Tambacher Vortrags steht zwar auch die soziale Bewegung durch Gott, aber die Emphase liegt nicht auf »sozial«, sondern auf »durch Gott«. Die Änderung der Akzentsetzung geht vom kritischen Bewusstsein gegen das Christentum als Religion aus, das keine Instrumentalisierung und Verdinglichung Gottes verhindern kann. Im Blick auf die Emphase des wesentlichen

---

[277] Ebd., S. 565.
[278] Marquardt, Der Christ in der Gesellschaft: 1919–1979, S. 59.
[279] Barth, Der Christ in der Gesellschaft, S. 566.
[280] Römerbrief 1, S. 506.
[281] Ebd., S. 507.

Subjekts der Bewegung ist die Bewegung des Reiches Gottes im Tambacher Vortrag eine Bewegung Gottes.

Die Bewegung Gottes ist mehr als die menschlichen Bewegungen, weil sie vom Leben in Jesus Christus handelt. Barth bezeichnet die Bewegung Gottes als »die in Jesus enthüllte Lebensbewegung«.[282]

> Es geht um die *Reinheit* und *Überlegenheit* der Lebensbewegung, in der wir stehen, es geht um das tiefste Verständnis unser selbst, wenn ich betone: nicht unser allfälliges Erfahren und Erleben Gottes, nicht unsere allfällige Frömmigkeit ist diese Lebensbewegung, nicht ein Erlebnis neben andern Erlebnissen, sondern – ich rede nun absichtlich so abstrakt und theoretisch als möglich, damit alle emotionalen Missverständnisse heute einmal ausgeschaltet seien – die senkrechte Linie, die durch alle unsere Frömmigkeiten und Erlebnisse hindurch- und großenteils auch daran vorbeigeht, der Durchbruch und die Erscheinung der Gotteswelt, heraus aus dem verschlossenen Heiligtum hinein in das profane Leben: die leibliche Auferstehung Christi von den Toten [vgl. Mt. 27,51–53].[283]

Die Lebensbewegung setzt das Miteinander von Heiligem und Profanem voraus. Die Offenbarung Gottes in Jesus Christus bedeutet, das Heilige direkt auf das profane Leben der Menschen zu beziehen, und sie ist das Tun Gottes im Menschen.[284] In diesem Sinne ist die Lebensbewegung der »Durchbruch des Göttlichen ins Menschliche hinein«.[285] Auch hier ist bezeichnend, dass sie schließlich zur Gesellschaftskritik führt:

> Gottes*geschichte* ist auch diese Seite der Gottes*erkenntnis*, und wiederum kein bloßer Bewusstseinsvorgang, sondern ein neues Müssen von oben her. Mag es uns noch so einleuchten, dass der Staat und die Wirtschaft, die Kunst und die Wissenschaft, aber noch viel primitiver: schon die banale Notwendigkeit des Essens, Trinkens, Schlafens, Älterwerdens, diese brutalsten Voraussetzungen der Gesellschaft, ihre eigenen Bewegungs- und Trägheitsgesetze haben, mögen wir noch so ernst damit rechnen, die Gültigkeit dieser Gesetze immer und immer wieder erfahren zu müssen, mag uns die absolute Torheit des auf Granit Beißens noch so klar sein – eins ist doch noch klarer, nämlich, dass wir uns in eine *letzte* selbstständige Gültigkeit dieser Gesetze nicht mehr finden können.[286]

Die Lebensbewegung wird nicht nur auf den geistlichen Bereich, sondern auch auf den gesellschaftlichen und politischen angewendet. Ihre Vorgehensweise ist jedoch komplett anders als die der herkömmlichen politischen Bewegungen, »weil unsere Seele erwacht ist zum Bewusstsein ihrer Unmittelbarkeit zu Gott, d. h. aber einer verloren

---

[282] Barth, Der Christ in der Gesellschaft, S. 566.
[283] Ebd., S. 567f.
[284] Ebd., S. 568.
[285] Ebd., S. 569.
[286] Ebd., S. 569f.

gegangenen und wieder zu gewinnenden Unmittelbarkeit aller Dinge, Verhältnisse, Ordnungen und Gestaltungen zu Gott«.[287] Indem sich die Seele ihres Ursprungs in Gott wieder erinnere, setze sie eben dahin auch den Ursprung der Gesellschaft, und indem sie zur Besinnung komme, finde sie den Sinn des Lebens in seiner ganzen Breite.[288] Dieses Erwachen der Seele sei die Bewegung, in der wir stehen, die Bewegung der Gottesgeschichte oder der Gotteserkenntnis, die Bewegung im Leben aufs Leben hin.[289] Die Lebensbewegung ist also die vollkommene Revolution und gleichzeitig die wahre soziale Bewegung, die die Gesellschaft nach dem Willen Gottes verändert. Diese Revolution ist daher »die Revolution des Lebens gegen die es umklammernden Mächte des Todes«.[290] Barth sieht, dass ideologische Systeme und religiöse Gedanken mit dem Problem von Leben und Tod verbunden sind. Daher ist die Revolution des Lebens eine radikale Negation der bestehenden Gesellschaft.[291] Sie fordert von Christen politisches Engagement: »Wir sind keine unbeteiligten Zuschauer. Wir *sind* von Gott bewegt. Wir erkennen Gott. Gottesgeschichte geschieht in uns und an uns. Und so ist es das Licht des Sieges, in das unsere Hoffnung und unsere Not getreten ist. Die Hoffnung ist gegenüber der Not das entscheidende, das überlegene Moment.«[292] Christen sollen sich nicht bemühen, sich an die böse Wirklichkeit und die darauf gegründete gesellschaftliche Struktur zu gewöhnen oder sie zu erhalten. Im Gegenteil sollen sie in der ungerechten Gesellschaft den guten Kampf des Glaubens gegen die böse Wirklichkeit führen.

2.3.2. Das Reich Gottes als Revolution

Im Tambacher Vortrag bezeichnet Barth das Reich Gottes als »Schöpfung, Erlösung, Vollendung der Welt durch Gott und in Gott«.[293] Im Reich Gottes verändert sich die Beziehung zwischen Gott und Mensch radikal und grundsätzlich:

Die vordringende Herrschaft Gottes ist unser vorher Gegebenes. Die unselige Statik eines konstanten Verhältnisses zwischen Gott und Mensch ist überwunden. Unser Leben gewinnt Tiefe und Perspektive. Wir stehen mitten in einer tragischen, aber auch zielgewissen Reihe göttlicher Taten und Erweisungen. Wir stehen in der Wende der

---

[287] Ebd., S. 570.
[288] Vgl. ebd., S. 570.
[289] Vgl. ebd., S. 570.
[290] Ebd., S. 571.
[291] Ebd., S. 574.
[292] Ebd., S. 575.
[293] Ebd., S. 576.

Zeiten, in der Umkehrung von der Ungerechtigkeit der Menschen zur Gerechtigkeit Gottes, vom Tode zum Leben, von der alten zur neuen Kreatur.[294]

Deshalb stehen Christen in der Gesellschaft »als die Begreifenden, also als die Eingreifenden, also als die Angreifenden«.[295] Barth stellt mit dem Zitat von Kol 1,16 fest, dass »die großen Synthesen des Kolosserbriefes« nicht nur für den geistlichen Bereich, sondern auch für den politischen Bereich gelten. Aus diesen Synthesen ergibt sich die Notwendigkeit des politischen Engagements von Christen im Reich Gottes: »Sie *können* uns nicht *ganz* fremd sein. Sie sind uns offenbar. Wir glauben sie. Sie sind vollzogen. Wir selbst vollziehen sie.«[296]

Vor diesem Hintergrund handelt Barth von »regnum naturae«, »regnum gratiae« und »regnum gloriae«. Dieses Schema steht parallel zu »Schöpfung, Erlösung, Vollendung der Welt durch Gott und in Gott«. Als Bewegung Gottes durchläuft das Reich Gottes drei Phasen. Das »regnum naturae« ist die erste Phase. Barth beantwortet die Frage, warum Christen vor der Welt nicht fliehen sollen, und warum sie sich in der Welt engagieren sollen, obwohl sie zum Reich Gottes gehören. Barth fasst im Satz »Durch ihn und zu ihm geschaffen« den Sinn des regnum naturae zusammen.[297] Zuerst sollen die Christen die Welt anerkennen, weil ohne die Weltbejahung das christliche Weltbild verwirrt wird und dies letztlich zur Weltflucht der Kirche führt. Die Welt wurde durch Gott und zu Gott geschaffen, und sie ist sein Eigentum. »Der Protest gegen das jeweilig Seiende und Bestehende« ist dennoch »ein integrierendes Moment im Reich Gottes«.[298] In Barths Verständnis unterscheidet sich die Bewegung des Reiches Gottes von menschlichen Bewegungen. Sie schließt aber die soziale Bewegung durch Menschen in sich ein. Darum legt Barth dar, dass es »dunkle, dumpfe, gottlose Zeiten« waren, wo dieses Moment des Protestes unterdrückt und verhüllt werden konnte.[299] Er bezeichnet das Reich Gottes als »eine Revolution, die *vor* allen Revolutionen ist, wie sie *vor* allem Bestehenden ist«, obwohl das Reich Gottes nicht erst mit menschlichen Protestbewegungen beginnt.[300] Die dialektischen Termini werden hier verwendet, um die Beziehung zwischen dem Reich Gottes und der Welt darzustellen:

---

[294] Ebd., S. 576.
[295] Ebd., S. 576.
[296] Ebd., S. 576.
[297] Ebd., S. 576.
[298] Ebd., S. 577.
[299] Ebd., S. 577.
[300] Ebd., S. 577.

Die große Negation geht den kleinen voran, wie sie auch den kleinen Positionen vorangeht. Das Ursprüngliche ist die Synthesis, aus ihr erst entspringt die Antithesis, vor allem aber offenbar auch die Thesis selbst. Die Einsicht in die echte Transzendenz des göttlichen Ursprungs aller Dinge erlaubt, ja gebietet uns, immer auch das jeweilige Seiende und Bestehende *als solches* in Gott, in seinem Zusammenhang mit Gott zu begreifen.[301]

Nur aus der Thesis entspringt die echte Antithesis, die ihrerseits ursprünglich der Synthesis entstammt. Barths Dialektik ist aber von der hegelianischen Dialektik unterschieden, in der sich jedes Negativum zugleich auch als Positivum verstehen lassen kann.[302] Barth nimmt nur die Terminologie der hegelianischen Dialektik von These, Antithese und Synthese an.

Als »die große Negation« und »das ganz andere« führt das Reich Gottes zunächst »nicht zu einer Verneinung, sondern zu einer *Bejahung* der Welt, wie sie ist«.[303] In der Weltbejahung der Christen ist ihr politisches Engagement vorausgesetzt: »Nur aus dieser Bejahung kann sich dann die echte, die radikale Verneinung ergeben, die bei unsern Protestbewegungen offenbar gemeint ist.«[304] Obwohl Gott Schöpfer und Erlöser der Welt und die Welt sein Eigentum ist, erkennt sie ihn noch nicht als ihren Herrn an. Unter diesem Aspekt ist das Reich Gottes auch »das regnum naturae mit dem ganzen Schleier, der über *dieser* Herrlichkeit Gottes jetzt liegt«.[305] In dieser Gesellschaft, die selbst zu ihrem Herrn und zum Herrn der Gesellschaftsglieder werden will, müssen Christen nicht die Gesellschaft, sondern Gott bejahen. Nur im Weltbild, dass die Welt von Gott geschaffen wurde, kann man die Natur und die Welt, sogar die Gesellschaft richtig verstehen. Barth betont daher: »In diesem ‹Durch ihn› und ‹Zu ihm›: durch Christus und zu Christus hin, liegt die Überwindung der falschen *Weltverneinung*, aber auch die unbedingte Sicherung gegen alle *falsche* Weltbejahung.«[306] Hier bedeutet die falsche Weltverneinung die Weltflucht, und die falsche Weltbejahung die falsche Säkularisierung. Nur durch die richtige Weltbejahung können sich Christen von den Vorurteilen dieses falschen Weltbildes frei machen. Die Welt strebt nach der Selbstverabsolutierung und zwingt Christen zu ihren Prinzipien. Aber es ist den Christen bewusst, dass die Welt von Gott geschaffen wurde und ihre Prinzipien nur relativ und fehlerhaft sind. Sie können darum aktiver und radikaler als Nicht-Christen Widerstand gegen sie leisten:

---

[301] Ebd., S. 577.
[302] Wolfgang Wieland, Art. Dialektik, RGG⁴ 2 (1999), Sp. 806–808, hier Sp. 807.
[303] Barth, Der Christ in der Gesellschaft, S. 577.
[304] Ebd., S. 577.
[305] Ebd., S. 578.
[306] Ebd., S. 578.

Wir dürfen über der Oppositionsstellung zum Leben, die wir in Christus einnehmen müssen, gerade den Sinn Christi nicht verlieren für die Bedeutung dessen, was im Alltag um uns her geschieht. Sondern gerade bei unserer Oppositionsstellung können und müssen wir das viel mißbrauchte: Verdirb es nicht, es liegt ein Segen drin! [Jes. 65,8], die dankbare, lächelnde, verstehende Geduld gegenüber der Welt, den Menschen und uns selbst durchaus mitnehmen, besser sogar als die andern, die von dieser Oppositionsstellung nichts wissen. Wir können es uns leisten, romantischer zu sein als die Romantiker und humanistischer als die Humanisten.[307]

So ist das christliche Weltbild unter dem Aspekt des regnum naturae an den Widerstand gegen pervertierte Gesellschaftssysteme und -kriterien geknüpft. Das ist die richtige Identifikation von Praxis und Theorie: »Wo man seine Sache recht macht, da ist offenbar – nicht das Himmelreich selbst, aber eine große Möglichkeit, daß das Himmelreich seinen weltlichen Vordergrund gleichsam durchschlägt und ins Bewußtsein, in die Erscheinung tritt.«[308] Deshalb haben sich Christen »in keiner Weise als Zuschauer *neben* den Lauf der Welt«, sondern an ihrem »bestimmten Platz in diesen Lauf hineinzustellen«.[309] Das Bewusstsein der solidarischen Verantwortung, die auf ihre Seele der entarteten Welt gegenüber gelegt ist, zwingt sie zu dieser Haltung. Hier wird besonders auf die Bedeutung des politischen Engagements von Christen hingewiesen: »Aus schlechten Spielern werden sicher keine guten Arbeiter, aus Bummlern, Journalisten und Neugierigen auf dem Kampfplatz des Alltags keine Stürmer des Himmelreichs [vgl. Mt. 11,12].«[310] Christen müssen zuerst diese Welt bejahen, um sie umwälzen zu können. Die Umwälzung der Welt hängt ganz von der Freiheit in allen Bereich menschlicher Existenz ab:

Eine demütige, aber zielklare und auch wohl freudige Freiheit, uns auch auf dem Boden dieses Äons zu bewegen, wird uns nie ganz verboten und unmöglich sein: die Freiheit, im Lande der Philister zu wohnen, die Freiheit, im Haus der Zöllner und Sünder mit ruhiger Überlegenheit ein- und auszugehen, so auch im Hause des ungerechten Mammon, so auch im Hause des Staates, welcher ist das Tier aus dem Abgrund [vgl. Apk. 13,1–7], heiße er wie er wolle, so auch im Hause der gottlosen Sozialdemokratie, so auch im Hause der falsch berühmten Wissenschaft und der losen Künste, so auch endlich und zuletzt sogar im Kirchenhaus.[311]

Die Bejahung des regnum naturae ist schließlich der Ausgangspunkt des Reiches Gottes als Revolution.[312]

---

[307] Ebd., S. 580.
[308] Ebd., S. 583.
[309] Ebd., S. 584.
[310] Ebd., S. 584.
[311] Ebd., S. 585.
[312] Ebd., S. 585: »Den Hinweis der Romantik, daß das Reich Gottes nicht erst heute anfange, den Hinweis des Humanismus, daß auch der gefallene Mensch der Träger des göttlichen Lichtfunkens ist, wir bejahen ihn. Wir bejahen das Leben. Auch das *regnum naturae*, die große Vorläufigkeit, in deren Rahmen sich alles Denken Reden und Handeln jetzt abspielt, kann ja immer regnum Dei sein oder werden, wenn nur *wir* im Reiche

Die zweite Phase ist das »regnum gratiae«. Nach Barth hat die Lebenserkenntnis die zwei Seiten Lebensbejahung und Lebensverneinung. Mit Lebensbejahung und Lebensverneinung sind die entsprechenden Haltungen das regnum naturae und das regnum gratiae gemeint. Nach seiner Dialektik entspringt das regnum gratiae zwar dem regnum naturae, aber die Antithesis (das regnum gratiae) ist mehr als bloße Reaktion auf die Thesis (das regnum naturae): »In eigener ursprünglicher Kraft entspringt auch sie der Synthesis, die Thesis in sich begreifend und aufhebend und also in jedem denkbaren Moment sie an Würde und Bedeutung überragend.«[313] Das regnum gratiae ist kein vollendeter Stand der Welt, sondern eine dauernde Bewegung, »wo Licht und Finsternis in siegreichem, aber schwerem *Kampf* stehen« und »wo in Christus das ganze Leben problematisch, bedenklich und verheißungsvoll wird«.[314] Es ist für Barth gerade nicht das positive Ziel, sondern die Unruhe der Bewegung. Hier herrscht Streit. Barth stellt fest, dass die Gesellschaft vom regnum naturae über das regnum gratiae auf dem Weg zum regnum gloriae ist, und dass sich Christen zwischen ihrer Not und ihrer Hoffnung bewegen.[315] Dass die Welt als regnum gratiae zum regnum gloriae werden kann, ist ihre Hoffnung, und dass die Welt noch nicht das regnum gloriae ist, ist ihre Not.

Der Pietismus und der christliche Dualismus übersehen, dass die Welt als regnum naturae zum Reich Gottes werden kann. Im Gegensatz dazu beachtet der Religiöse Sozialismus nicht, dass die Welt noch nicht das regnum gloriae ist. Die Christen, die sich schon im regnum gratiae befinden, sollen nicht als »unverantwortliche Zuschauer und Kritiker« in der Gesellschaft bleiben, sondern sich »als mithoffende und mitschuldige Genossen *innerhalb* der *Sozialdemokratie*« engagieren.[316] So schließt die Bewegung des Reiches Gottes die sozialistische Bewegung in sich ein. Weil es den Christen bewusst ist, dass die menschliche Revolution nicht vollkommen ist, sollen sie mit dieser unvollkommenen Revolution in der Wirklichkeit nicht zufrieden sein, sondern als Opposition von den Genossen der Partei oder anderen sog. Revolutionären die radikale und permanente Revolution fordern, weshalb Marquardt das regnum gratiae als

---

Gottes sind und Gottes Reich in uns.«
[313] Ebd., S. 586.
[314] Ebd., S. 588.
[315] Ebd., S. 588: »Die richtige vernommene Antwort wird zur neuen Frage, das Ja zum Nein, und mit der gleichen ganzen Notwendigkeit, mit der wir in Gott den ewigen Anfang und das ewige Ende erkennen, müssen wir uns nun auch finden in dem Übergangscharakter der Mitte, der Gegenwart, in der wir stehen. Gerade indem uns die Gesellschaft zum Spiegel ursprünglicher Gottesgedanken wird, wird sie uns zum Spiegel unserer Not und unserer Hoffnung.«
[316] Ebd., S. 592.

»Neuer Radikalismus – in der Partei« bezeichnet.[317] Das Bewusstsein der Opposition treibt die Christen, sich ohne Unterbrechung an der Weltumwälzung zu orientieren, obwohl ihnen ihre Not bewusst ist. Das Bewusstsein geht vom Glauben aus, dass das Reich Gottes nahe herbeigekommen ist.[318] Dies ist das wahre politische Potenzial des regnum gratiae.

Die dritte Phase ist das »regnum gloriae«. Sie weist dialektisch auf einen neuen Weg des Sozialismus hin. Barth warnt zunächst vor dem »Irrtum«, dass die Christen »durch Kritisieren, Protestieren, Reformieren, Organisieren, Demokratisieren, Sozialisieren und Revolutionieren [...] etwa dem Sinn des Gottesreiches Genüge leisten« wollten.[319] Aber er arbeitet »in voller Anstrengung des Begriffs ›methodologisch‹, wissenschaftlich-kritisch, das Politische nicht aus den Augen verlierend, sondern mit Absicht aufs Politische«.[320] Das Reich Gottes ist »nicht nur *etwas* anderes, sondern es ist das *ganz* andere des Reiches«.[321] Denn das Reich Gottes geht aus Gott als Synthesis hervor: »Die Kraft der Thesis und die Kraft der Antithesis wurzeln in der ursprünglichen, absolut erzeugenden Kraft der Synthesis.«[322] In Gott werden alle Gegensätze überwunden, und Christen leben von dem, »was *jen*seits des Reichs der Analogien ist«, zu denen auch ihr »bißchen *Inn*seits« gehört, obwohl von den Analogien »keine Kontinuität hinüber in die göttliche Wirklichkeit« führt.[323] In der traditionellen Eschatologie kann die göttliche Wirklichkeit in der Gegenwart nicht verwirklicht werden. Um gegen die dualistische Denkweise in der traditionellen Eschatologie zu argumentieren, übersetzt Barth das Ziel der Geschichte, das τέλος von 1 Kor 15,23–28, nicht als Ende, sondern als Zweck: »Das Reich der Zwecke ist aber bekanntlich eine höhere Ordnung der Dinge, die im Schema der Zeit und der Kontingenz nicht zu erfassen ist. Nur in *Gott* ist die Synthesis, nur in Gott ist sie für uns zu finden. [...] Denn die Schöpfung und die Erlösung haben ihre Wahrheit darin, daß Gott *Gott* ist, daß *seine* Immanenz zugleich seine *Transzendenz* bedeutet.«[324] In Barths Dialektik tritt die Kraft der Synthesis we-

---

[317] Marquardt, Der Christ in der Gesellschaft: 1919–1979, S. 70. Die Revolution ist aber nicht nur auf den parteipolitischen Bereich zu beschränken. Siehe ebd., S. 73: »Die Partei ist nicht alles. Sie ist nicht die Erfüllung, sie kämpft um Erfüllung. Sie ist nicht Ziel, sondern Weg, nicht Selbstzweck, sondern Mittel, nicht gloria, sondern viatoria.«
[318] Barth, Der Christ in der Gesellschaft, S. 593.
[319] Ebd., S. 593.
[320] Marquardt, Der Christ in der Gesellschaft: 1919–1979, S. 74.
[321] Barth, Der Christ in der Gesellschaft, S. 593.
[322] Ebd., S. 593.
[323] Ebd., S. 594.
[324] Ebd., S. 594f; Marquardt hält diese Übersetzung (»Zweck« statt »Ende«) für »kantianisch« (Marquardt, Der Christ in der Gesellschaft: 1919–1979, S. 74).

gen der Kraft der Auferstehung im Diesseits auf, weil sie die Erscheinung einer »totaliter aliter« geordneten Leiblichkeit in menschlicher Leiblichkeit ist.[325] Durch die Hervorhebung von totaliter aliter kommt das pervertierte Verhältnis von Theologie und Politik wieder ins Lot. Denn der scheinbare Widerspruch zwischen Gott und Welt, der aus der Verdinglichung und Instrumentalisierung Gottes hervorgeht, kann nur durch die wahre Transzendenz Gottes überwunden werden, die seine Immanenz in sich einschließt.

Im regnum gloriae beruht das politische Engagement auf dieser Kraft der Synthese in der Wirklichkeit. Ihre Kraft wälzt die Wirklichkeit der Welt um und treibt die Christen an. Im Folgenden zeigen sich die Notwendigkeit des politischen Engagements und die Hoffnung auf einen neuen Weg des Sozialismus:

> Wir glauben also *darum* an einen Sinn, der den einmal gewordenen Verhältnissen innewohnt, aber auch an Evolution und Revolution, an Reform und Erneuerung der Verhältnisse, an die Möglichkeit von Genossenschaft und Bruderschaft auf der Erde und unter dem Himmel, weil wir noch ganz anderer Dinge warten, nämlich eines neuen Himmels und einer neuen Erde [vgl. 2.Petr. 3,13]. Wir setzen *darum* unsere Kraft ein zur Erledigung nächstliegender banalster Geschäfte und Aufgaben, aber auch für eine neue Schweiz und ein neues Deutschland, weil wir des neuen Jerusalem, das von Gott aus dem Himmel herabfährt [vgl. Apk. 21,2], gewärtig sind.[326]

Barths Akzentsetzung auf das Göttliche und das Transzendentale weist nicht darauf hin, dass das politische Engagement oder das Unternehmen von Christen zur Weltumwälzung im Reich Gottes untauglich ist. Im Gegenteil zielt sie auf die Verhinderung des Selbstzwecks des Mittels im Religiösen Sozialismus.[327] Das regnum gloriae ist also nicht abstrakt, sondern praktisch, sogar gesellschaftlich:

> Ja, gehemmt werden wir durch diesen Gesichtspunkt sowohl in unserer Naivität als in unserer Kritik der Gesellschaft gegenüber. Aber Hemmung bedeutet bekanntlich nicht Kraft*verlust*, sondern Kraft*ansammlung*, heilsame Stauung der lebendigen Wasser zur Verhinderungen törichter Vergeudungen und gefährlicher Überschwemmungen. Der Blick von der Schöpfung und Erlösung hinüber auf die Vollendung, der Blick auf das ‹ganz andere› des regnum gloriae bedeutet offenbar praktisch, daß unsere naive wie unsere kritische Stellung zur Gesellschaft, unser Ja wie unser Nein *in Gott ins rechte Verhältnis gesetzt wird*, daß das eine wie das andere befreit wird von der Gefahr der Abstraktionen, in welchen der Tod lauert, daß eines zum andern in ein nicht systematisches, aber geschichtliches, gottesgeschichtlich und lebensnotwendig geordnetes Verhältnis tritt.[328]

---

[325] Barth, Der Christ in der Gesellschaft, S. 595.
[326] Ebd., S. 596.
[327] Marquardt, Der Christ in der Gesellschaft: 1919–1979, S. 73.
[328] Barth, Der Christ in der Gesellschaft, S. 597.

Barth wollte nicht eine christliche Lehre, die auf dem Sozialismus beruht, aufrichten, sondern eine sozialistische Theorie und Praxis, die auf dem Reich Gottes beruht. Seine Absicht zeigt sich in der Schlussfolgerung des Tambacher Vortrags. Er stellt die Frage »Was sollen wir denn nun tun?« und beantwortet sie gleich: »Wir können ja doch nur eines tun, nicht vieles. Und das eine tun gerade nicht *wir*. Denn was kann der Christ in der Gesellschaft anderes tun, als dem Tun *Gottes* aufmerksam zu folgen?«[329] Wenn die Bewegung Gottes das politische Engagement von Christen nicht benötigt hätte, hätten die Christen dem Tun Gottes nicht aufmerksam folgen, sondern nur zuschauen sollen. Sie sollen sich für die Umwälzung der kapitalistischen Gesellschaft politisch engagieren, obwohl die Vollendung der Weltrevolution nicht in ihnen, sondern in Gott liegt. Barth interpretiert Jesus Christus als die Ewigkeit im Herzen in Prediger 3,11, die Gott dem Menschen ins Herz gegeben hatte, und das ist für Barth die Synthesis.[330] Dieser Glaube ist die echte Macht des Revolutionären und des sich an der Weltumwälzung ausrichtenden Engagements von Christen. Man kann daher den neuen Weg des Sozialismus in diesem Glauben finden.

Abschnitt 2.3. hat dargelegt, dass Barth in seiner Tambacher Vortrag das Reich Gottes als die Bewegung Gottes betont, um eine sozialistische Theorie und Praxis aufzurichten, die auf dem Reich Gottes beruht. Hierfür lehnt Barth alle Kombinationen von Theologie und Politik ab und setzt die Totalität Gesellschaft mit der neuen Totalität Gott in Beziehung. Der nächste Abschnitt soll darlegen, wie sich Barths politische Ethik in der zweiten Auflage des *Römerbriefs* und in seiner dialektischen Phase auf dieser Grundlage entfaltete.

2.4. Transzendenz Gottes und Sozialismus

2.4.1. Der unendliche qualitative Unterschied und die Revolution Gottes in *Der Römerbrief II*

In seiner Safenwiler Spätzeit lenkte Barth die Aufmerksamkeit auf »den unendlichen qualitativen Unterschied« zwischen Gott und Mensch, dessen Begriff auf Sören Kierkegaard zurückgeführt wird.[331] Die zweite Auflage des *Römerbriefs* wurde zwar im

---

[329] Ebd., S. 598.
[330] Ebd., S. 598.
[331] Römerbrief 2 (Anm. 39), S. 17.

Jahr 1922 veröffentlicht, aber 1920/21 verfasst.[332] Sie kann also als ein Ergebnis seiner Safenwiler Spätzeit gelten. Barth liegt viel an diesem Unterschied, so dass er in der zweiten Auflage des *Römerbriefs* »den unendlichen qualitativen Unterschied von Zeit und Ewigkeit« von Kierkegaard als sein theologisches »System« bezeichnet.[333] Der Unterschied zwischen den Totalitäten »Gott« und »Welt« in Barths Theologie ist begrifflich streng von dem gnostischen Dualismus zu unterscheiden. Im dualistischen System steht die Transzendenz Gottes der Immanenz der Welt entgegen und hat Gott nichts mit der Welt zu tun.[334] In Barths Theologie werden Gott und die Welt voneinander unterschieden, aber nicht getrennt. Es gibt eine Beziehung zwischen Gott und der Welt. Barth sieht die Beziehung zwischen Gott und Mensch als »das Thema der Bibel und die Summe der Philosophie in Einem« an.[335] Der unendliche qualitative Unterschied zwischen Gott und Mensch weist nicht die Beziehungslosigkeit auf, sondern definiert die Beziehung zwischen Gott und Mensch neu. Während Marquardt in *Theologie und Sozialismus* den Tambacher Vortrag erörtert, macht er klar, dass es im politischen Bereich wirksam wird, »die Totalität Gesellschaft mit der neuen Totalität Gott in Beziehung zu bringen«.[336] Diese Beziehung setzen der Begriff der Transzendenz Gottes in der ersten Auflage des *Römerbriefs* und der Vortrag *Der Christ in der Gesellschaft* voraus. In der zweiten Auflage des *Römerbriefs* kommt die Transzendenz Gottes in Gestalt des unendlichen qualitativen Unterschieds. Die bloße Vermischung der beiden Totalitäten Gott und Gesellschaft – parallel zu der von Theologie und Politik – hat eine negative Auswirkung auf das Gesellschaftliche und das Politische. Hinzu kommt folgendes: »Säkularisation verschleiert das Problem der totalen Gesellschaft und des totalen Gottes genauso wie Klerikalismus.«[337]

In der zweiten Auflage des *Römerbriefs* findet sich zwar die direkte Kritik an der Klassengesellschaft nur selten, aber auch darin sind noch einige gut arrangierte Darstellungen der Revolution Gottes noch wichtig. Die Auslegung von Röm 12–15 behandelt das Problem der Ethik. Barth bezeichnet das Problem der Ethik als »die große Störung,

---

[332] Busch, Karl Barths Lebenslauf, S. 129ff. Am 29. Oktober 1921 übersiedelte Barth mit seiner Familie nach Göttingen (ebd., S. 138).
[333] Römerbrief 2, S. 16f; vgl. Sören Kierkegaard, Einübung im Christentum [1850], Sören Kierkegaard-Gesammelte Werke, 26. Abt., Düsseldorf/Köln 1962, S. 143.
[334] Der gnostische Dualismus hängt wesentlich von den Gegensätzen »von Diesseits und Jenseits, von Immanenz und Transzendenz und vor allem des Heiligen [...] und des Profanen« ab. Siehe Günter Lanczkowski, Art. Dualismus, TRE 9 (1982), S. 199–202, hier S. 202.
[335] Römerbrief 2, S. 17.
[336] Marquardt, Theologie und Sozialismus, S. 206.
[337] Ebd., S. 206.

die der Gedanke an Gott selbst für alles menschliche Tun bedeutet«.[338] Aus seiner Sicht ergibt sich das Problem daraus, dass der Gegenstand des Gesprächs über Gott »keine Objektivität, keine Über- oder Hinterwelt, keine Metaphysik, kein Schatz seelischer Erlebnisse, keine transzendente Untiefe« ist, sondern »das bekannte Leben der Menschen in Natur und Kultur, und zwar dieses Leben«.[339] Bei der christlichen Ethik geht es also darum, dass die »Formel ‹Gott selbst, Gott allein!› nicht ein göttliches ‹Ding›, nicht eine gegenüberstehende Idealität bezeichnet, sondern die unerforschliche göttliche *Relation*, in der wir uns als Menschen befinden«.[340] Diese Formel löst das Problem der falschen Säkularisation, die Gott verdinglicht und objektiviert und ihn in einer Theorie beschränkt, um eine Kenntnis von Gott zu gewinnen. In der Verdinglichung und Objektivierung Gottes verliert die christliche Ethik das ursprüngliche Ziel, den Willen Gottes zu erkennen und seinem Wort zu folgen. Um dieses Problem zu lösen, ist insbesondere ein neuer Erkenntnishorizont gefordert. Barth bezeichnet ihn als »*dialektisches* Denken«.[341] Die wahre Erkenntnis Gottes, die durch das dialektische Denken erlangen wird, ist »die große, die heilsame Störung und Unterbrechung, die Gott dem Menschen in Christus bereitet, um ihn heimzurufen in den Frieden seines Reiches«.[342] Deshalb ist die christliche Ethik, die auf der wahren Erkenntnis Gottes beruht, »keine ‹Praxis› *neben* der Theorie«, sondern »die *Theorie der Praxis*«.[343] Das Problem der Ethik bezieht sich also auf die Frage, wie wir leben können und was wir tun sollen.[344]

Barths Anspruch an die Theorie der Praxis setzt voraus, dass sich die Theorie und die Praxis in einer Ethik, die nicht auf der wahren Erkenntnis Gottes beruht, unbedingt in Widersprüche verwickeln müssen. Aus dieser Perspektive übt Barth Kritik an dem Widerspruch von Praxis und Theorie in der menschlichen Revolution:

> Der Revolutionär hat sich geirrt: Er meinte die Revolution, die die unmögliche Möglichkeit ist, die Vergebung der Sünden, die Auferstehung der Toten. Das ist die Antwort auf die Beleidigung, die im Bestehenden als solchem liegt. Jesus ist Sieger! Er hat aber die andere Revolution gemacht, die mögliche Möglichkeit der Unzufriedenheit, des Hasses, der Insubordination, des Aufruhrs und der Zerstörung. Sie ist nicht besser, sondern schlim-

---

[338] Römerbrief 2, S. 572.
[339] Ebd., S. 572.
[340] Ebd., S. 572.
[341] Ebd., S. 573: »Gerade als *dialektisches* Denken erfüllt also das Denken seinen Zweck als Frage nach Tiefe, Zusammenhang und Realität des Lebens, seinen Zweck, Besinnung auf den Sinn des Lebens herbeizuführen, Sinngebung an das Leben zu ermöglichen.«
[342] Ebd., S. 575.
[343] Ebd., S. 575.
[344] Ebd., S. 575.

mer als die gegenüberstehende Zufriedenheit, Sattheit, Sicherheit, und Anmaßung, weil Gott dabei noch besser verstanden, noch schlimmer missbraucht ist. Er meint *die* Revolution, die die Aufrichtung der wahren Ordnung bedeutet, und macht die *andere* Revolution, die die wahre Reaktion ist.[345]

Hier ist vor allem in Betracht zu ziehen, dass Barth vor dieser Kritik »die bestehende Ordnung«, die »der Ordnung Gottes« entgegensteht und mit dem »Unrecht« verbunden ist, verworfen hat.[346] Barths Kritik hat zudem nichts mit »*Nicht-Handeln*« gegen das Böse zu tun.[347] Der Gegenstand seiner Kritik ist nicht die menschliche Revolution selbst, sondern der Widerspruch von Anspruch und Wirklichkeit in ihr. Der Revolutionär meinte eigentlich und theoretisch die Revolution, die die unmögliche Möglichkeit ist, die Vergebung der Sünden, die Auferstehung der Toten. Der Revolutionär machte dennoch in der Praxis die andere Revolution, d. h. die mögliche Möglichkeit der Unzufriedenheit, des Hasses, der Insubordination, des Aufruhrs und der Zerstörung. Für Barth ist nicht das Unternehmen der menschlichen Revolution, die Gesellschaftsstrukturen und politische Systeme umwälzt, sondern die Idealisierung der unvollkommenen menschlichen Revolution inakzeptabel. Christen müssen zwar darauf verzichten, die Revolution Gottes mit der sozialistischen Revolution oder mit einem ideologischen System zu identifizieren, aber sie sollen, sich an der Revolution Gottes orientierend, weiter gehen und politisch handeln. Dafür müssen sie im Guten das Böse besiegen.[348] Die Tragweite des Handelns der Christen bewirkt in der Praxis die Veränderung einer bestehenden Gesellschaftsordnung.[349] Aufgrund der Revolution Gottes sollte auf »ein scharfes Entweder-Oder«,[350] d. h. die dualistische Transzendenz Gottes, in der Politik verzichtet werden.

2.4.2. Sozialistische Momente in den Vorträgen von 1922

Trotz seines neuen Bewusstseins vom Religiösen Sozialismus ist nicht zu bestreiten, dass die Beziehung Barths zum Sozialismus in seiner dialektischen Phase (1922–1931) nicht mehr in gleicher Weise deutlich war wie zu seiner Safenwiler Frühzeit. Durch die erste und zweite Auflage des *Römerbriefs* und den Vortrag *Der Christ in der Gesellschaft* kann eine Akzentverschiebung vom Religiösen Sozialismus zum ursprünglichen

---

[345] Ebd., S. 644.
[346] Ebd., S. 640f.
[347] Ebd., S. 643.
[348] Ebd., S. 644.
[349] Ebd., S. 644.
[350] Balthasar, Karl Barth (Anm. 13), S. 67.

sozialistischen Idee in Barths Theologie bemerkt werden. Obwohl sich nur sozialistische Momente in der dialektischen Phase finden, wird durch seinen Eintritt in die SPD von 1932 bestätigt, dass »der sozialistische Hintergrund« in dieser Phase präsent bleibt.[351]

Am 22. Februar 1922 trug Barth ein Referat über *Die kirchlichen Zustände in der Schweiz* in Göttingen vor. Hier stellt er die kirchlichen Zustände in der Schweiz, die sich nicht zu einer dynamischen Bewegung entwickelten, kritisch dar.[352] Am Ende seines Referates bringt er die Theologiegeschichte der reformierten Schweiz zum Ausdruck:

Der Punkt, wo Leben in die Gesch[ichte] kam[,] bezeichnender Weise die *soziale* Frage, aber von der religiösen Seite aus angefaßt. Die soz[ial]dem[okratischen] Pfarrer. Die «Bewegung» kam von Blumhardt: Protest gegen bloße Innerlichkeit, Geistigkeit, Jenseitigkeit. Reich Gottes. Damit war unser Nerv getroffen. Alte reform[ierte] Instinkte regten sich. Gerade die *Positiven* waren die Ersten, aber die theolog. Differenzen wurden geringfügig vor diesem Problem.[353]

Es zeigt sich, dass Barth immer noch über Christoph Blumhardt und sein religiös-sozialistisches Engagement immer noch positiv dachte.[354] Trotz seines skeptischen Bewusstseins gegenüber dem Religiösen Sozialismus schätzt Barth zudem den Gedanken von Ragaz an die Sozialreform und sein Engagement dafür hoch:

Kutter: von Schelling her: Gott als Leben u. Wirklichkeit[.] Der soz.dem. Angriff ‹unmittelbar› von ihm her kommend. Die Entscheidungsfrage an die Kirche: Will sie den leb[endigen] Gott? *Ragaz*[,] von der Reform kommend: Bejaht diese Frage u. den Sozialismus. Seither eifrigster Kämpfer für Sozialreform, die vom R[eich] G[ottes] nicht zu trennen. Die innere Dialektik beider Möglichkeiten war das Ende der rel.[-] soz[ialen] Bewegung, nachdem es sich bereits gezeigt, daß von einer Gewinnung der Soz[ial]Dem[okratie] keine Rede sein konnte. Die Wege trennten sich äußerlich beim Weltkrieg. Das Problem der Frage nach d. leb. Gott ist geblieben.[355]

In seiner Arbeit *Grundfragen der christlichen Sozialethik* (1922) spricht sich Barth in der Auseinandersetzung mit Paul Althaus, von dem 1921 das Heft *Religiöser Sozialis-*

---

[351] Winzeler, Widerstehende Theologie (Anm. 42), S. 89.
[352] Karl Barth, Die kirchlichen Zustände in der Schweiz (1922), in: Vorträge u. kleine Arbeiten 1922–1925, S. 14–38, hier 15.
[353] Ebd., S. 37.
[354] Zu Barths Verständnis von Christoph Blumhardts Theologie siehe Karl Barth, Auf das Reich Gottes warten (1916), in: Vorträge u. kleinere Arbeiten 1914–1921, S. 275–302 u. ders., Vergangenheit und Zukunft (Anm. 26), S. 538–545.
[355] Barth, Die kirchlichen Zustände in der Schweiz, S. 37f.

mus. Grundfragen der christlichen Sozialethik erschienen war, über den Religiösen Sozialismus aus.[356] Er ist erstens mit Althaus einig in dem allgemeinen Gedanken, dass »es einen Willen Gottes nicht nur über die Haltung der Seelen, sondern auch über die Zustände gibt und ihm gegenüber keine ‹Eigengesetzlichkeit› der Zustände in einem letzten metaphysischen Sinne«.[357] Während Barth eine weitere These von Althaus annimmt, dass die Kirche »seit langem die kritische Kraft der Grundgedanken des Evangeliums gegenüber dem Wirtschaftsleben verkannt, verschwiegen, erstickt« habe, fordert er anschließend von Althaus »eine deutliche und kräftige Darlegung, inwiefern das Evangelium diese gesellschaftskritische Kraft besitzt«.[358] Barth ist zweitens mit Althaus einig in »der Erkenntnis des relativen Rechtes einer [...] mehr in der Richtung des Sozialismus orientierten Lebensordnung«.[359] Zwar wendet sich Barth gegen die Schöpfungstheologie von Althaus und seine positive Einstellung zu völkischen und nationalen Positionen, aber er verneint nicht die Kritik von Althaus an dem »ungebundenen Privatkapitalismus« und dem »starren Sozialismus«.[360] Barth ist drittens mit Althaus einig in der Auffassung, dass »die Stellung des Christen in der Gesellschaft grundsätzlich nur eine gebrochene sein kann«.[361] Barth beurteilt zwar den Versuch von Althaus sehr positiv, das dualistische Problem der lutherischen Zwei-Reiche-Lehre zu lösen, aber er bestreitet das Resultat des Versuchs, dass Luthers Lösung die praktische Überwindung des Dualismus von Welt und Reich Gottes bedeute und es eine einheitliche sittliche Haltung des Christen gebe.[362]

Im Gegensatz zu Althaus betont Barth zwei Punkte. Der erste ist, dass »die in der Bergpredigt ‹gedachte› Liebe Gottes [...] die einzige ‹Weltverfassung›« sei.[363] An diesem Punkt ist es für Barth sehr wichtig, dass der höchst konkrete Inhalt für die Normen der weltpolitischen Gerechtigkeit »die Gerechtigkeit Gottes« ist.[364] Der zweite ist die Kritik an der These von Althaus, dass »die ‹Christenheit›, die ‹Gemeinde›, das Reich Gottes als ‹Herrschaft des Evangeliums in den Herzen›« zu gelten habe.[365] In-

---

[356] Karl Barth, Grundfragen der christlichen Sozialethik. Auseinandersetzung mit Paul Althaus (1922), in: Vorträge u. kleine Arbeiten 1922–1925, S. 39–64, hier S. 41.
[357] Ebd., S. 42f.
[358] Vgl. ebd., S. 43.
[359] Ebd., S. 43.
[360] Ebd., S. 44.
[361] Ebd., S. 45.
[362] Vgl. ebd., S. 47.
[363] Vgl. ebd., S. 49.
[364] Ebd., S. 51.
[365] Vgl. ebd., S. 53.

dem Barth Kritik an der These von Althaus übt, argumentiert er gegen die Behauptung, dass sich nur ein Teil des Handelns der Christen als Handeln am Reich Gottes verstehen lasse.[366] Es ist zwar im Hinblick auf Barths politische Ethik nicht zu übersehen, dass diese Punkte an die Vorwürfe gegen den Pazifismus anknüpfen, aber es ist auch sehr wichtig, dass Barth den Begriff »der Sozialismus Jesu« von Althaus nicht zurückweist, obwohl er nicht mit der Auffassung der wesentlichen Komponenten dieses Sozialismus einverstanden ist.[367] Barth beurteilt den Versuch von Althaus als positiv, »an die als ‹innere Weltenthaltung› beschriebene ‹Verfassung der Seele› eine ‹äußere Entsagung› als Funktion innerhalb der Gemeinde postulatweise anzugliedern, freiwillige Armut, Ehelosigkeit und politisches Desinteressement (auch Militärdienstverweigerung?!) um des ‹organisch-biologischen› Gesamtlebens der Gemeinde willen in das Programm der christlichen Ethik aufzunehmen und also das Individuelle aus der Grenze zum Gegenstand der Ethik zu machen«,[368] während er den lutherischen Dualismus von dem Geistigen und dem Politischen zurückweist. Außerdem hatte Barth einen positiven Begriff vom Religiösen Sozialismus, auch wenn seine Beziehung zum Religiösen Sozialismus in seiner dialektischen Phase nicht mehr in gleicher Weise wie zu seiner Safenwiler Frühzeit deutlich war: »Den Anlaß, mich dazu zu äußern, bot mir die Tatsache, daß Althaus mir – ich weiß nicht, soll ich sagen, die Ehre oder die Schmach antut, mich zu den ‹gemäßigten› Religiös-Sozialen zu rechnen. Was es mit der ‹Mäßigung› auf sich hat, ist ihm hoffentlich nebenbei klar geworden.«[369]

Am 26. September 1922 hielt Barth in Wiesbaden einen Vortrag mit dem Titel *Das Problem der Ethik in der Gegenwart*, der später in Lüneburg, Emden, Nordhorn und Bochum wiederholt wurde. Er eröffnet seinen Vortrag mit dem folgenden Satz: »Das Problem der Ethik ist die kritische Frage, unter die der Mensch sein Tun, d. h. aber sein ganzes zeitliches Dasein gestellt sieht.«[370] Dieses Problem ist immer noch mit der Frage: »*Was* sollen wir denn tun?« verbunden.[371] Barth schließt »Revolutionsphilosophie« und »Reaktionsphilosophie« kategorisch aus,[372] und im Hinblick auf den Horizont der Zeitsituation führt er den Diskurs über das Problem der Ethik:

---

[366] Vgl. ebd., S. 53f.
[367] Ebd., S. 54.
[368] Ebd., S. 55f.
[369] Ebd., S. 57.
[370] Karl Barth, Das Problem der Ethik in der Gegenwart (1922), in: Vorträge u. kleinere Arbeiten 1922–1925, S. 98–143, hier S. 102.
[371] Ebd., S. 104; zum Bibelzitat aus Lk 3,10 vgl. Barth, Der Christ in der Gesellschaft, S. 598.
[372] Barth, Das Problem der Ethik in der Gegenwart, S. 107.

Warum können wir uns vom Blick auf *unsre* Zeit nicht dispensieren lassen? Darum nicht, weil von der ethischen Frage nicht zu trennen sind wir, die Gefragten und Fragenden, die ganz bestimmten Menschen, denen sie gestellt ist, die von ihr beunruhigt und bedrängt sind. Und diese ganz bestimmten Menschen sind wir als Menschen *unsrer* Zeit. So gewiß das Problem der Ethik dem Menschen gestellt ist als seine Existenzfrage, so gewiß ist es ihm gestellt im Licht einer bestimmten Zeit, *seiner* Zeit, so gewiß hat er sich mit ihm in *besonderer, dieser* Zeit, entsprechender Weise auseinanderzusetzen. Wobei wir einschränkend hinzufügen, daß dies Besondere nichts anderes sein kann als eine besondere Betonung und Unterstreichung innerhalb der Problematik, die für alle Zeiten die eine ist.[373]

Hierbei ist aber vor allem zu beachten, dass Barth zwar abstrakte und rein theoretische Überlegungen zur christlichen Ethik verwirft, er sich aber über das Verhältnis des Reiches Gottes zur sozialistischen Zukunftshoffnung positiv äußert, wenngleich dies selbst kein Hauptthema ist:

Man kann sich die Situation auch vom Begriff des ethischen *Objekts* aus klar machen. Ich möchte dabei anknüpfen an die scheinbar – aber nur scheinbar – sehr fernliegende Vorstellung von *tausendjährigen Reiche*. Sie ist für viele unsrer Zeitgenossen – und ich bekenne mich auch dazu – aktuell geworden in Form der sozialistischen Zukunftshoffnung. Sie hat auch bei Kant ihre Rolle gespielt und wird überhaupt, wo immer das ethische Problem ernsthaft ins Auge gefaßt wird (trotz Conf. Aug. Art. 17 mit seinem «damnant»), nicht zu umgehen sein. Es handelt sich um den unbeschadet der Hoffnung auf ein ewiges Leben in einer neuen Welt zu denkenden Gedanken eines *Ziels der irdischen Geschichte*. […] Indem der einzelne sich als Subjekt der ethischen Frage zu setzen versucht, faßt er sich zusammen mit den *Mit*menschen, setzt er sich als das *Subjekt* der *Gemeinschaft*, d. h. aber er setzt, mehr oder minder wissend, was er tut, das sittliche *Objekt*, ein Ziel der *Geschichte*. Ohne Chiliasmus, und wenn es nur ein Quentchen wäre, keine Ethik, so wenig wie ohne die Idee einer moralischen Persönlichkeit.[374]

Vor diesem Hintergrund behandelt Barth den scheinbaren Unterschied zwischen ihm und Ragaz mit Vorsicht.[375] Marquardt kommentiert die theologische Haltung Barths so: »Barth hat wahrscheinlich Kutters Struktur eines Denkens ›von Gott her‹ mit der Ragazschen eines Denkens ›auf Gott hin‹ verbunden. Hierher gehört sicher auch die Bedeutung, die das ›Quentchen Chiliasmus‹ nach Barth in aller Ethik hat. Auf eine kurze Formel gebracht können wir jedoch sagen: *Praktisch* schloß Barth in seinem Verhältnis zum Sozialismus an Ragaz an, *theologisch* eher an Kutter.«[376] Aufgrund von Offb 20,2–4 betont Barth, dass das tausendjährige Reich keineswegs eine Insel der Seligen, sondern das Reich der Heiligen und Märtyrer, und nach Kant das Reich der praktischen Vernunft sei.[377]

---

[373] Ebd., S. 107f.
[374] Ebd., S. 120f.
[375] Ebd., S. 121.
[376] Marquardt, Theologie und Sozialismus, S. 83.
[377] Vgl. Barth, Das Problem der Ethik in der Gegenwart, S. 123.

In *diesem* Sinn: als Aufgabe, nicht als Wunschobjekt, als Ziel, nicht als Ende des sittlichen Kampfes ist das gemeint, was der enthusiastischen, idealistischen, kommunistischen, anarchistischen und (trotz aller echt-lutherischen Belehrung) wohl zu merken auch immer wieder der *christlichen* Hoffnung als Wirklichkeit hier auf Erden vor Augen steht: Freiheit in Liebe und Liebe in Freiheit als reines, *direktes* Motiv gesellschaftlichen Handelns und eine in Gerechtigkeit verfaßte Gemeinschaft als sein *direkter* Gegenstand, Aufhebung der Bevormundung oder vielmehr der Ausbeutung und Unterdrückung der einen durch die andern, Aufhebung der Klassenunterschiede und Ländergrenzen, des Krieges, des Zwangs und der Gewalt überhaupt, Kultur des Geistes an Stelle der Kultur der Dinge, Menschlichkeit an Stelle von Sachlichkeit, Brüderlichkeit an Stelle des allgemeinen Gegeneinander![378]

Die Kombination von Freiheit und Liebe wird wieder in der Gotteslehre der KD II/1 aufgegriffen.[379] Daher versteht Marquardt diese Sätze als »ein ganzes sozialistisches Kampfprogramm, das rückwärts die alte chiliastische Vorstellung, vorwärts jedoch den dogmatischen Begriff Gottes definiert«.[380] Dabei ist auffallend, dass die göttliche Vergebung zum Problem des politischen oder sozialen Fortschrittes und sogar der Revolution führt:

Daß die Vergebung nur bei Gott zu finden ist, Gott aber nur in der *Not*, in die der Mensch durch das Problem der Ethik gestürzt wird, diese heilsame Not aber nur dort, wo im Ernst darum *gerungen* wird, das sichert diesen Gedanken vor der Verwechslung mit einem wohlfeilen Quietismus; das macht jene Annahme besonderer, von oben in das Leben der Menschen eingesenkter Ämter grundsätzlich überflüssig, denn das sichert die fortbestehende, nun erst recht bestehende relative Würde und Gültigkeit jenes durchaus profan, durchaus von unten, vom gefallenen Menschen aus zu begründenden Systems menschlicher Zwecke, *aber* auch die Berechtigung und Notwendigkeit des Kampfes um relativ höhere Zwecke, sagen wir also z. B. um politischen oder sozialen Fortschritt, ohne oder, wenn es nicht anders sein kann, auch mit Revolution.[381]

2.4.3. Kritik an der neuzeitlichen Kriegsideologie und dem Kapitalismus in *Ethik I*

Im Sommersemester 1928 hielt Barth in Münster eine Ethikvorlesung, die zwei Jahre später in Bonn wiederholt wurde. Seine Ethikvorlesung führt in Grundbegriffe der Ethik ein und erörtert zentrale Themenbereiche sittlichen Handelns in der Gesellschaft.[382] Weiter beschäftigt sie sich mit einer theologischen Begründung der Ethik.

---

[378] Ebd., S. 123.
[379] Karl Barth, Die kirchliche Dogmatik, 2. Bd.: Die Lehre von Gott, 1. Halbband [= KD II/1], Zollikon-Zürich ³1948, S. 288, S. 310, S. 312, u. S. 333–336.
[380] Marquardt, Theologie und Sozialismus, S. 238.
[381] Barth, Das Problem der Ethik in der Gegenwart, S. 134f.
[382] Karl Barth, Ethik I (Vorlesung Münster Sommersemester 1928, wiederholt in Bonn, Sommersemester 1930), hrsg. v. Dietrich Braun, Karl Barth-Gesamtausgabe, Abt. II. Akademische Werke 1928, Zürich 1928, S. 1: »1. Ethik (von $\mathring{\eta}\theta o\varsigma$) ist gleichbedeutend mit Moral (von mos). Beides heißt Sittenlehre. Sitte (vom altdeutschen situ) heißt aber eine menschliche Handlungsweise, eine Stetigkeit menschlichen Handelns. Ethik oder Moral

Im Abschnitt 7 (»§ 7 Das Gebot des Lebens«) des 2. Kapitels (»*Das Gebot Gottes des Schöpfers*«) behandelt Barth das Thema der Kriegsbeteiligung der Christen: »Der Krieg ist die Exekution, die ein im Staate verfaßtes Volk wegen seines Willens zum Leben gegenüber einem anderen diesen seinen Lebenswillen bedrohenden Volke vornimmt. Und das Problem des Krieges ist die Frage, ob solche Exekution trotz und in der Ehrfurcht vor dem Leben möglich ist«.[383] Barth führt kurz in Schleiermachers und Luthers Kriegsethik ein, und erörtert dann in kritischer Weise das Problem der modernen Kriegsideologie. Luthers These von 1526 dreht sich um die Frage, ob das Tun eines Soldaten in einem Krieg im Glauben und in der Liebe, im Gehorsam gegen Gottes Gebot geschehen sein kann.[384] In der modernen Kriegsideologie handelt es sich jedoch nicht mehr um die »Kriegsleute« von Luther oder einzelne Soldaten. Das Volk als solches wurde zum Träger des Krieges.[385] Die neuzeitliche Kriegsideologie besteht darin, dass sich der Mensch, als Glied seines Volkes, im Fall des Kriegs »unweigerlich direkt oder indirekt auch aktiv an der massenweisen Tötung feindlicher Soldaten« beteiligt und »das Suspekte dieses Tuns von sich« abwälzt.[386] Ein einzelner Soldat dürfte sich für sein Volk an einem Krieg beteiligen und ihm die Schuld am Krieg beimessen.

Die Soldatenparole «Mit Gott für König und Vaterland» verschweigt nämlich etwas Wesentliches. Wer wollte und sollte nicht dabei sein, wenn es sich bloß um dieses «Für» handeln sollte? Aber dieses «Für» macht eben das kriegerische noch nicht zum kriegerischen Tun. Um dieses zu bezeichnen und vor anderen auszuzeichnen, müßte die Parole lauten «Mit Gott gegen jeden Feind von König und Vaterland». Jenes schöne «Für» könnte offenbar ebensogut den friedlichen Hut eines König und Vaterland zugetanen Zivilisten zieren, auf dem Helm des Soldaten aber müßte, wenn eben jene ideologische Verklärung des Krieges nicht die Absicht wäre, jenes weniger schöne «Gegen» stehen. Und das ist eben der Kern und Nerv der neuen, der Kriegsideologie im Zeitalter der allgemeinen Wehrpflicht, daß man dem Kriegsteilnehmer gegenüber dem Entscheidenden, was er als solcher zu

---

heißt also allgemein: Lehre, Wissenschaft, Kunde von den menschlichen Handlungsweisen, von den Stetigkeiten menschlichen Handelns. «

[383] Ebd., S. 257. Zu Albert Schweitzers Lehre von der Ehrfurcht vor dem Leben vgl. Albert Schweitzer, Die Ehrfurcht vor dem Leben (Erste öffentliche Darlegung aus der Predigt zu St. Nicolai in Straßburg am 23. Februar 1919), in: ders., Die Ehrfurcht vor dem Leben. Grundtexte aus fünf Jahrzehnten, hrsg. v. Hans Walter Bähr, München ³1982, S. 32–37, bes. S. 32: »Gut ist: Leben erhalten und fördern; schlecht ist: Leben hemmen und zerstören. [...] Die Ehrfurcht vor dem Leben und das Miterleben des andern Lebens ist das große Ereignis für die Welt. Die Natur kennt keine Ehrfurcht vor dem Leben.«

[384] Siehe Martin Luther, Ob Kriegsleute auch in seligem Stande sein können (1526), in: D. Martin Luthers Werke: Kritische Gesamtausgabe, 19. Bd. [= WA 19], Weimar 1897, S. 616–662, bes. S. 624ff.

[385] Barth, Ethik I, S. 259.

[386] Ebd., S. 260. Vgl. auch ebd., S. 260f: »Das eigentliche und verantwortliche *Subjekt* des Krieges ist nicht er [= der Mensch], obwohl und indem er es ist, der die kriegerischen Handlungen vollzieht, sondern eine in einem abstrakten Vorher für ihn handelnde, ihn für diese kriegerischen Handlungen in Anspruch und also für ihn die Verantwortung übernehmende dritte Größe.«

leisten hat, die Augen verschließt und darüber hinaus auf das blickt, was er freilich *auch* tut, was aber durchaus nicht das Besondere ist, was er als solcher tut, das Töten der Angehörigen der feindlichen Streitmacht.[387]

Barths Analyse zielt auf die Aufhebung der modernen Kriegsideologie.

Die individuelle Militärdienstverweigerung betreffend betont Barth, dass der Militärdienstverweiger unmöglich reine Hände in Bezug auf den ausbrechenden Krieg seines Volkes haben könne, wenn er etwa meinen sollte, an der Verantwortung seines Volkes nicht mitzutragen, weil er kein Gewehr trage.[388] Es ist auffallend, dass sich ein Ansatz einer Kollektivschuld in Barths Kritik am Verhältnis von individuellem Kriegsdienst und Volkskrieg findet, obwohl er den Terminus der Kollektivschuld nicht verwendet. Allerdings ist in Betracht zu ziehen, dass sich Barths kritisches Urteil über die Militärdienstverweigerung in erster Linie nicht gegen die Militärdienstverweiger und ihre Unterstützer richtet, sondern gegen die Christen, die Pazifismus heuchelnd der Kriegsideologie der Nationalisten zuneigten. Barth kritisiert diese widersprüchliche Haltung und die damit verbundene christliche Ethik als »Servilität«.[389] In Bezug auf die klassische Kriegstheorie kann man nicht sagen, dass Barth den Verteidigungskrieg eines Volkes verneinte.[390] Barth war kein Pazifist. Aber in keinem Fall erkannte er den Angriffskrieg an, und er kritisierte immer auf das schärfste, dass die christliche Ethik Kriegsideologie treibt. Im Folgenden zeigt sich seine kritische Auffassung von der Kriegsideologie:

Die Ethik kann den Krieg nicht verbieten. Sie kann ihn aber auch wirklich nicht gebieten. Sie kann nur auf das Schöpfergebot des Lebens, der Ehrfurcht vor dem Leben hinweisen und unbeirrbar fest sagen und immer wieder sagen, daß wir Menschen in Krieg und Frieden an diesem Gebot gemessen sind. Es ist Gottes Gebot, über dessen konkretesten Inhalt wir nicht zu verfügen haben. Es kann also so sein, daß wir auch heute noch im Gehorsam gegen dieses Gebot den Krieg zu wollen und zu vollbringen haben. Es kann aber wirklich auch das andere sein, daß die Lösung, die wir ihm entnehmen, bei genauerem Hinhören auf das, was er von uns will, der bewußten ultima ratio den Charakter einer ratio nehmen, daß sie lauten müßte: «Die Waffen *nieder!*»[391]

In Barths Ethikvorlesung findet sich eine Kritik an der europäisch-imperialistischen Expansionspolitik, die an die marxistische Imperialismuskritik anknüpft. Barth greift die Indirektheit der imperialistischen Verhältnisse auf:

---

[387] Ebd., S. 262.
[388] Vgl. ebd., S. 265.
[389] Ebd., S. 265.
[390] Ebd., S. 264.
[391] Ebd., S. 269.

In welcher Ferne und Indirektheit bin ich daran beteiligt, was vor hundert, vor fünfzig Jahren in Afrika und China gesündigt worden sein mag, obwohl Europa nicht das wäre, was es ist, und also auch ich nicht wäre, was ich bin, wenn jene Expansion nicht stattgefunden hätte? Es kennt besonders unser Wirtschaftsleben eine ganze Menge von Delegationsverhältnissen, die es dem Einzelnen scheinbar – aber doch nur scheinbar – erlauben, dem Kampf ums Dasein in der harmlosen Rolle des Zuschauers und, wer weiß, sogar in der sehr befriedigenden Rolle des kritischen und kritisierenden Zuschauers beizuwohnen. [...] Ich nehme es wirklich niemandem weg, ich habe es nur nach Gesetz und Recht geerbt. Oder was habe ich als großer oder kleiner Rentner zu tun mit der Art, wie die Zinsen, aus denen ich lebe, vielleicht in Amerika drüben erarbeitet werden, oder mit den Unternehmungen, in die meine Bank mein Kapital zu stecken für vorteilhaft hält? Ich bin gottlob weder der Fabrikant mit seiner Lohnpolitik, seinen Überstunden und seiner Akkordarbeit, noch der Kaufmann mit seinen Mietkasernen, noch gar der Brennereibesitzer in Deutschlands Osten, ich beziehe nur meine Zinsen, ich nehme nur, was mir von Gott und Rechts wegen gehört. Aber eben: mit der Unverantwortlichkeit, die wir aus dieser Indirektheit unseres Greifens und Nehmens so gerne folgern möchten, ist es nichts.[392]

Diese Äußerung erinnert an die sog. Arbeitswertlehre von Marx.[393] Aus der Indirektheit der kapitalistischen Verhältnisse und der kapitalistischen Arbeitsteilung ergibt sich eine Kollektivverantwortung. Sie kommt im politischen Bereich hauptsächlich im Volks- und Staatsbereich zum Ausdruck:

Ich bin haftbar für das, was mein Volk tut, und darin, darin allein besteht ein anständiger Patriotismus, besteht auch die Voraussetzung einer sinnvollen Beteiligung an der Politik, daß ich diese Haftbarkeit auf mich nehme, daß ich als solcher politisch denke und handle, der bereit ist, das Handeln seines Volkes ganz persönlich ethisch zu verantworten, der also weiß, daß er nicht auf ein fremdes Konto hin Schulden machen, als Staatsbürger unverantwortlich drauflowirtschaften kann. Es ist eine heillose Theorie, daß das Volk, der Staat als solcher, eine ganz andere Verantwortlichkeit hätten als ich persönlich oder im Unterschied zu mir wohl gar keine. Sie bedeutet die ethische Verlotterung des Staates selbst und des Einzelnen in seinem Verhältnis zum Staate.[394]

Hier meint »Politik« die imperialistische Expansionspolitik und »Staat« den damit verbundenen Staat. Der Imperialismus lässt sich als Teil eines Gesamtsystems kapitalistischer Unterdrückung verstehen. Das in *Ethik I* dargestellte Verhältnis von Kapitalismus und Imperialismus legt den Gedanken an die marxistische Wirtschaftstheorie und Luxemburgs Imperialismustheorie nahe, die analytisch von der Sättigung des inneren Marktes, der Eroberung des Weltmarktes und der Konkurrenz um denselben durch die nationalen Kapitale ausging. Auf der Basis der sozialistischen Gesellschaftskritik wird auch Kritik an der »bürgerlichen Moral« geübt.[395] Barth beschäftigte sich zwar in der dialektischen Phase mehr als früher mit dogmatischen und akademischen Themen, aber er hielt sich noch an die sozialistische Gesellschaftskritik.

---

[392] Barth, Ethik I, S. 277.
[393] Winzeler, Widerstehende Theologie, S. 76.
[394] Barth, Ethik I, S. 278f.
[395] Ebd., S. 279.

Abschnitt 2.4. hat gezeigt, wie die Transzendenz Gottes in der zweiten Auflage des *Römerbriefs* in Gestalt des unendlichen qualitativen Unterschieds zur Geltung kommt. Aufgrund dieser Transzendenz ist die Ethik des Reiches Gottes »keine ‹Praxis› *neben der Theorie*«, sondern »die *Theorie der Praxis*«. Es wird auch durch seinen Eintritt in die SPD 1932 bestätigt, dass »der sozialistische Hintergrund« in seiner dialektischen Phase präsent bleibt. Das nächste Kapitel soll zeigen, wie sich Barths politische Theologie angesichts der nationalsozialistischen Machtübernahme und ihrer kirchlichen und gesellschaftlichen Folgen seit 1933 weiterentwickelte.

3. Politische Theologie bei Karl Barth

Andreas Pangritz legt den politischen Gedanken Barths im Kirchenkampf wie folgt dar:

> Karl Barth bewegte sich theologisch zwischen zwei Fronten: einerseits setzte er sich mit der »christlichen Weltflucht« des deutschen Luthertums auseinander, das politische Fragen und insbesondere die Frage der Staatsform für adiaphora hielt. Auf der anderen Seite grenzte er sich gegenüber dem »Schwärmertum« im angelsächsischen Denken ab, das die theologische und die naturrechtliche Begründung von Widerstand bis zur Ununterscheidbarkeit ineinanderfließen ließ.[396]

Die Einsicht von Pangritz ist für das Verstehen von Barths dialektischem Weg und seiner späteren Theologie notwendig. Barth fasst das Verhältnis von Politik und Theologie in der reformatorischen Lehre als das »Nebeneinander von Recht und Rechtfertigung« zusammen.[397] Aus seiner Sicht ist die Trennung von Politik und Theologie im deutschen Protestantismus auf dieses Nebeneinander zurückzuführen. Dagegen begründet Barth seine Theologie auf der Grundlage des Miteinanders von Theologie und Politik. Dieses Miteinander unterscheidet sich streng von der Politisierung der Kirche, mit der die Instrumentalisierung Gottes entsteht. In der Safenwiler Spätzeit und in der dialektischen Phase wurde die Politisierung der Kirche ständig kritisiert. Das politische Engagement von Christen betrachtete Barth unter dem Aspekt der christlichen Rehabilitierung des ursprünglichen Sinnes der sozialistischen Revolution oder der Entsprechung von Theorie und Praxis im christlichen Glauben. Während seiner Professur in Deutschland weckte die Machtergreifung der Nationalsozialisten 1933 erneut sein politisches Engagement.[398] In der Barmer Theologischen Erklärung (1934) und Barths Rede vom »politischen Gottesdienst« (1937–1938) sprechen sich seine neuen theologischen Reflexionen gegen diese Machtergreifung aus. Insbesondere war der Begriff des politischen Gottesdienstes ein unmittelbarer Ausdruck seiner theologischen Überlegungen, und er schuf eine neue theologische Grundlage für den Widerstand gegen den Totalitarismus und den Missbrauch des Evangeliums durch die Deutschen Christen (DC).[399]

---

[396] Andreas Pangritz, Politischer Gottesdienst. Zur theologischen Begründung des Widerstands bei Karl Barth, Communio Viatorum (1997), S. 215–247, hier S. 240.
[397] Vgl. Karl Barth, Rechtfertigung und Recht [1938], in: ders., Rechtfertigung und Recht/Christengemeinde und Bürgergemeinde (ThSt 104), Zürich 1970, S. 5–48, hier S. 8.
[398] Vgl. Barth, »Musik für einen Gast«, S. 22.
[399] Karl Barth, Theologische Existenz heute! (1933), neu hrsg. u. eingel. v. Hinrich Stoevesandt (ThEx 219), München 1984, S. 62.

3.1. Die Verhältnisbestimmung von Theologie und Politik nach 1933

3.1.1. Die Priorität des Evangeliums vor dem Gesetz in der Barmer Theologischen Erklärung

1934 eroberten die Deutschen Christen (DC) fast die Deutsche Evangelische Kirche (DEK), und Barth machte sich Sorgen um den Zustand der Kirche.

> Der heutige Zustand der Deutschen Evangelischen Kirche ist charakterisiert durch die Herrschaft der Kirchenpartei der Deutschen Christen und durch das Bestehen eines Kirchenregimentes, das äußerlich und innerlich, sowohl was die Personen als was die Sache betrifft, geprägt ist von dieser Kirchenpartei der Deutschen Christen. Diese Herrschaft der Deutschen Christen und diese Herrschaft des deutschchristlichen Kirchenregimentes bedeutet einen Streit gegen jene theologische Voraussetzung des Bundes, d. h. aber gegen das, was die Deutsche Evangelische Kirche allein möglich macht.[400]

Als eine Glaubensbewegung verdanken die DC ihre Entstehung und Propagierung dem Umstand, dass Adolf Hitler im Jahre 1930 befahl, die bis dahin indifferente Haltung der NSDAP gegenüber dem Christentum aufzugeben und kirchlich orientierte Kreise im evangelischen Bürgertum für den Nationalsozialismus zu gewinnen. Die DC wurden 1932 als eigene Kirchenpartei gegründet. Obwohl sie sich an Rassismus, Antisemitismus und Führerprinzip ausrichteten, gewannen sie 1933 die Leitung einiger Landeskirchen in der DEK. Unter diesen Umständen wurde 1934 die Bekennende Kirche (BK) als eine Oppositionsbewegung evangelischer Christen gegen Versuche einer Gleichschaltung von Lehre und Organisation der Kirche mit dem NS-Staat gegründet. Die BK versuchte von Anfang an vor allem als eine kirchliche Bekenntnisbewegung, sich gegen staatliche Übergriffe zur Wehr zu setzen, und verabschiedete Ende Mai 1934 die Barmer Theologische Erklärung, deren dogmatische Grundentscheidung von Barth stammt.

Die Barmer Theologische Erklärung gliedert sich in sechs Thesen und beinhaltet politische Komponenten gegen die nationalsozialistische Ideologie. Im am 9. Juni 1934 gehaltenen Vortrag vor der Evangelischen Bekenntnisgemeinschaft Bonn äußert sich Barth kritisch über den Zustand der damaligen DEK:

---

[400] Karl Barth, Kurze Erläuterung der Barmer Theologischen Erklärung (Vortrag vor der Evangelischen Bekenntnisgemeinschaft Bonn am 9. Juni 1934), in: ders., Texte zur Barmer Theologischen Erklärung, mit einer Einleitung von Eberhard Jüngel u. einem Editionsbericht hrsg. v. Martin Rohkrämer, Zürich 1984, S. 9–24, hier S. 16.

> Es hat immer wieder Zeiten der *schlafenden Kirche* gegeben, in welchen der Glaube eine Gewohnheit und ein Besitz wurde und die Kirche eine Einrichtung unter anderen, von der man Gebrauch machte ohne zu wissen, daß das Sein in der Kirche Sache einer Entscheidung ist. Zeiten, in denen im Stillen, auch wenn äußerlich alles in Ordnung schien, der Abfall geschah. Zeiten, in denen die Kirche nicht mehr verstanden wurde als der Ort, in welchem man vorwärts blickt, in dem man bereit ist, mit seinem Glauben. Der *Herr* der Kirche wurde zur Zeit des Dritten Reiches vergessen und dann und darum schlichen die Irrtümer in die Kirche ein, und sie wurde trotz ihres guten äußeren Bestandes zur entarteten Kirche.[401]

In seinem Vortrag weist Barth darauf hin, dass die Christen zwischen zwei Tatsachen stehen: »Die eine ist die *Heilige Schrift*, die in der Kirche, solange sie Kirche ist, Meister ist und Meister bleibt und immer wieder Meister werden muß. Und die andere Tatsache der Zustand, der heutige Zustand unserer Deutschen Evangelischen Kirche, der sich darzustellen scheint als ein Zustand der Meisterlosigkeit gerade gegenüber dem Meister, der in der Kirche herrschen sollte.«[402] Barth sah, dass die Kirchenpolitik der DC, die sich dem Nationalsozialismus anschloss, dem Willen Gottes entgegenstand. Deshalb war er der festen Überzeugung, dass die BK darauf bekenntnismäßig reagieren müsse, indem sie dagegen durch die Barmer Erklärung argumentierte.[403] Die Barmer Theologische Erklärung betrachtet den politischen Gegenstand unter dem Aspekt des Bekenntnisses. Das ist ein theologischer Protest gegen die Einmischung der DC in Kirche und Staat.[404] Die christologische Ekklesiologie Barths wirkte sich daher kritisch gegen den Machtzuwachs der DC aus. Wirkungsgeschichtlich gesehen, führt seine Argumentation gegen die DC zum Widerstand gegen den Nationalsozialismus, obwohl Barth und die zwei Mitautoren der Barmer Theologischen Erklärung – Hans Asmussen und Thomas Breit – damals keinen Konsens zum Widerstand gegen den Nationalsozialismus fanden.[405]

Die erste These der Erklärung handelt von »einer bekenntnismäßigen Auseinandersetzung der evangelischen Kirche mit dem Problem der natürlichen Theologie«.[406] Sie bekennt sich zu Jesus Christus und verwirft die falsche Lehre, »als könne und müsse die Kirche als Quelle ihrer Verkündigung außer und neben diesem einen Worte Gottes

---

[401] Ebd., S. 10f.
[402] Ebd., S. 11.
[403] Vgl. ebd., S. 12 u. S. 16.
[404] Ebd., S. 15.
[405] Hans Asmussen, Vortrag über die Theologische Erklärung zur gegenwärtigen Lage der Deutschen Evangelischen Kirche, in: Alfred Burgsmüller/Rudolf Weth (Hg.), Die Barmer Theologische Erklärung. Einführung und Dokumentation, mit einem Geleitwort von Eduard Lohse, Neukirchen-Vluyn ³1984, S. 41–58, hier 47f.
[406] Karl Barth, Kurze Kommentierung des ersten Satzes der Theologischen Erklärung der Barmer Synode vom 31. Mai 1934 (Vorlesung im Wintersemester 1937/38), in: Texte zur Barmer Theologischen Erklärung, S. 67–87, hier S. 67.

auch noch andere Ereignisse und Mächte, Gestalten und Wahrheiten als Gottes Offenbarung anerkennen«.[407] Mit der ersten These wollte Barth eine offenbarungstheologische Grundlage für die gesamte Barmer Erklärung schaffen. Unter natürlicher Theologie wird in erster Linie der theologische Versuch verstanden, aus natürlichen Quellen durch die menschliche Vernunft und die Betrachtung der Schöpfung Erkenntnis über Gott zu gewinnen.[408] Barth hielt sie für »unbändigste Hybris« der Vernunft.[409] Die DC behaupteten, dass der Staat eine Schöpfungsordnung Gottes sei, und dass Christen allen staatlichen Gesetzen unbedingt gehorchen sollten. Um diese Behauptung zu widerlegen, stellte Barth die Offenbarungstheologie in den Vordergrund der Barmer Erklärung. Aufgrund der ersten These forderte er die protestantischen Kirchen des Auslands auf, der DEK dadurch zu helfen, dass sie ihre theologische, bekenntnismäßige Solidarität mit der ersten These bekundeten.[410]

Die zweite These handelt vom »›Werk Christi‹ in seiner Umfassendheit und seiner Erfülltheit, von der wirksamen Präsenz des *einen* Wortes Gottes«.[411] Sie verwirft die falsche Lehre, »als gebe es Bereiche unseres Lebens, in denen wir nicht Jesus Christus, sondern anderen Herren zu eigen wären, Bereiche, in denen wir nicht der Rechtfertigung und Heiligung durch ihn bedürften«.[412] Die DC behaupteten, dass es zwei Seiten gebe, deren jede unter einer anderen Ordnung stehen solle, die die weltliche und geistliche Seite trenne.[413] Barth übt harte Kritik an ihrer Parole »Für das Herz die Vergebung, Für das Leben das Gesetz«.[414] Die DC propagierten die grundsätzliche »Trennung von Verkündigung und Kirchenpolitik«, und »die ›Entkonfessionalisierung‹ des öffentlichen Lebens, die die ›religiösen Pflichten‹ und deren Erfüllung einer grundsätzlich ›privaten Sphäre‹ neben dem weltlichen Handeln zuweist«.[415] Die zweite These verneint die Trennung und die Entkonfessionalisierung. So beinhaltet sie die Kritik an der lutherischen Zwei-Reiche-Lehre bzw. ihrer Rezeption im

---

[407] Theologische Erklärung zur gegenwärtigen Lage der Deutschen Evangelischen Kirche [1934], in: Burgsmüller/Weth, Die Barmer Theologische Erklärung, S. 30–40, hier S. 34.
[408] KD II/1, S. 157; vgl. Walter Sparn, Art. Natürliche Theologie, TRE 24 (1994), S. 85–98, bes. S. 91f.
[409] Karl Barth, Nein! Antwort an Emil Brunner (ThEx 14), München 1934, S. 55.
[410] Karl Barth, Eine Frage und eine Antwort, in: ders., Karl Barth zum Kirchenkampf. Beteiligung, Mahnung, Zuspruch (ThEx NF 49), München 1957, S. 67–71, hier S. 67ff.
[411] Ernst Wolf, Barmen. Kirche zwischen Versuchung und Gnade, München 1984, S. 113.
[412] Theologische Erklärung zur gegenwärtigen Lage, S. 35.
[413] Vgl. Barth, Kurze Erläuterung der Barmer Theologischen Erklärung, S. 20.
[414] Ebd., S. 20.
[415] Wolf, Barmen, S. 113f.

Neuprotestantismus, in der Theologie und Politik getrennt sind und das Christentum auf eine Privatsache reduziert ist.

In der dritten These geht es um den theologischen Begriff der Kirche.[416] Sie unterscheidet die Kirche von dem Volk, dem Staat und der Gesellschaft.[417] Die Kirche ist »eine Gemeinde von Brüdern, die Brüder *sind*, nicht Blutsbrüder, sondern die in dem einen Haupte Jesus Christus ihren Bruder haben, der sie nun auch zu Brüdern macht«.[418] Die DC behaupteten, dass die Kirche in ihrer Ordnung zur Welt gehöre und nur von der Welt, von persönlichen Überzeugungen her, geformt und gestaltet werden müsse.[419] Um dagegen zu argumentieren, verwirft die These das Postulat der DC, dass »die Kirche die Gestalt ihrer Botschaft und ihrer Ordnung ihrem Belieben oder dem Wechsel der jeweils herrschenden weltanschaulichen und politischen Überzeugungen überlassen« dürfte. Die Kirche war zwar zu allen Zeiten von Weltanschauungen abhängig, aber die weltlichen Überzeugungen sind keine Offenbarung Gottes. Im Vortrag vor der Evangelischen Bekenntnisgemeinschaft Bonn stellt Barth klar: »Aber etwas Anderes ist es, daß dies faktisch geschieht als der Befehl, auf den wir zu hören haben. Und der Befehl heißt nicht: Macht euch dieser Welt gleich! sondern gerade umgekehrt: Durchbrecht das Schema dieser Welt! Auch die heutigen Überzeugungen sind nicht Gottes Offenbarung, und auch wenn wir sie bejahen, haben wir uns in der Kirche mit ihnen zu beugen unter Gottes Wort.«[420]

Die vierte These handelt von den Ämtern in der Kirche als Dienst.[421] Barth verstand immer alle kirchlichen Ämter als Dienst: »Es gibt in der Kirche einen Dienst und zwar nur Dienst. Es gibt Ämter, es gibt Unterschiede, es gibt Vorrang in der Kirche, es gibt ‹Bischöfe›, aber alle diese Ämter sind unter allen Umständen aufzufassen als *Dienst*. Denn jedes Amt kann in der Kirche nur bedeuten: Hier wird ein Auftrag ausgeführt und zwar ein Auftrag, der der *ganzen* Kirche übergeben ist.«[422] Das sog. Führerprinzip der DC ist in der wahren Kirche »unbrauchbar«, weil Führer hier nur Jesus Christus

---

[416] Theologische Erklärung zur gegenwärtigen Lage, S. 36.
[417] Barth, Kurze Erläuterung der Barmer Theologischen Erklärung, S. 20.
[418] Ebd., S. 20.
[419] Vgl. ebd., S. 20f.
[420] Ebd., S. 21.
[421] Theologische Erklärung zur gegenwärtigen Lage, S. 37.
[422] Barth, Kurze Erläuterung der Barmer Theologischen Erklärung, S. 21.

ist.[423] Die vierte These muss die kirchliche Ordnung der Ämter als Herrschaft verneinen.[424]

In Hinblick auf das politische Engagement ist die fünfte These von Bedeutung. In seiner Abhandlung *Christengemeinde und Bürgergemeinde* (1946) erläutert Barth das Thema Kirche und Staat im Sinn der fünften These der Barmer Erklärung.[425] Auch in der Abhandlung *Politische Entscheidung in der Einheit des Glaubens* (1952) wird die fünfte These behandelt. Sie verwirft »die damals offiziell gültige Lehre vom Totalstaat« und erinnert gleichzeitig »positiv an Gottes Reich, an Gottes Gebot und Gerechtigkeit und damit an die Verantwortung der Regierenden und Regierten«.[426] Sie lehnt »jene Mißdeutung des politischen Lebens, die dem Staat rechtfertigende und heiligende Funktionen für den einzelnen zuschreibt, ihm ein Urteil über Lehre oder Irrlehre ebenso wie über die äußere Ordnung der Kirche zuspricht« und »das Recht, kirchliche Ämter zu schaffen und zu besetzen« und »jeden Klerikalismus, der weltliche Herrschaftsansprüche aufrichtet und damit für die Kirche Gewalt in Anspruch nimmt«, ab.[427] Im Folgenden zeigt sich Barths Verständnis von Staatsgewalt zur Zeit der Barmer Erklärung: »Daß es ein Recht gebe, eine Ordnung und eine Sicherheit, das ist das göttliche Amt des Staates, welche anderen Ämter er sich sonst auch noch zumessen mag. Die Kirche aber muß dem Staat gegenüber erinnern an Gottes Reich und damit an die Verantwortung der regierenden und erhaltenden Staatsgewalt. Keine höchste, keine letzte Gewalt kann die Staatsgewalt sein.«[428] Der Totalstaat strebt an, »innerhalb der von Gott gesetzten Grenzen das gesamte Leben des Volkes zu umfassen«.[429] Barth betrachtet den Totalstaat unter dem Aspekt, dass der Staat selber zur Kirche wird.[430] In diesem Fall wird der Staat zum totalitären Staat transformiert und pervertiert schließlich selbst zu einem Anbetungsgegenstand. In der Tat traten eine Vergöttlichung des Staates und eine Verstaatlichung der Kirche in ihm nicht zufällig im 20. Jahrhundert auf. Beides gehört nach Ernst Wolf »in wesentlichen Stücken zum Erbe der geschichtlichen Entwicklung des Protestantismus seit seiner Krisis im Idealismus«.[431] Die fünf-

---

[423] Ebd., S. 21.
[424] Wolf, Barmen, S. 132.
[425] Siehe Karl Barth, Christengemeinde und Bürgergemeinde [1946], in: ders., Rechtfertigung und Recht/Christengemeinde und Bürgergemeinde, S. 49–82, hier S. 82.
[426] Karl Barth, Politische Entscheidung in der Einheit des Glaubens (ThEx NF 34), München 1952, S. 3.
[427] Wolf, Barmen, S. 140.
[428] Barth, Kurze Erläuterung der Barmer Theologischen Erklärung, S. 22.
[429] Wolf, Barmen, S. 137.
[430] Barth, Kurze Erläuterung der Barmer Theologischen Erklärung, S. 23.
[431] Wolf, Barmen, S. 140.

te These hat keine bloße politische Widerstandsideologie zum Ziel, sondern sie ist ein theologischer Versuch, um die verzerrte Denkweise der DC und der nationalsozialistischen Weltanschauung zu überwinden.

Die sechste These spricht vom Auftrag der Kirche.[432] Barth versteht ihren Auftrag als »Dienst an den Menschen, an allem Volk, in Stellvertretung Jesu Christi«, der in der Ausrichtung der Botschaft von der freien Gnade Gottes an jedes Volk besteht.[433] In der sechsten These wird es kritisiert, dass die DC das Wort Gottes der nationalsozialistischen Herrschaftsideologie unterordnen. In der Barmer Erklärung betrachtet Barth den Staat und die politische Ordnung unter dem Aspekt der Herrschaft Christi, was zur Ablehnung der Position der DC führt. Der totalitäre Staat will in einer Hand konzentrierter Staatsgewalt alle Lebensbereiche seiner Bevölkerung beherrschen. Dagegen mahnt die zweite These Christen daran, dass alle Lebensbereiche des Menschen unter der Herrschaft Christi stehen. Die Herrschaft Christi ist nicht auf den religiösen oder kirchenpolitischen Bereich beschränkt. Die Behauptung der DC bedeutete daher für Barth die Leugnung der Herrschaft Christi. Die Barmer Erklärung zeigt Ansätze des politischen Gottesdienstes, die die Kritik der politischen Ordnung als Glaubensgegenstand annehmen und das politische Engagement von Christen als christliches Bekenntnis betrachten.[434] Dies wurde auch von dem NS-Staat so wahrgenommen.

3.1.2. Das positive Verhältnis von Theologie und Politik in *Evangelium und Gesetz*

Die Deutschen Christen (DC) verlangten aufgrund von Röm 13,1, dass Christen allen staatlichen Gesetzen unbedingt gehorchen sollten. Im Hintergrund ihres Verlangens steht die Priorität des Gesetzes vor dem Evangelium. In seiner Abhandlung *Evangelium und Gesetz* (1935)[435] definiert Barth darum das Verhältnis von Evangelium und

---

[432] Theologische Erklärung der gegenwärtigen Lage, S. 39.
[433] Barth, Kurze Erläuterung der Barmer Theologischen Erklärung, S. 23.
[434] Siehe Lagebericht des Chefs des Sicherheitsamtes des Reichsführers SS, Juni 1934, in: Bericht des SD- und der Gestapo über Kirchen und Kirchenvolk in Deutschland 1934–1944, bearbeitet von Heinz Boberach, Mainz 1971, S. 58: »Die Richtung Barths muß als wirkliche Gefahr bezeichnet werden. Er schafft in seiner Theologie Inseln, auf denen Menschen sich isolieren, um so der Forderung des heutigen Staates unter religiöser Begründung ausweichen zu können« (zit. nach: J. F. Gerhard Goeters, Karl Barth in Bonn 1930–1935. Dem Gedächtnis von Christoph Barth in herzlicher Erinnerung, EvTh 47 [1987], S. 137–150, hier S. 147)
[435] Siehe K. G. Steck, Vorbemerkung, in: Karl Barth, Evangelium und Gesetz [1935] (ThEx NF 50), München 1956, S. 3: »Karl Barths Abhandlung über ›Evangelium und Gesetz‹ sollte ursprünglich von ihm selbst in Barmen 1935 vorgetragen werden, nachdem er schon nach Basel hatte übersiedeln müssen. Der Versuch, ihn

Gesetz durch die Untersuchung des wahren Gesetzes neu. Das Verhältnis von Evangelium und Gesetz steht in einer Reihe mit dem Verhältnis von Kirche und Staat.[436] Seine Untersuchung wird aber ohne explizite politische Begriffsanwendung durchgeführt und argumentiert meistens in theologischer Perspektive gegen die Position der DC und des konservativen Luthertums, die die Priorität des Gesetzes vor dem Evangelium behaupteten. Interessanterweise beinhaltet sie dennoch starke politische Komponenten gegen den Totalitarismus. Mit diesem Vortrag wollte Barth seine Zuhörer daran erinnern, dass die Kirche als politisches Mittel ausgenutzt wird, wenn sie sich mit der Priorität des Gesetzes vor dem Evangelium abfindet. Darum ist die Priorität des Evangeliums vor dem Gesetz im Hinblick auf den kirchlichen Widerstand von Bedeutung. Sie ist an das positive Verhältnis von Evangelium und Gesetz angeknüpft.[437] Der Ansatz dieses Verhältnisses findet sich schon in der zweiten Auflage des *Römerbriefs*.[438]

Im Vortrag *Evangelium und Gesetz* ändert Barth zunächst die traditionelle Reihenfolge Gesetz und Evangelium, weil er der Meinung ist, dass man zuerst vom Evangelium reden muss, um das Verhältnis von Evangelium und Gesetz recht zu verstehen. »Das Evangelium ist nicht Gesetz, wie das Gesetz nicht Evangelium ist; aber weil das Gesetz im Evangelium, vom Evangelium her und auf das Evangelium hin ist, darum müssen wir, um zu wissen, was Gesetz ist, allererst um das Evangelium wissen und nicht umgekehrt.«[439] Unter dem politischen Aspekt betrachtet, wurde das Evangelium unter der NS-Diktatur (1933–1945) als ein Mittel zur Legitimation des Staatsgesetzes ausgenutzt, weil die DC bewusst oder unbewusst davon ausgingen, dass das Gesetz die Priorität vor dem Evangelium habe. Barth legt den »*Inhalt* des Evangeliums« im Zusam-

---

dort reden zu lassen, endete damit, daß der Redner ein Redeverbot bekam, daß ein anderer seinen Vortrag vorlesen mußte, und daß Karl Barth, von einem Gestapo-Mann begleitet, über die Grenze abgeschoben wurde. (So berichtet W. Niemöller Ev. Theol. XIV, 1954, S. 64) Die Abhandlung erschien dann als Heft 32 der ersten Folge unserer Schriftenreihe noch 1935 und ist so etwas wie ein Abschiedswort Barths geworden.«

[436] Busch, Karl Barths Lebenslauf, S. 300.
[437] Barth, Evangelium und Gesetz, S. 27.
[438] Römerbrief 2, S. 17. Die pietistische Bewegung des 19. Jahrhunderts in Deutschland und das konservative Luthertum in der 1. Hälfte des 20. Jahrhunderts waren auf die dualistische Transzendenz Gottes gegründet, in der das Heilige und das Profane getrennt sind und Christen nicht zur Welt gehören, und in der die negative Bedeutung der Transzendenz Gottes hervorgehoben wird. Aber in der wahren Transzendenz Gottes schließt das Göttliche das Menschliche in sich ein. Darin steht das Göttliche nicht im Widerspruch zum Menschlichen, und das Heilige auch nicht zum Profanen. Dies ist die »positive Bedeutung« des unendlichen qualitativen Unterschieds in der zweiten Auflage des *Römerbriefs*. Sie setzt das Miteinander von Theologie und Politik voraus. Daraus ergibt sich das positive Verhältnis von Theologie und Politik.
[439] Barth, Evangelium und Gesetz, S. 5.

menhang mit »Gottes *Gnade*« dar.[440] Obwohl das Wort Gottes das eine Wort der Wahrheit ist, stehen sich das Evangelium und das Gesetz scheinbar entgegen. Hier kommt der Begriff der Gnade ins Spiel: »Das Wort Gottes erweist seine Einheit darin, daß es immer *Gnade*, d. h. freie, ungeschuldete und unverdiente göttliche Güte, Barmherzigkeit und Herablassung ist.«[441] Das Evangelium hat »die Gnade zu seinem *besonderen direkten* Inhalt, der dann auch den Inhalt des Gesetzes in sich schließt«.[442] Deshalb hat das Evangelium »die *Priorität* vor dem Gesetz«.[443] Das Urteil des Gesetzes wurde durch die Geburt Jesu Christi, seinen Tod und seine Auferstehung vollzogen. Jesus Christus ist also der Inhalt des Evangeliums. Barths christologisches Verständnis des Evangeliums scheint apolitisch zu sein. Aber aufgrund der Priorität des Evangeliums vor dem Gesetz kann die Kirche die Gesetze des totalitären Staates verwerfen. So wirkt sich die Priorität des Evangeliums vor dem Gesetz auf den politischen Bereich aus.

Es ist aber in Betracht zu ziehen, dass die Priorität des Evangeliums vor dem Gesetz keine Trennung des Evangeliums und des Gesetzes bedeutet. Das Verhältnis von Evangelium und Gesetz in Barths Theologie kann als unterschieden, aber nicht getrennt zusammengefasst werden.[444] Jesus als »die erschienene Gnade Gottes« hielt die Gebote des Gesetzes und erfüllte das Gesetz.[445] So ist das Evangelium und das Gesetz durch Jesus Christus verbunden. In diesem Sinne ist das Gesetz »der offenbare Wille Gottes«.[446] Barths Gesetzesverständnis unterscheidet sich vom traditionellen lutherischen. »Durch das *Gesetz* und die *Propheten*« werde die göttliche Rechtfertigung der insgemein sündigen Menschen durch den Glauben Jesu Christi nach Röm. 3,21 bezeugt.[447] Das Gesetz sei nichts anderes als »die notwendige *Form* des *Evangeliums*, dessen Inhalt die Gnade ist«.[448] Darum bedeute die Verkündigung des Glaubens nicht die Aufhebung des Gesetzes, sondern »die Aufrichtung des Gesetzes«.[449] Barth bringt den Unterschied von Evangelium und Gesetz wie folgt zum Ausdruck:

---

[440] Ebd., S. 5f.
[441] Ebd., S. 6.
[442] Ebd., S. 6f.
[443] Ebd., S. 7.
[444] Ebd., S. 10.
[445] Ebd., S. 10.
[446] Ebd., S. 11.
[447] Vgl. ebd., S. 12.
[448] Vgl. ebd., S. 13
[449] Vgl. ebd., S. 14.

Man hat den Unterschied von Evangelium und Gesetz mit dem von Himmel und Erde, mit dem von Tag und Nacht verglichen. Gut! Auch die Unterscheidung von Inhalt und Form bezeichnet einen unendlichen Unterschied. Aber was bedeutet dieser Unterschied? Einen Unterschied von mehr oder weniger, besser oder schlechter oder gar den Unterschied von göttlich und menschlich oder von gut und böse, kann er sicher *nicht* bedeuten! Daß es unter dem Himmel eine Erde gibt, daß der Tag Tag ist in seinem Wechsel mit der Nacht, daß der Inhalt des Evangeliums auch eine Form hat, das ist nicht nur auch ein Gotteswerk, sondern nun gerade das Gotteswerk, das dem Evangelium Raum gibt in unserem menschlichen Raum und uns Menschen im Raum des Evangeliums.[450]

Der Vortrag *Evangelium und Gesetz* handelt auch vom negativen Verhältnis von Evangelium und Gesetz, aber doch nur, um das positive Verhältnis hervorzuheben.[451] In politischer Perspektive ist jedoch das negative Verhältnis von Evangelium und Gesetz, das sich aus der Sünde des Missbrauches des Gesetzes ergibt, nicht zu übersehen.[452] Weil sich das Evangelium als Inhalt auf das Gesetz als Form bezieht, kann die Verzerrung des Gesetzes das Evangelium verzerren.[453] Wenn das Gesetz ohne Evangelium nach Selbstrechtfertigung strebt, wird es zum »entehrten und entleeren Gesetz«.[454] Hier steht die Verabsolutierung und Vergötterung des nationalsozialistischen Gesetzes im Hintergrund.[455] Darum erklärt sich Barth überzeugt: »Entweder ganz das Gesetz und dann den Tod oder ganz das Evangelium und dann das Leben, ein Drittes gibt es nicht.«[456]

Es gibt aber auch ein positives Verhältnis von Evangelium und Gesetz, aus dem man die neue theologische Reflexion Barths ablesen kann. Das positive Verhältnis geht aus der Menschwerdung Jesu Christi, seinem Tod, und seiner Auferstehung hervor. Das ist »der Sieg des Evangeliums, der Sieg der Gnade« und »Gottes Sieg [...] über die Sünde unseres Mißbrauchs des *Gesetzes*«.[457] Barth betrachtet den Sieg des Evangeliums unter drei Gesichtspunkten. Der erste Gesichtspunkt ist wie folgt: »Die Gnade Gottes,

---

[450] Ebd., S. 14.
[451] Ebd., S. 18: »Man merke wohl: Gott legt seine Gabe *trotzdem* in unsere Hände und sie ist und bleibt trotzdem, trotz der mehr als fragwürdigen Reinheit unserer Hände, *seine* Gabe. Was dieses ›trotzdem‹ positiv bedeutet, das soll im vierten Teil dieses Vortrags zur Sprache kommen. Es bedeutet aber zunächst etwas *Negatives*. Und dieses Negative bildet den Hintergrund, von dem sich das Positive abheben muß, um als solches erkennbar zu werden.«
[452] Ebd., S. 22.
[453] Ebd., S. 22: »So kann es nicht zugehen bei jenem Betrug, daß das Gesetz zwar durch die Sünde mißbraucht, geschändet, verkehrt würde, das Evangelium aber unversehrt bleibe, also die Gnade nach wie vor als Gnade von uns verstanden würde. Nein mit der Form fällt und verdirbt auch der Inhalt, mit Gottes Gesetz auch Gottes Evangelium.«
[454] Ebd., S. 25.
[455] Ebd., S. 25f.
[456] Ebd., S. 27.
[457] Ebd., S. 29.

Jesus Christus selbst, macht gerade das *Gericht*, in das uns das mißbrauchte und doch gültige Gottesgesetz stellt, zu unserer *Rechtfertigung*. Er offenbart sich als Heiland durch das Gesetz auch in dieser Gestalt. Er macht lebendig durch das Evangelium, in dem er durch das Gesetz tötet. Jetzt wird diese Reihenfolge: ›Gesetz und Evangelium‹ legitim und sinnvoll!«[458] Nachdem die ursprüngliche Intention des Gesetzes durch den Sieg des Evangeliums über den Missbrauch des Gesetzes wiederhergestellt ist, dürfen Christen die traditionelle Reihenfolge Gesetz und Evangelium annehmen. Der zweite Gesichtspunkt ist die Freiheit von jenem »Gesetz der Sünde und des Todes« in Röm 8,2, und dieses Gesetz kann die Christen wegen ihres Ungehorsams und Unglaubens nicht verdammen, weil sie in Jesus Christus gerechtfertigt sind.[459] Das Gesetz als die Form des Evangeliums wird »*wiederhergestellt* aus den Buchstaben zur Ganzheit seiner Worte, seines einen einzigen Wortes, aus der Forderung: Du sollst! zu der Verheißung: Du wirst sein!, aus dem Anspruch auf unser Vollbringen zum Anspruch auf unser Vertrauen«.[460] Dann erweist sich das Gesetz nicht mehr als Instrument des Betrugs des Sünde und als Organ des Zornes Gottes, sondern in seinem eigentlichen ursprünglichen Sinn »als Zeugnis, als Offenbarung dessen, der alles wohlgemacht und der gar nichts von uns haben will«.[461] Aus dem Evangelium geht die Freiheit hervor, und ihretwegen übertrifft das Evangelium das Gesetz. Der dritte Gesichtspunkt ist, dass Jesus Christus den Christen »den Heiligen Geist der Kraft, der Liebe und der Zucht (2. Tim. 1,7)« gibt.[462] Die Vollkommenheit und die Freiheit des Evangeliums machen durch den Heiligen Geist ihren Einfluss auf das Leben des Christen geltend. Die Christen, die den Heiligen Geist haben, erkennen sich daran selber »als die *Armen* vor Gott«.[463] Das Evangelium und das Gesetz ist ihnen zu ihrem Heil in ihre sündigen unreinen Hände gelegt, »weil sie durch Christi für uns gekreuzigten Leib und sein für uns vergossenes Blut gespeist und getränkt und erhalten werden zum ewigen Leben«.[464] So setzt Barths Vortrag *Evangelium und Gesetz* den Akzent auf die Priorität des Evangeliums vor dem Gesetz. Die Akzentsetzung dient als ein Gegenargument zur Priorität des Staatsgesetzes vor dem Evangelium bei den DC und zur Trennung von Evangelium und Gesetz bei den konservativen Lutheranern. Sie weist darauf hin, dass die Forderung der DC und der konservativen Lutheraner zum blinden Gehorsam

---

[458] Ebd., S. 29.
[459] Ebd., S. 30.
[460] Ebd., S. 31.
[461] Ebd., S. 31.
[462] Ebd., S. 31.
[463] Ebd., S. 32.
[464] Ebd., S. 32.

gegen das totalitäre Staatsgesetz im wahren Verständnis über das Evangeliums und das Gesetz unhaltbar ist.

Wie in Abschnitt 3.1. dargelegt, war Barth der festen Überzeugung, dass die Bekennende Kirche (BK) auf die Kirchenpolitik der Deutschen Christen (DC) bekenntnismäßig reagieren müsse, indem sie dagegen durch die Barmer Erklärung argumentierte. Vor diesem Hintergrund hebt er in seiner Abhandlung *Evangelium und Gesetz* (1935) die Priorität des Evangeliums vor dem Gesetz hervor, um die Gesetze des totalitären Staates zu verwerfen. Der nächste Abschnitt soll Barths Rede vom politischen Gottesdienst in seinen »Gifford-Lectures« behandeln, um die politische Theologie Barths im Übergang vom Kirchenkampf zum politischen Widerstand zu verdeutlichen.

3.2. Politischer Gottesdienst und die Königsherrschaft Christi I: *Gotteserkenntnis und Gottesdienst*

3.2.1. Zum Begriff des politischen Gottesdienstes

In der Kritik am kapitalistischen Imperialismus und an der Ideologie der Deutschen Christen (DC) betrachtete Barth es als seine vornehmste Aufgabe, einen neuen theologischen Weg zu finden, damit sich die Kirche von der Weltflucht und der ideologischen Politisierung fernhält. Die DC rechtfertigten die Politisierung des Gottesdienstes für den Nationalsozialismus.[465] Barth bemühte sich, gegen die Ideologie der DC zu argumentieren und sie theologisch zu überwinden. Der Begriff »Politischer Gottesdienst« ist die Frucht dieser theologischen Bemühungen. Als theologischer Terminus tritt der politische Gottesdienst zum ersten Mal in den 20 Vorlesungen (»Gifford-Lectures«) auf, die im Frühjahr 1937 und 1938 an der Universität Aberdeen über das Schottische Bekenntnis gehalten und 1938 unter dem Titel *Gotteserkenntnis und Gottesdienst nach reformatorischer Lehre* veröffentlicht wurden. Im Anschluss an Artikel 24 »Von der bürgerlichen Obrigkeit« nennt Barth die 19. Vorlesung »Politischer Gottesdienst«.[466]

---

[465] Siehe Joachim Beckmann, Der Weg zur Bekenntnissynode der Deutschen Evangelischen Kirche in Barmen 1934, in: Burgsmüller/Weth, Die Barmer Theologische Erklärung, S. 9–19, hier S. 10.

[466] Karl Barth, Gotteserkenntnis und Gottesdienst nach reformatorischer Lehre. 20 Vorlesungen (Gifford-Lectures) über das Schottische Bekenntnis von 1560 gehalten an der Universität Aberdeen, Zollikon 1938, S. 203.

Der Titel, unter den ich den Inhalt von Art. 24 der Schottischen Konfession gestellt habe: »Der politische Gottesdienst« klingt ungewöhnlich und künstlich. Ich wüßte mich nun doch, wenn ich den Zusammenhang und den Inhalt dieses Artikels und wenn ich zugleich die Sache selbst überdenke, nicht anders auszudrücken als ebenso: die reformierte Lehre kennt nicht nur den Gottesdienst des christlichen Lebens und nicht nur den kirchlichen Gottesdienst in dem engeren Sinn des Begriffs, wie er uns in den zwei letzten Vorlesungen beschäftigte; sie kennt auf einer dritten Ebene der Betrachtung und der Wirklichkeit auch einen *politischen* Gottesdienst.[467]

Aus Barths Sicht bestehen drei Formen des christlichen Gottesdiensts nach der reformierten Lehre: der Gottesdienst des christlichen Lebens, der kirchliche Gottesdienst im engeren Sinn des Begriffs, und der politische Gottesdienst. Gottesdienst des christlichen Lebens heißt, dem gemäß dem Wort Gottes gelebten Alltag der Christen einen gottesdienstlichen Sinn zu geben. Kirchlicher Gottesdienst ist der liturgische Gottesdienst in der Kirchengemeinde. Der politische Gottesdienst als dritte Form ist ein Gottesdienst in der politischen Welt, der sich darauf bezieht, im politischen Bereich äußerliches Recht, äußerlichen Frieden und äußerliche Freiheit zu schaffen und zu erhalten.[468] Den Hintergrund für den Begriff des politischen Gottesdienstes bildet die Entsprechung von Kirche und Staat unter der Königsherrschaft-Christi-Lehre.[469] Pangritz bringt das Verhältnis der staatlichen Aufgabe und des politischen Gottesdienstes so zum Ausdruck: »Wie in der Kirche, so ist auch im politischen Raum nach dem rechten Gottesdienst, d. h. nach der rechten Wahrnehmung seiner Aufgabe durch den Staat zu fragen. Hier geht es um die Frage, ob der Staat seine ihm von Gott übertragene Aufgabe, für Recht, Frieden und Freiheit zu sorgen, wahrnimmt oder nicht.«[470]

3.2.2. Die innere Verbindung von Kirche und Staat unter der Königsherrschaft Christi und das politische Engagement für Recht, Frieden und Freiheit

In *Gotteserkenntnis und Gottesdienst nach reformatorischer Lehre* weist der Begriff des politischen Gottesdienstes die folgenden zwei Merkmale auf. Das erste ist die innere Verbindung von Kirche und Staat unter der Königsherrschaft Christi. Zur Definition des politischen Gottesdienstes führt Barth zuerst das Verhältnis von Kirche und Welt aus. Das christliche Leben und das Leben der Kirche spiele sich im Raume einer Welt ab, die »das Wort Gottes *noch nicht* gehört« habe, und die Welt sei der Gegenstand der Mission der Kirche, wobei die Kirche freimütig eingestehen werde, dass sie

---

[467] Ebd., S. 203f.
[468] Ebd., S. 207.
[469] Ebd., S. 206.
[470] Pangritz, Politischer Gottesdienst, S. 223.

selber der Mission, die sie auszurichten habe, am allerersten bedürftig sei.[471] Hier kommt der Begriff der Königsherrschaft Christ ins Spiel. Sein Königreich habe kein Ende und es gebe auch in jenem äußeren Bereich »kein solches Gesetz, keine solche Wahrheit und Wirklichkeit, die den Auftrag der Kirche begrenzen, die den in der Liebe tätigen Glauben verdrängen oder auch nur aufhalten könnten«.[472] Aus diesem Grund betrachtet Barth die lutherische Zwei-Reiche-Lehre als einen Versuch, dass sich Christen »desinteressiert von der Welt« zurückziehen und dass man »mit dieser Zurückhaltung die Anerkennung einer Selbstständigkeit des weltlichen Reiches gegenüber dem Reiche Christi verbinden« will.[473] Diese zwei Reiche sind »zwar zu unterscheiden, aber insofern doch Eines, als Jesus Christus nicht nur der Herr der Kirche, sondern in jener ganz anderen Weise, nämlich in Form des Anspruchs auf die politische Ordnung der Herr auch der Welt ist«.[474] Das zeigt eine enge innere Verbindung von Kirche und Staat unter der Königsherrschaft Christi. Darunter erhält die politische Ordnung unter bestimmten Bedingungen fast einen soteriologischen Sinn:

Der an jeden Menschen ergehende Anspruch dieser Ordnung ist also nicht in einem besonderen Weltgesetz, sondern in dem einen in der Kirche verkündigten und auch für die Welt gültigen Gesetz *Gottes*, er ist in »Gottes heiliger Anordnung« begründet: gerade insofern ist er echt und wirklich begründet: es dient die politische Ordnung nicht nur »dem Nutzen und der Wohlfahrt der Menschheit«, sondern auch »zur Offenbarung der Herrlichkeit Gottes«, und gerade insofern ist sie eine echte und heilsame Ordnung des menschlichen Lebens.[475]

Die innere Verbindung von Theologie und Politik bedeutet aber nicht, dass die politische Ordnung der soteriologischen Ordnung entspricht. Die Ordnung des Glaubens und der Liebe ist »noch nicht eine Ordnung des äußerlichen Rechtes, des äußerlichen Friedens, der äußerlichen Freiheit«, weil das Reich Gottes noch die »Verheißung mitten im Chaos des Weltreiches« bleibt.[476] Das ist die Heiligung der Welt durch die Existenz der Kirche und die Antizipation, die die Kirche der Welt gegenüber damit vollzieht, dass sie ihr das Wort Gottes verkündigt. Die Kirche nimmt auch die politische Ordnung in Anspruch »als eine *gottesdienstliche* Ordnung«.[477] In solcher gottesdienstlicher Ordnung sind die Regierenden und die Regierten zum Gehorsam gegen Gott, zur Dankbarkeit und zur Buße aufgerufen.[478] Barth stellt klar: »Nur äu-

---

[471] Vgl. Barth, Gotteserkenntnis und Gottesdienst, S. 204.
[472] Vgl. ebd., S. 205.
[473] Ebd., S. 205f.
[474] Ebd., S. 206.
[475] Ebd., S. 206.
[476] Ebd., S. 206.
[477] Ebd., S. 206.
[478] Ebd., S. 206f.

ßerliches Recht, äußerlicher Friede, äußerliche Freiheit kann hier geschaffen und erhalten werden, und nicht ohne Zuhilfenahme physischer Gewalt kann das geschehen.«[479] Schließlich bezieht sich der politische Gottesdienst darauf, »in der Welt solches Recht, solchen Frieden und solche Freiheit zu schaffen und zu erhalten«.[480] Im politischen Gottesdienst sieht die Kirche die politische Ordnung als einen theologischen Gegenstand.

3.2.3. Die Relativierung der staatlichen Autorität und die aktive Resistenz gegen den Totalitarismus

Das zweite Merkmal des politischen Gottesdienstes ist die Relativierung der staatlichen Autorität. Barth stellt vor allem klar, dass die politische Ordnung im Zusammenhang mit bestimmten politischen Mächten und Machthabern steht, und die Machthaber von Gott eingesetzt sind, wie die Kirche und ihre Glieder von Gott eingesetzt sind.[481] Hier ist bezeichnend, dass Barth bei der Auslegung von Röm 13,1 in der ersten Auflage des *Römerbriefs* im negativen Sinne die Notwendigkeit von Politik dargelegt hatte,[482] während dieselbe Bibelstelle in den Gifford-Lectures angewendet wird, um zu erklären, dass Gott die Machthaber an ihre Stelle einsetzte. Der politische Gottesdienst bedeutet aber nicht, dass sich die Machthaber »zum christlichen Glauben bekennen und wohl gar als persönlich aufrichtig fromme Menschen bekannt sind«.[483] Der gottesdienstliche Sinn hängt davon ab, in welcher Beziehung der Staat zur Kirche steht. Wenn der Staat in seinem Bereich nach Röm 13 »Gottes Stellvertreter und Priester« ist, wird der gottesdienstliche Sinn in der politischen Ordnung deutlich. Aber wenn der Staat zum totalitären Staat und die politische Macht zur Tyrannei werden, wird der gottesdienstliche Sinn der politischen Ordnung undeutlich bzw. völlig unterdrückt.[484] In der Rede vom politischen Gottesdienst ist vorausgesetzt, dass der Staat und die politischen Machthaber die Pflicht haben, das Recht, den Frieden und die Freiheit zu

---

[479] Ebd., S. 207.
[480] Ebd., S. 207.
[481] Ebd., S. 207: »Diese Machthaber als solche hat Paulus Röm. 13,6 in einem unmißverständlich sakralen Ausdruck als ›Diener (λειτουργοί) Gottes‹ bezeichnet, die zur Handhabung jener Ordnung von Gott eingesetzt seien (Röm. 13,1): offenbar an ihrer Stelle genau so wie die Kirche und ihre Glieder von Gott eingesetzt sind, als die Versammlung der Glaubenden zur Verkündigung und zum Vernehmen des Wortes Gottes.«
[482] Siehe Römerbrief 1, S. 505.
[483] Barth, Gotteserkenntnis und Gottesdienst, S. 208.
[484] Ebd., S. 209.

schützen. Wenn sie ihre Pflicht nicht tun, haben sie »keine rechtmäßige Autorität«.[485] So relativiert die Rede vom politischen Gottesdienst die staatliche Autorität.

Aus der Relativierung der staatlichen Autorität ergibt sich die Forderung nach der aktiven Resistenz gegen Totalitarismus. Der Staat darf nicht versuchen, kirchliche Probleme mit politischer Gewalt zu lösen. Für Barth ist die Behauptung unhaltbar, dass der Staat die wahre Kirche nicht nur schützen, sondern, gegebenen Falles auch die Reformation der Kirche und also die Herstellung der wahren Kirche in seine Hand nehmen und nach dem Vorbild der alttestamentlichen Könige den Götzendienst und allen in der Kirche aufkommenden Aberglauben unterdrücken solle.[486] Der gottesdienstliche Sinn in der politischen Ordnung wird nur unter der Bedingung deutlich, dass »der Staat der Kirche *Freiheit* verschafft und erhält«.[487] In der Rede vom politischen Gottesdienst ist Recht, Friede und Freiheit im politischen Bereich zwar von großer Bedeutung, aber der derzeitige Schwerpunkt liegt auf Freiheit.[488] Die Kirche braucht volle Freiheit, um ihre eigene Aufgabe, d. h. die Verkündigung von der Botschaft Jesu, zu erfüllen. Ihre Freiheit zur Verkündigung ist mit dem Problem des totalitären Staates unmittelbar verbunden: »Der gottesdienstliche Sinn der Staatsordnung wird da undeutlich, wo der Staat der Kirche diesen Raum verweigert oder beschränkt, wo er von der Kirche verlangt, daß sie sich seinen Zwecken unterordne und anpasse, wo er ihr gegenüber die falsche Kirche fördert, wo er vielleicht gar in Verabsolutierung seiner eigenen Zwecke selber zur Kirche wird, die dann sicher eine falsche und die unduldsamste aller Kirchen sein wird.«[489] Wenn ein Staat mittels in einer Hand konzentrierter Staatsgewalt alle Lebensbereiche seiner Bürger beherrschen will, ist er totalitär. Der totalitäre Staat wird »das Tier aus dem Abgrund« von Offb 13.[490] Barth verurteilte daher immer, dass der totalitäre Staat auf religiösem Bereich seine Macht und seinen Einfluss geltend

---

[485] Ebd., S. 209.
[486] Ebd., S. 210.
[487] Ebd., S. 210.
[488] Hier ist bezeichnend, dass die Sorge für die politische Freiheit als staatliche Aufgabe in der Rede vom politischen Gottesdienst hinzukommt. In der fünften These der Barmer Theologischen Erklärung stellt sich »für Recht und Frieden zu sorgen« als staatliche Aufgabe dar (siehe Theologische Erklärung zur gegenwärtigen Lage, S. 38). In *Evangelium und Gesetz* erwähnt Barth zwar zum Schluss »unsere Freiheit« durch Jesus Christus, aber sie hat keine unmittelbare politische Nuance (siehe Barth, Evangelium und Gesetz, S. 31). Im Vortrag *Rechtfertigung und Recht* (1938) definiert Barth den politischen Gottesdienst als einen Dienst Gottes, der »in irgend einer Anerkennung, Förderung, Verteidigung, Verbreitung menschlichen Rechtes nicht trotz, sondern gerade wegen der göttlichen Rechtfertigung« besteht (Barth, Rechtfertigung und Recht, S. 5).
[489] Barth, Gotteserkenntnis und Gottesdienst, S. 210.
[490] Ebd., S. 210.

macht. Vor diesem Hintergrund kommt das politische Engagement von Christen zur Sprache.

Nach Barth unterscheidet die Schottische Konfession sehr klar zwischen rechtmäßiger und unrechtmäßiger Obrigkeit. Die Christen werden dem Staat »ihre positive Mitarbeit nur dann leisten können«, wenn ihnen der gottesdienstliche Sinne der politischen Ordnung »durch ihn selbst, durch seine Haltung und Taten, durch sein Eintreten für Recht, Frieden und Freiheit, durch sein Verfahren der Kirche gegenüber deutlich und glaubwürdig gemacht ist«.[491] Die Christen haben weder eine »allgemein gültige christliche Pflicht« noch »ein allgemein gültiges Recht«, dem Staat ihre positive Mitarbeit, ihre Beteiligung an seiner Verantwortlichkeit zu verweigern.[492] Barth betrachtet also die Verweigerung der Bürgerpflicht der Christen als Verleugnung ihres kirchlichen Bekenntnisses.[493] Trotzdem oder gerade deshalb erläutert er mit dem Artikel 14 des Schottischen Bekenntnisses das Problem des Widerstands und aktiver Resistenz in Anknüpfung an John Knox' These vom tyrannidem opprimere. Der Artikel 14 des Schottischen Bekenntnisses befasst sich mit der Frage »Welche Werke vor Gott als gut erfunden werden«.[494] Den Sinn des Gebotes »Du sollst nicht töten« erweitert die Schottische Konfession zu »*der Tyrannei* zu *widerstehen* (to repress tyrannie, tyrannidem opprimere)« und »nicht zu dulden, daß unschuldiges Blut vergossen wird, wenn wir es verhindern können«.[495] Nach Barth gibt es nach dem Schottischen Bekenntnis unter Umständen nicht nur eine erlaubte, sondern eine göttlich geforderte Resistenz gegen

---

[491] Ebd., S. 211.
[492] Ebd., S. 212.
[493] Ebd., S. 212.
[494] Confessio Scotica (Schottisches Bekenntnis) von 1560, in: Georg Plasger/Matthias Freudenberg (Hg.), Reformierte Bekenntnisschriften. Eine Auswahl von den Anfängen bis zur Gegenwart, Göttingen 2005, S. 124–150, hier S. 135f: »Weiter bekennen wir und sind dessen gewiss, dass Gott dem Menschen hochheilige Gebote gegeben hat (Ex 20,1f.; Dtn 4,1f.44f.; 5,1f.), die nicht nur alle Werke verbieten, die Gottes Majestät beleidigen, sondern solche befehlen, an denen er sich freut und denen er seinen Lohn verspricht. Von diesen Werken aber gibt es zwei Arten: Die einen beziehen sich auf die Ehre Gottes, die anderen auf den Nutzen des Nächsten, und beide empfangen ihre Zuverlässigkeit und Autorität aus dem uns geoffenbarten Willen Gottes. [...] Hingegen Vater und Mutter (Eph 6,1–3), Könige, Regierende und alle, die Gewalt und Macht über uns haben, ehren, sie lieben, ihnen beistehen, in Wort und Tat auf sie hören, soweit es nicht gegen Gottes Gebote geht (Röm 13,1f.; 1Tim 2,1–3; 6,1f.), das Leben der Guten fördern, die Tyrannei niederhalten, die Schwachen gegen die Gewalt der Bösen verteidigen (Hes 22,1f.; Jer 22,3f.; Jes 58,6f.), unsern Leib heilig und rein bewahren (1Thess 4,6), nüchtern und mäßig leben, in allen Worten und Werken gleiches Recht gegen alle ausüben (Lk 2,52) und jede Begierde, dem Nächsten Schaden zuzufügen, unterdrücken: das sind die Werke der zweiten Tafel, die Gott vor allem gefallen und ihm willkommen sind, da sie von ihm selbst befohlen wurden.«
[495] Barth, Gotteserkenntnis und Gottesdienst, S. 213.

politische Macht. Diese Resistenz ist »nicht nur eine passive, sondern eine *aktive* Resistenz, sogar eine Resistenz, bei der es dann unter Umständen auch darum gehen kann, *Gewalt* gegen Gewalt zu setzen«.[496] Die aktive Resistenz bedeutet für Barth den Widerstand gegen die Tyrannei und die Verhinderung des Vergießens unschuldigen Blutes. Allerdings lehnt Barth den Gehorsam gegen die politische Ordnung (Röm 13) und das Gebet für ihre Träger (1. Tim 2,1–4) nicht ab. Wenn Christen den Widerstand gegen die Tyrannei leisten, müssen sie auf den christlichen Widerspruch zum Gehorsam gegen die politische Macht stoßen. Barth löst dieses Widerspruchsproblem, indem er den Gehorsam gegen die politische Ordnung vom Gehorsam gegen ihre konkreten Vertreter unterscheidet.[497] Obwohl er die Ausübung von Gegengewalt gegen die Tyrannei und für unschuldig politisch Unterdrückte anerkennt, behandelt er dennoch das Thema der Gewaltausübung mit Vorsicht:

> Und ob es sich bei dem Widerstand gegen die Tyrannei gerade um gewaltsame Resistenz handeln wird, darüber ist ja noch nicht zum vornherein entschieden. Die prima ratio wird ja auch dann nicht die Gewalt sein. Es kann und darf aber nicht aus Furcht vor der ultima ratio der gewaltsamen Resistenz die aktive Resistenz als solche ausgeschlossen werden. Und man wird dann allerdings auch die mögliche Konsequenz einer gewaltsamen Resistenz jedenfalls nicht zum vornherein ausschließen dürfen. [...] Wir dürfen und sollen darum beten, daß uns jene Wahl erspart bleibe oder daß uns, wenn dies nicht möglich ist, wenigstens die ultima ratio der gewaltsamen Resistenz erspart bleibe.[498]

Für Barth ist jede gewaltsame Lösung des Konfliktes nur ultima ratio, und das gilt auch für die Nachkriegszeit.[499] Im politischen Gottesdienst ist die politische Ordnung nach dem Wort Gottes zu befragen, und jeder einzelne Christ hat die Aufgabe, den Staat seine Aufgabe erfüllen zu lassen. Daraus ergibt sich die Notwendigkeit des politischen Engagements von Christen. Mit der Rede vom politischen Gottesdienst betrachtet Barth das politische Engagement von Christen unter dem Aspekt der »Bewährung der Christen in der noch nicht erlösten Welt«.[500] Und die aktive Resistenz macht hinsichtlich des politischen Engagements von Christen einen Unterschied zwischen dem Widerstand gegen den kapitalistischen Imperialismus, der durch die gewaltfreie

---

[496] Ebd., S. 213.
[497] Ebd., S. 213f: »Es kann aber die Gestalt dieses Gehorsams und dieses Gebets hinsichtlich der konkreten *Träger* und *Vertreter* der politischen Macht unter Umständen auch noch eine andere werden als die jener aktiven oder passiven Stellungnahme. Es kann uns der Gehorsam – nicht gegen die politische Ordnung, aber gegen ihre konkreten *Vertreter* zur Unmöglichkeit werden, wenn wir gleichzeitig den Glauben und die Liebe festhalten wollen.«
[498] Ebd., S. 215.
[499] Siehe Barth, Christengemeinde und Bürgergemeinde, S. 73.
[500] Pangritz, Politischer Gottesdienst, S. 223.

Aktion durch die Solidarität geleistet wird, und dem politischen Gottesdienst, der sich an dem Widerstand gegen den Totalitarismus (d. h. den Nationalsozialismus) ausrichtet.

Abschnitt 3.2. ist auf die Rede vom politischen Gottesdienst in den »Gifford-Lectures« Barths eingegangen. Diese bezieht sich darauf, im politischen Bereich äußerliches Recht, äußerlichen Frieden und äußerliche Freiheit zu schaffen und zu erhalten. Damit wird die Ausübung von Gegengewalt gegen die Tyrannei und für unschuldig politische Unterdrückte anerkannt. Im folgenden Abschnitt soll der Begriff des politischen Gottesdienst anhand des Vortrags *Rechtfertigung und Recht* näher beleuchtet werden.

3.3. Politischer Gottesdienst und die Königsherrschaft Christi II: *Rechtfertigung und Recht*

Am 20. und 27. Juni 1938 hielt Barth einen Vortrag über das Problem des Verhältnisses von Kirche und Staat, der unter dem Titel *Rechtfertigung und Recht* als Heft 1 der neu von Barth herausgegebenen Schriftenreihe *Theologische Studien* veröffentlicht wurde.[501] Während es in den Gifford-Lectures darum geht, im politischen Engagement einen gottesdienstlichen Sinn zu finden, betrachtet Barth in diesem Vortrag den politischen Sinn der Verkündigung der göttlichen Rechtfertigung. Er beginnt seinen Vortrag mit der Frage, ob es »eine Beziehung zwischen der Wirklichkeit der von Gott in Jesus Christus ein für allemal vollzogenen Rechtfertigung des Sünders allein durch den Glauben und dem Problem des menschlichen Rechtes« gibt.[502] Für ihn ist die innere und notwendige Beziehung zwischen der Rechtfertigung und dem Recht selbstverständlich. Dadurch wird mit der göttlichen Rechtfertigung auch das menschliche Recht »zum Gegenstand des christlichen Glaubens und der christlichen Verantwortung und damit auch des christlichen Bekenntnisses«.[503] Der politische Gottesdienst geht von dieser Beziehung aus. Denn er ist ein Dienst Gottes, »der [...] in irgend einer Anerkennung, Förderung, Verteidigung, Verbreitung menschlichen Rechtes [...] wegen der göttlichen Rechtfertigung bestehen« wird.[504] Im politischen Gottesdienst gehören »das Problem *der* Ordnung, die nicht mehr oder noch nicht die des Reiches Gottes«, »das

---

[501] Zum »Zusammenhang von Rechtfertigung und Recht in seiner ganzen Relevanz für den von Kirche und Staat« vgl. KD II/1, S. 434f.
[502] Barth, Rechtfertigung und Recht, S. 5.
[503] Ebd., S. 5.
[504] Ebd., S. 5.

Problem *des* Friedens, der nicht mehr oder noch nicht der ewige Gottesfriede«, und »das Problem *der* Freiheit, die nicht mehr oder noch nicht die Freiheit der Kinder Gottes ist«, in den Bereich »der Wirklichkeit der neuen Zeugung der Menschen durch Gottes Wort, in die Wirklichkeit seiner Heiligung durch den Geist«.[505] Hinzu kommt, dass im politischen Gottesdienst politisches Engagement von Christen im Widerstand gegen die Nationalsozialisten einen gottesdienstlichen Sinn hat. Die Abhandlung *Rechtfertigung und Recht* dürfte darum Dietrich Bonhoeffer zur Beteiligung am Widerstand ermutigt haben.[506] Aufgrund ihrer widerstehenden Eigenschaft dürfte Cornu sie als »ein erstes wirkliches Werk politischer Theologie« beurteilt haben.[507] In dieser Abhandlung geht Barth so weit so zu betonen, dass Rechtfertigung und Recht einander nicht nur nicht widersprechen, sondern auch zusammengehören.[508] Aus seiner Sicht genügt das reformatorische Nebeneinander von beidem nicht, um die Beziehung sichtbar zu machen.[509] Es ist völlig unmöglich, auf pietistische und aufklärerische Weise den Zusammenhang zwischen Rechtfertigung und Recht zu klären.[510] Dagegen stellt Barth den »positiven *Zusammenhang* der beiden Bereiche« heraus, indem er an die Verantwortlichkeit der Kirche für den Staat und ihren »prophetischen Wächterdienst« erinnert.[511]

3.3.1. Die Aufgabe staatlicher Macht bei der göttlichen Rechtfertigung

Im ersten Abschnitt seiner Abhandlung weist Barth zunächst »auf das ‹Gegenüber› von *Jesus und Pilatus*« hin, d. h. das Gegenüber von Kirche und Staat, wie der Titel dieses Abschnittes lautet (*Das Gegenüber von Kirche und Staat als solches*). Er kritisiert, dass »die Reformation [...] in ihrer Lehre von Kirche und Staat [...] nur an dem Wort Joh. 18,36: ‹Mein Reich ist nicht von dieser Welt› Interesse« nahm.[512] Aus den mit der Begegnung von Jesus und Pilatus beschäftigten Texten können Christen jedoch nicht nur »die Belehrung über die Diastase zwischen Kirche und Staat« gewinnen. Während Barth auf Joh 19,11 verweist, erinnert er daran, dass die Macht, mit der Pilatus nicht nur Jesus frei sprechen, sondern auch Jesus kreuzigen kann, von Gott gegeben ist, und

---

[505] Ebd., S. 5; vgl. Barth, Gotteserkenntnis und Gottesdienst, S. 206.
[506] Pangritz, Politischer Gottesdienst, S. 224.
[507] Cornu, Karl Barth und die Politik, S. 58.
[508] Barth, Rechtfertigung und Recht, S. 6.
[509] Ebd., S. 7.
[510] Ebd., S. 8f.
[511] Ebd., S. 10.
[512] Ebd., S. 11.

Jesus gegenüber so und so gebraucht werden konnte.[513] Wenn Pilatus Jesus freigesprochen hätte, hätte das »die rechtliche Freigabe der Verkündigung der Rechtfertigung« bedeutet.[514] Aber Pilatus sprach Jesus nicht frei und ließ dem Unrecht seinen Lauf. Trotzdem war er »das menschlich geschöpfliche Werkzeug der durch diese Kreuzigung ein für allemal zu vollziehenden Rechtfertigung des sündigen Menschen«.[515] Aus den Pilatustexten greift Barth zwei Belehrungen heraus. Die erste Belehrung ist, dass der dämonisierte Staat wohl das Böse wollen könne, um dann doch in eminenter Weise das Gute tun zu müssen.[516] Er könne seinem Dienst nicht entlaufen, und darum könne dem Staat seine Ehre nicht verloren gehen, und darum müsse seinen Vertretern nach dem Neuen Testament unter allen Umständen Ehre erwiesen werden.[517] Die zweite Belehrung ist, dass nach Joh 19,12 Pilatus suchte, Jesus frei zu lassen. Durch das Verhalten von Pilatus ist die Gerechtigkeit Christi ausdrücklich und öffentlich bestätigt und wohlverstanden.[518] Der Staat müsste eigentlich der Kirche Rechtsschutz gewähren, wie Pilatus Jesus hätte freisprechen müssen. Aber Pilatus tat dies nicht. Deshalb musste Jesus sterben, »nicht *nach* dem Gesetz des Staates, sondern *trotz* des Gesetzes des Staates, nach diesem ganz *anderen* Gesetz und indem der Staatsmann *nicht* bei seiner Sache war«.[519] Die politische Macht des Staates ist von Gott gegeben, also soll der Staat eigentlich die Macht recht gebrauchen. »Wird er, indem er das Recht beugt, zum unfreiwilligen Vollstrecker und Verkündiger der göttlichen Rechtfertigung, so macht er doch zugleich sichtbar, daß eine wirkliche menschliche Rechtsprechung, ein wirkliches Zeigen des wahren Gesichts des Staates unfehlbar die Legitimierung der freien und bewußten Verkündigung derselben göttlichen Rechtfertigung, des Reiches Christi, das nicht von dieser Welt ist, hätte bedeuten müssen.«[520] Der erste Abschnitt lässt sich unter dem Begriff der »doppelte[n] positive[n] Bestimmung des Gegenübers der beiden Bereiche« zusammenfassen.[521] Das bedeutet die Aufgabe staatlicher Macht bei der göttlichen Rechtfertigung.

Im zweiten Abschnitt seiner Abhandlung behandelt Barth *Das Wesen des Staates* in Anknüpfung an Röm 13,1–7. Er stellt die Frage, »wieso der Staat aus dem durch

---

[513] Ebd., S. 12.
[514] Ebd., S. 12.
[515] Ebd., S. 13.
[516] Vgl. ebd., S. 13.
[517] Vgl. ebd., S. 13.
[518] Ebd., S. 14.
[519] Ebd., S. 15.
[520] Ebd., S. 15.
[521] Ebd., S. 15.

Gottes Willen und Anordnung eingesetzten Schützer des Rechtes von Röm. 13 zu dem vom Drachen ermächtigten, den Cäsarenkult fordernden, die Heiligen bekriegenden, Gott lästernden, die ganze Welt erobernden Tier aus dem Abgrund von Apc. 13 werden kann«.[522] Dem Aufsatz *Engel und Obrigkeit* von Günther Dehn aus der Festschrift für ihn von 1936 zufolge übersetzt Barth »ἐξουσίαι« als »Engelmächte[n]«.[523] Es ist in dem Jesus kreuzigenden Pilatus-Staat offenbar geworden, dass eine Engelmacht eben verwildern, entarten, sich verkehren und so zur Dämonenmacht werden könne.[524] Trotzdem gehört die Macht des Staates zu Jesus Christus, und der Staat hat der Rechtfertigung des Sünders zu dienen.[525] Das zeigt die Königsherrschaft Christi. Der dämonisierte Staat oder der totalitäre Staat kann auf gar keinen Fall theologisch gerechtfertigt werden, auch wenn der Pilatus-Staat »trotz« seiner Dämonisierung der Rechtfertigung des Sünders zu dienen hat. Der positive Zusammenhang von Kirche und Staat gilt nur für den Rechtsstaat.[526] Der Staat erweist sich als das Tier aus dem Abgrund, wenn er nicht Recht spricht und das Recht schützt. Ein solcher Staat steht tatsächlich und faktisch dem Reich Gottes entgegen, und Christen dürfen sich diesem Staat nicht unterordnen.

3.3.2. Vom totalitären Staat zum Rechtsstaat

Im dritten Abschnitt seiner Abhandlung handelt Barth von der Bedeutung des Staates für die Kirche. Zur Beleuchtung des Gegenübers von Kirche und Staat führt er zuerst die traditionelle Lehre an, dass »das πολίτευμα oder die πόλις der Christen nicht in der Gegenwart, sondern im neuen Äon, nicht hier auf Erden, sondern dort im Himmel, zu suchen und zu finden ist«.[527] Es wird gleichzeitig betont, dass »es sich bei dieser künftigen πόλις, in der die Christen doch jetzt und hier schon, ohne sie schon bewohnen zu können, ihr Bürgerrecht haben, nicht um einen idealen, sondern um einen rea-

---

[522] Ebd., S. 18.
[523] Ebd., S. 17; vgl. Günter Dehn, Engel und Obrigkeit. Ein Beitrag zum Verständnis von Röm 13,1–17, in: Ernst Wolf (Hg.), Theologische Aufsätze. FS Karl Barth zum 50. Geburtstag, München 1936, S. 90–109, bes. S. 98: »Es wird als selbstverständlich damit gerechnet, daß jede ἐξουσία Rechtsstaat ist. Der Diakonos Gottes kann gar nicht anders handeln, als die Bösen strafen und die Guten schützen und beloben (v. 3,4).« Vgl. auch ebd., S. 101: »Der Ausgangspunkt für meine These ergibt sich daraus, daß Paulus für Engelmächte und Obrigkeit die gleichen Namen hat.«
[524] Vgl. Barth, Rechtfertigung und Recht, S. 18.
[525] Ebd., S. 19f.
[526] Ebd., S. 20.
[527] Ebd., S. 25.

len, ja sogar um den allein realen, nicht um einen gedachten, sondern um den allein wahrhaft seienden Staat handelt«.[528] Barth geht es um die Realität der heiligen Stadt von Offb 21,2 (»das neue Jerusalem«), weil Christen auf Grund ihrer Realität alle irdischen Staaten relativieren sollen. Die Christen sollen sich nicht mit der Unvollkommenheit oder auch Verkehrtheit der irdischen Staaten zufriedengeben, weil die πόλις der Christen im Himmel faktisch existiert.[529] Die Hoffnung auf die heilige Stadt macht den Unterschied zwischen Kirche und Staat aus, und aufgrund der Überlegenheit dieser Stadt können die Christen die Vergötterung des Staates verwerfen.[530] Barths strenge Unterscheidung des irdischen Staates vom himmlischen Staat ist als eine Gegenargumentation gegen die Verabsolutierung des totalitären Staates zu verstehen. Die irdische Kirche steht dem irdischen Staat nur als »παροικία« (Kolonie) gegenüber.[531] Wenn die Kirche zum Staat werden will, führt sie zum Klerikalismus der mittelalterlichen Kirche. Wenn der Staat zur Kirche werden will, wird er zum totalitären Staat. Darum soll die Kirche eine kritische Opposition gegen den Staat spielen, den Missbrauch der politischen Macht verhindern und über diese Macht wachen, während sie auf das Streben nach Gewalt und Macht verzichtet.

Aber das politische Engagement der Kirche bedeutet nicht, dass die Kirche im politischen Bereich immer in Konflikt mit dem Staat kommen soll. Die Christen haben insbesondere für die Könige und alle in obrigkeitlicher Stellung Befindlichen zu beten, weil sie »eines ruhigen und stillen Lebens« bedürfen.[532] Auch die christliche Gemeinde bedarf seiner, »weil sie in ihrer Weise und an ihrem Ort ebenfalls κῆρυξ καὶ ἀπόστολος [= Herold und Apostel] für Alle und weil sie zur Ausübung dieser ihrer wesensmäßig alle Menschen angehenden Funktion des Raumes, der Freiheit im Bereich aller Menschen bedarf«.[533] Diese Freiheit könne ihr aber nur »durch die Existenz der das Zusammenleben aller Menschen ordnenden irdischen Polis« garantiert werden.[534] Es geht um »die Unterwerfung unter die bürgerliche Rechtsordnung«.[535] Die Kirche muss dem Staat, der die Guten belohnt und die Bösen bestraft, Gehorsam leisten, aber sie muss dem Staat, der die Bösen ehrt und die Guten straft, Widerstand leisten. Sie hängt in der Welt mit dem Staat zusammen, aber ihre Aufgabe unterscheidet sich von

---

[528] Ebd., S. 25.
[529] Ebd., S. 26.
[530] Ebd., S. 27.
[531] Ebd., S. 26.
[532] Ebd., S. 30.
[533] Ebd., S. 30f.
[534] Ebd., S. 31.
[535] Ebd., S. 31.

der Aufgabe des Staates. Der Staat wird zwar der göttlichen Rechtfertigung dienen müssen, aber er darf nicht Kirche werden wollen. Er könnte nur »eine Götzenkirche« werden, »wenn er das Wahnsinnige wagte«.[536] Diese Götzenkirche heißt totalitärer Staat. Umgekehrt darf die Kirche nicht der Staat sein wollen.[537] Nach Barth behandelt das Neue Testament die Ordnung des Staates und ihre Respektierung als »die Frage einer Art da draußen in der Welt aufgerichteten Annexes und Außenpostens des christlichen Gemeindelebens«.[538] So darf die Kirche zwischen dem Widerstand gegen die Vergöttlichung des Staates und der Unterwerfung unter die Rechtsordnung ihre Aufgabe nicht versäumen.

3.3.3. Die göttliche Rechtfertigung als das rechtliche Kontinuum und die Kirche als das politische Kontinuum

Der vierte Abschnitt der Abhandlung handelt von der Leistung der Kirche für den Staat. Barth beschreibt sie so: »Weit entfernt davon, daß der Staat Gegenstand der Anbetung werden könnte, ist er, sind seine Vertreter und Träger vielmehr dessen bedürftig, daß für sie gebetet wird. Daß dies geschieht, das ist, grundsätzlich und umfassend gesagt, die Leistung der Kirche für den Staat.«[539] Die Leistung der Kirche für den Staat bezieht sich nicht auf einen blinden Gehorsam gegen das Staatsgesetz. Röm 13,1 weist zwar an, dass Christen den übergeordneten staatlichen Mächten untertan sein sollen, weil die staatlichen Mächte von Gott verordnet sind. Barth argumentiert aber gegen den blinden Gehorsam gegenüber dem Staatsgesetz. Das Untertansein heißt für ihn »gar nicht direkt und absolut ‹jemandem untertan sein›, sondern jemanden in seiner ihm zukommenden Stellung respektieren«.[540] Diese Respektierung müsse Bestand haben, sofern der Staat die Predigt von der Rechtfertigung schützt und nicht unterdrückt.[541] Unter dieser Bedingung repräsentiere die Kirche mit ihrer Fürbitte die einzige Möglichkeit, den Staat wieder herzustellen und vor dem Untergang zu retten, indem

---

[536] Ebd., S. 33.
[537] Ebd., S. 33: »Und erst recht müßte die Kirche sich selbst aufgeben, wollte sie Staat werden und also durch Gewalt Recht setzen, wo es ihre Aufgabe ist, die Rechtfertigung zu verkündigen. Sie könnte nicht wahrer Staat werden, sie könnte nur Pfaffenstaat werden, mit bösem Gewissen wegen ihrer vernachlässigten Aufgabe, untüchtig dazu, auf dem ihr fremden Boden Allen gerecht zu werden, wie es des Staates Sache sein muß.«
[538] Ebd., S. 34.
[539] Ebd., S. 37.
[540] Ebd., S. 38.
[541] Vgl. ebd., S. 39.

sie Gott gebe, was Gottes sei und indem sie Gott mehr als den Menschen gehorche.[542] Barth bringt das Verhältnis von Kirche und Staat so zum Ausdruck:

> Wie die göttliche Rechtfertigung *das* rechtliche Kontinuum ist, so ist die Kirche *das* politische Kontinuum. Und daß sie das ist, das ist ihre erste und grundlegende Leistung für den Staat. Sie braucht nur wirklich Kirche zu sein, dann ist sie es tatsächlich. Der Staat aber empfängt diese Leistung und lebt heimlich davon, ob er darum weiß und dafür dankbar ist oder nicht, ob er es so wahrhaben oder nicht wahrhaben will.[543]

Die Umschreibung der Kirche als das politische Kontinuum geht von der inneren Verbindung zwischen Kirche und Politik unter der Königsherrschaft Christi aus.

Barth verneint nicht den Militärdienst und die militärische Rüstung für die Verteidigung des Rechtsstaates: »Menschliches Recht bedarf der Garantie durch menschliche Gewalt. [...] Der von außen oder von innen mit Gewalt bedrohte Staat wird sich wohl dazu rüsten müssen, Gewalt mit Gewalt abzutreiben, um fernerhin Staat sein zu können.«[544] Der totalitäre Staat strebt aber nicht nach dem Recht, sondern nur nach den destruktiv verzerrten Wünschen nach Macht und Selbstzweck. Es ist der Mühe wert, dass die Christen gegenüber dem totalitären Staat als dem Tier aus dem Abgrund von Offb 13 die Rechtsordnung verteidigen.[545] Der Staat hat kein Recht, »zur Verstärkung seiner Macht seine Untertanen und Bürger in irgend einer Form *innerlich* für sich in Anspruch zu nehmen und also eine von ihm her bestimmte Weltanschauung oder doch weltanschauungsmäßiges Sentiment und Ressentiment von ihnen zu fordern«.[546] Aber der totalitäre Staat fordert von den Christen die Liebe, mit der sie Gott lieben, weshalb er »zur Kirche eines falschen Gottes und damit zum Unrechtsstaat« wird.[547] »Der Rechtsstaat« brauche keine Liebe, sondern »nüchterne Taten einer entschlossenen Verantwortlichkeit«.[548] Barth stellt fest, dass die Christen aus dem politischen Bereich nicht entfliehen können, und dass sie sich für den Rechtsstaat engagieren müssen:

> Die Diastase zwischen Rechtfertigung und Recht, zwischen ἐκκλησία und πόλις, die Fremdlingschaft der Christen in diesem anderen Bereich wird da nicht aufgehoben, wohl aber wird da der ganze, unausweichliche Ernst der neutestamentlichen Weisung noch viel schärfer ins Licht gerückt, wo es klar ist, daß die Christen den irdischen Staat nicht nur erdulden, sondern *wollen* müssen, und daß sie ihn nicht als Pilatus-Staat, sondern nur als

---

[542] Vgl. ebd., S. 41.
[543] Ebd., S. 41.
[544] Ebd., S. 43.
[545] Ebd., S. 43.
[546] Ebd., S. 43.
[547] Ebd., S. 44.
[548] Vgl. ebd., S. 44.

Rechtsstaat wollen können: daß es also ein äußeres Entfliehen aus jenem anderen, dem politischen Bereich, nicht gibt, daß sie, indem sie ganz in der Kirche, ganz auf die zukünftige Polis ausgerichtet sind, ebenso ganz in Schuld und Verantwortung auch der irdischen Polis verfallen und verpflichtet, ebenso ganz zum Arbeiten und (es sei denn!) zum Kampf wie zum Gebet für sie aufgerufen sind, daß für den Charakter des Staates als *Rechtsstaat* ein jeder von ihnen mit *haftbar* ist.[549]

Nur im Rechtsstaat kann der positive Zusammenhang der Kirche mit dem Staat aufrechterhalten werden. Die Christen haben die Verantwortung für die Bewahrung des Rechtsstaates. Darum müssen sie sich für den Widerstand gegen den totalitären Staat engagieren. Barth ist überzeugt, dass die Kirche über das menschliche Recht sprechen kann, wenn sie die Freiheit hat, die göttliche Rechtfertigung zu verkündigen, und dass der Staat Rechtsstaat sein kann, solange »er der Kirche diese Freiheit nicht nur positiv läßt, sondern aktiv gibt«.[550] Dabei richtet der Rechtsstaat das konkrete Freiheitsrecht auf, das »die Begründung, die Erhaltung, die Wiederherstellung alles [...] Menschenrechtes« umfasst.[551] Barth bringt den engen Zusammenhang von Rechtfertigung und Recht und seine politische Wirkung wie folgt zum Ausdruck:

Wo dieses Freiheitsrecht anerkannt ist und wo von der rechten Kirche der rechte Gebrauch davon gemacht wird, da gibt es – die freie Predigt von der Rechtfertigung wird dafür sorgen, daß die Dinge an ihren Ort zu stehen kommen – in gegenseitiger Bestimmung und Begrenzung legitime menschliche Autorität und ebenso legitime menschliche Selbstbestimmung, da fällt zu Boden die Tyrannei hier und die Anarchie dort, der Faschismus ebenso wie der Bolschewismus, da steigt auf die Ordnung der menschlichen Dinge, die Gerechtigkeit, die Weisheit und der Friede, die Billigkeit und die Fürsorge, die zu dieser Ordnung vonnöten sind.[552]

In dem Satz »suum cuique« (Jedem das Seine) wird zwar das Gegenüber von Kirche und Staat hervorgehoben, aber dieses Gegenüber ist nur vorläufig.[553]

Abschnitt 3.3. hat gezeigt, wie Barths Vortrag *Rechtfertigung und Recht* den politischen Sinn der Verkündigung der göttlichen Rechtfertigung darlegt. In dieser Hinsicht wird der politische Gottesdienst definiert als ein Dienst Gottes, der »in irgend einer Anerkennung, Förderung, Verteidigung, Verbreitung menschlichen Rechtes [...] wegen der göttlichen Rechtfertigung« besteht. Im folgenden Abschnitt soll gezeigt werden, wie Barth den politischen Sinn der göttlichen Rechtfertigung im Blick auf die deutsche Nachkriegsgesellschaft konkretisiert.

---

[549] Ebd., S. 45.
[550] Ebd., S. 46.
[551] Ebd., S. 47.
[552] Ebd., S. 47.
[553] Ebd., S. 47f.

3.4. Das politische Engagement von Christen im Rechtsstaat: *Christengemeinde und Bürgergemeinde*

3.4.1. Die zwei Kreise Christengemeinde und Bürgergemeinde unter der Königsherrschaft Christi

Nach dem zweiten Weltkrieg bemühte sich Barth, eine christologisch bestimmte demokratische Staatstheorie zu entwerfen. Die Abhandlung *Christengemeinde und Bürgergemeinde* erklärt, wie das christliche Glaubensbekenntnis mit einer bestimmten politischen Theorie verbunden ist und dreht sich um die Frage nach der politischen Ethik im Rechtsstaat. Das Verhältnis von Christengemeinde und Bürgergemeinde ist mit dem Verhältnis von Kirche und Staat identisch. Barth verwendet mit Absicht den Begriff »Gemeinde«, um eine »positive Beziehung und Verbindung« zwischen Kirche und Staat hervorzuheben und um darauf aufmerksam zu machen, dass »wir es in ‹Kirche› und ‹Staat› nicht nur und nicht in erster Linie mit Institutionen und Ämtern, sondern mit Menschen zu tun haben, die zur Bearbeitung und im Dienst gemeinsamer Aufgaben in einem ‹gemeinen Wesen› zusammenfaßt sind«.[554] In *Christengemeinde und Bürgergemeinde* merkt man im Hinblick auf das Verständnis der Kirche keine radikale oder entscheidende Veränderung.[555] Es lässt sich aber erkennen, dass der Begriff der Bürgergemeinde auf dem Verständnis von Rechtsstaat basiert:

Die «*Bürgergemeinde*» (Staat) ist das Gemeinwesen aller Menschen eines Ortes, einer Gegend, eines Landes, sofern sie unter einer für einen Jeden und für Alle in gleicher Weise gültigen und verbindlichen, durch Zwang geschützten und durchgesetzten Rechtsordnung beieinander sind. Die Sache, der Sinn und Zweck diese Beieinanderseins (die Sache der polis, die politische Aufgabe) ist die Sicherung sowohl der äußeren, relativen, vorläufigen Freiheit der Einzelnen als auch des äußeren, relativen, vorläufigen Friedens ihrer Gemeinschaft und insofern die Sicherung der äußeren, relativen, vorläufigen Humanität ihres Lebens und Zusammenlebens. Die drei wesentlichen Gestalten, in denen diese Sicherung sich vollzieht sind: die Gesetzgebung, in der die für alle

---

[554] Barth, Christengemeinde und Bürgergemeinde, S. 49; In *Evangelium und Gesetz* finden sich schon Ansätze dieser positiven Beziehung und Verbindung (Barth, Evangelium und Gesetz, S. 27), und in *Rechtfertigung und Recht* begründet sie sich als den positiven Zusammenhang der Kirche mit dem Staat (ders., Rechtfertigung und Recht, S. 10).

[555] Barth, Christengemeinde und Bürgergemeinde, S. 49f: »Die Christengemeinde (Kirche) ist das Gemeinwesen derjenigen Menschen eines Ortes, einer Gegend, eines Landes, die als Christen durch die Erkenntnis und zum Bekenntnis Jesu Christi aus den Übrigen im besonderen herausgerufen und vereinigt sind. Die Sache, der Sinn und Zweck dieser ‹Versammlung› (ekklesia) ist das gemeinsame Leben dieser Menschen in einem, dem Heiligen Geiste, d. h. im Gehorsam gegen das eine Wort Gottes in Jesus, das sie alle schon gehört haben und alle wieder zu hören bedürftig, das weiter zu geben sie alle verbunden sind, ihr Leben als Glieder des Leibes, dessen Haupt Jesus Christus ist.«

gültige Rechtsordnung zu fixieren, die Regierung und Verwaltung, in der sie praktisch anzuwenden, die Rechtspflege, mittels derer über ihre Tragweite in Zweifels- und Konfliktsfällen zu entscheiden ist.[556]

Der Rechtsstaat besteht in der Gewaltenteilung, d. h. der Teilung der drei staatlichen Gewalten »Gesetzgebung« (Legislative), »Regierung und Verwaltung« (Exekutive) und »Rechtspflege« (Judikative). Dadurch unterscheidet sich der irdische Staat vom Reich Gottes: »Im Reich Gottes gibt es keine Legislative, keine Exekutive, keine Jurisdiktion. Denn im Reich Gottes ist keine Sünde, die erst zurecht zu weisen, kein Chaos, das noch zu befürchten und aufzuhalten wäre.«[557]

Die Bürgergemeinde umfasst »alle Menschen des betreffenden Bereiches« und hat »kein allen gemeinsames Bewußtsein ihres Verhältnisses zu Gott«.[558] Aufgrund dieser Eigenschaften hat sie »nur äußerliche, nur relative, nur vorläufige Aufgaben und Ziele«.[559] Aber die Christengemeinde kann in der noch nicht erlösten Welt (die 5. These der Barmer Theologischen Erklärung) ihre Orientierung verlieren. Das ist die negative Beziehung zwischen Christengemeinde und Bürgergemeinde. Es gibt aber auch eine »*positive* Beziehung, die sich daraus ergibt, daß die konstitutiven Elemente der Bürgergemeinde auch der Christengemeinde eigentümlich und unentbehrlich sind«.[560]

Der Name und Begriff ekklesia selbst ist Leihgut aus dem politischen Bereich. Auch die Christengemeinde lebt und handelt im Rahmen einer für alle ihre Glieder verbindlichen Rechtsordnung eines «Kirchenrechts», das ihr zwar nicht Selbstzweck sein kann, das als «Zeichen der Herrschaft Christi» (*A. de Quervain*, Kirche, Volk und Staat, 1945, S. 158) aufzurichten sie aber doch nicht unterlassen kann. Auch die Christengemeinde existiert immer und überall als eine politeia mit bestimmten Autoritäten und Ämtern, Gemeinschaftsformen und Arbeitsteilungen. [...] Es kommt dazu, daß der Gegenstand der Verheißung und Hoffnung, in dem die Christengemeinde ihr ewiges Ziel hat, nach den unmißverständlichen Angaben des Neuen Testamentes gerade nicht in einer ewigen Kirche besteht, sondern in der von Gott gebauten, vom Himmel auf die Erde kommenden polis, in deren Licht die Völker wandeln und in die die Könige der Erde ihre Herrlichkeit bringen werden (Offenb. 21,2. 24) – in einem himmlischen politeuma (Phil. 3,20) – in Gottes basileia – in der richterlichen Entscheidung des seinen Thron einnehmenden Königs Jesus (Matth. 25,31f.).[561]

---

[556] Ebd., S. 50.
[557] Ebd., S. 64.
[558] Ebd., S. 50.
[559] Ebd., S. 51.
[560] Ebd., S. 52.
[561] Ebd., S. 52f.

Barth überging niemals »die *Notwendigkeit* der besonderen Existenz der Bürgergemeinde«.[562] Alle Menschen bedürfen »einer, durch überlegene Autorität und Gewalt geschützten, äußerlichen, relativen und vorläufigen Rechtsordnung«.[563] Die Bürgergemeinde existiert in der dem Menschen gelassenen Zeit, um die Herrschaft des Chaos zu verhindern, und der Zweck einer politischen Ordnung ist es, die Bösen zu bestrafen und die Guten zu belohnen.[564] Die politische Ordnung ist für Christen auch notwendig, solange sie als Rechtsordnung bleibt. Die Bürgergemeinde dient der Vorsehung und dem Heilsplan Gottes, indem sie »für die Aufrichtung menschlichen Rechtes und für Freiheit, Frieden und Humanität« sorgt.[565] Hier tritt der Begriff der zwei Kreise Christengemeinde und Bürgergemeinde unter der Königsherrschaft Christi auf. Die Bürgergemeinde hat »keine vom Reich Jesu Christi abstrahierte, eigengesetzlich begründete und sich auswirkende Existenz, sondern sie ist – außerhalb der Kirche, aber nicht außerhalb des Herrschaftskreises Jesu Christi – ein Exponent dieses seines Reiches«.[566] Im inneren Kreis des Staates steht die Kirche und außerhalb ihres besonderen Kreises der Staat. Die beiden Kreise stehen unter der Königsherrschaft Christi und wirken ineinander:

Gottesdienst ist also nach dem ausdrücklichen Apostelwort (Röm. 13,4. 6) auch das Handeln des Staates. Es kann als solches pervertiert werden, wie ja auch das Handeln der Kirche, wie auch ihr Gottesdienst der Perversion nicht einfach entzogen ist. Der Staat kann das Gesicht und den Charakter des Pilatus annehmen. Er handelt aber auch dann in der Gewalt, die ihm von Gott gegeben ist (Joh. 19,11). Und daß und in welchem Sinn und Maß er pervers handelt, wird dann gerade von da – und mit Bestimmtheit nur von da aus beurteilt werden können, daß er nach seinem Sinn und Auftrag auch dann im Dienste Gottes handelt, dem er auch in seiner Perversion nicht entlaufen kann, an dessen Gesetz er aber gemessen ist.[567]

Hier ist die Perversion des Staates an den Missbrauch der staatlichen Macht angeknüpft. Dennoch erkennt die Kirche »in Dank und Ehrfurcht gegen Gott die Wohltat dieser seiner Anordnung« an.[568] Die Wohltat besteht in »der durch die Existenz der

---

[562] Ebd., S. 53.
[563] Ebd., S. 53.
[564] Ebd., S. 53f.
[565] Ebd., S. 55. Als Aufgabe des Rechtsstaates taucht der Begriff der Humanität zum ersten Mal auf. Vgl. Barth, Gotteserkenntnis und Gottesdienst, S. 206f. u. ders., Rechtfertigung und Recht, S. 5.
[566] Barth, Christengemeinde und Bürgergemeinde, S. 55; vgl. ders., Gotteserkenntnis und Gottesdienst, S. 206.
[567] Barth, Christengemeinde und Bürgergemeinde, S. 55.
[568] Ebd., S. 55. In der 5. Barmer These setzt diese Anerkennung voraus, dass »der Staat nach göttlicher Anordnung die Aufgabe hat [...] für Recht und Frieden zu sorgen«. Siehe Barth, Theologische Erklärung zur gegenwärtigen Lage, S. 4.

politischen Gewalt und Ordnung stattfindenden äußerlichen, relativen und vorläufigen Heiligung der unheiligen Welt«.[569]

3.4.2. Das politische Engagement im Rechtsstaat und die »Richtung und Linie«

Die Königsherrschaft-Christi-Lehre wird als Grundlage für Barths politische Theologie angesehen. Sie unterstreicht die positive Beziehung zwischen Kirche und Politik unter der Königsherrschaft Christi. Doch im Kirchenkampf war der Akzent auf »unter der Königsherrschaft Christi« gesetzt, um dadurch die Vergöttlichung des Staates, die von der negativen Beziehung zwischen Kirche und Staat ausgeht, zu verhindern. In der Nachkriegszeit betrachtete Barth die Kirche als inneren Kreis und den Staat als äußeren Kreis, und damit rückte die positive Beziehung wieder in den Vordergrund. Vor diesem Hintergrund trachtete Barth danach, das politische Engagement von Christen und die politische Verantwortlichkeit der Kirche im Hinblick auf den Rechtsstaat neu zu definieren. Hier geht es allerdings nicht um eine bestimmte Parteipolitik. Aber das heißt auch nicht, dass sich die Christen im politischen Bereich allen politischen Ideologien gegenüber neutral verhalten sollen oder können.[570]

Die politische Verantwortung der Kirche ist die zweite Grundlage für Barths politische Theologie. Als »*innerer* Kreis des Reiches Christi« hat die Kirche die Aufgabe, »die Herrschaft Jesu Christi« und »die Hoffnung auf das kommende Reich Gottes« zu verkündigen.[571] Es gibt aber eine andere Aufgabe:

Die Christengemeinde *beteiligt* sich aber gerade in Erfüllung ihrer eigenen Aufgabe auch an der Aufgabe der Bürgergemeinde. Indem sie an Jesus Christus glaubt und Jesus Christus verkündigt, glaubt und verkündigt sie ja den, der wie der Herr der Kirche so auch der Herr der Welt ist. Und ihre Glieder befinden sich ja, indem sie jenem inneren Kreis angehören, automatisch auch in jenem äußeren, können also mit dem ihnen befohlenen Werk des Glaubens, der Liebe und der Hoffnung an der Grenze dieser beiden Bereiche, obwohl seine Gestalt hüben und drüben entsprechend den verschiedenen Aufgaben eine verschiedene sein wird, nicht Halt machen.[572]

---

[569] Barth, Christengemeinde und Bürgergemeinde, S. 55.
[570] Ebd., S. 55: »In welchen konkreten Stellungnahmen den je besonderen politischen Gestalten und Wirklichkeiten gegenüber diese christliche Anerkennung sich darstellen wird, kann dabei noch völlig offen bleiben. Sicher ausgeschlossen ist von da aus Eines: die Entscheidung für die Indifferenz, ein apolitisches Christentum. Die Kirche kann sich gegenüber der Erscheinung einer mit ihrem eigenen Auftrag in so klaren Zusammenhang stehenden Anordnung auf keinen Fall gleichgültig, auf keinen Fall neutral verhalten.«
[571] Ebd., S. 56.
[572] Ebd., S. 56f.

Das Evangelium beschränkt sich nicht nur auf das Heil des einzelnen, sondern spielt sich auch im politischen Bereich ab. Die Christen sollen nicht der Bürgergemeinde oder ihren Funktionären »einen möglichst blinden Untertanen- und Jawohl-Gehorsam« entgegenbringen, sondern sie haben »das von ihnen zur Begründung, Erhaltung und Behauptung der Bürgergemeinde und zur Durchführung von deren Aufgabe Verlangte« zu leisten, »weil sie [...] auch in diesem äußeren Kreis existieren, weil Jesus Christus der Mittelpunkt auch dieses äußeren Kreises ist, weil also für dessen Bestand auch sie verantwortlich sind«.[573] Die »Unterordnung« der Kirche unter die Rechtsordnung bedeutet »den Vollzug dieser *Mitverantwortung*, in der die Christen sich mit den Nicht-Christen an dieselbe Aufgabe begeben, derselben Regel unterstellen«.[574] Aber es ist zu beachten, dass das politische Engagement von Christen weder parteipolitisch noch klerikalistisch sein soll: »Die Christengemeinde hat, indem sie sich für die Bürgergemeinde mitverantwortlich macht, den verschiedenen politischen Gestalten und Wirklichkeiten gegenüber keine ihr notwendig eigentümliche Theorie zu vertreten.«[575] Diese kritische Äußerung richtet sich vor allem gegen die Instrumentalisierung der Kirche. Ein Christ dürfe eine bestimmte ideologische Überzeugung haben, aber er solle nicht blind der Ideologie folgen.[576] Nach Barths Ansicht gibt es »keinen der christlichen Kirche entsprechenden christlichen Staat, kein Duplikat der Kirche im politischen Raum«, und deshalb kann der Staat nur »für zeitliches Recht und zeitlichen Frieden, für eine äußerliche, relative, vorläufige Humanisierung der menschlichen Existenz« sorgen.[577] Die politischen Ideologien des Menschen können weder den Charakter der Offenbarung tragen, noch Anspruch auf Glauben erheben.[578] Es gibt aber »keine christliche Indifferenz gegenüber den verschieden politischen Gestalten und Wirklichkeiten.«[579] Hier kommt die Unterordnung der Christengemeinde unter die Bürgergemeinde ins Spiel:

Die Christengemeinde «unterordnet» sich der Bürgergemeinde, indem sie – messend an dem Maßstab ihrer Erkenntnis des Herrn, der der Herr über Alles ist – *unterscheidet* (auf dem Feld der äußerlichen, relativen, vorläufigen Möglichkeiten dieses äußeren Kreises «um des Gewissens willen» unterscheidet!) zwischen dem rechten und dem unrechten Staat, d. h. zwischen der jeweils als besser oder schlechter sich darstellenden politischen Gestalt und Wirklichkeit: zwischen Ordnung und Willkür, zwischen Herrschaft und Tyrannei, zwischen Freiheit und Anarchie, zwischen Gemeinschaft und Kollektivismus, zwischen Persönlichkeitsrecht und Individualismus, zwi-

---

[573] Ebd., S. 57.
[574] Ebd., S. 58.
[575] Ebd., S. 58.
[576] Vgl. ebd., S. 57 u. S. 59f.
[577] Ebd., S. 58.
[578] Ebd., S. 58.
[579] Ebd., S. 59.

schen dem Staat von Röm. 13 und dem von Offenb. 13. Diesem Unterscheiden gemäß wird sie in den zur Begründung, Erhaltung und Durchsetzung der staatlichen Ordnung sich erhebenden Fragen von Fall zu Fall, von Situation zu Situation *urteilen*. Und ihrem so gebildeten Urteil gemäß wird sie von Fall zu Fall, von Situation zu Situation dieses (den rechten, d. h. den jeweils besseren Staat) *wählen* und *wollen*, jenes (den unrechten, d. h. den jeweils schlechteren Staat) nicht wählen und nicht wollen. Und diesem Wählen und Nicht-Wählen, Wollen und Nicht-Wollen gemäß wird sie sich hier *einsetzen*, dort sich *entgegensetzen*.[580]

Aus Barths Sicht gibt es »zwar keine Idee, kein System, kein Programm, wohl aber eine unter allen Umständen zu erkennende und innezuhaltende Richtung und Linie der im politischen Raum zu vollziehenden christlichen Entscheidungen«.[581] Die Untersuchung zu Barths politischer Theologie in der Nachkriegszeit hängt letztlich davon ab, was diese Richtung und Linie ausmacht. Barth kritisiert zuerst die auf dem neuzeitlichen Naturrecht gegründeten Staatstheorien.[582] Seine Kritik richtet sich gegen den Liberalismus und die liberalen Staatstheorien, die ihre Grundlage im Naturrechtsdenken der Neuzeit haben.[583] Neben der Kritik am Naturrecht betont Barth, dass die Kirche auch nicht von einem Kirchenstaat träumen darf.[584] Er legt die Richtung und Linie wie folgt dar:

Die Richtung und Linie des christlich politischen Unterscheidens, Urteilens, Wählens, Wollens und Sicheinsetzens bezieht sich auf die *Gleichnis*fähigkeit und *Gleichnis*bedürftigkeit des politischen Wesens. Das politische Wesen kann weder eine Wiederholung der Kirche noch eine Vorwegnahme des Reiches Gottes darstellen. Es ist in seinem Verhältnis zur Kirche ein *eigenes*, in seinem Verhältnis zum Reich Gottes (wie die Kirche selbst!) ein *menschliches*, ein die Art dieser vergänglichen Welt an sich tragendes Wesen. Eine *Gleichung* zwischen ihm und der Kirche auf der einen, dem Reich Gottes auf der anderen Seite kann darum nicht in Frage kommen.[585]

Das politische Wesen kann nur unter bestimmter Bedingung seine besondere Beziehung mit dem Reich Gottes aufrechterhalten. Hier kommt der Begriff der Gerechtigkeit des Staates in den Vordergrund: »Die Gerechtigkeit des Staates in christlicher Sicht ist seine Existenz als ein Gleichnis, eine Entsprechung, ein Analogon zu dem in der Kirche geglaubten und von der Kirche verkündigten Reich Gottes.«[586] Der Staat, der die Gerechtigkeit erfüllt, ist ein Gleichnis, eine Entsprechung und eine Analogie

---

[580] Ebd., S. 60; zu Barths Verständnis des Staates in Röm 13 und Offb 13 vgl. ders., Rechtfertigung und Recht, S. 18 u. ders., Gotteserkenntnis und Gottesdienst, S. 210.
[581] Barth, Christengemeinde und Bürgergemeinde, S. 60.
[582] Ebd., S. 60.
[583] Georg Zenkert, Art. Liberalismus, II. Philosophisch, RGG⁴ 5 (2002), Sp. 318–319, hier Sp. 318.
[584] Barth, Christengemeinde und Bürgergemeinde, S. 63. In der Kirchengeschichte ging der Kirchenstaat aus der Expansionspolitik des Papsttums hervor und bekräftigte den Klerikalismus. Siehe Thomas Frenz, Art. Kirchenstaat, TRE 19 (1990), S. 92–101, bes. S. 100.
[585] Barth, Christengemeinde und Bürgergemeinde, S. 65.
[586] Ebd., S. 65.

zum Reich Gottes. Die Bürgergemeinde bedarf »der heilsam beunruhigenden Gegenwart, der unmittelbar und direkt um jenes Zentrum rotierenden Tätigkeit und [...] der politischen Mitverantwortung der Christengemeinde«.[587] Da sich die Christengemeinde für die Sache der Bürgergemeinde verantwortlich macht, ist ihr politisches Handeln »Bekenntnis«.[588] Christen sollen sich darum »gegen alle Entartungen des Rechtsstaates als solchen« engagieren,[589] und ihr politisches Engagement setzt sich der Anarchie und der Tyrannei entgegen.[590] Mit ihrem politischen Handeln als Bekenntnis wird auf den politischen Gottesdienst angespielt. In *Christengemeinde und Bürgergemeinde* erwähnt Barth zwar nicht den Terminus Politischer Gottesdienst, aber die Kernbegriffe seiner Abhandlung wurzeln im politischen Gottesdienst.

3.4.3. Kapitalismuskritik und politisches Engagement für sozial Schwache und Unterdrückte

Das politische Engagement von Christen für sozial Schwache und Unterdrückte ist in Barths Theologie immer von großer Bedeutung. Auch in *Christengemeinde und Bürgergemeinde* richtet sich das politische Engagement von Christen an ihrer Unterstützung aus:

> Die Christengemeinde ist Zeuge dessen, daß des Menschen Sohn gekommen ist, zu suchen und zu retten, was *verloren* ist. Das muß für sie bedeuten, daß sie – frei von aller falschen Unparteilichkeit – auch im politischen Raum vor allem nach unten blickt. Es sind die nach ihrer gesellschaftlichen und wirtschaftlichen Stellung Schwachen und dadurch Bedrohten, es sind die Armen, für die sie sich immer vorzugsweise und im besonderen einsetzen, für die sie die Bürgergemeinde besonders verantwortlich machen wird.[591]

Hier ist die Forderung nach Parteilichkeit für die sozial Schwachen und die politisch Unterdrückten eindrucksvoll. Christen müssen sich politisch für die untere Klasse engagieren. Ihr politisches Handeln für den Nutzen der herrschenden Klasse ist nichts anderes als eine falsche Politisierung der Kirche. Im Rahmen ihrer politischen Verantwortung verweist Barth auf »den Einsatz für eine solche Gestaltung des Rechts, die es ausschließt, daß seine Gleichheit für alle zum Deckmantel werde, unter dem es für Starke und Schwache, selbständig und unselbständig Erwerbende, Reiche und Arme,

---

[587] Ebd., S. 66.
[588] Ebd., S. 67.
[589] Ebd., S. 68.
[590] Ebd., S. 68.
[591] Ebd., S. 68.

Arbeitgeber und Arbeitnehmer faktisch doch ungleiche Begrenzung und ungleiche Bewahrung bedeutet«.[592] Dabei zeigt sich Barths sozialistisches Anliegen:

> Die Christengemeinde steht im politischen Raum als solche und also notwendig im Einsatz und Kampf für die soziale Gerechtigkeit. Und sie wird in der Wahl zwischen den verschiedenen sozialistischen Möglichkeiten (Sozial-Liberalismus? Genossenschaftswesen? Syndikalismus? Freigeldwirtschaft? Gemäßigter? Radikaler Marxismus?) auf alle Fälle die Wahl treffen, von der sie jeweils (unter Zurückstellung aller anderen Gesichtspunkte) das Höchstmaß von sozialer Gerechtigkeit erwarten zu sollen glaubt.[593]

So ist das politische Engagement von Christen mit den verschiedenen sozialistischen Möglichkeiten verbunden.

Allerdings ist Barths politische Theologie umfassend, so dass man sie nicht auf eine der verschiedenen sozialistischen Theorien beschränken kann. Außerdem trat Barth immer den theologischen Versuchen entgegen, politisches Engagement von Christen auf ein Engagement für nur eine parteipolitische Ideologie zu beschränken. Seine systemkritische Gesinnung wurde von der Erfahrung beeinflusst, dass die Freiheit in allen Bereichen menschlicher Existenz von den Nationalsozialisten und Faschisten völlig unterdrückt und beschädigt worden war. In dieser Abhandlung hebt sich die Freiheit als Grundrecht des Menschen hervor.[594] Vor allem ist das politische Engagement von Christen für die politische Freiheit als ihre bekenntnismäßige Pflicht sehr aktiv, sofern es den aktiven Widerstand gegen eine Diktatur und einen totalitären Staat beinhaltet.[595] Es ist zwar nicht zu leugnen, dass die Richtung und Linie mit den verschiedenen sozialistischen Möglichkeiten verbunden ist, aber sie reduziert sich nicht auf eine sozialistische Ideologie. Das politische Engagement von Christen in Barths Theologie ist nicht parteipolitisch oder poltisch-ideologisch, sondern immer theologisch begründet. Das ist ein Grund, warum die politisch-theologische Barth-Interpretation umstritten ist. Zum Beispiel lehnt Barth aufgrund der Offenbarung Gottes alle Geheimpolitik und Geheimdiplomatie ab.[596] Aus seiner Sicht ist alles Geheime im politischen Raum mit Unrecht verbunden. Die Staatskunst, die sich ins Dunkel hüllt, ist »die Kunst des Staates, der als anarchischer oder tyrannischer Staat das böse Gewissen seiner Bürger oder seiner Funktionäre zu verbergen hat«.[597] Darum soll sich die Kirche im ökumeni-

---

[592] Ebd., S. 68f.
[593] Ebd., S. 69.
[594] Ebd., S. 69.
[595] Ebd., S. 69.
[596] Ebd., S. 71.
[597] Ebd., S. 71.

schen Gesichtspunkt an politischer Gerechtigkeit und sozialer Wohlfahrt ausrichten. Als ökumenische Gemeinde widersteht sie im politischen Bereich »allen abstrakten Lokal-, Regional-, und Nationalinteressen«, und sie soll »für Verständigung und Zusammenarbeit im größeren Kreis« eintreten.[598]

Bei der Beteiligung der Christen an der Politik handelt es sich nicht um ein System, sondern um »eine stetige Richtung« und »eine kontinuierliche Linie«.[599] In Bezug auf diese Beteiligung ist es in Betracht zu ziehen, dass die negative Darstellung des parteipolitischen Engagements der Christen als Christen den Hintergrund der Kritik an der Gründung der Christlich Demokratischen Union (CDU) bildet. Die »*Affinität* zwischen der Christengemeinde und der Bürgergemeinde der freien Völker« soll keine Form einer christlichen Partei annehmen wie der CDU in Deutschland.[600] Barth begründet diese Auffassung wie folgt:

> Im politischen Raum kann ja die Christengemeinde gerade das Christliche, nämlich ihre Botschaft, gar nicht direkt, sondern eben nur im Spiegel ihrer politischen Entscheidungen sichtbar machen und können diese Entscheidungen nicht dadurch, daß sie christlich begründet, sondern allein dadurch, daß sie politisch besser, zur Erhaltung und zum Aufbau des Gemeinwesens faktisch heilsamer sind, einleuchtend gemacht und zum Sieg geführt werden. Sie können hier nur Zeugnis *sein* und als solches *wirken*. [...] Im politischen Raum können nun einmal die Christen gerade mit ihrem Christentum nur *anonym* auftreten. Nur indem sie jenen politischen Kampf für die Belange der Kirche führen würden, könnten sie diese Anonymität durchbrechen, um dann doch gerade mit diesem sehr unchristlichen Kampf dem Christennamen erst recht Unehre zu machen.[601]

Aus Barths Sicht soll sich die Kirche nicht um die Gründung einer christlichen Partei für die Verwirklichung des Christlichen in der Bürgergemeinde, sondern um die politische Predigt in der Christengemeinde und »die heilsame christlich-politische Beunruhigung des weiteren Bereichs der Bürgergemeinde« bemühen.[602] Die politische Vernunft im Christentum geht der Gründung einer christlichen Partei vor. Die Christenge-

---

[598] Ebd., S. 72.
[599] Ebd., S. 74.
[600] Ebd., S. 76.
[601] Ebd., S. 77f. Vgl. auch ebd., S. 78: »Wie soll es aber unter diesem Umständen eine Sammlung der Christen in einer Partei überhaupt geben können? Die Sache ist nur möglich – und die ohnehin verdächtige Allianz der Evangelischen mit den Römischen im französischen MRP und in der deutschen CDU zeigt, daß sie auch nur erfolgreich wird, wo das Reich Gottes nun doch wieder als naturrechtlich begründetes menschliches Hochziel verstanden, wo neben das Evangelium in der politischen Sphäre ein angeblich christliches, in Wirklichkeit aus humaner Weltanschauung und Moral zusammengeleimtes Gesetz gesellt wird. Gerade repräsentiert durch eine christliche Partei kann die Christengemeinde der Bürgergemeinde das politische Salz nicht sein, das zu sein sie ihr schuldig ist.«
[602] Ebd., S. 79.

meinde trägt zum Aufbau der Bürgergemeinde bei, indem »sie ihre eigene Existenz, ihre Verfassung und Ordnung theoretisch und praktisch dem gemäß gestaltet« und indem »sie, die direkt und bewußt um jenes gemeinsame Zentrum versammelt ist, den inneren Kreis innerhalb des äußeren darzustellen hat.«[603] Bei dem rechten Staat gilt die rechte Kirche als sein Urbild und Vorbild: »Die Kirche *existiere* also *exemplarisch*, d. h. so, daß sie durch ihr einfaches Dasein und Sosein auch die Quelle der Erneuerung und die Kraft der Erhaltung des Staates ist.«[604] Wenn die rechte Kirche den Widerstand gegen ihre Hierarchisierung, Bureaukratisierung und Politisierung leistet, benötigt sie keine christliche Partei.[605] Die Kritik an der Gründung der CDU ist darum nicht nur in parteipolitischer Perspektive, sondern unter dem Aspekt der Verzerrung des Verhältnisses von Theologie und Politik zu betrachten. Die Christen »werden in jeder Partei gegen die Partei für das Ganze und gerade so im primären Sinn politische Menschen sein«.[606] Die Aufgabe der Christengemeinde ist es nicht, durch eine christliche Partei ihren politischen Einfluss in der Bürgergemeinde geltend zu machen, sondern der Bürgergemeinde »politische Menschen« zu liefern.[607] Unter dieser Bedingung kann das Folgende wahr werden: »In ihrer Existenz vollzieht sich dann ihre politische Mitverantwortung auch in der direktesten Form.«[608] Allerdings ist zu beachten, dass Barths Kritik an der Begründung der CDU keine unmittelbare Unterstützung für die SPD heißt. Aber die Behauptung ist unhaltbar, dass Barths Argument gegen die Begründung der CDU nichts mit seinem kapitalismuskritischen Bewusstsein und seiner positiven Einstellung zu den im Sozialismus beruhenden Möglichkeiten zu tun habe.

Wie in Abschnitt 3.4. festgestellt, bemühte sich Barth nach dem Zweiten Weltkrieg, eine christologisch bestimmte demokratische Staatstheorie zu entwerfen. In seiner Abhandlung *Christengemeinde und Bürgergemeinde* kommt »eine unter allen Umständen zu erkennende und innezuhaltende Richtung und Linie der im politischen Raum zu vollziehenden christlichen Entscheidungen« ins Spiel. Die Richtung und Linie ist mit den verschiedenen sozialistischen Möglichkeiten verbunden. Im nächsten Abschnitt

---

[603] Ebd., S. 80.
[604] Ebd., S. 80.
[605] Ebd., S. 81.
[606] Ebd., S. 81. Vgl. auch ebd., S. 81: »Sie werden also an verschiedenen Orten, ob bekannt oder unbekannt, ob mit oder ohne besondere Querverbindung, beieinander – nun auch als Staatsbürger beieinander sein und in gleicher Weise unterscheiden und urteilen und also nichts Verschiedenes, sondern das Eine wählen und wollen, für Eines sich einsetzen.«
[607] Ebd., S. 81.
[608] Ebd., S. 82.

soll gezeigt werden, wie diese Richtung und Linie in der Versöhnungsethik des späten Barth durchgehalten und zugespitzt wird.

3.5. Politische Theologie in *Das christliche Leben*

Als ein Fragment wurde der vierte Teil des vierten Bandes der *Kirchlichen Dogmatik* (= KD IV/4) mit dem Titel *Das christliche Leben (Fragment). Die Taufe als Begründung des christlichen Lebens* im Jahr 1967 veröffentlicht.[609] Der Teilband KD IV/4 war als 17. Kapitel unter dem Titel *Das Gebot Gottes des Versöhners* geplant. Er sollte »(parallel zu III/4) ein Kapitel spezieller Ethik unter dem Gesichtspunkt der in Jesus Christus vollzogenen Versöhnung der Welt mit Gott« enthalten.[610] Trotz des Erscheinens der KD IV/4 ist der vierte Band noch nicht abgeschossen, weil der größere Teil der zur Lehre von der Versöhnung gehörenden Ethik fehlt. Weitere Fragmente dieses Kapitels Ethik,»die freilich mit der Tauflehre zusammen weniger als die Hälfte des Bandes KD IV/4 ausgemacht hätten«, bilden den Inhalt des im Jahr 1976 erschienenen Nachlass-Bandes *Das christliche Leben*.[611] Im umfassenden Sinne definiert Barth Ethik als »Versuch einer theoretischen Beantwortung der Frage nach des Menschen *gutzuheißendem Handeln*« und theologische Ethik als »ein integrierendes Element [...] der Dogmatik«.[612] Aufgabe der »speziell[n] Ethik« ist nun, »zu sehen und zu zeigen, inwiefern dieses je besondere, konkrete, spezielle [...] menschliche Handeln in seinem Verhältnis zu Gottes Gebot ein gutes, d. h. ein dem göttlichen Anspruch entsprechendes, mit der göttlichen Entscheidung übereinstimmendes, dem göttlichen Gericht konformes Handeln heißen oder nicht heißen darf«.[613] Darum lehnt Barth alles ab, was Gottes Gebot auf ein allgemeines Prinzip reduziert.[614] Spezielle Ethik darf darum nicht zu gesetzlich-kasuistischer Ethik pervertiert werden, vielmehr besteht ihre Auf-

---

[609] Karl Barth, Die Kirchliche Dogmatik, 4. Bd.: Die Lehre von der Versöhnung, 4. Teil: Das christliche Leben (Fragment). Die Taufe als Begründung des christlichen Lebens [= KD IV/4], Zürich 1967, S. VII.

[610] Ebd., S. IX.

[611] Siehe Hans-Anton Drewes/Eberhard Jüngel, Vorwort, in: Karl Barth, Das christliche Leben. Die Kirchliche Dogmatik IV/4, Fragmente aus dem Nachlaß Vorlesungen 1959–1961, hrsg. v. Hans-Anton Drewes u. Eberhard Jüngel, Karl Barth-Gesamtausgabe, Abt. II. Akademische Werke 1959–1961, Zürich 1976, S. VII–XVIII, hier S. VII.

[612] Barth, Das christliche Leben, S. 1. Im Vergleich mit der Definition in seiner Ethikvorlesung von 1928 ist die Definition der Ethik in *Das christliche Leben* eine kohärente Darstellung, siehe Barth, Ethik I (Anm. 382), S. 1.

[613] Ebd., S. 3.

[614] Ebd., S. 4.

gabe darin, »auf jenes *Ereignis* zwischen Gott und Mensch, auf seinen ihr unverfügbaren Inhalt« hinzuweisen, die Versöhnung.[615] Der Weg der speziellen Ethik liegt in der Mitte zwischen einer Verabsolutierung der alten religiösen und ethischen Traditionen und einer extremen Relativierung der christlichen Ethik. Barth sucht diesen Mittelweg in einer Auslegung des Vaterunsers. Im § 76 *Die Kinder und ihr Vater* erläutert Barth die theologische Bedeutung von »Vater unser im Himmel« im Vater-Unser, und im § 77 *Eifer um die Ehre Gottes* behandelt er die erste Bitte im Vater-Unser (»Geheiligt werde dein Name!«).

3.5.1. Totalitarismus und Kapitalismus als die herrenlosen Gewalten

Im Blick auf Barths politische Theologie in der Spätzeit ist § 78 *Der Kampf um menschliche Gerechtigkeit* von großer Bedeutung. Hier handelt es sich um eine Auslegung der zweiten Bitte des Vaterunsers (»Dein Reich komme«). Der Leitsatz dieses Paragraphen lautet:

Die Christen bitten Gott, daß er seine Gerechtigkeit auf einer neuen Erde unter einem neuen Himmel erscheinen und wohnen lasse. Unterdessen handeln sie ihrer Bitte gemäß als solche, die für das Walten menschlicher Gerechtigkeit, d. h. für die Erhaltung und Erneuerung, für die Vertiefung und Erweiterung der von Gott angeordneten menschlichen Sicherungen menschlichen Rechtes, menschlicher Freiheit, menschlichen Friedens auf Erden verantwortlich sind.[616]

Der erste Abschnitt des § 78 unter dem Titel »1. Der Aufstand gegen die Unordnung« beginnt mit dem Satz: »Die Echtheit menschlichen ‹Eifers um die Ehre Gottes› bedarf der Probe.«[617] Seine Echtheit erweist sich im Tun der Christen im Gehorsamen gegen Gottes Gebot. Um den Sinn ihres Tuns klarer zu umschreiben, wendet sich Barth dem Kampf der Christen »*um menschliche Gerechtigkeit*« zu.[618] Die Christen sind durch Gottes Gebot wie zum Eifer um Gottes Ehre »zu einem bestimmten *Aufstand* und so zum Eintritt in einen bestimmten *Kampf*« aufgerufen.[619] Barth erklärt den Begriff des Kampfes im Neuen Testament folgendermaßen: »Im Neuen Testament (speziell in den Episteln) erscheint der Begriff ‹Kampf› in der Regel in der Nähe und in Verbindung mit dem des Glaubens und bezeichnet umfassend die notwendig streitbare und so Anstrengung, Gefahr und Not in sich schließende Auseinandersetzung mit der die christli-

---

[615] Ebd., S. 4.
[616] Ebd., S. 347.
[617] Ebd., S. 347.
[618] Ebd., S. 348.
[619] Ebd., S. 349.

che Existenz und damit das christliche Zeugnis von innen wie von außen bedrohenden Anfechtung.«[620] Der neutestamentliche Glaube widersetzt sich der Ungerechtigkeit der Menschen »in ihrem Verhältnis zu *Gott*«.[621] Auch wenn im ersten Abschnitt der Begriff des Kampfes um die menschliche Gerechtigkeit umfassend verwendet wird, richtet er sich grundsätzlich gegen die sozialen und politischen Ungerechtigkeiten.[622]

Im zweiten Abschnitt des § 78 behandelt Barth unter dem Titel *Die herrenlosen Gewalten* »die Art und Natur des Übels, um dessen Beseitigung die Christen Gott in der zweiten Bitte anrufen«.[623] Das Übel bedeutet für ihn »die große, den Stand und Lauf der menschlichen Dinge beherrschende und kennzeichnende *Unordnung*«, für die »die der dem Menschen heilsamen Ordnung und Gerechtigkeit Gottes widersprechende und widerstehende menschliche *Ungerechtigkeit*« kennzeichnend ist, und es wurzelt in »des Menschen *Abfall* und *Entfremdung* von Gott«.[624] Seine Entfremdung schließt seine »*Selbst*entfremdung« in sich und wird auch darauf zurückgeführt, dass er »*herrenlos*« und »‹absolut› existieren *möchte*«.[625] Eine freie Verfügungsgewalt ist aber »der Mythus und die Illusion des sich für souverän, autonom, mündig haltenden und ausgebenden Menschen«.[626] Zwar können seine Fähigkeiten zu »herrenlos hausenden Gewalten« werden,[627] aber die zu herrenlosen Gewalten sich erhebenden menschlichen Kräfte können nicht zu »ontologisch gottlosen Mächten« werden.[628] Der Mensch kann von ihnen befreit werden, wenn sie als Kräfte, die sich gegen ihn wandten, erkannt werden.[629] Als Pervertierung der menschlichen Kräfte sind die herrenlosen Gewalten im Verhältnis zu Gott nur relativ, und ihre Fähigkeiten sind unter der Herrschaft Gottes nur beschränkt.[630] Trotz ihrer Relativität streben sie immer nach der Selbstver-

---

[620] Ebd., S. 349.
[621] Ebd., S. 350.
[622] Ebd., S. 351: »Auch die Christen möchten schlicht leben, stehen in irgendeiner Form im Kampf um ihr eigenes freies Dasein, lehnen sich also auf gegen Alles, was ihnen die Freiheit dazu nehmen oder einschränken möchte: gegen peinliche Lebensbedingungen, denen sie sich unterworfen finden, gegen Schicksale, die sie geführt haben oder zu führen im Begriff stehen, wohin sie nicht wollen [vgl. Joh. 21,18] – vor allem und zuerst in tyrannos, gegen Menschen, durch die sie sich bevormundet, übervorteilt, bedrängt finden, die ihnen zu nahe treten, mit oder ohne Absicht ihnen zuleid leben, ihnen das Leben unmöglich zu machen drohen.«
[623] Ebd., S. 363.
[624] Ebd., S. 363.
[625] Ebd., S. 363f.
[626] Ebd., S. 365.
[627] Ebd., S. 365.
[628] Ebd., S. 366f.
[629] Ebd., S. 367.
[630] Ebd., S. 367f; zur weltlichen oder staatlichen Gewalt unter der Königsherrschaft Christi vgl. Barth, Gotteserkenntnis und Gottesdienst, S. 206 u. ders., Christengemeinde und Bürgergemeinde, S. 55.

absolutierung. In diesem Sinne ist die Weltgeschichte »die Geschichte der unübersehbar vielen und vielgestaltigen Absolutismen«.[631] Barth zeigt das wahre Gesicht der herrenlosen Gewalten, indem er auf ihre Beschränktheit und Begrenzung im Verhältnis zu Gott verweist.[632] Er fängt zunächst mit der Analyse der Darstellung der herrenlosen Gewalten im Neuen Testament an und dringt zum Kern des hermeneutischen Problems vor. Mit einem sog. magischen Weltbild der neutestamentlichen Gemeinde und der Verfasser der neutestamentlichen Schriften kann man nicht die Wirksamkeit und Wirklichkeit der herrenlosen Gewalten erkennen, weshalb ein rational-wissenschaftliches Weltbild benötigt wird.[633] Durch die Entmythologisierung der herrenlosen Gewalten werden alle Absolutismen entlarvt, begrenzt, überwunden und schließlich aufgehoben.[634]

Im Hinblick auf Barths politische Theologie könnte man sich die Frage stellen, warum ihm so viel daran liegt, die herrenlosen Gewalten und die damit verbundenen Absolutismen ständig zu relativieren. Die Antwort ist, dass das Problem der herrenlosen Gewalten unweigerlich zum Problem des »*politischen Absolutismus*« führt.[635] Hier bedeutet der politische Absolutismus nicht nur die lexikalische Definition.[636] Er umfasst alle politischen oder staatlichen Herrschaftsformen, die nach der Vergöttlichung oder der Selbstverabsolutierung streben. »Es ging und geht […] um die in aller Politik wirksame und sichtbare *Dämonie* des Politischen«.[637] Die Dämonie des Politischen bestehe in »der immer und als solche unmenschlichen Idee des *Imperiums*«,[638] und sie stehe »hinter und über aller Staatlichkeit«.[639] Sie ist nichts anderes als »der *Mythus* des Staates« in Offb 13.[640] Barth bezeichnet ihn zunächst als »Leviathan« im Sinne von Thomas Hobbes, und er bezeichnet die christliche Kirche als seinen »Widersacher«.[641] Weiter bringt Barth zum Ausdruck, dass »*Karl Marx* und die ihm folgenden Sozial-

---

[631] Barth, Das christliche Leben, S. 368.
[632] Ebd., S. 368f.
[633] Ebd., S. 369.
[634] Ebd., S. 373.
[635] Ebd., S. 373.
[636] Unter politischem Absolutismus wird im lexikalisch-semantischen Sinne die von der Mitte des 16. Jahrhunderts bis ins letzte Drittel des 18. Jahrhunderts dominierende Herrschaftsform in Europa verstanden. Siehe Hartmut Lehmann, Art. Absolutismus, RGG⁴ 1 (1998), Sp. 86–87, hier Sp. 86.
[637] Barth, Das christliche Leben, S. 374.
[638] Vgl. ebd., S. 374.
[639] Vgl. ebd., S. 375.
[640] Ebd., S. 375; vgl. Barth, Gotteserkenntnis und Gottesdienst, S. 210 u. ders., Christengemeinde und Bürgergemeinde, S. 60.
[641] Barth, Das christliche Leben, S. 376.

Theoretiker [...] den Leviathan unter ihren besonderen Gesichtspunkten auch gesehen zu haben« scheinen.[642] Das zeigt, dass Barth die marxistische Gesellschaftstheorie nicht abstoßend findet. Dabei ist auffallend, dass der Stalinismus nicht dem Sozialismus, sondern dem Totalitarismus zugeordnet wird.[643]

Zweitens werden die herrenlosen Gewalten im Neuen Testament als »*Mammon*« bezeichnet.[644] Barths Einstellung zum Mammon steht in Analogie zur Fetischismus- und Arbeitswerttheorie von Marx. Nach Barth bezeichnet der Mammon materielles »*Vermögen*« des Menschen, das zu »seinem Götzen, vielmehr zu einem seiner höchst mobilen Dämonen« wurde.[645] »Ein der Natur des Menschen eigenes, neutrales, ja an sich gutes, von ihm in Freiheit anzuwendendes ‹Vermögen›« stehe am Anfang: »des Menschen in seiner Verfügung über bestimmte materielle Güter und Werte sich darstellende Macht zur Garantie und Sicherung seines Lebensunterhaltes«.[646] Aber indem »der von Gott emanzipierte Mensch« diese Macht ins Werk setze, werde »das ihm anspruchsvoll und gebieterisch gegenübertretende, seinen Lebensunterhalt angeblich und vermeintlich garantierende und sichernde *Mittel* [...] zum Zweck«.[647]

Indem er das einsieht und danach tut, bekommt und hat es – hier in harmlosester Form, dort in großem Maßstab – Gewalt über ihn, wird (als nächster Verwandter Leviathans) Mammon geboren, besteigt er seinen Thron, beginnt (bewußt oder unbewußt, offen oder diskret, fröhlich oder seufzend getan) seine Anbetung, wird und ist der Geist dieser Welt neben dem Vielen, was er sonst ist, – mächtig nicht nur in einigen Bösen, sondern mächtig in und über allen Menschen – auch Mammonsgeist: der Geist des sich selber verabsolutieren wollenden «Vermögens».[648]

Man kann diese Darstellung Barths im Zusammenhang mit der Fetischismustheorie von Marx verstehen.[649]

---

[642] Ebd., S. 376.
[643] Ebd., S. 377.
[644] Ebd., S. 378.
[645] Ebd., S. 378.
[646] Vgl. ebd., S. 378f.
[647] Vgl. ebd., S. 379.
[648] Ebd., S. 379f.
[649] Siehe Karl Marx, Das Kapital. Kritik der politischen Ökonomie, 1. Bd., Buch I: Der Produktionsprozeß des Kapitals, MEW 23, Berlin ^{21}2005, S. 86f: »Um daher eine Analogie zu finden, müssen wir in die Nebelregion der religiösen Welt flüchten. Hier scheinen die Produkte des menschlichen Kopfes mit eignem Leben begabte, untereinander und mit den Menschen in Verhältnis stehende selbständige Gestalten. So in der Warenwelt die Produkte der menschlichen Hand. Dies nenne ich den Fetischismus, der den Arbeitsprodukten anklebt, sobald sie als Waren produziert werden, und der daher von der Warenproduktion unzertrennlich ist.«

Nach Marx löst sich der Tauschwert vom Gebrauchswert des materiellen Vermögens zur Lebenserhaltung ab. Der Gebrauchswert besteht in der Nützlichkeit einer Ware, und als Tauschwert bezeichnet man in der Ökonomie das Verhältnis, in dem zwei Waren auf Märkten gegeneinander ausgetauscht werden. In der kapitalistischen Gesellschaft lässt sich der Tauschwert einer Ware in Geld ausdrücken.[650] Nach Barth ist das Geld als solches »*kein* dem Lebensunterhalt des Menschen direkt dienendes Gut« und hat »als materielles Gut faktisch bloß *symbolischen* Wert«.[651] Der symbolische Charakter des Geldes ermöglicht seine Weiterentwicklung zum Schein, Konto und sich durch Zins selbstvermehrenden Kapital.[652] Im Folgenden zeigt sich Barths Verständnis von Geld:

> Geld ist in seiner ganzen – in der gloriosen Erfindung des Papiergeldes und erst recht im bloßen Verrechnungsverkehr offenbaren – inneren Wertlosigkeit, wenn nicht *der*, so doch *ein* kapitaler Inbegriff und Maßstab nicht nur der wirtschaftlichen, sondern (was kann man für Geld *nicht* kaufen?) so ziemlich aller menschlichen Werte. Geld, das ebenso flexible wie mächtige Instrument, das, vermeintlich vom Menschen gehandhabt, in Wirklichkeit seiner Eigengesetzlichkeit folgend, ebensowohl auf tausend Wegen Meinungen, ja Überzeugungen begründen und andere unterdrücken wie brutale Tatsachen schaffen kann – jetzt eine Konjunktur zum Steigen, jetzt dieselbe zum Fallen bringt, jetzt eine Krise aufhält, jetzt eine solche auslöst, jetzt dem Frieden dient, aber mitten im Frieden schon kalten Krieg führt, den blutigen vorbereitet und schließlich herbeiführt, hier allerlei Paradiese, dort ihnen nur zu entsprechende vorläufige Höllen schafft. Es müßte nicht so sein, daß es das Alles kann. Es kann aber das Alles und tut es auch: gewiß nicht das Geld als solches, aber das Geld, das der Mensch zu haben meint, während es in Wahrheit ihn hat, und zwar darum hat, weil er es ohne Gott haben will und damit das Vakuum schafft, in welchem es, an sich eine harmlose, ja brauchbare Fiktion, zum absolutistischen Dämon und in welchem der Mensch selbst dessen Sklave und Spielball werden muß.[653]

Aufgrund der Affinität zwischen Barth und Marx behauptet Plonz, dass Barth in Kürze Elemente einer Geldtheorie vorlege, die die Fetischisierung des Geldes beschreibt,

---

[650] Siehe ebd., S. 107: »Wir verfolgten die Befestigung dieses falschen Scheins. Er ist vollendet, sobald die allgemeine Äquivalentform mit der Naturalform einer besonderen Warenart verwachsen oder zur Geldform kristallisiert ist. Eine Ware scheint nicht erst Geld zu werden, weil die anderen Waren allseitig ihre Werte in ihr darstellen, sondern sie scheinen umgekehrt allgemein ihre Werte in ihr darzustellen, weil sie Geld ist. [...] Ohne ihr ihre Zutun finden die Waren ihre eigne Wertgestalt fertig vor als einen außer und neben ihnen existierenden Warenkörper. Diese Dinge, Gold und Silber, wie sie aus den Eingeweiden der Erde herauskommen, sind zugleich die unmittelbare Inkarnation aller menschlichen Arbeit. Daher die Magie des Geldes.«

[651] Barth, Das christliche Leben, S. 380f.

[652] Ebd., S. 381; vgl. MEW 25, S. 404f: »Im zinstragenden Kapital erreicht das Kapitalverhältnis seine äußerlichste und fetischartigste Form. [...] Im zinstragenden Kapital ist daher dieser automatische Fetisch rein herausgearbeitet, der sich selbst verwertende Wert, Geld heckendes Geld, und trägt es in dieser Form keine Narben seiner Entstehung mehr. [...] Hier ist die Fetischgestalt des Kapitals und die Vorstellung vom Kapitalfetisch fertig.«

[653] Barth, Das christliche Leben, S. 382.

wobei er sich auf Aspekte der Marxschen Theorie sowie der bürgerlichen Soziologie und Ökonomie beziehe.[654]

3.5.2. Ideologien und chthonische Mächte als herrenlose Gewalten

Die herrenlosen Gewalten treten in Gestalt von Ideologien auf. Barth sieht die Verabsolutierung der Ideologien als einen Götzendienst. Die Anschauungen sind eine »wunderbare Fähigkeit« des Menschen.[655] Aber in dem »dem lebendigen Geist Gottes gegenüber sich verselbständigen Geist« kommt es zu »einer eigentümlichen Erstarrung, Verhärtung und Verkrampfung und so zu einem Stillstand, in welchem er aufhört, sein freier Geist zu sein«.[656] Als Götzendienst beginnt die Verabsolutierung der Ideologien damit, dass der Mensch »seinen kraft jenes Vermögens gewonnenen Voraussetzungen und Vorentwürfen nicht nur vorläufige und vorübergehende, sondern dauernde [...] Maßgeblichkeit zuschreiben zu sollen und zu können« meint.[657] Die Anwesenheit und Wirksamkeit der Ideologien verrät sich zunächst »*sprachlich* in den [...] zwei Silben ‹ismus›«,[658] und ein zweites Anzeichen ihrer Gegenwart und Aktion ist »das Auftauchen des *Schlagwortes* oder Stichwortes«.[659] Dieses Schlagwort lässt sich nicht im enzyklopädischen Sinne, sondern im Sinne der politischen Agitation verstehen.[660] Ein drittes Kennzeichen der Ideologien ist »die *Propaganda*«.[661] Die antisemitische NS-Propaganda ist ein gutes Beispiel dafür.[662] Deshalb kritisiert Barth sie und ermahnt die Kirche wie folgt:

Propaganda ist das sichere Anzeichen, daß es sich, wo sie getrieben wird, nicht um die Wahrheit, sondern um eine Ideologie handelt, die sie nötig hat, deren Wesen sie entspricht und die keine Scham kennt, von ihr Gebrauch zu machen: so heute die Propaganda des immer noch schleichenden Antisemitismus, so die des Kommunismus *und* die des Antikommunismus, so die der «Moralischen Aufrüstung», die sich ja dessen ausdrücklich rühmt, eben eine Ideologie zu vertreten, zu verkündigen, zum Sieg führen zu wollen. Könnte man doch von der

---

[654] Vgl. Plonz, Die herrenlosen Gewalten, S. 326.
[655] Barth, Das christliche Leben, S. 383.
[656] Ebd., S. 383.
[657] Ebd., S. 383f.
[658] Vgl. ebd., S. 385.
[659] Vgl. ebd., S. 386.
[660] Ebd., S. 386.
[661] Ebd., S. 387.
[662] Ebd., S. 387: »Nicht nur jenem Tier von Apok. 13, sondern ziemlich allen seinen Gesellen und insbesondere eben den Ideologien ist über alles Sonstige hinaus auch ein Maul gegeben. Dieses Maul ist die Propaganda, und zu ihrer Bedienung hat es im Dritten Reich sogar ein besonderes Propagandaministerium gegeben. Sie ist das Lebensbedürfnis und die typische Lebensäußerung dieser herrenlosen *Geistes*mächte.«

Kirche sagen, daß sie *keine* Propaganda treibe! Sofern sie das tut, macht sie nämlich die von ihr zu bezeugende Wahrheit unglaubwürdig, indem sie sie offenbar mit einer Ideologie verwechselt, mit ihr als einer solchen meint umgehen zu dürfen.[663]

Als herrenlose Gewalten versteht Barth auch die chthonischen Mächte, die aus der Naturbeherrschung und -unterwerfung hervorgehen. Diese Mächte haben zwei Eigenschaften. Die eine liegt in der naturwissenschaftlichen Veränderung des gesamten Kosmos. Der Mensch macht »die *Erde*«, wie der Kosmos in der Bibel genannt wird, zu seiner Welt und gestaltet sie »zum Schauplatz und Werkzeug seiner geschichtlichen Existenz«.[664] Die zweite liegt in der Konsumkultur des Spätkapitalismus, z. B. der Mode, dem Sport, dem Vergnügen und dem Verkehr. Barth stellt sich die Frage, wer oder was eigentlich die Mode bestimmt, und er kritisiert, dass heutzutage die manipulierbare Konsummasse nicht mehr auf ihren eigenen Stil aufmerksam wird, sondern danach strebt, rasch einem neuen Trend zu folgen, und dass die Mode diktiert, was sie anzieht, oder welcher Haarstil am besten zu ihr passt, womit die Modeindustrie Riesengewinn macht.[665] Seine Kritik an der Mode richtet sich vor allem gegen die Modeindustrie, ihre Großanleger und ihre Großaktionäre.[666] Sein konsumkritisches Bewusstsein spricht sich auch in der Kritik am Sport aus. Im heutigen Hochleistungssport handelt es sich um die Befriedigung unmittelbarer Konsumbedürfnisse im Sportbereich, die an die »Industrialisierung und Kommerzialisierung des Sports« geknüpft ist.[667] Für Barth ist es sehr fraglich, ob die Konsumbedürfnisse befriedigt werden könnten, auch wenn die sich von Gott lösen wollenden Menschen sich alle Konsummittel dazu verschaffen könnten.[668] Auch den Verkehr betreffend, fragt er nach dem Zweck und Anlass der erhöhten Schnelligkeit, und dann betont er, dass man die Probleme, z. B. Verkehrsunfälle und ihre Opfer, die Verwüstung der Landschaft durch die Ackergrund, Weideboden und ganze Dörfer rücksichtslos durchschneidenden Autostraßen usw. ins Gesicht sehen und dadurch den »offenkundig lebensfeindlichen Charakter« der Schnelligkeit erkennen müsse.[669] So verurteilt Barth die Massenkonsumgesellschaft, die den ursprünglichen Zweck des Konsums verlor.

---

[663] Ebd., S. 387f.
[664] Ebd., S. 389.
[665] Ebd., S. 391.
[666] Ebd., S. 391.
[667] Ebd., S. 392.
[668] Ebd., S. 393: »Wären sie vergnügt, dann würden sie wohl nicht nach immer noch mehr und womöglich noch raffinierteren oder massiveren Vergnügungsmittel begehren und jagen müssen, und man würde dann doch wohl an den großen und kleinen Vergnügungsorten und Vergnügungsanlässen etwas mehr wirklich vergnügte Gesichter sehen.«
[669] Vgl. ebd., S. 395.

Um das Problem der herrenlosen Gewalten zu lösen, schlägt Barth vor, die Wirklichkeit der herrenlosen Gewalten und den Zustand des Menschen wahrzunehmen, dass die herrenlosen Gewalten außer Kontrolle geraten sind und die Menschen unterjochen. Barth vergleicht das Verhältnis der herrenlosen Gewalten zum Menschen mit dem Verhältnis des Menschen zu Gott. Die herrenlosen Gewalten sind, indem sie sich von dem Menschen »*lösen*«, wie er selbst sich von Gott gelöst hat, »*unmenschliche*, ja in dem Maß, als er selbst, von Gott gelöst, dessen *Feind* wird und ist, *widermenschliche*, menschenfeindliche Gewalten«.[670]

> Sie *berauben* die Menschen gerade ihrer von ihnen mißbrauchten und damit im voraus preisgegebenen Freiheit. Sie unterdrücken die Menschen, sie bewegen sie nach den Gesetzen ihrer eigenen Dynamik und Mechanik. Sie machen sie zu Untertanen, zu Papageien, zu Drahtpuppen oder eben: zu Robotern. [...] Unter ihrer Herrschaft werden sie notwendig zu «Menschen der *Unordnung*»: zu wie mit Gott, so auch mit sich selbst, aber auch ihrem Nächsten entzweiten, wie ihm, so auch sich selbst, aber auch ihren Mitmenschen entfremdeten Menschen.[671]

So stehen die herrenlosen Gewalten im Hintergrund dieser Unordnung. Am Ende des zweiten Abschnitts stellt Barth sich die Frage: »Was wären wir, was müßte aus der Welt werden, was möchte längst aus ihr geworden sein, wenn dem Strom der in der Herrschaft der herrenlosen Gewalten triumphierenden Ungerechtigkeit nicht ein unerschütterlicher Damm entgegenstünde?«[672] Und er antwortet: »Ein solcher Damm steht ihm aber entgegen: Dem Reich der menschlichen Unordnung das Reich der göttlichen Ordnung.«[673] Barth macht klar, dass »die vom Menschen verschuldete Ungerechtigkeit und Unordnung« in Gott ihre Grenze hat, und dass die Herrschaft der herrenlosen Gewalten im Reich Gottes begrenzt sein muss.[674]

Das Reich der göttlichen Ordnung führt schließlich im 3. Abschnitt desselben Paragraphen unter dem Titel »3. Es komme dein Reich!« zur Bitte um das Kommen des Reiches Gottes, auf dass die Abschaffung der menschlichen Unordnung erfolgen möge.[675] Obwohl das Reich Gottes multidimensional ist, verneint es die bestehende verzerrte Ordnung der Menschen.[676] Daraus lässt sich folgern, dass der späte Barth

---

[670] Ebd., S. 397.
[671] Ebd., S. 398.
[672] Ebd., S. 398f.
[673] Ebd., S. 399.
[674] Ebd., S. 399; vgl. Barth, Christengemeinde und Bürgergemeinde, S. 55 u. ders., Gotteserkenntnis und Gottesdienst, S. 206.
[675] Vgl. Barth, Das christliche Leben, S. 400.
[676] Ebd., S. 402f: »Es ereignet sich, von der Möglichkeit alles sonstigen Geschehens her gesehen, schlechthin unerwartet und unbegreiflich. Es durchbricht die Ebene alles Bisherigen senkrecht von oben her. Es erfordert

mit der Analyse der herrenlosen Gewalten seine politische Theologie bekräftigen wollte. Es ist dabei in Betracht zu ziehen, dass sich diese Analyse auf die marxistische Religionskritik und die sozialistische Gesellschaftskritik bezieht. Darum kann man die folgende These von Plonz als wohlbegründet beurteilen: »Die fetischismustheoretischen Ansätze der marxistischen Religions- und Gesellschaftskritik ermöglichen auch im Fall der Versöhnungsethik, die von Barth gebotene Wirklichkeitssicht kontexttheologisch einzuordnen und ihren kritischen Kern herauszuarbeiten.«[677]

Wie in Abschnitt 3.5. gezeigt, ist der im Jahr 1976 erschienene Band *Das christliche Leben. Die Kirchliche Dogmatik IV/4, Fragmente aus dem Nachlaß Vorlesungen 1959 –1961* in Hinblick auf die politische Theologie des späten Barth von großer Bedeutung. Hier erinnert Barth daran, dass sich die Fähigkeiten des Menschen zu »herrenlos hausenden Gewalten« ausarten können, und dass die herrenlosen Gewalten außer Kontrolle gerieten und die Menschen unterjochen.

Die ersten beiden Hauptkapitel haben sich mit der politischen Komponente der Barthschen Theologie und ihrer Entwicklung befasst, die auch in der Theologie von Helmut Gollwitzer und Jürgen Moltmann eine immer größere Bedeutung gewinnt. Die letzten beiden Hauptkapitel wenden sich daher der politischen Theologie von Gollwitzer und Moltmann zu. Kapitel 4 untersucht die politische Theologie bei Gollwitzer, um zu verstehen, inwiefern der Linksbarthianismus Gollwitzers von der politischen Komponente der Barthschen Theologie geprägt ist. Kapitel 5 wird dann die politische Theologie bei Moltmann untersuchen, die als Theologie und Ethik der Hoffnung kritisch an Barth anknüpft und über ihn hinausführen will.

---

und schafft darum auch die Freiheit zu einem *menschlichen* Denken und Wollen in einer *neuen* Dimension. *So*, in dieser Hoheit ist es die Grenze der Unordnung, an der der Mensch zugleich schuldig ist und leidet, und *so* widersteht es auch dem Reich der Dämonen.«
[677] Plonz, Die herrenlosen Gewalten, S. 327.

4. Neomarxismus und Linksbarthianismus bei Helmut Gollwitzer

Marquardt stellt den Zusammenhang zwischen Gollwitzers Gottesverständnis und seinem politischen Engagement wie folgt dar:

> Die jesuanisch-christliche Figur dafür ist, daß von Gott nie geredet werden kann abgesehen vom *Reich Gottes*, d. h. von dem in Raum und Zeit die Welt verwirklichenden Gott. Der biblische Gott ist *kein religiöses*, sondern ein *gesellschaftliches* Ereignis, und ob einer Gott meint, entscheidet sich daran, ob er sich am Bereiten des Reiches Gottes beteiligt. Das ist auf eine verschlungene Weise zugleich biblisches, protestantisch-bürgerliches und religiös-soziales Erbe in Gollwitzers Theologie und begründet, warum er, der soviel ethisch-politisch-gesellschaftlich gehandelt und gelehrt hat wie kaum einer seiner Kollegen, doch evangelischer Dogmatiker geblieben ist und nie so etwas wie eine evangelische Ethik geschrieben oder auch nur gelesen hat.[678]

Die ganze Theologie Gollwitzers entfaltete sich auf der Grundlage von Barths Lehre von der Königsherrschaft Christi. Die Theologie des späten Gollwitzer wurde von dem Gedanken des frühen Barth geprägt, und insbesondere machte Barths radikal eschatologisches Verständnis vom Reich Gottes in ihr ihren Einfluss geltend. Aber in Wirklichkeit lassen sich die Spuren von Barths Theologie in Gollwitzers Theologie auf den ersten Blick nicht leicht erkennen. Nach Marquardt gibt es eine naheliegende Erklärung: Gollwitzer verstehe sich als Barths Schüler, aber auch als Lehrling Luthers.[679] Barths Theologie entwickelte sich im Anschluss an Zwingli und Calvin, und es besteht eine theologische Differenz zwischen Luther und Calvin. »Darum hat Gollwitzer innerhalb der vom Luthertum dominierten Theologie in Deutschland das Rechtfertigungsgeschehen rein als ein praktisches Prinzip in seiner ursprünglichen Bedeutung, als die paradoxe Befreiung zur menschlichen Praxis, aufzufassen sich bemüht und hat der Verführung zu einer abermaligen Systematisierung der lutherischen Grunderkenntnis bisher widerstanden.«[680] Seine Theologie zielt grundlegend darauf, im Verhältnis zu Barths Dogmatik stärker »das leitende Wirklichkeitsverständnis der Theologie« zu bekräftigten.[681] Das ist ein Grund dafür, dass Gollwitzer nicht an einer weiteren Systematisierung seiner dogmatischen Lehre hing, obwohl seine Dogmatik im Anfang der 70er Jahre Gestalt annahm.[682] Aber um Gollwitzers Theologie besser zu verstehen, muss man auch die Analyse von Marquardt in Betracht ziehen:

---

[678] Friedrich-Wilhelm Marquardt, Helmut Gollwitzer als Theologe [1993], in: Andreas Pangritz (Hg.), »Ich werde nicht sterben, sondern leben«. Über Helmut Gollwitzer, Berlin 1998, S. 37–47, hier S. 46.
[679] Vgl. Friedrich-Wilhelm Marquardt, Helmut Gollwitzer als Theologe [1977], in: ders., Verwegenheiten, S. 79–90, hier 80f.
[680] Ebd., S. 81.
[681] Ebd., S. 84.
[682] Siehe ebd., S. 82f.

Gollwitzer ist einer der ganz wenigen Theologen bisher, die ihre Theologie dem philosophischen Zwang zu logischen, begrifflichen, kategorialen Begründungen, Legitimationen oder Rechtfertigungen des Evangeliums konsequent entziehen und versuchen, Theologie zu treiben ohne den prometheischen Begründungszwang, der auf fast allem abendländischen Denken bisher ruht – nicht nur dem metaphysischen und dialektischen, auch dem historischen und positivistischen.[683]

Nach Gollwitzer begründet sich Gott nicht im Denken der Christen, sondern in ihrer Praxis, und hat die Kirche einen Auftrag zu gesellschaftlicher und politischer Konkretisierung theologischer Aussagen.[684] Von diesem Gesichtspunkt aus muss man Gollwitzers politische Theologie betrachten.

4.1. Gollwitzers frühe politische Theologie im Kirchenkampf und Krieg (1933–1945)

4.1.1. Pfarramt in Berlin-Dahlem

Gollwitzers politische Theologie vor der Bonner Zeit ist schwer zu systematisieren, auch wenn ein Teil seiner theologischen Gedanken in den 1930er Jahren als eine frühe »politische Theologie« bezeichnet werden kann.[685] Der Ansatz seiner politischen Theologie findet sich im evangelischen Kirchenkampf. Nachdem Martin Niemöller am 1. Juli 1937 inhaftiert worden war, übernahm Gollwitzer faktisch dessen Pfarramt an der St. Annen-Kirche in Berlin-Dahlem. Nach der Kristallnacht vom 9. zum 10. November 1938, in der vom nationalsozialistischen Regime im gesamten Deutschen Reich viele Synagogen und Geschäfte der Juden zerstört wurden, predigte Gollwitzer am 16. November 1938 über Lukas 3,3–14, wo die Taufe der Buße zur Vergebung der Sünden behandelt wird. Seine Predigt greift damit die Verantwortung der Christen für die Judenpogrome auf. Sie unterscheidet zunächst zwischen dem, was Gott zulässt, und dem, was die Menschen getan und zugelassen haben,[686] und dann macht sie auf den Bußruf von Johannes dem Täufer aufmerksam. Diese Buße hat soziale Folgen:

---

[683] Ebd., S. 85.

[684] Andreas Pangritz, Zur Einführung, in: Helmut Gollwitzer, ...daß Gerechtigkeit und Friede sich küssen. Aufsätze zur politischen Ethik, Bd. 1, hrsg. v. Andreas Pangritz, Helmut Gollwitzer-Ausgewählte Werke, Bd. 4 [= Gollwitzer-AW 4], München 1988, S. 7–19, hier S. 7.

[685] Siehe Ralph Ludwig, Der Querdenker. Wie Helmut Gollwitzer Christen für den Frieden gewann, Berlin 2008, S. 26.

[686] Helmut Gollwitzer, Predigt über Lukas 3,3–14 (Bußtagspredigt, 16. November 1938), in: ders., Dennoch bleibe ich stets an dir...: Predigten aus dem Kirchenkampf 1937–1940, hrsg. v. Joachim Hoppe, Gollwitzer-AW 1, München 1988, S. 52–61, hier S. 53.

Wer Gott gegenüber seine Schuld nicht mehr eingestehen kann, der kann sie bald auch den Menschen gegenüber nicht mehr eingestehen. Da beginnt dann der Wahnsinn, der Verfolgungswahn, der den anderen verteufeln muß, um sich selbst zu vergöttern. Wo die Buße aufhört, ist es auch mit der Humanität zu Ende, da muß die Gemeinschaft zerbrechen, während man sie durch die beharrliche Selbstrechtfertigung und Selbstentschuldigung sichern will.[687]

Gollwitzer spricht sich ausdrücklich gegen ethnische Diskriminierung und Unterdrückung jeglicher Art aus: »*'Ihr Otterngezüchte!'* – so wird ein ganzes Volk angeredet. Ein Volk, das nach allem, was wir von ihm wissen, unter keinen Umständen schlechter war als das unsere heute. Ein Volk, das in einem gerechten Selbstbehauptungskampf gegen fremde Unterdrücker stand und sich eifrig befleißigte, die göttlichen Gesetze zu vernehmen und zu befolgen.«[688] Man kann deutlich merken, dass »das unsere heute« auf die Deutschen, die sich am Judenpogrom beteiligten, und auf die, die dazu schwiegen, hindeutet. Dabei lässt sich leicht erkennen, dass die Buße, die Gollwitzer immer wieder betont, auf die Buße für die Pogromnacht hindeutet. Gollwitzers Aufforderung zur Buße in seiner Bußtagspredigt ist im Zusammenhang mit dem Widerstand gegen den Nationalsozialismus zu betrachten.

Er kann darum überzeugend davon sprechen: »Wer meint ein Christ zu sein und doch die Entrüstung über den Bußruf mitmachen zu können, dem muß man doch wenigstens klar sagen, daß er damit den Maßstab Gottes mit dem Maßstab der politischen Propaganda vertauscht hat, den Altar der Gerechtigkeit Gottes gegen den Altar der Gerechtigkeit der eigenen Nation.«[689] Hier ist die politische Propaganda nicht weniger als die rassistische NS-Propaganda. Die folgenden Sätze deuten zudem die Kollektivverantwortung für die Judenverfolgung im Dritten Reich an:

Genug Anzeichen sagen es uns, daß die Fronten sich nicht gegenüberstehen, wie schuldig und unschuldig, wie schwarz und weiß, sondern daß wir mit verhaftet sind in die große Schuld, daß wir mit schamrot werden müssen und mit gemeinsamer Schande behaftet sind. [...] Wir sind auch alle daran beteiligt, der eine durch die Feigheit, der andere durch die Trägheit des Herzens, die auf die Not erst dann aufmerksam wird, wenn sie offen zu sehen ist, durch die verfluchte Vorsicht, die sich durch jeden schiefen Blick und jeden drohenden Nachteil von jedem guten Werk abbringen läßt, durch die törichte Hoffnung, es werde sich schließlich doch alles noch von selbst zum Guten entwickeln, ohne daß man sich dafür mutig einsetzt.[690]

---

[687] Ebd., S. 54.
[688] Ebd., S. 55f.
[689] Ebd., S. 56.
[690] Ebd., S. 57.

In Gollwitzers Bußtagspredigt ist das soziale und politische Engagement von Christen für die verfolgten Juden ein Zeichen dafür, dass Menschen, die sich Christen nennen, wahre Buße tun:

> Gott will Taten sehen. Er verdammt unsere Taten, wo wir meinen, mit ihrer Hilfe dem kommenden Zorn entrinnen zu können. Aber Er will Taten sehen, gute Werke gerade von denen, die mit Christi Hilfe entronnen sind. Sieht Er sie nicht, so könnte es freilich sein, daß Er mit ihnen alles wieder versinken läßt, was Er uns gegeben hat, daß dieser Bußtag sein letztes Angebot gewesen ist. Nun wartet draußen unser Nächster, notleidend, schutzlos, ehrlos, hungernd, gejagt und umgetrieben von der Angst um seine nackte Existenz, er wartet darauf, ob heute die christliche Gemeinde wirklich einen Bußtag begangen hat. Jesus Christus wartet darauf![691]

4.1.2. Die sowjetische Gefangenschaft

Am 5. Dezember 1943 wurde Gollwitzer endgültig zur Wehrmacht nach Potsdam einberufen. Er wurde zunächst als Infanterist und dann als Sanitäter eingesetzt. Im Mai 1945 geriet er in sowjetische Kriegsgefangenschaft. 1949 wurde er aus Kriegsgefangenschaft in Sibirien freigelassen, und am 31. Dezember kam er in Berlin an. Sein 1951 veröffentlichtes Werk *...und führen, wohin du nicht willst* ist ein Bericht über seine Gefangenschaft vom 10. Mai 1945 bis 25. Dezember 1948, die die Darstellungsform eines Tagebuches hat.[692] Darin wird seine kritische Einstellung zum sowjetischen Kommunismus vermittelt:

> Notgedrungen ist es streckenweise ein politisches Buch geworden. Wer über eine in der Sowjetunion zugebrachte Lebenszeit berichtet, kann politische Urteile nicht vermeiden. Er hat nur die Wahl, sie flüchtiger oder ausführlicher zu begründen. Ich habe das Letztere gewählt. Manchem wird es zu negativ, manchem nicht negativ genug sein. Wem der Kommunismus nie ein Problem war, der wird händereibend feststellen, daß er mit seiner Ablehnung immer schon recht gehabt hat. Für ihn haben meine Auseinandersetzungen keinen Wert. Diejenigen aber, die mit diesem aufregenden Phänomen nicht so leicht fertig werden, die mit ihm Hoffnungen verbunden haben, weil ihnen Unrecht und Ausbeutung auf dieser Erde ein Stachel sind, mit dem sie sich nicht abfinden können, die sah ich während meiner russischen Jahre als Fragende vor mir, denen ich einmal würde Auskunft geben müssen über das, was ich dort gefunden habe. Es ist mir leid genug, daß diese Auskunft nicht anders aussehen kann.[693]

Es ist aber im Hinblick auf Gollwitzers kritische Darstellung des Marxismus zu beachten, dass dieser Marxismus meistens für ihn den »dogmatische[n] Marxismus« als »ge-

---

[691] Ebd., S. 60.
[692] Helmut Gollwitzer, ... und führen, wohin du nicht willst. Bericht einer Gefangenschaft [1951], München ³1952, S. 11 u. S. 345.
[693] Ebd., S. 8.

schlossenes politisch-weltanschauliches System« bedeutet.[694] Gollwitzer versteht es als verleumderischen »Unfug«, dass bürgerliche Politiker zum »Kampf gegen den Marxismus« aufrufen, und hierzu wird nun klargestellt: »Wer, wie die Sozialdemokratie, einzelne Momente des Marxschen Denkens übernimmt, ist noch kein Marxist.«[695] So taucht bereits Anfang der 1950er Jahre der Ansatz der späteren hermeneutischen Unterscheidung von dogmatischem Marxismus und methodischem Marxismus auf. Es ist aber zur Begriffsbestimmung des Marxismus viel wichtiger, dass sich die Abscheu gegen totalitäre Systeme durch seinen Gefangenschaftsbericht hindurchzieht. Gollwitzer verwirft vor allem den Stalinismus: »Die Grausamkeit des Stalinismus ist eine blutleere Grausamkeit. Seine Menschenverachtung ist nicht zynisch, sondern utopisch: Verachtung des gegenwärtigen Menschen als eines ›vorgeschichtlichen‹ um des zukünftigen Menschen willen, der erst der wahre Mensch sein wird.«[696] Weiter ist der deutsche Antikommunismus in der sowjetischen kommunistischen Propaganda verwurzelt: »Die kommunistische Propaganda ist selbst daran schuld, daß ihr die Berichte der deutschen Heimkehrer so verderblich geworden sind, daß heute in Deutschland kein Hund mehr ein Stück Brot vom Kommunismus nimmt.«[697] Das Geistesleben in der Sowjetunion wird sehr kritisch dargestellt: »Ein Geistesleben, in dem man vor Überraschungen gänzlich gesichert ist!«[698] Für Gollwitzer gilt es, »die Auseinandersetzung rechtzeitig vorzunehmen, in einer Lage, in der man noch in Freiheit betrachten, prüfen, Argument und Gegenargument vernehmen kann, und für die Ablehnung, wenn sie denn geschehen muß, eine Plattform zu gewinnen, die unerschütterlich ist«[699]. Solche Auseinandersetzung ist im totalitären Gesellschaftssystem unmöglich. Deshalb weist Gollwitzer auch auf die Fehlentwicklung des Sozialismus hin, obwohl er den Unterschied des marxistischen Sozialismus und des sowjetischen Kommunismus verdeutlicht.

Während der Gefangenschaft saß er zwischen zwei Stühlen, d. h. zwischen dem »reaktionären« Flügel und dem »antifaschistischen« Flügel.[700] Angesicht dieser Tatsache ist die folgende Aussprache sehr eindrucksvoll:

---

[694] Ebd., S. 8.
[695] Ebd., S. 8.
[696] Ebd., S. 112f.
[697] Ebd., S. 113.
[698] Ebd., S. 121.
[699] Ebd., S. 127.
[700] Ebd., S. 133.

Ich begann mit einer Schilderung der geistigen Lage beim Zusammenbruch des III. Reiches, faßte, da uns die westdeutschen Verhältnisse so gut wie unbekannt sind, die Lage der Sowjetzone ins Auge, nannte Christen und Marxisten die beiden einzigen Gruppen, die als Gestaltungsfaktoren des geistigen Lebens übrig geblieben seien, nannte ihre Zusammenarbeit die Entscheidungsfrage eines sinnvollen Neuaufbaus und skizzierte ihre Bedingungen: die Zusammenarbeit müsse ehrlich und vertrauensvoll sein und hänge also, bei der Unmöglichkeit einer Synthese und bei der Unmöglichkeit, den anderen Teil aus der Welt zu schaffen, von der strikten Erfüllung zweier Forderungen ab: daß man sich gegenseitig dulde (also Verzicht auf Totalität, auf Terrorisierung der Minderheit) und sich gegenseitig ernst nehme (also sich gegenseitig kenne und bereit sei, voneinander zu lernen und sich gegenseitig zur besseren Erkenntnis des Notwendigen zu dienen).[701]

In diesem seinem Werk geht es nicht um die Überlegenheit des Westens gegenüber dem Osten, sondern um Menschlichkeit: »Vielleicht ist der Unterschied der: der Westen verführt zur Unmenschlichkeit, das System des Ostens zwingt zur Unmenschlichkeit. Die Verführung kann die größere Gefahr sein. Unter dem Zwang kann sich mehr Menschlichkeit halten als unter der Verführung; sie kann mehr korrumpieren als der Zwang.«[702] Gollwitzers Kritik am Kommunismus richtet sich vor allem gegen die Unmenschlichkeit des sowjetischen totalitären Systems. Diese negative Einstellung zum sowjetischen Kommunismus hält sich in seiner ganzen politischen Theologie durch.

Abschnitt 4.1. hat gezeigt, dass sich der Ansatz zu Gollwitzers politischer Theologie im Kirchenkampf findet. Damals verstand Gollwitzer das soziale und politische Engagement von Christen für die verfolgten Juden als ein Zeichen dafür, dass Christen wahre Buße tun. Gollwitzers Bericht über seine sowjetische Gefangenschaft *...und führen, wohin du nicht willst* vermittelt seine kritische Einstellung zum sowjetischen Kommunismus. Der nächste Abschnitt soll zeigen, wie sich die politische Theologie Gollwitzers in seiner Bonner Zeit vor dem Hintergrund dieser doppelten Erfahrung entwickelt hat.

4.2. Die politische Ethik in der Bonner Zeit (1950–1957)

4.2.1. Die Verhältnisbestimmung von Kirche und Marxismus im Ost-West-Konflikt

Von 1950 bis 1957 lehrte Gollwitzer als ordentlicher Professor für Systematische Theologie in Bonn. Schon Anfang der 50er Jahre galt Gollwitzer als »einer der besten

---

[701] Ebd., S. 178.
[702] Ebd., S. 195.

Kenner des Marxismus« unter den deutschen Theologen,[703] weshalb es nicht zu verwundern ist, dass von Anfang seiner Bonner Zeit an die marxistische Gesellschaftskritik in seiner politischen Theologie ein wesentlicher Faktor war. Die marxistische Religionskritik war aber für ihn ein großes Problem. Am 11. Juni 1950 hielt Gollwitzer in Bonn einen Vortrag, der ein Jahr später unter dem Titel *Christentum und Marxismus* in der Zeitschrift *Unterwegs* erschien. In diesem Vortrag fasst er erst den scheinbar unüberbrückbaren Gegensatz zwischen dem Evangelium und dem bestehenden Marxismus ins Auge: »Nicht unser Christentum ist also dem Marxismus gegenüberzustellen, sondern wie er sich zu jenem unveränderlichen Christentum, auf das hin wir unser Christentum täglich reinigen soll, verhalte, das ist die Frage. *Was das Evangelium zum Marxismus sagt und wie die Gemeinde Christi, wenn sie ihren Namen verdient, dem Marxismus gegenübertreten soll, das gilt es zu erkennen.*«[704] In seiner Bonner Zeit war Gollwitzer fest davon überzeugt, dass aufgrund der marxistischen Religionskritik der Marxismus dem Christentum entgegensteht. Der Marxismus trat von vornherein zu dem bestehenden Christentum in »den klarsten und schärfsten Gegensatz« und sah es von seinem Anfang an als die unabdingbare Voraussetzung für die geistige Reife der gesamten Menschheit und die Befreiung des Proletariats, mit der Religion zu brechen.[705] Gollwitzer fordert dennoch die Kirche zu einer offenen Einstellung zum Marxismus auf. Denn die Kirche sei selbst schuld an der kritischen Einstellung des Marxismus zum Christentum. Sie war nicht mit dem »moderne[n] *Proletarier*«, als er unter dem kapitalistischen Gesellschaftssystem und unter den katastrophalen Umständen litt.[706] Dagegen stellten sich Marx und Engels dahin, wo er stand, und sahen von seinem Standpunkt aus die Welt an.[707] Gollwitzer spricht weiter über den Ursprung der Religionsfeindschaft des Marxismus: »Gerade das westliche Bürgertum wird nicht vergessen dürfen, daß *der vielbeschriene marxistische Atheismus bürgerliches und westliches Erbe* ist. [...] Der Marxismus als dialektischer Materialismus ist nichts anderes als die mutig, rücksichtslos und respektlos gezogene Konsequenz aus dem modernen Denken, aus dem Totalitätsanspruch der naturwissenschaftlichen

---

[703] Bemerkung der Redaktion »unterwegs« (5. Jg., Heft 1, 1951) zu Helmut Gollwitzer, Christentum und Marxismus [1950], in: ders., Umkehr und Revolution. Aufsätze zu christlichem Glauben und Marxismus, Bd. 1, hrsg. v. Christian Keller, Gollwitzer-AW 6, München 1988, S. 36–56, hier S. 36.
[704] Gollwitzer, Christentum und Marxismus, S. 37.
[705] Ebd., S. 38.
[706] Ebd., S. 40.
[707] Ebd., S. 41.

Erkenntnishaltung.«[708] Aus diesen Gründen tritt der Marxismus als »*Erbe der Aufklärung*« unversöhnlich dem Christentum gegenüber.[709]

Es gibt ein christliches Nein zum Marxismus. Das bedeutet aber nicht, dass die Kirche jede einzelne These des Marxismus bestreiten muss. Nach Gollwitzer hat die wahre christliche Kirche mit der national-ökonomischen Debatte um die Marxsche Werttheorie und Krisentheorie nichts zu tun.[710] Sie muss dringend anerkennen, dass der Marxismus gesellschaftliche und ökonomische Wahrheiten, z. B. die Wirklichkeit des Klassenkampfes, die destruktive Tendenz der kapitalistischen Gesellschaft und die Klassengebundenheit der Denk- und Urteilskategorien, ausspricht.[711] Vor diesem Hintergrund hebt Gollwitzer jedoch kritisch hervor, dass sich der Marxismus nicht nur an einer »Besserung der Verhältnisse im Bereich dessen, was heute menschenmöglich erscheint«, sondern auch an der »komplette[n] Selbsterlösung der Menschheit« orientiere.[712] Der sog. sowjetische Humanismus verachte zugunsten »des Phantoms einer zukünftigen Menschheit« den gegenwärtigen Menschen, obwohl seine Einstellung auf einer falschen Zukunftserwartung basiere.[713] Die sowjetische Ideologie beinhaltet deshalb immer die Gefahr der Instrumentalisierung des Proletariats und der Heiligung des Mittels durch den Zweck. Dazu kommt die Kritik am sowjetischen Geistesleben: »Es zerbricht hier die Grundlage jeder menschlichen Gemeinschaft, der Respekt vor der fremden Überzeugung, vor dem fremden Gewissen. An seine Stelle tritt von oben die brutale Vergewaltigung und von unten die opportunistische Berechnung. Da geistiges Leben nur in Selbstverantwortung gedeihen kann, entsteht hieraus die fürchterliche Sterilität des sowjetischen Geisteslebens [...].«[714] Nach Gollwitzer reicht der sowjetische Totalitarismus in den Gegensatz von Religion und Kommunismus zurück:

Als *Marx* den Kampf für den proletarischen Menschen zum Programm der Selbsterlösung der Menschheit ausweitete, als er ein politisch-soziales Programm in den Dienst einer Weltanschauung mit einem absoluten Anspruch stellte, war das Verhängnis schon geschehen. Als *Lenin* gegenüber dem Erfurter Programm der SPD erklärt, Religion müsse Privatsache sein nur gegenüber dem Staat, nicht aber gegenüber der Partei, kam das Verhängnis an den Tag. Denn dies bedeutet doch nichts anderes, als daß meine innerste Angelegenheit, meine Beziehung zum Absoluten nicht mehr meine Angelegenheit, sondern von mir in die Hände einer Partei zu legen ist. Damit war der Grund zur konsequentesten Despotie gelegt, und der Weg zum totalen Staat in seiner härtesten

---

[708] Ebd., S. 43.
[709] Ebd., S. 43.
[710] Ebd., S. 46.
[711] Ebd., S. 46f.
[712] Vgl. ebd., S. 47.
[713] Vgl. ebd., S. 50.
[714] Ebd., S. 52. Vgl. auch Gollwitzer, ... und führen, wohin du nicht willst, S. 121.

Form, wie er unter *Stalin* eingeschlagen wurde, der Abbau aller jener demokratischen Kontrollen, denen Lenin noch als dem notwendigen Regulativ in der Diktatur des Proletariats vertraute, ergab sich daraus zwangsläufig.[715]

Trotz der Kritik am Marxismus unterscheidet Gollwitzer zwischen dem Marxismus und dem Faschismus. Der Marxismus trat an, »um das Unrecht zu beseitigen«, und »um endlich einmal durchzusetzen, daß der Stärkere den Schwächeren nicht vergewaltigt, sondern ihm dient«, während der Faschismus mit sozial-darwinistischer Berufung auf das Naturgesetz vom Kampf ums Dasein »das Recht des Stärkeren« proklamierte und antrat, »um Ungleichheit und Unrecht zu verewigen«.[716] Zudem wird ausdrücklich betont, dass die Kirche die Marxisten nicht ausschließen oder aufgeben solle, und dass sie nicht ein leichtsinniges Urteil über den Marxismus fällen dürfe:

Die Kirche spricht ihr Urteil über den Marxismus *nicht aus Angst*. [...] Sie spricht ihr Urteil *nicht aus Feindschaft*. Sie weiß, daß der marxistische Mensch mit seinem theoretischen Atheismus nicht gottloser ist und Gott nicht mehr lästert als der westliche Mensch mit seinem praktischen Atheismus. [...] Sie liebt die Gottlosen. Sie spricht ihr Nein zum Marxismus *um der Marxisten willen*. Sie sieht, daß sie betrogen sind, sie will sie vor dem Verderben, in dem es enden muß, bewahren. Sie spricht dieses Nein nicht als Ja zum Westen. [...] Sie steht nicht in einem der beiden Lager. Sie verkündigt allen das eine Heil. Sie ruft alle zur Buße. Und sie hat die Gewißheit, daß nirgendwo auf Erden sich etwas bessern wird als da, wo Menschen anfangen Buße zu tun: der Osten und der Westen, die Proletarier und die Kapitalisten, die Marxisten – und die Christen.[717]

Trotz seines kritischen Bewusstseins gegenüber der marxistischen Religionskritik in den 50er Jahren thematisierte Gollwitzer immer wieder die Vermittlung zwischen Christentum und Marxismus.

Dabei war die positive Koexistenz des Ostens und Westens das Schlüsselthema seiner Theologie in den 50er Jahren, und zwar wegen der Teilung Deutschlands in Ost und West. Im August 1950 hielt Gollwitzer auf dem Kongress des Christlichen Friedensdienstes in Nürnberg-Stein und in der Evangelischen Akademie in Tutzing einen Vortrag mit dem Titel *Der Christ zwischen Ost und West*. Nach dem Ende des Zweiten Weltkrieges waren die christlichen Kirchen in Europa auf den Westen festgelegt, und im Kalten Krieg spitzte sich der Konflikt zwischen Osten und Westen zunehmend zu. In dieser Lage wollte Gollwitzer die Hoffnung auf die Koexistenz der beiden Systeme verbreiten. Der Christ als der losgekaufte Sklave werde nicht mehr von einer der beiden Weltmächte in Ketten gelegt, weil er mit seinem neuen Herrn, Christus, verbunden

---

[715] Gollwitzer, Christentum und Marxismus, S. 53.
[716] Ebd., S. 54.
[717] Ebd., S. 55f.

sei. Obgleich er von Aktien oder von Taglohn leben mag, sei er frei von der Zwangsläufigkeit, mit der sein materielles Interesse seine Entscheidungen bestimmen möchte.[718] Er sei auch frei vom »*Zwang der Angst*«.[719] Er hänge nur bedingt seiner Partei an und solle auch frei von der Freund-Feind-Kategorie von Carl Schmitt sein:

> Er gehört je schon zu einer der streitenden Parteien, er vertritt ihre Sache und ihr Interesse mit, er bedenkt ihr Recht mit und sucht es zur Geltung zu bringen. Er erfüllt aber die Ansprüche, die seine Partei an ihn stellt, nicht bedingungslos und nicht total. Er gehört ihr nicht mit Leib und Seele. Er hat seine Brüder auch auf der anderen Seite, und das läßt ihn auch die andere Seite immer wieder neu sehen, das Recht auf der anderen Seite immer mitbedenken. Er denkt also nicht unter der Herrschaft der *Freund-Feind-Kategorie*, wie sie Carl *Schmitt* als die Grundkategorie des politischen Kampfes herausanalysiert hat.[720]

Er gibt seiner Partei nicht bedingungslos Recht, weil sie nicht seine Religion ist.[721] Die Christen im Osten und Westen werden nicht ablassen dürfen, sich gegenseitig ernst zu fragen, aber sie werden nur sehr vorsichtig und zurückhaltend sich gegenseitig beurteilen dürfen.[722] Gollwitzer betrachtet aber die Probleme der staatlichen Religionspolitik der DDR sehr kritisch, und darum spricht er davon: »Indem der Osten Recht und Freiheit verloren hat, hat er in Wirklichkeit auch die soziale Gerechtigkeit, um die es ihm einst ging, verloren.«[723] Zum Schluss seines Vortrags weist Gollwitzer auf die Verantwortung, in der die Christen im Westen stehen, hin: »Es gehört zur Verantwortung der Kirche und des Christen, daß wir die irdischen Güter, die Gott uns noch gelassen hat, *schätzen* und andere schätzen lassen. Wie wir die Kinder bitten und danken lehren für das tägliche Brot, so müssen Recht und Freiheit im Staatsleben als Güter, die zu unseres Lebens Nahrung und Notdurft gehören, uns Inhalt der Bitte und des Dankes sein.«[724] Der Christ finde den Weg zur Koexistenz der beiden Systeme, indem er die Problematik und Beschränktheit der beiden Systeme erkenne und durch den Glauben an das Herrsein Christi die Propaganda von Osten und Westen und die politischen Ideologien relativiere.[725]

---

[718] Vgl. Helmut Gollwitzer, Der Christ zwischen Ost und West [1950], in: Umkehr und Revolution. Aufsätze zu christlichem Glauben und Marxismus, Bd. 2, hrsg. v. Christian Keller, Gollwitzer-AW 7, München 1988, S. 125–145, hier S. 127.
[719] Vgl. ebd., S. 127.
[720] Ebd., S. 129.
[721] Ebd., S. 131.
[722] Ebd., S. 133.
[723] Ebd., S. 137.
[724] Ebd., S. 142.
[725] Vgl. ebd., S. 144f.

Im Juni 1951 hielt Gollwitzer bei einer Tagung des Deutsch-Französischen Bruderrates in Bièvres ein Referat über *Kirche und Marxismus in der Krise Europas*. Hier behandelt er angesichts der marxistischen Gesellschaftskritik das Problem des Ost-West-Konflikts.[726] Gollwitzer bringt die Aufgabe der Kirche im damaligen Europa zum Ausdruck:

> Sie verkündigt hier wie überall und zu allen Zeiten Jesus Christus als den wirklichen Herrn über diese Welt, in dessen Herrschaft der Mensch zu seinem Recht kommt. Sie lebt von dieser Verkündigung als von der Umwelt sich abhebende Gemeinschaft der Gemeinde Jesu Christi, und bildet als solche eine reale Begrenzung der irdischen Mächte und den Widerstand gegen die Entmenschlichung. So tritt sie überall da für den Menschen ein, wo er seiner Würde beraubt wird, indem er zum bloßen Mittel für irgendwelche Zwecke gemacht wird.[727]

Von Anfang seiner akademischen Tätigkeit an betonte Gollwitzer im Zusammenhang mit der sozialen Verantwortung der Kirche das Reich Gottes. Hier kommt sein Begriff des Marxismus ins Spiel. Der Marxismus bedeutet für Gollwitzer eine Theorie, die den Menschen sein Schicksal in der Krise der bürgerlichen Gesellschaft verstehen und als Anweisung für die Praxis überwinden lehrt.[728] In der Krise der bürgerlichen Gesellschaft richtet sich der wissenschaftliche Sozialismus von Marx auf die Vergesellschaftung der Produktionsmittel und eine Gesellschaft ohne Privilegien und Klassen. Im Verlauf der sozialistischen Bewegung entstand aber »die leninistische Modifikation«, d. h. die politische Organisation des Proletariats durch eine Partei, die bei Marx etwas Zusätzliches war, wird bei Lenin zu einem bedingenden Faktor der Umwälzung.[729] Darum weist Gollwitzer kritisch darauf hin, dass aus der Revolution als Aktion der Massen »die Revolution als Aktion der ›Avantgarde‹ des Proletariats, der ›führenden Partei‹ = einer Minderheit von Berufsrevolutionären« wurde,[730] und dass der Marxismus schließlich zu einem absolutistischen System »durch die ihm zuteil gewordene Kritik von philosophischer und national-ökonomischer Seite, sowie durch den von Marx nicht vorher gesehenen anderen Verlauf der gesellschaftlichen Entwicklung« wurde.[731] Dieser Marxismus sei »nicht nur ein Produkt des westlichen Denkens, sondern im Besonderen ein Produkt des 19. Jahrhunderts«.[732] Das ist der Grund, weshalb »die aus der technischen Produktion sich ergebenden Entwicklungstendenzen nicht zu

---

[726] Helmut Gollwitzer, Kirche und Marxismus in der Krise Europas [1951], in: ders., Forderungen der Freiheit. Aufsätze und Reden zur politischen Ethik, München 1962, S. 141–155, hier S. 142ff.
[727] Ebd., S. 145.
[728] Ebd., S. 146.
[729] Ebd., S. 147.
[730] Ebd., S. 147.
[731] Ebd., S. 151.
[732] Vgl. ebd., S. 152.

einer Befreiung der Massen, sondern zur Bildung totalitärer Systeme mit unheimlicher Machtkonzentration in der Hand der Führung« führten.[733] Angesichts dieses Paradoxons versucht Gollwitzer, das Problem des Verhältnisses von Kirche und Marxismus zu lösen, indem er den Marxismus nach der ursprünglichen Intention des frühen Marx neu definiert und betont, dass Christus »zum Herrn der Geschichte und zum Herrn und zur Grenze auch des totalitären Apparates« wurde.[734] Damit kommt das politische Engagement der Kirche für die positive Koexistenz des Ostens und Westens zur Sprache:

> Die christliche Gemeinde, in der Christus geglaubt und bekannt wird, ist die Grenze des totalen Staates im Osten und der Schutz des Menschen vor der Vermassung der technischen Produktion im Westen. Durch ihre lebendige Existenz wie durch ihren verantwortlichen Einfluß auf die Gestaltung des öffentlichen Lebens trägt sie bei zur Begrenzung der Staatsmacht, zur Bindung der Staatsmacht an das Recht, zur Gestaltung des Rechts im Dienst der Menschlichkeit, zum Schutz des Menschen gegen Willkür und Ausbeutung, zur Erhaltung des Freiheitsraumes für die Verantwortung des Einzelnen, zur Respektierung der Gewissens- und Glaubensfreiheit, zur Verhinderung der Verwendung des Menschen als Mittel zum Zweck.[735]

Für diese Koexistenz muss die Kirche erstens »unerbittlich auf den konkreten, jetzigen Menschen als diejenige Größe, um die es bei diesem Kampf gehen muß und für den die kämpfenden Parteien verantwortlich sind«, deuten.[736] Zweitens muss sie »entgegen der unbußfertigen Selbstgerechtigkeit der streitenden Parteien nach der nötigen je eigenen Umkehr, ohne die nichts Heilsames geschehen kann«, fragen.[737] Drittens muss sie dafür einstehen, dass »das Ziel des Kampfes der Friede ist, die Versöhnung und das Miteinanderlebenkönnen«.[738]

4.2.2. Die Verhältnisbestimmung von Kirche und Politik im Ost-West-Konflikt

1952 trug Gollwitzer auf dem Deutschen Evangelischen Kirchentag in Stuttgart ein Referat über *Was geht den Christen die Politik an?* vor, mit dem seine politische Theologie allmählich Gestalt annimmt. Er stellt zuerst fest, dass die Kirche im politischen Raum nicht, was alle Welt tut, sondern »etwas ganz anderes« tun soll.[739] Das andere

---

[733] Ebd., S. 152.
[734] Ebd., S. 153.
[735] Ebd., S. 153f.
[736] Ebd., S. 155.
[737] Ebd., S. 155.
[738] Ebd., S. 155.
[739] Helmut Gollwitzer, Was geht den Christen die Politik an? [1952], in: ders., Forderungen der Freiheit, S. 60–70, hier S. 61.

Handeln hat Gottes Wort unabdingbar nötig, das den Christen für das politische Leben »deutliche und praktische Weisung« gibt.[740] Aber sein Wort sei »kein Automat«, in den man einen Groschen hineinwerfe, um sofort ein passendes Rezept zu bekommen, und Gott wolle der Vernunft der Christen auch noch etwas zu tun übrig lassen.[741] Hier sind drei Sachverhalte grundsätzlich zu beachten. Der erste: »In Jesus Christus wird Gott uns sichtbar als ein Gott *des Friedens*, als ein Gott, der mit den Menschen in Frieden verbunden sein und für die Menschen Frieden schaffen will. Damit ruft er uns, Menschen des Friedens zu sein.«[742] In der Welt, die von Kriegsideologien und dem damit verbundenen Hass beherrscht wird, ist es unmöglich, dass die christliche Gemeinde neutral ist. Sie muss vor allem den Krieg als Mittel der Politik ablehnen, dem Ost-West-Hass widerstehen und die Regierungen und Völker zum Frieden rufen.[743] In verschiedenen politischen und religiösen Verhältnissen sollen Christen »Brückenbauer« sein.[744] Der zweite Sachverhalt: »Gott ist ein Gott, der das Recht liebhat, ein *Gott der Gerechtigkeit*. Darum sind Christen *Menschen des Rechts*.«[745] Davon geht das soziale und politische Engagement von Christen für »das Recht Gottes« und »das Recht für die Menschen« aus.[746] Im Anschluss definiert Gollwitzer den Begriff des Rechtsstaates wie folgt:

a) Gott, der Schöpfer und Herr, hat das erste und letzte Recht an jedem Menschen. [...] Ein Staat ist ein Rechtsstaat da und nur da, wo er dieses Gottesrecht am Menschen anerkennt. b) Gott der Herr hat zuerst den Menschen geschaffen und dann erst die Staatsordnung gesetzt. Er hat nicht den Menschen für den Staat, sondern den Staat für den Menschen geschaffen. [...] Der Staat ist also nicht nur nicht die oberste, sondern auch nicht die einzige Ordnung des menschlichen Lebens. Ein Staat ist ein Rechtsstaat nur, solange die Staatsmacht auch diese Grenze respektiert. c) Christi Kreuz verkündigt uns, daß wir alle der Vergebung bedürftige, auf Gnade angewiesene Menschen sind. [...] Rechtsstaat ist nur da, wo die Macht des Staates, die Macht der Mächtigen begrenzt und gebunden ist und die Regierenden sich beugen unter Gottes Gebot, das sie nicht umstoßen können.[747]

Christen tragen Verantwortung dafür, dass die Staatmacht ihre Grenzen und ihre Bindung anerkennt, und sind mitverantwortlich für die Verteidigung des Rechtsstaates, im Notfall auch mit der Waffe.[748] In Bezug auf den Krieg für die Verteidigung des

---

[740] Ebd., S. 62.
[741] Vgl. ebd., S. 62.
[742] Ebd., S. 62.
[743] Ebd., S. 63.
[744] Ebd., S. 64.
[745] Ebd., S. 65.
[746] Ebd., S. 65.
[747] Ebd., S. 65f; vgl. Barth, Rechtfertigung und Recht, S. 15, S. 38f. u. S. 44f. u. ders., Christengemeinde und Bürgergemeinde, S. 50 u. S. 54f.
[748] Gollwitzer, Was geht den Christen die Politik an?, S. 66.

Rechtsstaates neigt Gollwitzer zu Luthers Kriegsethik, zu der auch Barth in Hinblick auf den Verteidigungskrieg prinzipiell neigt.[749] Im konkreten Fall war dies jedoch Anlass zur Kontroverse zwischen Barth und Gollwitzer, da es um die Frage der Wiederbewaffnung Deutschlands ging.[750] Der dritte Sachverhalt: »Gott in Christus ist ein *Gott der Vergebung*. Christen sind darum *Menschen der Vergebung*, und zwar im doppelten Sinne: Menschen, die sich selbst der Vergebung bedürftig wissen, und Menschen, die bereit sind zu vergeben.«[751] Nach Gollwitzer hat Vergebung viel mit der Politik zu tun, z. B. müssen Deutsche die anderen Völker, die unter den Nationalsozialisten litten, besonders Israel, um Vergebung bitten.[752] Nur wenn sie Vergebung suchen, haben sie Hoffnung, dass sich die Greueltaten der Nationalsozialisten nicht wiederholen.[753] Im Vergleich mit den Barmer Thesen kann man die politische Bedeutung der Vergebung als eine Eigenart der politischen Ethik Gollwitzers betrachten, während Friede und Recht der 5. Barmer These entspricht.

Im April 1954 hielt Gollwitzer bei einer evangelischen Vortragsreihe in Straßburg einen Vortrag mit dem Titel *Die Kirche in der zerspaltenen Welt*. Hier fordert er von dem Osten und dem Westen, ihre egozentrische Denkweise und den Kampf ums »Rechthaben« aufzugeben.[754] Denn daraus gingen politische Krankheit und gesellschaftliches Unrecht hervor, die »nur von dem grenzenlosen Erbarmen mit dem leidenden und schuldigen Menschen, das am Kreuze sein Werk tut und uns zur Nachfolge aufruft«, begrenzt würden.[755] Gollwitzer weist auf die Schuld und das Versagen der Kirche hin, dass es ihr nicht gelang, die Zerspaltung zwischen dem Osten und Westen zu verhindern und die nationalen, sozialen und ideologischen Gegensätze zu entschärfen.[756]

---

[749] Siehe Barth, Ethik I, S. 269 u. ders., Rechtfertigung und Recht, S. 43.

[750] Gottfried Orth, Helmut Gollwitzer. Zur Solidarität befreit, Mainz 1995, S. 71f: »Von einer anfänglichen Bejahung der Wiederaufrüstung 1950 reicht sein politischer und theologischer Lernprozeß bis zu deren konsequenter Ablehnung 1954. Zurückgekommen aus sowjetischer Kriegsgefangenschaft, hatte Gollwitzer ›natürlich die Schnauze voll vom Sowjetkommunismus‹ und ›daß man sie (die Russen, v. m) abschrecken muß, war mir durchaus einleuchtend‹. So bejahte er in den Jahren 1950 und 1951 die Rüstung des Westens: […]. Damit stellte sich Gollwitzer gegen die Position von Freunden und Weggefährten wie beispielsweise Gustav Heinemann, Martin Niemöller oder die kirchlichen Bruderschaften, aber auch gegen seinen Lehrer Karl Barth.«

[751] Gollwitzer, Was geht den Christen die Politik an?, S. 67.

[752] Ebd., S. 67f.

[753] Ebd., S. 68.

[754] Helmut Gollwitzer, Die Kirche in der zerspaltenen Welt [1954], in: Gollwitzer-AW 7, S. 146–161, hier S. 152f.

[755] Vgl. ebd., S. 153.

[756] Ebd., S. 153f.

Sie solle immer im Glauben ihr Handeln und ihre Entscheidung in der Welt reflektieren, um dieselben alten Fehler nicht wieder zu begehen: »Indem wir hier Buße tun, umdenken, die Welt vom Kreuze her sehen, treten wir aus dem Mitmachen dieses Tanzes um das Goldene Kalb der eigenen Gerechtigkeit aus, die Gegensätze und Unterschiede verlieren ihren absoluten Charakter, sofern sich in ihnen nicht mehr die Selbstrechtfertigung vollzieht.«[757] Diese Gegensätze und Unterschiede würden durch den echten Gegensatz überwunden. »Der *echte* Gegensatz entsteht dadurch, daß in Erkenntnis des gemeinsamen Angewiesenseins auf Vergebung und des gemeinsamen An-die-Brustgenommen-Seins durch den Gekreuzigten die Scheidung der Menschen in Reine und Gemeine, die Ausgrenzung einer Gruppe von Menschen nicht *mehr* mitgemacht werden kann«.[758] An die Stelle des unversöhnlichen Aufreißens der Gegensätze trete »die Botschaft der Versöhnung«, und es entstehe »die neue Unversöhnlichkeit« als ein neuer Gegensatz, d. h. »die Unversöhnlichkeit zwischen der Praxis der Liebe und der Praxis des Hasses, zwischen der Ausgrenzung und der Hereinnahme«.[759] Das Evangelium, von dem der echte Gegensatz ausgeht, müsse sich im politischen Bereich abspielen und wirksam werden. »Je mehr die moderne Welt dem Einfluß der christlichen Botschaft entglitt, desto mehr wird die Todesstrafe zur gnadenlosen Ausmerzung, zur absoluten Bestreitung des Existenzrechtes, wie sie am schauerlichsten in der Behandlung der Juden als vernichtenswertes Ungeziefer durch den Nationalsozialismus und in den Stalinschen Säuberungsaktionen zutage trat.«[760] Trotz der verschiedenen historischen Faktoren, die zur zerspaltenen Welt führten, betont Gollwitzer die Mitschuld der Kirche, während er die Politisierung der Kirche und ihre Instrumentalisierung im totalitären Staat ablehnt. Damit kommt das politische Engagement von Christen zur Sprache. Dieses wird nicht auf eine Partei, eine Klasse und eine Nation beschränkt bleiben:

Wir schulden unserer Nation und unserer Klasse und unserer Partei keine Vertretung ihrer Interessen, weder die erste noch die letzte Treue, wir stehen *über* den Grenzen der Kollektive, wir dürfen einander in der Bruderschaft der Kirche zumuten, aber auch füreinander hoffen, auch voneinander glauben, daß wir frei und überlegen die Probleme zwischen den Nationen sehen und durchdenken können, und sollen einander stets neu zu dieser Möglichkeit rufen, also einander zuerst als Glieder des einen neuen Gottesvolkes und dann erst Glieder unserer alten Völker ansprechen. Dazu erzieht uns heute die ökumenische Bewegung.[761]

---

[757] Ebd., S. 154.
[758] Ebd., S. 154.
[759] Vgl. ebd., S. 154f.
[760] Ebd., S. 155f.
[761] Ebd., S. 160; vgl. Gollwitzer, Die Kirche in der zerspaltenen Welt, in: ders., Forderungen der Freiheit, S. 155 –167, hier S. 166f. Wo ein Unterschied zwischen den Textfassungen von 1962 und 1988 besteht, folgt die vorliegende Arbeit der Textfassung von 1988.

Die Einfügung des Christen in das Leben seines Volkes geschehe von seinem Herrn her, und darin werde der Christ seinem Herrn gehorchen. Gollwitzer stellt darum klar: »Dieser Gehorsam wird aber auch immer die Gestalt der verantwortlichen Besorgung der Interessen seines Volkes haben.«[762] Wenn im engen irdischen Raum die konkurrierenden Interessen der Völker aufeinanderprallen, könne der Christ das Kämpfen seines Volkes nur unter bestimmten Bedingungen mitvollziehen:

> Solange er von seinem Herausgelöstsein und von seinem Eingefügtsein in den Leib Christi herkommt, solange er sich als Bote des Gekreuzigten erkennt, der die ganze Welt in seine Brust genommen hat, solange er nicht allein, nicht nur mit seinem irdischen Volk von der Liebe des Gekreuzigten umfaßt sein will, sondern schlechthin nur zusammen mit den anderen, mit den anderen Völkern, mit den Andersdenkenden und Andersgläubigen, mit den Gottlosen und Selbstgerechten, mit den Kommunisten und Faschisten, mit den Manichäern und Pharisäern, solange ist dafür gesorgt, daß er auch in dieser Anwaltschaft, auch im Parteiergreifen inmitten der harten Gegensätze der Welt Bote des Friedens sein wird und Luft des Friedens um sich verbreitet.[763]

Solche bestimmten Bedingungen machen wohl den Unterschied zwischen der politischen Verantwortung der Kirche und ihrer Politisierung aus.

In *Die christliche Gemeinde in der politischen Welt* (1955) beschäftigt sich Gollwitzer mit der »Frage nach der politischen Verantwortung der christlichen Gemeinde und des einzelnen Christen«.[764] Er stellt zunächst fest: »Immer wenn das Verhältnis von Gemeinde und Umwelt sich durch historische Umwälzungen stark veränderte, und immer, wenn das Verständnis der zentralen Aussagen des christlichen Glaubens sich änderte, wird auch die Antwort auf die Frage nach der politischen Verantwortung der Kirche mindestens in ihrer bisherigen Gestalt, vielleicht aber auch wesenhaft verändert.«[765] Anschließend wird auch auf die Probleme der Konstantinischen Wende, der Zwei-Schwerter-Theorie im Mittelalter und der lutherischen Zwei-Reiche-Lehre hingewiesen. In Bezug auf Luthers Theologie ist Gollwitzer davon überzeugt, dass Luthers Denken den heutigen Christen als Hilfe dienen kann. Während er die Fehlentwicklung der Zwei-Reiche-Lehre kritisiert, fasst er darum die immanente Verbindung der beiden Reiche mehr als ihre formale Unterscheidung ins Auge.[766] Er formuliert die lutherische Zwei-Reiche-Lehre neu, um ihre politischen Komponenten zu explizieren,[767] ob-

---

[762] Gollwitzer, Die Kirche in der zerspaltenen Welt, S. 161.
[763] Ebd., S. 161; vgl. Gollwitzer, Die Kirche in der zerspaltenen Welt, in: Forderungen der Freiheit, S. 167.
[764] Helmut Gollwitzer, Die christliche Gemeinde in der politischen Welt [1955], in: ders., Forderungen der Freiheit, S. 3–60, hier S. 3
[765] Ebd., S. 3f.
[766] Ebd., S. 8.
[767] Nach Gollwitzer wünschte Luther die beiden Reiche streng voneinander geschieden zu sehen. Sie träfen

wohl er Barths Kritik am Nebeneinanderstehen in der Zwei-Reiche-Lehre und ihrem dualistischen Charakter zustimmt,[768] und er auf der Grundlage der Barthschen Lehre von der Königsherrschaft Christi auf das Thema des politischen Engagements von Christen eingeht.[769]

Für den Christen als Politiker könne die Bergpredigt als Maßstab für sein politisches Handeln gelten.[770] Er dient Gott auf allen Gebieten in der Menschenwelt, und »sein Gehorsam verwirklicht sich mit den Mitteln dieser Welt«.[771] Aber sein politisches Handeln dürfe nicht auf Prinzipien reduziert werden.[772] Ein Beispiel findet man in der Auseinandersetzung mit den christlichen Pazifisten um die Kriegsbeteiligung. Gollwitzer ist mit der prinzipiellen Ablehnung von Krieg im christlich-pazifistischen Sinne nicht einverstanden.[773] Weiter ruft er Christen zur »Abwehr des prinzipienhaften Denkens« auf.[774] Die Kirche dürfe »nun freilich auch nach rechts und links Gottes Vergebung« zusprechen und zugleich zu »mutigem politischen Handeln« aufrufen.[775] Sie müsse auch vor allem »Richtlinien für dieses Handeln« vorlegen können.[776] Aber diese Aufgabe gelte nicht nur für Kirchenleitungen, Bischöfe oder Synoden: »Es ist eine irrige Meinung, daß Kirchenleitungen, Bischöfe oder Synoden in besonderer Weise dazu ermächtigt, befähigt und inspiriert wären, und deshalb darauf zu warten, ob und wann durch ihren Mund ›die‹ Kirche spreche, und die Äußerungen anderer Christen als Privat- und Einzelmeinungen davon zu distanzieren.«[777] Gollwitzer spricht über die politische Weisung der christlichen Kirche wie folgt:

---

aber »in *Gott*« und »in der Existenz des *Christen*« zusammen (vgl. ebd., S. 10). Die Zwei-Reiche-Lehre stehe nicht in der Bibel selbst, sondern sei »menschlich-brüderliche Hilfe zum Verstehen der Bibel« (vgl. ebd., S. 18).

[768] Ebd., S. 23f.
[769] Ebd., S. 31.
[770] Vgl. ebd., S. 39f: »Der Christ als Politiker [...] hat also bei seinem Handeln im weltlichen Amt, z. B. die Bergpredigt keineswegs zu vergessen, von keiner ›Suspension der Bergpredigt‹ zu fabeln, sondern hat höchstens Anlaß, sie gerade jetzt intensiv zu hören und sich zu fragen, wie weit seine Entschlüsse und Maßnahmen wohl geeignet sind, Zeugnis für die Wirklichkeit des im Reich Gottes geoffenbarten Daseins Gottes für uns zu sein.«
[771] Ebd., S. 42.
[772] Vgl. ebd., S. 43f.
[773] Ebd., S. 48; vgl. Gollwitzer, Was geht den Christen die Politik an?, S. 66.
[774] Gollwitzer, Die christliche Gemeinde in der politischen Welt, S. 52.
[775] Vgl. ebd., S. 55.
[776] Vgl. ebd., S. 55.
[777] Ebd., S. 57.

Das Fragen nach der Weisung, die hier und jetzt aus dem Gebote folgt, wird also ein gegenseitiges Sich-Befragen, ein Mit-einander-Fragen, ein gemeinsames Fragen sein müssen, das auf ein gemeinsames Zeugnis hindrängt. Denn die christliche Gemeinde soll nicht nur in ihren einzelnen Gliedern mit ihren unterschiedlichen und oft genug weit auseinandergehenden Ermessens- und Tagesentscheidungen, sondern auch in ihrem gemeinsamen Dasein als Gemeinde Zeuge des Evangeliums in der Welt und an die Welt sein. Weil dieses Zeugnis ein irdisches Ereignis ist, soll und muß es ein politischer Faktor sein, muß also auf die Welt verändernd wirken, nicht die Welt ins Reich Gottes verwandeln, wohl aber im Glauben an Gottes Reich je und je einen verändernden Einfluß auf die Umwelt der Gemeinde, auf die Bürgergemeinde ausüben.[778]

Zum Schluss seiner Schrift ruft Gollwitzer die Christen auf, ihren »Pionierdienst« zu leisten und zum Vorstoß zu kommen, »nicht zum Vorstoß auf Machtpositionen, sondern zum Vorstoß auf Wirkung«.[779] So gehören der christliche Glaube und das politische Engagement der Kirche in Gollwitzers Gedanken immer zusammen.

4.2.3. Die politische Haltung der Kirche im Atomzeitalter

Gollwitzer hatte in den Jahren 1950 und 1951 die Rüstung des Westens bejaht, und es war daher zur Auseinandersetzung mit Barth gekommen.[780] Seit 1954 engagierte sich Gollwitzer jedoch zunehmend gegen die deutsche Wiederbewaffnung, vor allem gegen die Atombewaffnung der Bundeswehr.[781] Zum offenen Protest kam es im Jahr 1957, als die EKD-Synode die Verurteilung der Atombewaffnung ablehnte. Die Erklärung dieser Synode blieb weit hinter dem zurück, was wenige Wochen später 18 deutsche Atomphysiker im Göttinger Appell erklärten.[782] Mit seinem Vortrag *Die Christen und die Atomwaffen* reagierte Gollwitzer auf den Appell und löste eine nachhaltige ethische Debatte in der EKD aus. In dem Vortrag geht es um die Gründe, warum das politische Engagement von Christen gegen die Atombewaffnung gefordert sei.[783]

---

[778] Ebd., S. 57f.
[779] Ebd., S. 60.
[780] Orth, Helmut Gollwitzer, S. 72.
[781] Ebd., S. 73f. u. 76f.
[782] Ludwig, Der Querdenker, S. 80.
[783] Gollwitzers negative Einstellung zu ABC-Waffen findet sich schon in seiner Schrift *Gewissen und Staat in der Frage der Kriegsdienstverweigerung* (1955). Siehe Helmut Gollwitzer, Gewissen und Staat in der Frage der Kriegsdienstverweigerung, in: ders., Forderungen der Freiheit, S. 277–282, bes. S. 280: »a) Respektierung der prinzipiellen Verweigerer, ob mit oder ohne religiöser Begründung. Darunter sind nicht nur die Vertreter absoluter Gewaltlosigkeit zu verstehen, sondern auch diejenigen, die zwar die Aufstellung von Polizei, nicht aber von Militär, – oder die zwar die Aufstellung von Militär, nicht aber die Herstellung der modernen Vernichtungsmittel (A-B-C-›Waffen‹) zur Pflicht eines Staates rechnen.«

Gollwitzers Vortrag kreist um die Frage, ob ein Mensch die Beteiligung an der Herstellung und Anwendung dieser modernen Waffen vor Gottes Gebot verantworten könne, und diese Frage führt unmittelbar zur Frage, ob er in seligem Stand sein könne.[784] So geht es bei Atomwaffen nicht nur um Politik, sondern auch um Gottes Gebot. Gollwitzer bewertet die politische Haltung der deutschen Kirchenleitungen gegenüber der atomaren Rüstung sehr kritisch und führt zwei Faktoren ihrer Zurückhaltung an. Der politische Faktor liegt darin, dass »die Atomrüstung dem Westen zuerst die militärische Überlegenheit über den Osten, dann wenigstens das Gleichgewicht mit ihm zu sichern versprach«.[785] Angesichts des Göttinger Appells stehe die Kirche unausweichlich vor der Alternative: »entweder sie sagt diesen Physikern das gleiche, was sie bisher dem kriegsdienstverweigernden Soldaten und Waffenschmied glaubte sagen zu müssen: er handle mit seiner Weigerung, die Obrigkeit für ihren Auftrag mit den nötigen Mitteln auszurüsten, gegen Gottes Gebot –, oder sie unterläßt das, dann aber hoffentlich nicht aus opportunistischer Angst vor der Unpopularität dieser Mahnung, sondern aus Erkenntnis, die sie zwingt, etwas ganz anderes zu sagen«.[786] Die Konstruktion der Massenvernichtungsmittel wäre unmöglich gewesen, ohne dass Vollmacht der Staatsführung an die Stelle Gottes trat.[787] Deshalb weist Gollwitzer auf die Schuld der Kirche hin. Sie stellte sich nicht genügend die Frage, ob einer, der bei einem Atomkrieg mitmacht, im seligen Stand sein könne.[788]

Um zu begründen, dass die Massenvernichtungsmittel unter christlich-ethischen Gesichtspunkten nicht gerechtfertigt werden können, greift Gollwitzer in Anknüpfung an Luthers Schrift *Ob Kriegsleute auch in seligem Stande sein können* (1526) die christliche Kriegsethik auf.[789] Gollwitzer führt in die scholastische Theorie des gerechten Krieges ein, die Luther übernahm,[790] und beurteilt die Analogisierung des Krieges mit

---

[784] Vgl. Helmut Gollwitzer, Die Christen und die Atomwaffen (ThEx NF 61), München 1957, S. 4.
[785] Ebd., S. 5.
[786] Vgl. ebd., S. 8.
[787] Ebd., S. 10.
[788] Ebd., S. 11f.
[789] Ebd., S. 12; zu Barths Verständnis von Luthers Kriegsethik vgl. Barth, Ethik I, S. 259f.
[790] Gollwitzer, Die Christen und die Atomwaffen, S. 13: »Luther (ebenso Calvin) übernimmt dabei die überlieferte Unterscheidung von gerechten und ungerechten Kriegen, ohne ihr eingehenderes Nachdenken zu widmen; es genügt ihm die Beschränkung auf den ›Notkrieg‹, zu dem der Fürst dann verpflichtet ist, wenn ›er sieht, daß man seine Untertanen angreift oder findet das Messer gezückt mit der Tat‹, wobei Luther nicht versäumt anzumerken, daß die gerechte Ursache nicht eine Garantie für den Erfolg ist, der auch in diesem Fall der göttlichen Gnade anheimgestellt werden muß. Die von der Scholastik ausgebildete Theorie des gerechten Krieges war damit übernommen. Sie gab für ihn im wesentlichen die vier Bedingungen: reines Friedensziel ohne Haß und Ehrgeiz, causa iusta, Kriegserklärung durch die legitime Autorität und Unterlassen

den Aktionen der Polizei als die Schwäche der scholastischen Theorie des gerechten Krieges.[791] Die Gründe für das Problem der Analogie von Krieg und Polizei sind folgendermaßen:

1. Kein Krieg geht darin auf, Untertanen vor rechtsbrecherischen Angriffen zu schützen, wie Luther unterstellte, sondern ist ein Mittel in der Auseinandersetzung der Staaten um die Erzwingung einer ihnen genehmen Ordnung des Völkerlebens, um Vorrangstellung und Einflußsphären. [...] 2. Ein anderer Haken bei jener Analogie von Krieg und Polizei besteht darin, daß damit der Kriegsgegner [...] unter die Kategorie des Verbrechers fällt. Das ist aus zwei Gründen fragwürdig: a) Bei einer Analogie der Polizei ist die Rollenverteilung jedem Beteiligten, auch dem Verbrecher, klar: Gesetzgeber, Richter und Polizist sind alle Sachwalter eines Rechtes, das über ihnen steht, das sie zugleich mit dem ausdrücklichen Auftrag auch bindet und das vom Verbrecher selbst – mindestens in seiner allgemeinen Geltung – auch anerkannt wird. [...] b) Der gegnerische Soldat – meist auch die gegnerische Regierung – befindet sich gewöhnlich, im Unterschied zum Verbrecher, im Zustande der bona fides. Ihn deshalb, weil er gegebenenfalls für eine causa iniusta kämpft, als Verbrecher zu behandeln, würde eine Barbarisierung des Krieges bewirken, aus der das christliche Denken gerade herausführen wollte, und zum Kriegsziel an Stelle der pax die Bestrafung machen, damit aber statt zur Beendigung der Feindschaft zur Verlängerung über das Ende der Kampfhandlungen hinaus führen.[792]

Gollwitzer hält daran fest, dass ein mit unrechten Mitteln geführter Krieg nicht ein gerechter sein kann.[793] Diese unrechten Mittel sind die heutigen Massenvernichtungsmittel. Gollwitzer führt zuerst den Artikel 22 der Haager Landkriegsordnung an, der den Grundsatz der modernen Kriegsführung festlegt,[794] und er betont, dass die ABC-Waffen die Grenzen der Haager Landkriegsordnung überschreiten. In der Anwendung der alten Waffen war eine Unterscheidung von Kämpfern und Nichtkämpfern möglich, und ihre Produktion erforderte noch nicht die gesamte Kraft des Staates. Daher musste noch nicht ein totaler Krieg geführt werden.[795] Sie fügten sich noch in die Zweckbestimmung des gerechten Krieges ein.[796] Die neuen Gewaltmittel erlauben aber in ihrer Beschaffenheit keine Unterscheidung von Kämpfern und Nichtkämpfern. Sie sind gerade dazu bestimmt, eine möglichst große Anzahl des gegnerischen Volkes zu töten und erlauben als Kriegsziel nur die Vernichtung des Gegners.[797] Ihre Eigenschaften machen die herkömmliche Kriegsethik unwirksam, und die christliche Kriegsethik, die

---

der Lüge. Der gerechte Krieg mußte also immer den Charakter der Verteidigung des Rechts haben, auch wenn er notfalls mit einer präventiven Aktion begann.«

[791] Ebd., S. 14.
[792] Ebd., S. 14ff.
[793] Ebd., S. 18.
[794] Ebd., S. 19. Der Artikel 22 der Haager Landkriegsordnung lautet: »Die Kriegführenden haben kein unbeschränktes Recht in der Wahl der Mittel zur Schädigung des Feindes.«
[795] Ebd., S. 21.
[796] Ebd., S. 21.
[797] Ebd., S. 22.

die Anwendung der beschränkten Kriegsmittel kennzeichnet, verliert hierbei ihren Sinn.[798] Deshalb fordert Gollwitzer von den Christen, dass sie als Leib Christi weder an der Atombewaffnung noch an der Herstellung der Atomwaffen teilnehmen.[799] Die Atomwaffen verewigten die von ihnen ausgehende Vernichtung »auf unabsehbare Zeit hinaus« und machten auch dadurch Frieden unmöglich.[800] Dadurch gebe es keine Möglichkeit eines Verteidigungskrieges. Der Atomkrieg bedeute zudem »das Ende der Demokratie und der Freiheit«.[801] Denn nach dem Atomkrieg werde die Entscheidung über Einstellung der Kampfhandlungen in die Kompetenz der Militärs als der alleinigen Machthaber übergehen. Zudem werde der Atomkrieg nicht nur zur Vernichtung des Gegners, sondern gleichzeitig zur Selbstvernichtung führen.[802] Doch diese Gefahren würden aus Angst vor dem Kommunismus bewusst übersehen. Es ist für Gollwitzer nur eine scheinheilige Ausrede, dass man die atomare Bedrohung durch den sowjetischen Kommunismus als Grund für den Bau von Atomwaffen anführt.

Obwohl Politik »verantwortlicher Dienst für die anvertrauten Menschen« sei, müsse vor allem nach »Gottes Gebot für das politische Handeln« gefragt werden, »das auch den Umkreis der möglichen Realisierungsmittel begrenzt«, weil »der Zweck zwar bestimmte Mittel, aber nicht alle Mittel heiligt«.[803] Die Atomwaffen überschritten die christlich-ethischen Grenzen zwischen den möglichen und den ausgeschlossenen Mitteln. Daraus ergebe sich die christliche Forderung nach der Abschaffung der Atomwaffen. Indem er Luthers Unterscheidung von Amt und Person erörtert, betont Gollwitzer, dass die Anwendung der politischen Mittel auf das notwendige Maß beschränkt werden müsse: »Diese Unterscheidung besagt also, daß dem Menschen im Amte vieles – nie aber sollte sie besagen, daß ihm im Amte alles erlaubt sei und daß die Absicht, den anvertrauten Mitmenschen zu schützen, schlechthin jedes Mittel gegen andere Mitmenschen rechtfertige.«[804] Aus Gollwitzers Sicht ist es nichts anderes als Handeln

---

[798] Ebd., S. 24: »Für die christliche Kriegsethik war weiter konstitutiv, daß Ziel der Krieges der Friede des Rechtes mit dem Gegner ist, der durch Gewaltanwendung gezwungen wird, von seinem unrechten Zielen abzustehen und sich zu neuer friedlicher Koexistenz bereitzufinden [...]. Auch die neuzeitliche Theorie des iustus hostis gestand dem Gegner das Lebensrecht, das Recht auf souveräne staatliche Existenz zu; dem entsprach auch der Verlauf der Kriege, die mit ihren vorausgehenden Warnungen, ihrer feierlichen Kriegserklärung und ihrem Wechsel von Schlachten und Pausen nie die Diplomatie ganz ausschalteten und Gelegenheit zur Besinnung, zu Verhandlungen und zu vermittelnder Einschaltung von Neutralen gaben.«
[799] Ebd., S. 24f.
[800] Ebd., S. 25.
[801] Vgl. ebd., S. 26.
[802] Vgl. ebd., S. 27.
[803] Vgl. ebd., S. 32.
[804] Ebd., S. 33

gegen Gottes Gebot, wenn Christen an die Stelle der Furcht vor Gott die Angst vor der entfesselten Atomkraft setzen.[805] Nur eine innerlich freie Kirche könne gegen das Handeln sprechen, in dem die westliche Welt wie die östliche ihr Heil sucht.[806] Eine gesetzlose Evangeliumspredigt, die auf dem lutherischen Gegensatz von Gesetz und Evangelium beruht, enthalte nichts als »billige Gnade«.[807] Gollwitzer widerspricht der Behauptung der »friedenerhaltende[n] Funktion« der Atomwaffen.[808] Die Atomwaffen seien »tauglich zur Friedenssicherung durch den Druck der Angst, der von ihnen nach allen Seiten hin ausgeht«, aber sie seien »untauglich im Ernstfall für denjenigen, der Waffen im Dienste des Rechtes braucht«.[809] Die Grenze zwischen den möglichen und den ausgeschlossen Mitteln sei für Christen nicht nur eine Frage der Politik, sondern auch eine Frage des Gebotes Gottes und so eine Frage des Gehorsams gegenüber Gottes Wort. In dieser Hinsicht verurteilt Gollwitzer die zurückhaltende Haltung der Kirche gegenüber der atomaren Rüstung und beurteilt einen Atomstreik der Christen positiv.[810]

Dazu sei es nötig, »den gutwilligen Politiker, der nun in der schweren politischen Arbeit mit dem Ziel der allgemeinen Abrüstung und der Einrichtung und Stärkung von internationalen Kontrollinstanzen steht, in dieser Arbeit zu bestärken und den zynischen Politiker unter den Druck der öffentlichen Meinung zu setzen«, indem man rücksichtslos den wahren Charakter der Atomwaffen klarstelle.[811] Als Politiker müssten Christen auch erkennen, dass »der kurzfristige Nachteil einer Erschwerung der politischen Problematik in Kauf genommen werden muß, wenn es um die Treue der Kirche gegenüber ihrem Auftrag und ihrem Herrn geht, an der auch für die Völkergeschichte mehr liegt als an den ephemeren wechselnden Vorsprüngen im west-östlichen Wettrüsten«.[812] Gollwitzer hält das Eintreten der Christen für Frieden, Menschenrecht und irdische Freiheit für Dienst gegenüber Gott. Darunter hebe sich insbesondere der Friedensauftrag der Christen hervor:

---

[805] Ebd., S. 34.
[806] Vgl. ebd., S. 35.
[807] Vgl. ebd., S. 35; zu Bonhoeffers Verständnis von »billiger Gnade« vgl. Dietrich Bonhoeffer, Nachfolge, hrsg. v. Martin Kuske u. Ilse Tödt, Dietrich Bonhoeffer-Werke, 4. Bd. [= DBW 4], München 1989, S. 29–43, bes. S. 29f. u. S. 36f.
[808] Gollwitzer, Die Christen und die Atomwaffen, S. 36f.
[809] Vgl. ebd., S. 37.
[810] Ebd., S. 39.
[811] Vgl. ebd., S. 40.
[812] Vgl. ebd., S. 43f.

Was den Christen gilt, gilt allen Menschen. Es gilt aber den Christen mit besonderer Kraft, mit besonderem Grunde. Sie sind von dem »Gott des Friedens« (1. Thess. 5,23) mit dem »Evangelium des Friedens« (Eph. 6,15) in die Welt als pacifici (Matth. 5,9), als Friedensstifter gesandt. Vom göttlichen Recht her, dem sie ihr Leben verdanken, treten sie ein für irdisches Recht, ohne das irdisches Leben nicht sein kann; von der herrlichen Freiheit der Kinder Gottes her treten sie ein für irdische Freiheit, ohne die der Mensch nicht menschlich leben kann; vom Reich Gottes her, das Frieden und Freude ist (Röm. 14,17), trachten sie danach, mit allen Menschen Frieden zu haben (Röm. 12,18) und treten ein für irdischen Frieden zwischen den Menschen und den Völkern, für seine Erhaltung und Sicherung.[813]

Ihr Friedensauftrag sei »die Einheit, die Klammer zwischen ihrer himmlischen und ihrer irdischen, ihrer christlichen und ihrer politischen Existenz, die die Schizophrenie und die Weltflucht verhindert«.[814] Die Anwendung der ABC-Waffen sei kein Mittel des Friedens und des Rechtes, und der labile Friedenszustand müsse so rasch wie möglich durch einen stabileren ersetzt werden. Hierfür sei gefordert, dass sich die Christen aktiver als bisher politisch engagieren und sich bemühen, ihren Friedensauftrag zu erfüllen.[815] Gollwitzer fährt fort: »Über den Atheismus der Methode in Wissenschaft und Politik geriet man in die Gewalt des praktischen Atheismus, wie er sich in der Verwendung der ABC-Waffen heute als Mittel der Politik und morgen als Mittel der Kriegsführung so schrecklich demaskiert«.[816]

Zum Schluss seiner Abhandlung kommt Gollwitzer auf die Frage des gerechten Krieges zurück und betont wieder, dass der Atomkrieg und die atomare Rüstung nicht gerechtfertigt werden dürfen. Anschließend wirft er den Christen »mangelnde Staatsgesinnung, abstrakten Rigorismus und Weltfremdheit« vor.[817] Aus seiner Sicht ist die Behauptung, dass die atomare Bewaffnung unaufhaltsam sei, nichts anderes als »eine atheistische und defaitistische Kategorie«, weil »Unaufhaltsamkeit […] immer noch eine Kategorie der Geschichtsphilosophie und nicht der Ethik« sei.[818] Für Gollwitzer geht es letztlich beim politischen Engagement von Christen gegen die atomare Rüstung nicht um politische Gesinnung, sondern um den Glauben an Gott als »Herrn der Geschichte«.[819]

---

[813] Ebd., S. 44.
[814] Ebd., S. 44.
[815] Vgl. ebd., S. 46.
[816] Ebd., S. 47f.
[817] Ebd., S. 50.
[818] Vgl. ebd., S. 50.
[819] Ebd., S. 50.

Abschnitt 4.2. hat gezeigt, dass Gollwitzer in seiner Bonner Zeit der marxistischen Religionskritik kritisch gegenüberstand. Dennoch wollte er die Hoffnung auf die Koexistenz von Osten und Westen verbreiten, indem er auf die Problematik und Beschränktheit der beiden Systeme hinwies. Im nächsten Abschnitt soll gezeigt werden, wie sich diese Position Gollwitzers in seiner Berliner Frühzeit in der Frontstadt des Kalten Krieges auswirkte und weiterentwickelte.

4.3. Die politische Theologie in der Berliner Frühzeit (1957–1968)

4.3.1. Christen, Deutsche und die Gründung des Staates Israel

Von 1957 bis 1975 lehrte Gollwitzer an der Freien Universität Berlin im neu gegründeten Institut für Evangelische Theologie. Im Frühjahr 1958 besuchte Gollwitzer gemeinsam mit seiner Frau Brigitte und deren Eltern Israel. Für ihn löste die Reise eine grundlegende theologische Einsicht aus.[820] In seiner Schrift *Israel – und wir* (1958) greift er den Sinn der Gründung des Staates Israel auf. Er arbeitet zunächst heraus, dass »die Existenz des Staates Israel uns alle angeht« und »sie uns tiefer angeht als die Existenz irgendeines anderen auswärtigen Staates«,[821] und dann begründet er in einigen Perspektiven seine Äußerung. In soziologischer Perspektive müssen Deutsche die Tatsache erkennen, dass »wir in Israel das große Exempel eines nicht-restaurativen Gesellschaftsaufbaus vor uns haben«.[822] Es beeindruckt Gollwitzer, wie schnell sich der Staat Israel stabilisiert.[823] Der »Kampf des Menschen gegen die Wüste« ist für ihn besonders eindrucksvoll, obwohl er sich vieler Probleme Israels bewusst ist.[824] Gollwitzer sieht die Gründung und Entwicklung des Staates Israel als Verwirklichung des humanistischen Zionismus von Martin Buber,[825] und er schätzt die neue israelische Gesellschaft als ein alternatives Gesellschaftsmodell gegen die kapitalistische Gesellschaft hoch:

---

[820] Ludwig, Der Querdenker, S. 82.
[821] Helmut Gollwitzer, Israel – und wir [1958], in: Auch das Denken darf dienen. Aufsätze zu Theologie und Geistesgeschichte, Bd. 2, hrsg. v. Friedrich-Wilhelm Marquardt, Gollwitzer-AW 9, München 1988, S. 82–102, hier S. 82.
[822] Ebd., S. 83.
[823] Ebd., S. 83f.
[824] Ebd., S. 85f.
[825] Ebd., S. 86.

Aus dieser Absage an vergangene Vorstellungen entsteht eine Sozialordnung oder, besser gesagt, eine Sozialbewegung, die durchaus in der Spannung zwischen Sozialismus und Privatwirtschaft steht, mit vielen daraus resultierenden Reibungen, die aber dem Ethos der Solidarität unterworfen ist, Unterschiede in erträglichen Grenzen hält und das gleichmäßige Interesse aller am materiellen Fortschritt des Landes wachhält. Bis in die Kibbuze mit der am konsequentesten kommunistischen Regel hinein wird immer wieder die Gefahr der ideologischen Erstarrung durchbrochen, werden sehr undoktrinäre Anpassungen an neue Situationen vollzogen.[826]

Aus seiner Hochschätzung der israelischen Gesellschaft ergibt sich seine Überzeugung, dass »der Sozialist und derjenige, der aus der deutschen Jugendbewegung stammt«, durch das, was man in Israel zu sehen bekommt, besonders betroffen sein müssen.[827] Beides, sowohl die Sympathie für den Sozialismus als auch die Herkunft aus der Jugendbewegung, traf auf Gollwitzer zu. Dabei nahm er den Staat Israel als eine demokratisch-sozialistische Alternative zum östlichen Kommunismus wahr: »Der Sozialist wird mit Neid feststellen, daß in diesem zwar von einer sozialistischen Partei regierten, aber doch keineswegs in einem konsequenten Sinne sozialistischen Lande ein Bewußtsein erreicht ist, das man in den kommunistischen Staaten vergeblich durch Druck und Erziehung zu erzwingen sucht.«[828]

Es ist für Gollwitzer auch beeindruckend, dass er keinen Hass gegen Deutsche in Israel findet, und dass sich die israelische Jugend vom Trauma des Holocaust befreit, obwohl er an die deutsche Schuld an der Massenermordung der europäischen Juden erinnert. Darin findet er eine Hoffnung auf die Versöhnung zwischen Deutschen und Juden. Im Blick auf die Versöhnung weist er auf die Bedeutung der deutschen Wiedergutmachung für Israel hin: »Was geschehen ist, kann nur vergeben, aber nie wieder gutgemacht werden, erst recht nicht mit Geld und Material: aber Geld und Material können Brücken sein für ein neues Miteinanderleben, […].«[829] Gollwitzer fordert die Aufnahme diplomatischer Beziehungen als nächsten Schritt für die Versöhnung:

Es ist hier nicht der Ort, darüber zu diskutieren, es darf aber doch wohl ausgesprochen werden: die Selbstverständlichkeit diplomatischer Beziehungen zu einem von den Vereinten Nationen anerkannten Staat, der im Botschafteraustausch mit den Staaten des Ostens ebenso wie mit denen des Westens steht, kann auf die Dauer nicht wegen gänzlich ungerechtfertigter feindseliger Reaktionen anderer Staaten unterlassen werden, und nach dem, was zwischen Deutschen und Juden geschehen ist, sollte eine deutsche Regierung lieber einige Nachteile in Kauf nehmen, als den Staat der Juden, wenn er zu normalen Beziehungen mit Deutschen bereit ist, warten zu lassen.[830]

---

[826] Ebd., S. 87f.
[827] Ebd., S. 88.
[828] Ebd., S. 88.
[829] Ebd., S. 93.
[830] Ebd., S. 94.

Obwohl der Konflikt zwischen Israel und den arabischen Ländern ihm als Problem erscheint, begrüßt und unterstützt Gollwitzer die Gründung des Staates Israel: »die Juden sind hier und konnten nirgends anders hin als hierher, – sie können nicht die ganze Masse der arabischen Flüchtlinge [...] zurücknehmen, aber zu den Kosten ihrer Ansiedlung in den arabischen Ländern kräftig beitragen, – ihre Staatsgründung muß aber auf die Dauer kein Nachteil für die arabischen Staaten sein.«[831] Nach seiner Auffassung bedeutet die Entstehung des Staates Israel auch für die arabischen Länder in ihrer gegenwärtigen Evolution aus dem Mittelalter ins 20. Jahrhundert eine Chance.[832]

In theologischer Perspektive betont Gollwitzer: »Es ist das Volk, dessen ganzes unerhörtes, unvergleiches Schicksal bis zum heutigen Tage daher rührt, daß es in ein Gottesverhältnis geraten ist, das es nicht aufkündigen kann, auch wenn es möchte, und das sein Wesen und Schicksal bestimmt.«[833] Christen können die ganze Bibel nicht verstehen ohne Gespräch mit den Juden. Gollwitzer stellt das Verhältnis von Kirche und Israel wie folgt dar:

> Das Alte Testament ohne Beachtung der jüdischen Auslegung verstehen zu wollen, ist ein allzu kühnes Unternehmen. Israel stellt uns mit seinem Schriftverständnis; es braucht unseren Beitrag, wie wir den seinigen. Israel wird nicht ohne die Kirche, die Kirche wird nicht ohne Israel verstehen, was Gesetz und Propheten, was Gottes Wort in Gesetz und Propheten sagen will, Schriftauslegung aber geschieht nicht abgetrennt vom Leben. Darum ist die neue Landnahme Israels aufregend und bedeutsam für die Exegese der Heiligen Schrift.[834]

Das Motto »*Ain brera*« (»Kein Ausweg!«), das die Identität des Staates Israel ausdrückt, liege nicht nur über seinem Selbstbehauptungskampf, sondern es liege auch über dem ganzen jüdischen Schicksal: »Israel ist das Volk, das, weil es erwählt ist, keine Wahl hat. Darum gelang die Assimilation nicht, sondern sie mußten Juden bleiben und konnten dem Judesein nicht entrinnen. [...] ›*Ain brera*‹, sie haben keine Wahl, sie sind nicht wie ein anderes Volk, sie sind und bleiben das Volk der Gottes-Offenbarung.«[835]

Aufgrund der Bedeutungen des Staates Israel treten der Frieden zwischen Israel und den Arabern und die Schuld der Großmächte, die die Herstellung des Friedens blockieren, in den Vordergrund:

---

[831] Ebd., S. 94f.
[832] Ebd., S. 95f.
[833] Ebd., S. 96.
[834] Ebd., S. 98.
[835] Ebd., S. 99.

Die Entstehung des Staates Israel, die Heimfindung des jüdischen Volkes erhöht die weltpolitischen Spannungen nur, solange kurzsichtige Interessen die Politik regieren; Frieden zwischen Israel und den Arabern kann die Unruhe der arabischen Welt dämpfen und ihre Anpassung an die Gegenwart fördern. Daß dieser Frieden bisher nicht zustande gekommen ist, ist nicht die Schuld der Nächstbeteiligten, der Israelis und der Araber allein, sondern mindestens ebensosehr der Großmächte, der westlichen wie der östlichen; immer wieder war die Verlo-[c]kung, im Trüben der dortigen Spannungen zu fischen, zu groß gewesen.[836]

Zum Schluss seiner Schrift geht Gollwitzer auf den Sinn des Segens in der aktuellen politischen Situation ein: »Von Israel her soll also ein Segen für uns alle kommen. Segen ist ein fremdartiges Wort in der politischen Geschichte der Völker. Aber davon, daß Schuld und Fluch Realitäten der Geschichte sind, könnten wir doch etwas gemerkt haben. So ist auch Segen etwas Reales und Nötiges unter den Völkern.«[837] Wegen dieses Segens ist die Verantwortung Israels groß, und damit werden Christen nun aufgefordert, Israel zu unterstützen.[838]

4.3.2. Kirche und Antisemitismus

Es gibt zwei Gründe dafür, warum das Thema Juden und der Staat Israel in Gollwitzers politischer Theologie in seiner Berliner Frühzeit (1958–1968) eine große Rolle spielen: Der erste ist – wie bereits in 4.3.1. erwähnt – der, dass Gollwitzer die neu gegründete israelische Gesellschaft als ein alternatives Gesellschaftsmodell gegen die kapitalistische Gesellschaft ansah. Sie verwirklicht die Idee des Sozialismus anders als auf die sowjetische Weise, obwohl sie kein sozialistisches Land in einem konsequenten Sinne ist. Der zweite ist die Mitverantwortung und Schuld der Christen am Antisemitismus.

1959 trug Gollwitzer auf dem Deutschen Evangelischen Kirchentag in München das Referat über *Israel und wir Deutsche* vor, bei dem es um den christlichen Antisemitismus geht. Am Anfang seines Referates hält er fest: »Die Judenfrage ist eine Christenfrage.«[839] Er stellt in erster Linie klar, dass die Judenfrage im deutschen Volk nicht anders werden kann, wenn sie in den christlichen Gemeinden nicht grundsätzlich anders wird. Denn der rassische Antisemitismus habe seine Vorgeschichte, seine Vorbereitung

---

[836] Ebd., S. 101.
[837] Ebd., S. 101f.
[838] Ebd., S. 102.
[839] Helmut Gollwitzer, Israel und wir Deutsche [1959], in: ders., Forderungen der Freiheit, S. 249–255, hier S. 249.

und seine immer neue Ermöglichung im christlichen Antisemitismus.[840] Dass er Wirklichkeit gewesen ist und auch heute noch in vielen Ländern zu finden ist, sei Anzeichen schwerer Erkrankung, tiefer Perversion des Christentums.[841] Nach Gollwitzer ist die Judenfrage zugleich »die Deutschenfrage«, und sie enthülle eine tiefe Fragwürdigkeit in der Geschichte des deutschen Volkes und im Wesen der Deutschen.[842] Deutsche hätten heute zwei sehr gegensätzliche Hilfen im Kampf gegen die antijüdischen Vorurteile. Die erste sei »die Erinnerung an das, was von deutscher Seite begangen worden ist«, und die andere sei »die neue Wirklichkeit des Staates Israel.«[843] Die innere Befreiung vom Antisemitismus sei das erste, was Deutsche tun können und sollen in dem Umdenken, und ihr anderes Tun sei das Gebet.[844] Dabei wird das soziale Engagement von einzelnen Christen für die Versöhnung zwischen Deutschen und Juden unabdingbar gefordert. Denn ein Versöhnungszeichen an Israel könne nicht nur durch massive finanzielle Unterstützung, sondern auch durch kleine Aktionen einzelner Deutscher gegeben werden. Das Zeichen könne jeder von den Deutschen tun, an solchen Zeichen könne sich jeder beteiligen.[845]

Am 29. Januar 1960 hielt Gollwitzer an der Freien Universität Berlin einen Vortrag mit dem Titel *Die Judenfrage – eine Christenfrage*. Am Anfang seines Vortrag äußert er sich kritisch über seine Judenvorstellung in seiner Jugendzeit, um seine Zuhörer daran zu erinnern, dass »der Antisemitismus nicht erst mit dem Nationalsozialismus begann, sondern seine lange und beschämende Vorgeschichte hat, ohne die man die mörderische Entlarvung des Antisemitismus im Dritten Reich nicht verstehen kann«.[846] Sein Vortrag setzt sich dafür ein, den Kampf gegen Antisemitismus fortzusetzen.[847] Die christliche Kirche sei mit Judenfrage und Antisemitismus untrennbar verbunden, »1. weil der Jude unser Nächster ist, 2. weil die Kirche am Judenhaß mitschuldig ist, und 3. weil die christliche Kirche in ihrem Wesen mit dem Volk Israel unzert[r]ennlich verbunden ist«.[848] Angesichts der Tatsache, dass sich der moderne Antisemitismus in der

---

[840] Vgl. ebd., S. 251.
[841] Vgl. ebd., S. 251.
[842] Vgl. ebd., S. 251.
[843] Vgl. ebd., S. 252.
[844] Vgl. ebd., S. 253.
[845] Vgl. ebd., S. 254.
[846] Helmut Gollwitzer, Die Judenfrage – eine Christenfrage [1960], in: ders., Forderungen der Freiheit, S. 255–268, hier S. 256.
[847] Ebd., S. 257.
[848] Vgl. ebd., S. 258f.

sog. christlichen Gesellschaft verschärfte[849] und die NS-Rassenideologie eine Art von pervertierter »Prädestinationslehre« war,[850] versucht Gollwitzer, den Gegensatz von Christentum und Judentum zu überwinden. Hierfür argumentiert er mit dem ersten Glaubensartikel (»Ich glaube an Gott, den Vater, den allmächtigen Schöpfer Himmels und der Erden«) gegen die zur Judenausrottung führende Lehre der Nationalsozialisten.[851] Seine Hauptargumentation ist, dass nicht die Juden allein ihren Messias gekreuzigt haben, sondern Juden und Heiden miteinander in gleicher Beteiligung die ihnen erschienene Liebe ihres Schöpfers getötet haben.[852] Wer die Juden von der Gnade Christi ausklammere, der setze der Macht der Gnade Grenzen und lasse Christus umsonst gestorben sein, der führe seinen Befehl nicht aus und schließe die Brüder Christi aus der Bruderschaft aus.[853] Aufgrund der politischen Verantwortung der Kirche erinnert Gollwitzer die Kirche an ihre Schuld an der Judenverfolgung unter dem NS-Regime.[854] Zum Schluss seines Vortrags spricht er von der engen Zusammengehörigkeit von Christen und Juden. Erstens sind Christen und Juden eins im Bekenntnis der Besonderheit Israels. Sie erkennen aus der biblischen Erzählung, dass Israel »auserwählt« ist.[855] Die Erwählung der Juden sei nicht Selbstzweck, sondern »Einbeziehung in Gottes Bemühung um alle, in den Dienst der göttlichen Liebe zu allen«, und Israel sei »als Volk« in diesen Dienst gestellt.[856] Jeder Jude stehe also »durch seine Abstammungszugehörigkeit unter dieser Bestimmung«.[857] Gollwitzer erklärt das Verhältnis von Christentum und Judentum wie folgt:

Nach christlichem Glauben hat seit dem Kommen Jesu Christi diese Bestimmung über die Grenzen des Volkes Israel hinausgegriffen und holt durch diese Botschaft von Christus immer neue Menschen aus dem nichtjüdischen, also dem heidnischen Bereich, herein und in ihren Dienst. Die Kirche versteht sich falsch, wenn sie sich als Kirche aus den Heiden versteht an Stelle der Juden, als Ersatz für die Juden und als Gegensatz zu den Juden. Das Neue Testament will vielmehr, daß sich die aus den Heiden kommenden Christusgläubigen verstehen als zusammengeschlossen *mit* den Juden zu *einem* Gottesvolk, unter der einen Bestimmung, den Menschen mit der Botschaft von Gottes Wirklichkeit und Liebe zu dienen unter dem einen Gott [...].[858]

---

[849] Ebd., S. 259.
[850] Ebd., S. 260.
[851] Ebd., S. 261.
[852] Ebd., S. 261.
[853] Vgl. ebd., S. 262.
[854] Ebd., S. 262.
[855] Ebd., S. 265.
[856] Vgl. ebd., S. 266.
[857] Vgl. ebd., S. 266.
[858] Ebd., S. 266.

Ohne das jüdische Volk seien die Christen »nur halb«, und ihrem Herrn fehle »ein unentbehrlicher Teil seines Volkes«.[859] In diesem Vortrag spielt die innere Verbindung von Christentum und Judentum als Argumentation gegen den christlichen Antisemitismus eine wichtige Rolle.

In seiner Schrift *Die Weltbedeutung des Judentums* stellt Gollwitzer die Frage nach dem tiefen Sinn der Geschichte Israels. Auch hier spielt das Verhältnis von Christentum und Judentum eine entscheidende Rolle: »Durch das Christentum, das seine Wurzeln unablösbar in der Geschichte Israels hat, wird die Bibel in alle Völker getragen, mit ihr, wenn nun auch sich mischend mit anderen Geistesströmen, jene besondere Denk- und Glaubensweise Israels, seine Gottesverehrung und seine Sittlichkeit, wie sie sich in den Zehn Geboten ausspricht.«[860] Gollwitzer widerspricht dem Versuch, das Judentum unter dem Aspekt des Griechentums zu interpretieren, und trachtet danach, den Sinn von Israel im Neuen Testament neu zu erfassen:

> Für das Neue Testament bleibt Israel erhalten nicht wegen eines Fluches, der auf ihm lastet, sondern wegen des Segens, der ihm zuteil geworden ist und der von ihm nicht genommen wird. Dieser Segen besteht in einem die ganze Menschheit angehenden Auftrag, zu dem es berufen, und in einer Hoffnung, mit der er ausgerüstet ist. Durch das Bewusstsein dieses Segens, also eines besonderen Gottesverhältnisses, ist das Judentum in seiner Zerstreuungsgeschichte erhalten und zusammengehalten worden: ohne ihn ist es nicht, und seinetwegen fällt es aus allen Kategorien heraus.[861]

Dass das Bekenntnis der Besonderheit Israels nicht nur das Grundbekenntnis des Judentums, sondern ebenso ein integrierender Bestandteil des christlichen Glaubens sei, drückt Gollwitzers Auffassung vom Verhältnis von Christentum und Judentum aus.[862] Die Besonderheit Israels wird mit Bund und Gesetz im Alten Testament identifiziert. Deshalb stellt Gollwitzer fest: »Von Anfang an, schon in den Zeiten des Moses, waren sie [= die Juden] nicht zuerst als Volk da, das sich nachträglich seine religiösen und sonstigen Vorstellungen schuf, sondern sie wurden erst zum ›Volk‹ in dem einzigartigen Sinne, in dem sie es sind, durch die Befreiung, die ihnen zuteil wurde.«[863] Nach Gollwitzer geht es um ein »Gemeinschaftsleben« als »ein gerechtes Zusammenleben der Menschen«.[864] Die Bedeutung Israels für die Welt liegt darin, dass Israel »Zeuge

---

[859] Vgl. ebd., S. 267.
[860] Helmut Gollwitzer, Die Weltbedeutung des Judentums [1961], in: ders., Forderungen der Freiheit, S. 268–274, hier, S. 270.
[861] Ebd., S. 271.
[862] Vgl. ebd., S. 272.
[863] Ebd., S. 272.
[864] Ebd., S. 272f.

für die Realität Gottes, durch dessen Berufung es ins Dasein tritt«, sein soll.[865] Der Jude sei die Darstellung der »dialogischen Existenz« des Menschen, und jüdische Existenz sei die von außen und von oben her, von anderswoher beunruhigte, zu immer neuem Aufbruch getriebene Existenz.[866] Deshalb müsse sich die christliche Kirche immer wieder daran erinnern: »Dem Christen jedenfalls dürfte das nicht anstößig sein; denn auch er unter dem Anruf der gleichen Stimme, die Israel gerufen hat, kann ja nichts anderes mehr sein als eine von oben her beunruhigte Existenz – und das heißt: als eine Existenz in Hoffnung.«[867] Auch in dieser Schrift richtet sich die innere Verbindung von Christentum und Judentum vor allem gegen den christlichen Antisemitismus.[868]

4.3.3. Kirche und die marxistische Religionskritik

Seit seiner Bonner Zeit hatte Gollwitzer in Auseinandersetzung mit der marxistischen Gesellschaftskritik seine politische Ethik entfaltet. Auch in seiner Berliner Frühzeit (1957–1968) tritt die kritische Einstellung zum marxistischen Atheismus in den Vordergrund. Unter diesem Gesichtspunkt war die 68er-Studentenbewegung ein Wendepunkt seiner politischen Theologie, der zwischen seiner Berliner Frühzeit und seiner Berliner Spätzeit (1969–1983) unterscheidet. Die Marxsche Kritik an der Religion in der Einleitung *Zur Kritik der Hegelschen Rechtsphilosophie* war für Gollwitzer in der Berliner Frühzeit besonders problematisch.[869] Darum beschäftigt sich Gollwitzer in seinem Werk *Die marxistische Religionskritik und der christliche Glaube* (1965) mit dem Ursprung des Gegensatzes von Christentum und Marxismus und erläutert die Hal-

---

[865] Ebd., S. 273.
[866] Vgl. ebd., S. 274.
[867] Ebd., S. 274.
[868] Ebd., S. 272ff.
[869] Karl Marx, Zur Kritik der Hegelschen Rechtsphilosophie. Einleitung [1843/44], in: MEW 1, Berlin 1957, S. 378–391, hier S. 378f: »Für Deutschland ist die *Kritik der Religion* im wesentlichen beendigt, und die Kritik der Religion ist die Voraussetzung aller Kritik. [...] Das Fundament der irreligiösen Kritik ist: Der *Mensch macht die Religion*, die Religion macht nicht den Menschen. Und zwar ist die Religion das Selbstbewußtsein und das Selbstgefühl des Menschen, der sich selbst entweder noch nicht erworben oder schon wieder verloren hat. [...] Der Kampf gegen die Religion ist also mittelbar der Kampf gegen *jene Welt*, deren geistiges *Aroma* die Religion ist. Das *religiöse* Elend ist in einem der *Ausdruck* des wirklichen Elendes und in einem die *Protestation* gegen das wirkliche Elend. Die Religion ist der Seufzer der bedrängten Kreatur, das Gemüt einer herzlosen Welt, wie sie der Geist geistloser Zustände ist. Sie ist das *Opium* des Volkes. [...] Die Religion ist nur die illusorische Sonne, die sich um den Menschen bewegt, solange er sich nicht um sich selbst bewegt.«

tung der Christen gegenüber dem marxistischen Atheismus.[870] Er unterschied schon in seiner Bonner Zeit streng zwischen Marxismus als Idee und dogmatischem Marxismus als geschlossenem politisch-weltanschaulichen System.[871] Es muss daher vor allem festgehalten werden, dass die strenge Unterscheidung zwischen dogmatischem Marxismus und methodischem Marxismus Gollwitzers Werk durchzieht. Im Hinblick auf zeitgenössische philosophische Strömungen lässt sich sein Verständnis des Marxismus im neomarxistischen Sinne fassen.[872] Dabei ist bezeichnend, dass Gollwitzer nicht nur dem Verständnis des Marxismus von Lukács, sondern auch seiner Erkenntnistheorie zuneigt.[873]

Gollwitzer stellt sich die Frage, ob der christliche Glaube überhaupt in den religiösen Phänomenbereich fällt, und was er damit zu tun hat.[874] Um diese Frage zu beantworten, nimmt er zunächst eine hermeneutische Analyse der marxistischen Absage an die Religion vor:

1. Die Absage geht vom Marxismus aus, d. h. ihre Initiative liegt bei den sogenannten Klassikern des Marxismus; sie hat sich nicht als Reaktion auf bestimmte Erfahrungen erst in einem späteren Stadium entwickelt. 2. Sie ist von Anfang an dezidiert und kompromisslos. 3. Darin stellt sie ein wesentliches Merkmal der Unterscheidung vom Frühsozialismus dar. 4. Die Verneinung der Religion ist dem Marxismus nicht zentrales Thema, sondern Fazit einer prinzipiell schon abgeschlossenen Entwicklung. 5. Sie geschieht in einer Welt, die seit Jahrhunderten von der christlichen Predigt irgendwie bestimmt war, muß also damit in irgendeinem Zusammenhang stehen. 6. Sie unterscheidet das Christentum weder positiv noch negativ von übrigen Religionen und läßt auch innerhalb des Christentums nicht die Abhebung einer besseren Möglichkeit zu, die von dem Allgemeinurteil nicht getroffen würde. 7. Diese Absage als angeblich integrierendes Moment des Kampfes für die Zukunftsgesellschaft und als Vorwegnahme des geistigen Endzustandes dieser Zukunftsgesellschaft wird offen bekannt und entgegen allen

---

[870] Dieses Werk ist die erweiterte Fassung eines Referates, das Gollwitzer an zwei Sitzungen der Heidelberger Forschungsstätte der Evangelischen Studiengemeinschaft am 2.10.1958 und am 3.3.1959 vorgetragen hatte (Helmut Gollwitzer, Die marxistische Religionskritik und der christliche Glaube, Tübingen 1965, S. 9).

[871] Siehe Gollwitzer, ... und führen, wohin du nicht willst, S. 8.

[872] Georg Lukács, Taktik und Ethik (1919), in: Geschichte und Klassenbewußtsein, Frühschriften II, Georg Lukács-Werke, Bd. 2, Neuwied/Berlin 1968, S. 43–78, hier S. 61: »Die Entwicklung der Wissenschaft überholt manche Thesen von Marx [...] aber nach unserer Meinung wird die Frage, ob jemand Marxist sei oder nicht, keineswegs durch seine Überzeugung von der Wahrheit einzelner Thesen, sondern durch ganz etwas anderes entschieden. Dieses andere ist: *die Methode*. [...] *Die Methode von Marx ist die revolutionäre Dialektik.*« Vgl. ders., Was ist orthodoxer Marxismus [1919], in: Lukács-Werke 2, S. 171–198, bes. S. 171f.

[873] Gollwitzer, Die marxistische Religionskritik und der christliche Glaube, S. 14; vgl. Georg Lukács, Die Zerstörung der Vernunft, Lukács-Werke 9, Neuwied/Berlin 1962, S. 9–35; zu weiteren Lukács-Zitaten bei Gollwitzer vgl. Gollwitzer, Christentum und Marxismus, S. 47 u. ders., Kirche und Marxismus in der Krise Europas, S. 150.

[874] Gollwitzer, Die marxistische Religionskritik und der christliche Glaube, S. 16.

Versuchungen, sie der politischen Opportunität wegen zu tarnen oder sie zu privatisieren, als obligatorisch für die Partei festgehalten.[875]

Aus Gollwitzers Sicht ist die marxistische Verneinung der Religion nicht Selbstzweck, sondern eine Kampflehre.[876] Sie komme nicht aus einem theoretischen Wahrheitsinteresse, sondern aus dem praktischen Interesse an der Veränderung dieser Welt zu einer menschlichen.[877] Das Christentum als religiöses Phänomen bedurfte »einer typisch neuzeitlichen Voraussetzung.«[878] Sollte sich das Christentum in die Kategorie der Religion einreihen, werde der christliche Glaube ständig der marxistischen Religionskritik ausgesetzt. Wenn die christliche Kirche »das, was sie zu sagen hat, auszusprechen vermag ohne Anleihen bei der Welt der religiösen Traditionen«, werde sich aber der Unterschied zwischen dem religiösen Typ (Menschen mit dem religiösen Bedürfnis) und dem profanen Typ (vollkommen areligiöse Menschen) für die Kirche relativieren »durch das Vertrauen auf diejenige Kraft ihrer Botschaft, die sie mit ihrer Rede vom Heiligen Geist meint«.[879] In diesem Fall könne der Übergang von einem religiösen zu einem areligiösen Zeitalter für sie »nicht eine Katastrophe, sondern nur eine neue Aufgabe« bedeuten.[880] Der Marxismus sei im Gedankengut der Aufklärung verankert, bei der es um die Befreiung von Religion und den wissenschaftlichen Fortschritt geht, weshalb er von Anfang an atheistische Züge trage. Im marxistischen Atheismus sei jedoch der Kampf gegen die Religion nicht eine selbständige Aufgabe des Sozialismus, und dies mache einen entscheidenden Unterschied zwischen Marx/Engels und den anderen atheistischen Denkern aus.[881] Der militante Atheismus in der Sowjetunion sei nur eine verzerrte Modifikation des marxistischen Atheismus.

Gollwitzer sieht den Leninismus als den Ursprung des militanten Atheismus im marxistischen Denken an.[882] Der Marxismus als ein methodisches Programm verwandele sich hier »in ein ontologisches Dogma« durch den Missbrauch des »methodischen Atheismus«.[883] Indem sich die naturwissenschaftliche Methode des dialektischen Materialismus zu ihrer Legitimierung bediene, verwandele sie ihn erst »aus einer offenen

---

[875] Ebd., S. 19f.
[876] Ebd., S. 21f.
[877] Vgl. ebd., S. 22.
[878] Ebd., S. 22.
[879] Vgl. ebd., S. 32.
[880] Vgl. ebd., S. 32.
[881] Vgl. ebd., S. 39.
[882] Ebd., S. 77f.
[883] Vgl. ebd., S. 83.

Theorie in ein Dogma« und verwickele ihn »in einen Widerstreit zwischen wissenschaftlichem und weltanschaulichem Anspruch«.[884] Die Empirie und der Messianismus seien die entscheidenden Faktoren gewesen. Die Empirie habe nur illustrative Funktion und diene bestenfalls zur nachträglichen Bestätigung dessen, was man vom Wesen der Religion schon vorher gewusst habe.[885] Im Kommunismus habe der Kampf um die Befreiung des Proletariats über das sozialpolitische Ziel hinaus »einen eschatologisch-messianischen Charakter« angenommen.[886] Die diesseitige Eschatologie mit ihrem Messianismus lasse sich als innerer Grund für die Dogmatisierung des Atheismus verstehen, und die kirchliche Empirie als ihr äußerer Grund.[887]

Anschließend befasst sich Gollwitzer mit dem Problem der Überanstrengung der Utopie durch den Messianismus, die den Widerspruch zwischen der faktischen Beschränktheit der Utopie und ihrem messianischen Anspruch aufzeigt. Nach Gollwitzer ist der christliche Glaube »eine neue Hoffnung für diese irdische Welt«, für die der Marxismus als Nachfahre nur einen Ersatz bringt.[888] Die radikalere und umfassendere christliche Hoffnung, die durch ein Empfangen der Verheißung entsteht, gehe nicht auf ein einseitiges irdisches Paradies, sondern auf »einen neuen Himmel und eine neue Erde«.[889] Sie motiviere die Christen zum sozialen und politischen Engagement für die Veränderung der Welt.[890] Man könne sie nicht durch die Idee der Utopie im marxistischen Messianismus ersetzen. Die christliche Botschaft gehe darum auf den Konflikt zwischen Individuum und Gemeinschaft anders ein.[891] Auch in der Sinnfrage, d. h. der Frage nach dem Sinn des einzelnen Menschenlebens, spiele der christliche Glaube eine bedeutsame Rolle. Die Sinnfrage werde im marxistischen Denken ebenso reduziert gestellt und beantwortet, wie die Christen es bei der Todesfrage beobachteten.[892] Falls jemand sie mit dem Hinweis auf die Funktion des Einzellebens für die Gattung zu beantworten versuche, widerspreche er damit dem Anspruch auf humanistisches Denken.

---

[884] Vgl. ebd., S. 83f.
[885] Vgl. ebd., S. 84f.
[886] Vgl. ebd., S. 90.
[887] Vgl. ebd., S. 95.
[888] Ebd., S. 98.
[889] Vgl. ebd., S. 98.
[890] Vgl. ebd., S. 99.
[891] Vgl. ebd., S. 103: »Würde jene Individualisierung ›absterben‹, so würden die Menschen die personal-individuelle Liebe nicht mehr als intimsten und exklusiven Dialog erleben, Tod und Schuld nicht mehr als das sie absondernde Je-Eigene erfahren, worin sie gezwungen werden, unvertretbar ›Ich‹ zu sagen. Genau in diese konfliktreiche Wirklichkeit spricht die christliche Botschaft hinein, die marxistische Botschaft spricht an ihr vorbei.«
[892] Vgl. ebd., S. 104.

Aber die Liebe Gottes gelte jedem Menschen, und zwar dem einzelnen Menschen.[893] Ohne die Gottesbeziehung in Röm 8,39 münde die Sinnfrage schließlich in den Subjektivismus.[894] Gollwitzer beurteilt den hochgradigen Subjektivismus als »eine Vorform des Nihilismus«.[895] Der Marxismus erkenne die Gefahr des Nihilismus, vor allem in der Gestalt des Faschismus.[896] Zwar bekämpfe er sie, jedoch mit unzulänglichen Mitteln, und er sei schon auf dem Wege, ihr zu verfallen.[897] Hier kommt es zu einem Paradoxon: Der Marxismus trat als humanistische Kampflehre an, und seine Zukunftsgesellschaft soll eine freie Gesellschaft sein, aber ohne die zureichende Bestimmung des Sinnes für das Leben lässt sich der Sinn der Freiheit nicht zureichend bestimmen.[898] Um die marxistische Sinngebung mit der christlichen Sinngebung zu vergleichen, behandelt Gollwitzer die christliche Eschatologie. Dabei ist der Ausspruch bezeichnend, dass die christliche Eschatologie den Sinn der Gegenwart in der Zukunft verankere. Die Hoffnung in Röm 8,24 könne wirklich gegenwärtig retten, in ihr sei jeder Einzelne jetzt schon geborgen.[899] Das sei die Grenze, die der marxistische Atheismus nicht erreichen könne.[900] Im Anschluss an eine die totale Befreiung ankündigende Hoffnung fragt Gollwitzer weiter nach der Sicht des Bösen. Nach dem Marxismus sei der gegenwärtige Mensch der Klassengesellschaft keineswegs gut, sondern so schlecht, dass er nur abgetan zu werden verdiene, aber diese sein Schlechtigkeit sei geschichtlich entstanden und geschichtlich zu überwinden.[901] Aus Gollwitzers Sicht steht diese Auffassung an sich der christlichen Auffassung noch nicht entgegen, »da auch nach dieser die Schlechtigkeit des Menschen eine sekundäre und geschichtliche Bestimmung ist gegenüber der primären Bestimmung des Menschen als einer guten Schöpfung Gottes«.[902] Aber die Abhängigkeit des Bösen vom gesellschaftlichen Zustand sei fragwürdig, weil im theologischen Gesichtspunkt das Böse nicht rational erklärbar sei.[903]

---

[893] Vgl. ebd., S. 104.
[894] Vgl. ebd., S. 105f.
[895] Ebd., S. 106.
[896] Vgl. ebd., S. 106.
[897] Vgl. ebd., S. 106f.
[898] Ebd., S. 109.
[899] Vgl. ebd., S. 110.
[900] Vgl. ebd., S. 111.
[901] Vgl. ebd., S. 112.
[902] Ebd., S. 112.
[903] Vgl. ebd., S. 113: »Das Böse wird gesehen als das mysterium iniquitatis (das Geheimnis der Ungerechtigkeit) ja, als die ›unmögliche Möglichkeit‹ (K. Barth), als die abgründige und unableitbare Entscheidung des Menschen, zuerst eine Entscheidung gegen seinen eigenen Ursprung, gegen den göttlichen Geber, von daher, von daher aber unaufhaltsam auch die Entscheidung gegen den Nächsten.«

In seiner Berliner Frühzeit schätzte Gollwitzer zwar den marxistischen Atheismus kritisch ein und argumentierte für den Abbau der messianischen Religion der Revolution, aber er lehnte nicht die christliche Begegnung mit dem Atheismus ab:

> Wenn wir nun von der christlichen Begegnungsweise sprechen, so setzen wir damit das für den in obiger Weise denkenden Marxisten unglaubliche und höchstens psychopathologisch zu erklärende Faktum voraus, daß es Christen nicht nur gibt, sondern geben wird, nicht in absterbendem Maße, sondern bleibend, nicht nur dank geglückter intellektueller Abschließung gegen die sozialistische Gesellschaft und die marxistische Argumentation, sondern offen inmitten dieser Gesellschaft existierend, durch diese Argumentation hindurchgehend, ihren Fragen sich nicht entziehend, sondern aussetzend – und dann doch unentwegt um so fröhlicher und um so nachdrücklicher sich zur christlichen Botschaft als der neu erkannten und bewährten Wahrheit sich bekennend.[904]

Die glaubwürdige Existenz christlicher Gemeinde habe in der religiösen Frage eine »Bedeutung für die nötige und fällige Neuorientierung des Kommunismus«.[905] Gollwitzer zeigt einige Aufgaben auf, die der christlichen Theologie aus der marxistischen Religionskritik erwachsen: »Die Theologie als kirchliche Selbstprüfung wird zunächst von dem Schiefen, Unzulänglichen und Falschen in dieser Religionskritik, das in unseren Ausführungen notiert wurde, das Zutreffende unterscheiden müssen.«[906] Damit könne sich die Kirche der Gefahr »des religiösen Seligkeitsegoismus, der Weltflucht, der fatalistischen Ergebung« entziehen.[907] Ihre zweite Aufgabe sei, dass sie die Schwäche überlieferter apologetischer Methoden erkennen müsse:

> Hinsichtlich der naturwissenschaftlichen wie der historischen Argumente wird die Apologetik nicht bestrebt sein dürfen, dem christlichen Glauben Stützen herbeizuschaffen, an denen dann herumgezerrt wird und deren Fraglichkeit den christlichen Glauben diskreditiert, sondern sie wird sich damit begnügen müssen, dem marxistischen Glauben die Stützen wegzuziehen, die er aus der Wissenschaft zu beziehen hofft, also alle die übereilten Schlußfolgerungen, die unbewiesenen Extrapolationen, die Begriffsmystifizierungen durchleuchten, [...] und die Scheuklappen, die Angst des Dogmas vor der freien Forschung, die die Folge solcher weltanschaulichen Ausnützung der Wissenschaft [...] ist.[908]

Die Kirche müsse aber auch selbstkritisch die Geschichte der Dogmatisierung des christlichen Glaubens betrachten können. Gollwitzer verweist besonders auf das Problem des metaphysischen Idealismus im Christentum, gegen den sich die marxistische Religionskritik richtet.[909] Eine neue Verhältnisbestimmung von Theologie und ande-

---

[904] Ebd., S. 132f.
[905] Vgl. ebd., S. 133.
[906] Ebd., S. 135f.
[907] Vgl. ebd., S. 136.
[908] Ebd., S. 137.
[909] Ebd., S. 138.

ren Wissenschaften gehöre also zu den Aufgaben der Kirche: »Die Theologie nimmt ja teil an den anderen Wissenschaften, hat Konnex mit ihnen, bedient sich ihrer, beherbergt sie in ihrem eigenen Bereiche, indem auch hier z. B. Philosophie und Historie im strengen Sinne betrieben wird.«[910] Darum stellt Gollwitzer fest: »Der Schöpfungsglaube ist geradezu ein Bekenntnis zu den Dingen, wie sie sind, und widersetzt sich aller gutgemeinten Verdrehung und Tabuisierung.«[911] Vor diesem Hintergrund gehöre es zur theologischen Aufgabe, zu klären, woher in dem Gespräch zwischen Marxismus und christlichem Glauben denn der Maßstab kommt.

Gollwitzer zeigt zwei Gründe auf, weshalb es gerade in der Auseinandersetzung mit dem Marxismus positive Bedeutung habe, dass sich die Theologie klarmache, wie die christliche Botschaft ihre Verheißung nicht an der Wirklichkeit, wie sie dem Menschen vor der Augenöffnung durch das Evangelium zugänglich sei, als unentbehrlich und überlegen demonstrieren könne:

a) Wäre das möglich, so wäre damit das die marxistische Religionskritik durchziehende Mißtrauen bestätigt, diese Botschaft möchte selbst nichts anderes sein, als ein Produkt des Bedürfnisses zum Zweck seiner Stillung. [...] An der Art, wie die biblische Gottesverkündigung entsteht, zerbricht jedenfalls dieses Schema. Hier geht nicht die Möglichkeit der Wirklichkeit, nicht das Bedürfnis seiner Befriedigung voraus, sondern die Wirklichkeit erzeugt die neuen Möglichkeiten, die Bedürfnisse *und* ihre Stillung. [...] Nicht der Mensch und seine Bedürfnisse sind der Sinn der Existenz Gottes, sondern Gott ist der Sinn der Existenz des Menschen. Darum also ist das, was der Mensch in der Gottesbegegnung erhält, nicht vorher, nicht außerhalb dieser Begegnung, nicht außerhalb des »Glaubens« einsichtig. b) Zum zweiten sind diese Überlegungen wichtig, weil sich an ihnen zeigt, daß im Gespräch zwischen christlichem Glauben und marxistischem Atheismus Bejahungen und Verneinungen nicht aufeinandertreffen. Was der Atheist verneint, ist nicht das, was der Christ bekennt. [...] Die Verneinung, die sich ausspricht in der Erklärung, daß »es Gott nicht gibt«, meint vom christlichen Gottesglauben zu sprechen, spricht aber von etwas ganz anderem.[912]

Nach Gollwitzer können Christen am atheistischen Bekenntnis nicht ablesen, welches Ereignis sie hier vor sich haben.[913] Die christliche Antwort auf die Gottesverneinung der Atheisten könne deshalb auf keinen Fall die Vorwegnahme des Jüngsten Gerichtes sein, und sie werde mit selbstkritischer Prüfung der eigenen bisherigen Aussagen vereint sein müssen.[914]

---

[910] Ebd., S. 141.
[911] Ebd., S. 143.
[912] Ebd., S. 149ff.
[913] Ebd., S. 153.
[914] Vgl. ebd., S. 153.

Wie in Abschnitt 4.3. gezeigt, löste Gollwitzers Reise nach Israel im Frühjahr 1958 eine grundlegende theologische Einsicht aus. Er schätzte die neue israelische Gesellschaft als ein alternatives Gesellschaftsmodell gegen die kapitalistische Gesellschaft hoch und verwies in seinen Vorträgen auf die Mitverantwortung und Schuld der Christen am Antisemitismus. In seiner Berliner Frühzeit trat die kritische Einstellung zum marxistischen Atheismus aber noch in den Vordergrund. Im nächsten Abschnitt soll gezeigt werden, wie sich Gollwitzers politische Theologie in seiner Berliner Spätzeit radikalisierte und auch zu einer veränderten Einstellung zum Marxismus führte.

4.4. Die politische Theologie in der Berliner Spätzeit (1969–1993)

4.4.1. Theologie der Revolution und die politische Verantwortung der Kirche

Wie bereits erwähnt, entfaltete Gollwitzer zwar sein ganzes akademisches Leben lang auf der Grundlage der sozialistischen Gesellschaftskritik seine politische Theologie, aber er zögerte vor der 68er-Studentenbewegung, die marxistische Religionskritik – im Grunde genommen, den marxistischen Atheismus – zu übernehmen. Mit der Erfahrung der 68er-Studentenbewegung tritt die Bedeutung der marxistischen Religionskritik in seiner politischen Theologie als Kontroverspunkt zurück. Stattdessen tritt nun die »Theologie der Revolution« in den Vordergrund. Seitdem durchzieht der Begriff der Revolution seine ganze politische Theologie in der Berliner Spätzeit (1969–1993).

Am 8. Oktober 1968 trug Gollwitzer auf der Synode der EKD ein Referat zur *Weltverantwortung der Kirche in einem revolutionären Zeitalter* vor, das sich mit der Theologie der Revolution beschäftigte.[915] Die Theologie der Revolution sei erstens eine Theologie, »die die Christen öffnen will für die Erkenntnis des revolutionären Charakters unserer Zeit und für die Veränderungen, die sich daraus für die traditionelle Weise kirchlichen Lebens, Redens und Handelns ergeben«.[916] Gollwitzer beurteilt die Lage

---

[915] Vom 04. bis 20. Juli 1968 fand die 4. Vollversammlung des Ökumenischen Rates der Kirchen in Uppsala statt. Nach der Rückkehr aus Uppsala trug Gollwitzer das Referat *Die Weltverantwortung der Kirche in einem revolutionären Zeitalter* vor. Im Allgemeinen handelt es sich in diesem Referat um die Konsequenzen von Uppsala. Seine Schrift *Die reichen Christen und der arme Lazarus* wurde als Entwurf dieses Referats begonnen (Helmut Gollwitzer, Die reichen Christen und der arme Lazarus. Die Konsequenzen von Uppsala, München 1968, S. 9).

[916] Vgl. Helmut Gollwitzer, Die Weltverantwortung der Kirche in einem revolutionären Zeitalter [1968], in: ...daß Gerechtigkeit und Friede sich küssen I, S. 69–99, hier S. 72.

der europäischen Christen kritisch, da die Christen ihre sozialen Traditionen mit dem Evangelium identifizierten und das Evangelium zur Erhaltung ihrer sozialen Traditionen, ihres materiellen und geistigen Besitzes benutzten.[917] Die Theologie der Revolution widersetze sich dieser Tendenz. Zweitens sei die Theologie der Revolution eine Theologie, die »den revolutionären Charakter der biblischen Botschaft herausarbeiten will«.[918] Sie setze ein dynamisches Verständnis des Wirkens Gottes gegen ein statisches Verständnis. »Damit ist gemeint, daß der Gott der Bibel ein Gott der Geschichte ist, der sein Volk von Exodus zu Exodus führt, in die Wandlungen der Geschichte hineinstößt und für diese Wandlungen tüchtig macht, und daß die neue Wirklichkeit in Jesus Christus herausführt aus alter Wirklichkeit und sich deshalb immer kritisch zum Bestehenden verhält.«[919] Drittens sei die Theologie der Revolution zukunftgerichtet, d. h. sie denke »eschatologisch auf das Ende, auf das Reich Gottes hin«.[920] Hier kommt Gollwitzers eigentümliches Verständnis des Reiches Gottes ins Spiel:

> Wir sollen zwar nicht vermessen das Reich Gottes selbst schaffen wollen, wir sollen aber hier, in der alten Welt, schon dem Leben in der neuen Welt entsprechen. Das Leben im Reich Gottes gibt uns das Maß für entsprechende Bewegungen schon in der alten Welt. Man darf also nicht [...] die Frage nach einer besseren Gesellschaft gleich verketzern [...], man darf diese Frage nicht den Marxisten und Utopisten aller Art überlassen, sondern man muß erkennen: das Evangelium vom Reich Gottes selber hält uns dazu an, im Rahmen unserer jetzigen Bedingungen um Verbesserung uns zu bemühen nach dem Maß, das uns das Reich Gottes gibt: also um etwas mehr Gerechtigkeit, etwas mehr Freiheit, etwas mehr brüderliches, friedliches Zusammenleben der Menschen und der Völker. Aus der absoluten Utopie der guten Gesellschaft des Reiches Gottes folgt die relative Utopie einer besseren Gesellschaft, für die wir arbeiten sollen.[921]

In der traditionellen Lehre steht das Reich Gottes als Erfüllung des Glaubens jenseits der Geschichte der unverbesserbaren, der Sünde verfallenen Welt. Gollwitzer geht aber in Hinsicht auf »die relative Utopie einer besseren Gesellschaft« in der Welt auf das Thema des Reiches Gottes ein. Es sei eine Voraussetzung der Theologie der Revolution, dass sich das Evangelium Jesu nicht nur in seelischen oder kirchlichen Privatbezirken, sondern auch im gesellschaftlichen und politischen Bereich abspielt. Viertens sei die Theologie der Revolution »eine politische Ethik, die die Christen freimachen will zur aktiven Teilnahme an notwendig werdender radikaler Veränderung bisheriger Gesellschaftsordnungen, auch wenn diese gewaltsam vor sich gehen«.[922] Bisher seien

---

[917] Ebd., S. 73.
[918] Vgl. ebd., S. 73.
[919] Ebd., S. 73.
[920] Vgl. ebd., S. 73.
[921] Ebd., S. 74.
[922] Vgl. ebd., S. 74.

die christlichen Kirchen politisch antirevolutionär gewesen, d. h. aufgrund der Ablehnung der Gewalt verboten sie den Christen, sich für die politische Revolution zu engagieren.[923] Nach Gollwitzers Auffassung ist aber das Problem der Gewaltanwendung aus zwei Gründen sekundär. Der erste ist, dass »christliche Ethik bisher die Gewaltanwendung nie absolut verworfen, sondern unter bestimmten, genau definierten Bedingungen gerechtfertigt hat, wenn sie von der Obrigkeit ausgeht, die das Monopol der Gewaltanwendung hat, z. B. für die Polizei und Justiz, bis zur Todesstrafe, und für den Krieg (mit der Unterscheidung zwischen gerechtem und ungerechtem Krieg)«.[924] Gollwitzer betrachtet es als Zeichen einer tiefsitzenden Schizophrenie, dass für die bestehende Herrschaft die Gewalt gerechtfertigt werde, im Falle der Revolution aber denke man auf einmal pazifistisch und preise die Gewaltlosigkeit als die einzige christliche Möglichkeit.[925] Der zweite Grund ist, dass für die politische Revolution Gewalt »eine nicht notwendige Nebenerscheinung« ist.[926] Das Wesen der politischen Revolution ist »der radikale Umbruch der politischen *und* sozialen Strukturen«.[927] Der Umbruch der sozialen Struktur zum Besseren hin macht die Teilnahme der Christen an einer Revolution denkbar, weil er sie rechtfertigt.[928] Obwohl er die Christen erinnert, dass sie sich an revolutionären Bewegungen nach kritischer Prüfung beteiligen müssen,[929] betont Gollwitzer, dass der wahre christliche Glaube das alte pervertierte Verhältnis der Christen zu den anderen Menschen und zur Gesellschaft verändert:

Was christlicher Glaube ist, kann dann nicht mehr anders ausgesagt werden als in bezug auf das politisch-soziale Leben des Menschen, im Blick auf den Zusammenhang des Individuums mit der Gemeinschaft, im Aufweis der politischen Konsequenzen des Evangeliums – ähnlich wie in den apostolischen Briefen die »dogmatischen« Aussagen fast immer innerhalb praktisch-ethischer Abschnitte auftauchen. [...] Glaubensbekenntnisse, die nicht irdische, diesseitige Veränderungen tief in die Gesellschaft hinein zur Folge haben, sind Privatvergnügen und deshalb als irrelevant und ungefährlich längst toleriert. Die Relevanz jedes Satzes unseres Glaubensbekenntnisses werden wir unseren Zeitgenossen nur verdeutlichen können als politische und soziale, als gesellschaftlich revolutionäre Relevanz.[930]

Nach der Klärung des Begriffs Theologie der Revolution geht Gollwitzer auf die Verantwortung der Kirche für die Demokratisierung und die Entwicklungspolitik gegen

---

[923] Vgl. ebd., S. 74.
[924] Ebd., S. 75.
[925] Vgl. ebd., S. 75.
[926] Ebd., S. 75.
[927] Ebd., S. 75.
[928] Ebd., S. 75f.
[929] Ebd., S. 76; zum Problem der Gewalt bei der Revolution vgl. auch Gollwitzer, Die reichen Christen und der arme Lazarus, S. 75–80.
[930] Gollwitzer, Die Weltverantwortung der Kirche in einem revolutionären Zeitalter, S. 76f.

Hunger ein. Christen leben in einer Welt, »in der Demokratie durch Technokratie abgelöst zu werden droht, und in der eine Hungerkatastrophe nie dagewesenen Ausmaßes sich anbahnt«, und darum sei es ihre politische Aufgabe, dass sie die »Verantwortung für die *Demokratie* und für die *Hungernden in der Welt*« tragen.[931] Gollwitzer nimmt vor allem die christliche Nächstenliebe als Grundlage der politischen Verantwortung der Kirche für die Demokratisierung: »Wer seinen Nächsten liebt, wünscht für ihn – nicht nur, aber unvermeidlich auch – Hilfe aus materieller Not und rechtlich gesicherte Freiheit, sein Leben zu entfalten, also das, was heute in der ›Allgemeinen Erklärung der Menschenrechte‹, die die UNO am 10.12.1948 verkündet hat, umschrieben ist.«[932] Das politische Engagement von Christen müsse sich nun nach »sozialer Gerechtigkeit, Menschenwürde, persönlicher Freiheit, Rechtssicherheit, Selbstbestimmung, verantwortlicher Teilnahme des einzelnen an der Gestaltung des gesellschaftlichen Lebens« ausrichten.[933] Ihr Engagement müsse so weit gehen, das Paradoxon des spätkapitalistischen Gesellschaftssystems zu überwinden. Das Paradoxon lautet:

> Jeder technische Fortschritt erhöht die gesellschaftliche Interdependenz, verringert die Unabhängigkeit des einzelnen, vermehrt mit der Herrschaft über die Natur auch die Möglichkeit von Herrschaft der Menschen über Menschen. Der gleiche technische Fortschritt drängt zu immer größerer Kapitalkonzentration, zu Vertrustung und Kartellabsprachen, weit über die nationalen Grenzen hinaus; der freie Unternehmer mit der freien Konkurrenz versinkt zur Legende aus den guten, alten, erst so kurz vergangenen Zeiten des Neoliberalismus, gerade noch brauchbar zur propagandistischen Apologetik gegen den sozialistischen Kollektivismus. Der Kapitalismus der großen Monopole und der bürokratische Sozialismus im Osten sind ein bestenfalls aufgeklärter Absolutismus von Göttern, die jeder Kontrolle von unten entzogen sind und denen niemand von jenen, die von ihnen beherrscht werden, dreinreden kann.[934]

Gollwitzer kritisierte, dass die Zwangsgesellschaft in Ost und West die Weichen von der Demokratie weg zur Technokratie stelle.[935] Worauf es ankomme, sei, ob es gelingt, »von der Technokratie zur realen Demokratie« umzukehren.[936] Hier ist allerdings in Betracht zu ziehen, was diese reale Demokratie heißt. Gollwitzer sieht, dass es sich in den Dokumenten von Uppsala um Gerechtigkeit und Menschenwürde in der Gesellschaft handelt.[937] Dies führe letztlich zu einer sozialistischen Utopie, die den Abbau

---

[931] Vgl. ebd., S. 78.
[932] Ebd., S. 78.
[933] Vgl. ebd., S. 79.
[934] Ebd., S. 79f.
[935] Vgl. ebd., S. 81.
[936] Vgl. ebd., S. 81.
[937] Ebd., S. 82. Dazu siehe Vierte Vollversammlung des Ökumenischen Rates der Kirchen in Uppsala vom 4. bis 20. Juli 1968: »Siehe, ich mache alles neu«, in: Feil/Weth, Diskussion zur »Theologie der Revolution«, S. 312–315, bes. S. 312: »*Die Konferenz von Uppsala mag manche durch Genf 1966 geweckte ›revolutionäre‹*

der politischen und ökonomischen Herrschaft und ein herrschaftsfreies Zusammenleben in sich schließt:

> Ohne die Utopie der sozialen Demokratie, also eines Sozialismus, wie wir ihn noch nicht haben, ist heute die formale Demokratie, die wir noch haben, nicht mehr zu retten, sondern wird zerrieben im Widerspruch zwischen Emanzipationsbejahung und Emanzipationsfurcht, zwischen Interesse an bürgerlichen Freiheiten und dem Interesse an ihrer Aufhebung, wie es dem Hochkapitalismus eigen ist. [...] Weil in diesem Zeitalter, bei dieser technischen Entwicklung und unter diesen gesellschaftlichen Bedingungen ständig neue Gesellschaftsmöglichkeiten und damit Herrschaftsversuchungen entstehen, muß ständig Herrschaft angriffen, entlarvt und abgebaut werden, und es müssen Formen herrschaftsfreien Zusammenlebens eingeübt werden.[938]

Als »die herrschaftsfreie Bruderschaft« in der Welt stimme die Kirche der Ablehnung der bisherigen Herrschaftsstrukturen zu und spreche von »der Herrschaft Gottes« und »der Herrschaft Jesu Christi«.[939]

Im Blick auf die Entwicklungspolitik behandelt Gollwitzer dann das Welthungerproblem. Er stellt die Fragen »Was tun wir zu seiner Lösung?« und »Was tun wir faktisch zu seiner Verschlimmerung?« Dann weist er auf die tragische Tatsache hin:

> Wer sind wir? Wir sind der reiche Mann. Das ist unsere genaueste, unbestreitbare Ortsbestimmung. Wir gehören zu dem einen Drittel der Menschheit, das mit Entfettungskuren beschäftigt ist, während die anderen zwei Drittel mit Hunger und Verhungern beschäftigt sind (Peter Schilinski). Und dieses eine Drittel besteht zum größten Teil aus getauften Christen, die anderen zwei Drittel aus Ungetauften. So hat sich das seit jener Zeit, als Paulus bei den Sklaven in Korinth für die »Armen« in Jerusalem sammelte, verändert: Die Getauften sitzen als die Reichen am gedeckten Tisch, und der arme ungetaufte Lazarus liegt draußen vor der Tür – wirklich draußen und darum noch ohnmächtiger, bei unserem Mahle noch leichter zu übersehen, als wenn er in unserem Hause läge, wie es das Proletariat in unseren Ländern tat.[940]

Erwartungen enttäuscht haben. An die Stelle der ›Theologie der Revolution‹ in Genf trat in Uppsala 1968 die ›Theologie der Erneuerung‹, wenn man überhaupt von einer Konferenztheologie sprechen darf. Dennoch war noch keine Vollversammlung des ÖRK so von der ›revolutionären Gärung unserer Zeit‹ (N. Goodall) ergriffen wie die in Uppsala. Denn bei aller Zurückhaltung gegenüber dem Wort ›Revolution‹ stand man eben vor demselben Sachverhalt eines revolutionären Umbruchs in den verschiedensten Lebensbereichen unserer Welt wie in Genf. Das wird besonders deutlich im Bericht der Sektion III ›Wirtschaftliche und soziale Weltentwicklung‹.« Zum Bericht der Sektion III vgl. Norman Goodall (Hg.), Bericht aus Uppsala 1968. Offizieller Bericht über die vierte Vollversammlung des Ökumenischen Rates der Kirchen in Uppsala vom 4. bis 20. Juli 1968, Genf 1968, S. 39–50.

[938] Gollwitzer, Die Weltverantwortung der Kirche in einem revolutionären Zeitalter, S. 82f.
[939] Vgl. ebd., S. 83.
[940] Ebd., S. 85. Eine fast gleiche Fassung findet sich in *Die reichen Christen und der arme Lazarus*, vgl. Gollwitzer, Die reichen Christen und der arme Lazarus, S. 14f.

Gollwitzer richtet darum den Blick auf die Forderungen, die auf der Weltkirchenkonferenz von Uppsala an die Kirchen gerichtet wurden. Darunter macht er besonders auf »*Die politische Aufgabe*« im Bericht der Sektion III aufmerksam.[941] Denn die Forderungen von Uppsala ließen sich nicht nur auf die auf personale Beziehungen gerichtete Caritas oder auf die privat gedachte Nächstenliebe beschränken. Die Kirchen sollten sich mit schwieriger, äußerst komplexer Sachproblematik wirtschaftlicher und politischer Art befassen, in der sie mit Forderungen und Befürwortungen Partei ergreifen sollten.[942]

Gollwitzer nimmt die lutherische Zwei-Reiche-Lehre in Anspruch, um die Gefahr der Vermischung der beiden Reiche und der Vermischung von Gesetz und Evangelium abzuwenden.[943] Aus seiner Sicht liegt der Weg der Theologie der Revolution etwa in der Mitte zwischen der ideologischen Politisierung der Kirche und ihrer formalen Neutralisierung.[944] Um die beiden Extreme zu vermeiden, wird vor allem gefordert, dass sich die Christen »von der Unterscheidung zwischen dem ›eigentlichen‹ Auftrag der Kirche, der in der Verkündigung des Evangeliums von Jesus Christus besteht, und der Wahrnehmung politischer Verantwortung« freimachen.[945]

Es gibt hier nicht eine Unterscheidung von Hauptsache und Nebensache, sondern höchstens eine Unterscheidung von Zentrum und Peripherie: im Zentrum steht der Glaube, auf der Peripherie liegen die Werke – im Zentrum das Evangelium, auf der Peripherie die Politik – im Zentrum das Heil, auf der Peripherie das Wohl des Nächsten. In Zentrum und Peripherie vollzieht sich das menschliche Leben; auf der Peripherie entscheidet sich und kommt an den Tag, was im Zentrum geschehen ist.[946]

---

[941] Goodall (Hg.), Bericht aus Uppsala 1968, S. 54: »1. Die Kirchen sollen darauf hinwirken, daß die politischen Parteien die Entwicklung als einen der wichtigsten Punkte in ihr Programm aufnehmen. 2. Die Kirchen sollen die Regierungen der Industrieländer beeinflussen und dazu drängen, daß sie: a) internationale Entwicklungsmaßnahmen ergreifen, die mit den ausdrücklichen Wünschen der Entwicklungsländer in Einklang stehen (z. B. mit der Charta von Algier); b) den jährlichen Prozentsatz des Bruttosozialproduktes, der offiziell für die finanzielle Entwicklungshilfe bereitgestellt wird, bis 1971 als einen ersten Schritt auf mindestens 1% erhöhen; c) Abkommen schließen, die die Preise empfindlicher Rohprodukte auf einer annehmbaren Höhe stabilisieren und stützen und den Fertigwaren der Entwicklungsländer bevorzugten Zugang zu den Märkten der entwickelten Länder verschaffen; d) die Beschlüsse der Vereinten Nationen bezüglich des zweiten Entwicklungsjahrzehnts übernehmen. 3. Die Kirchen sollen sich auf verantwortliche Weise an Bewegungen für radikale strukturelle Wandlungen beteiligen, die notwendig sind, um eine größere Gerechtigkeit in der Gesellschaft zu verwirklichen.«

[942] Vgl. Gollwitzer, Die Weltverantwortung der Kirche in einem revolutionären Zeitalter, S. 88.
[943] Ebd., S. 88f.
[944] Ebd., S. 90.
[945] Ebd., S. 90.
[946] Ebd., S. 90.

In diesem Verständnis schließen sich Gesetz und Evangelium gegenseitig nicht aus, und setzen sich Gerechtigkeit und Liebe nicht entgegen.[947] Vielmehr seien gerechte Zustände eine der Verwirklichungsweisen von Liebe, und Liebe sei nicht gleichgültig gegen Gesetze, sondern wolle ungerechte Gesetze durch gerechte ersetzen.[948] Diese These lässt sich ebenso auf das Verhältnis von Evangelium und Vernunft anwenden: »Keineswegs kann Interesse, Kompetenz und Wort der Kirche da aufhören, wo es sich nicht mehr um Offenbarung über aller Vernunft handelt, sondern ums Menschlich-Vernünftige.«[949] Allerdings betont Gollwitzer, dass die Vernunft, die dem Handeln böse Zwecke setzt, irren kann.[950] Es lasse sich aber nicht bestreiten, dass die christliche Kirche »zur pressure-group in Entwicklungsfragen« werden muss.[951] Ihr karitativ-diakonisches Wirken allein sei nicht genügend. Es sei der Anfang ihres Tuns, es dürfe aber nicht sein Ende sein.[952] Die Theologie der Revolution unterstütze also das politische Engagement von Christen für den Umbruch der gesellschaftlichen Verhältnisse: »Der ›Nächste‹ ist nicht ein nur einzelner Mensch, nicht ein isoliertes Ding, sondern auch, wie Marx sagt, ein Ensemble gesellschaftlicher Verhältnisse.«[953] In Gollwitzers politischer Theologie beruft sich das politische Engagement von Christen immer auf Liebe und Glaube, und das christliche Glauben bezieht sich von Anfang an auf Gemeinschaft.[954] Seine Theologie der Revolution ist deshalb kein Resultat der marxistischen Transformation des Christentums. Sie konnte aber Momente der marxistischen Gesellschaftstheorie aufnehmen.

4.4.2. Kirche und Klassenkampf in *Die kapitalistische Revolution*

Gollwitzer trug bei einer Sitzung der Marxismus-Kommission der Evangelischen Studiengemeinschaft in Heidelberg am 27.–29. September 1973 ein Referat vor, dass später mit dem Titel *Die kapitalistische Revolution* veröffentlicht wurde. Hier stellt Gollwitzer eine fundamentale Analyse der kapitalistischen Klassengesellschaft an und fordert zugleich die Kirche auf, den Klassengegensatz zu überwinden. Nach Gollwitzer kann man in der kapitalistischen Gesellschaft nur einen von zwei Revolutionstypen, d.

---

[947] Ebd., S. 91.
[948] Vgl. ebd., S. 91.
[949] Ebd., S. 91f.
[950] Ebd., S. 92.
[951] Vgl. ebd., S. 95.
[952] Vgl. ebd., S. 96.
[953] Ebd., S. 98.
[954] Ebd., S. 99.

h. »die schon im Gang befindliche und noch rapid eskalierende Revolution der entfesselten Destruktivkräfte« oder »die Umkehr von der Destruktion zu einem konstruktiven Entwurf menschlicher Gesellschaft, der der destruktiven Verwendung ihrer Produktivkräfte ein Ende setzt«, wählen.[955] Die Menschheit werde durch die kapitalistische Produktionsweise verkrüppelt, und so werde die Befreiung von ihr »eine Befreiung aller« sein.[956] Die Macht der Mächtigen sei heute »die Macht des Untergangs«, weil »das Streben der Privilegienerhaltung heute der bedrohlichste Faktor unter den Bedrohungsfaktoren geworden ist.«[957] Obwohl der kapitalistischen Produktionsweise selbst destruktive Kräfte innewohnen, ließen die kapitalistischen Kräfte die Welt lieber untergehen »als sie dem Sozialismus zu überlassen«.[958] Dass der chilenische Versuch einer sozialistischen Gesellschaftsveränderung wegen des faschistischen Militärputsches von Pinochet am 11. September 1973, der vom US-amerikanischen Geheimdienst CIA unterstützt wurde, gescheitert war, bedeutet nach Gollwitzer »eine Ankündigung von globaler Bedeutung.«[959] Vor diesem Hintergrund stelle sich die Frage nach »den Kräften des Glaubens, der Hoffnung und der Liebe und der Aufgabe der Christen in der kapitalistischen Gesellschaft«.[960] Die Aufgabe der Theologen sei nicht nur das Nachdenken über die überlieferte christliche Botschaft, sondern auch die kritische Analyse der bürgerlich-kapitalistischen Gesellschaft.[961]

Gollwitzer beginnt seinen Vortrag mit den folgenden Sätzen:

> Die Menschheitsgeschichte ist in ihr globales Stadium eingetreten. Der Druck der in ihren Anfängen schon gegenwärtigen ökologischen Katastrophe preßt die Interdependenz aller Völker und Erdteile ins Bewußtsein. [...] Verlangt jene globale Interdependenz mit ihren positiven, zuerst aber schon mit ihren negativen Möglichkeiten die Ausbildung eines alle entsprechenden Faktoren an Stärke übertreffenden universalen Bewußtseins, und dies bei Androhung der Strafe des gemeinsamen Untergangs, so ist es nötig, diese entgegenstehenden Faktoren in aller Schärfe zu erfassen.[962]

---

[955] Helmut Gollwitzer, Die kapitalistische Revolution [1974]. Mit einer Einführung von Andreas Pangritz, Tübingen 1998, S. 25.
[956] Vgl. ebd., S. 28.
[957] Vgl. ebd., S. 31.
[958] Ebd., S. 31.
[959] Ebd., S. 31; vgl. Andreas Pangritz, Helmut Gollwitzers Schrift über die »Kapitalistische Revolution«. Zur Einführung, in: Gollwitzer, Die kapitalistische Revolution, S. 7–24, hier S. 8.
[960] Vgl. Gollwitzer, Die kapitalistische Revolution, S. 31.
[961] Vgl. ebd., S. 31f.
[962] Ebd., S. 33.

Hier ist bezeichnend, dass Gollwitzer noch vor der Gründung einer »grünen« Partei zunächst an die drohende ökologische Katastrophe denkt.[963] Weiter geht es bei seiner Einsicht um ein universales Bewusstsein, das sich auf eine tiefgehende Revolutionierung des sozialen Bewusstseins und eine universale Verantwortlichkeit ausrichtet, die jedes »partikularistische« Denken als Denken der Herrschaft und der Herrschenden überwindet.[964] Die bürgerliche Gesellschaft habe in ihrem Wirkungsbereich nur die unverschleierte Herrschaft, z. B. Sklavenhaltergesellschaften, nationale Okkupationen, Diktaturen und Feudalordnungen beseitigt.[965] Das Problem der »nackten und damit brutalsten Erscheinungen von Klassengesellschaft auf dem heutigen Erdball« bleibe noch ungelöst.[966] Während in den vier Fünfteln der Erde, die zur kapitalistischen Welt gehören, nur eine geringe Zahl von Ländern die Bedingungen bürgerlicher Demokratie erfülle, nehme die Zahl der diktatorischen oder halbdiktatorischen Regime zu. Dies zeige, dass sich der Inhalt der kolonialistischen Ideologie mit dem Ende der kolonialistischen Praxis keineswegs geändert und der europäische Kolonialismus nur seine Form geändert habe.[967] Die Ausbeutung der Dritten Welt dauere unvermindert fort, und die ausgebeuteten Länder würden gehindert, eine gemeinsame Front gegen die Ausbeuterländer zu organisieren:

> Die Entkolonialisierung gab den Kolonialländern – und das war, wie man nicht genug bedenken kann, der größte Teil der übrigen Erde! – die politische Freiheit und formale Gleichheit (in der UNO), wie die bürgerliche Demokratie die Unterschichten mit den Oberschichten formal gleichstellte. Der Schein der Gleichheit deckt dabei die weiter bestehende Ungleichheit und Abhängigkeit. So dauert auch nach der Entkolonialisierung Ungleichheit und Abhängigkeit der Dritten Welt vom Übergewicht ihrer früheren Beherrscher fort, und hinter dem Schleier von Entwicklungshilfe und UNO vollzieht sich der *Klassenkampf im Weltmaßstab*, der Kampf um die Erhaltung oder Beseitigung dieses Übergewichts, des Phänomens des *Imperialismus*.[968]

Obwohl das weiße kapitalistische Weltsystem mehrere miteinander konkurrierende Zentren habe, bestehe ein einheitlicher Wille in diesem System, d. h. »der Wille der Erhaltung des Systems selber«.[969]

---

[963] Siehe Pangritz, Helmut Gollwitzers Schrift über die »Kapitalistische Revolution«, S. 16.
[964] Gollwitzer, Die kapitalistische Revolution, S. 33f.
[965] Vgl. ebd., S. 35f.
[966] Vgl. ebd., S. 38.
[967] Vgl. ebd., S. 40.
[968] Ebd., S. 40.
[969] Vgl. ebd., S. 47f.

Das Bestreben der Schicht der Produktionsmittelbesitzer führe dahin, »*Macht über die Regierung* zu gewinnen«.[970] Hierzu dränge das Kapital nach Internationalität, nach immer größeren Märkten und nach immer größeren Sphären des Einflusses auf Regierungsmacht.[971] Der Zwang zum Wachstum mache »das *Wachstum zum Selbstzweck*« und lasse alle Schranken fallen, die der Expansion des Kapitals entgegenstehen.[972] So besiege die kapitalistische Produktionsweise alles und wird zur kulturbestimmenden und dominierenden Macht. In diesem Sinne sei die Wirtschaft ein revolutionäres Schicksal, denn der Kapitalismus sei die größte Revolution und die revolutionärste Kraft, die die Menschheitsgeschichte bisher gesehen habe.[973] »Die *Säkularisation*« des Kapitalismus sei durch die Entwicklung der neuzeitlichen Naturwissenschaft durchgeführt worden.[974] Die emanzipatorischen Wirkungen dieser geistigen und ökonomischen Entschränkung lösten »die bisherigen sozialen Ordnungen samt den sie stützenden Ideologien« auf.[975] Gollwitzer beschreibt die »höchst revolutionäre Rolle« des Kapitalismus, indem er ein paar Sätze aus dem *Manifest der Kommunistischen Partei* zitiert,[976] und legt zugleich besonderes Gewicht auf die sich aus den Errungenschaften der kapitalistischen Revolution ergebenden Gefahren, d. h. den Zerstörungsprozess der kapitalistischen Produktionsweise. Damit kommt die sozialistische Revolution zur Sprache:

> Das Problem der sozialistischen Revolution ist deshalb kein anderes als die Aufgabe, die aus ihrer immanenten Gesetzlichkeit ziellos weiterrasende kapitalistische Revolution unter Kontrolle zu bringen, unter eine Kontrolle, die die hier entfesselten Möglichkeiten dem menschlichen Leben – und das heißt: sowohl dem Leben aller Menschen wie auch der Menschlichkeit des menschlichen Lebens – dienstbar macht. [...] Die Sozialisten haben richtig gesehen: noch längere Zeit kann sich die Menschheit den Kapitalismus nicht leisten. Sozialismus oder Barbarei – die Alternative der alten Sozialisten wird heute unheimlich bestätigt.[977]

Deshalb sieht Gollwitzer die Schwäche der Arbeiterbewegung als eine Gefahr für die Menschheit und sorgt sich darum, dass die Arbeiterklasse als ein potentielles revolutio-

---

[970] Vgl. ebd., S. 51.
[971] Vgl. ebd., S. 52.
[972] Vgl. ebd., S. 54ff.
[973] Vgl. ebd., S. 57.
[974] Vgl. ebd., S. 58.
[975] Ebd., S. 60.
[976] Ebd., S. 61f; vgl. Karl Marx/Friedrich Engels, Manifest der Kommunistischen Partei [1848], in: MEW 4, Berlin 1959, S. 459–493, hier S. 464:»Die Bourgeoisie, wo sie zur Herrschaft gekommen, hat alle feudalen, patriarchalischen, idyllischen Verhältnisse zerstört. Sie hat die buntscheckigen Feudalbande, die den Menschen an seinen natürlichen Vorgesetzten knüpften, unbarmherzig zerrissen und kein anderes Band zwischen Mensch und Mensch übriggelassen, als das nackte Interesse, als die gefühllose ›bare Zahlung‹.«
[977] Gollwitzer, Die kapitalistische Revolution, S. 66.

näres Subjekt zwar ständig durch die Massen der Dritten Welt zunehme, aber ihre Kraft durch den Verzicht der europäischen Arbeitermassen auf die Revolution vermindert sei.[978] Pangritz erläutert Gollwitzers Verständnis von Sozialismus in den oben erwähnten Sätzen folgendermaßen: »Ganz ähnlich war der ›Sozialismus‹ 1932 schon Dietrich Bonhoeffer als eine ›Erhaltungsordnung‹ erschienen, als Ordnung der Schöpfungsbewahrung auf Christus hin, deren Durchsetzung angesichts der heraufziehenden faschistischen Gefahr höchste Dringlichkeit erhielt. Gollwitzer erinnert in diesem Zusammenhang an die von Rosa Luxemburg formulierte Alternative: ›Sozialismus oder Barbarei‹.«[979]

In seinem Vortrag erinnert Gollwitzer immer wieder daran, dass die Christen in der kapitalistischen Gesellschaft lebten, die in Klassenherrschaft und Klassenkampf begründet sei.[980] In der bürgerlichen Demokratie brauchten die herrschenden Schichten eine Kombination verschiedener Strategien. So sei das Weltproletariat durch den Unterschied zwischen den Industrieländern und der Dritten Welt gespalten worden, und die Arbeiterschaft – mindestens der protestantischen Industriestaaten Mittel- und Nordeuropas und der USA – sei zur Arbeiteraristokratie geworden.[981] Gollwitzer verharmlost aber weder das real-existierende sozialistische Gesellschaftssystem noch das diktatorische System der Sowjetunion:

Hinzu treten Fehler der Führung, die daran erinnern, daß Regierungen sozialistischer Länder so wenig automatisch eine sozialistische, auf Frieden und Freiheit bedachte Politik treiben wie christliche Regierungen eine christliche Politik. Der mögliche Zwiespalt zwischen Lehre und Leben muß auch bei ihnen immer wieder durch kritische Anstrengung überwunden werden. Deshalb brauchen sozialistische Länder nicht weniger, sondern mehr innere Meinungsfreiheit. Aus alledem ergibt sich, daß es noch größer innerer Veränderungen in den sozialistischen Ländern bedarf, bis sie ihre Funktion für die sozialistische Bewegung hinreichend erfüllen werden.[982]

---

[978] Vgl. ebd., S. 66.

[979] Pangritz, Helmut Gollwitzers Schrift über die »Kapitalistische Revolution«, S. 15; zu Bonhoeffers Rede von Erhaltungsordnung vgl. Dietrich Bonhoeffer, Vortrag in Ciernohorské Kúpele: Zur theologischen Begründung der Weltbundarbeit [1932], in: Ökumene, Universität, Pfarramt 1931–1932, hrsg. v. Eberhard Amelung u. Christoph Strohm, Dietrich Bonhoeffer Werke, 3. Bd. [= DBW 11], Gütersloh 1994, S. 327–344, hier S. 339; zum Ausdruck »Sozialismus oder Barbarei« siehe Luxemburg, Die Krise der Sozialdemokratie, S. 31.

[980] Vgl. Gollwitzer, Die kapitalistische Revolution, S. 68.

[981] Vgl. ebd., S. 75.

[982] Ebd., S. 79f. Vgl. auch Pangritz, Helmut Gollwitzers Schrift über die »Kapitalistische Revolution«, S. 17: »Angesichts des erfolgten Zusammenbruchs des von der Sowjetunion dominierten Systems des ›real-existierenden Sozialismus‹ drängt sich die Frage auf, ob Gollwitzers sozialistische Hoffnungen nicht ihrerseits inzwischen als illusionär entlarvt sind. Dazu ist zu bemerken, daß er den ›real-existierenden Sozialismus‹ als Sozialismus im vollen Sinne des Wortes nie ernstnehmen konnte.«

Doch Gollwitzer warnt zugleich vor bloßem Reformismus: »Die Grenze zum Reformismus ist erst dann überschritten, wenn das Fernziel zum bloßen Ideal verschwimmt und nicht mehr die Nahziele dirigiert, wenn also Reformen zum Selbstzweck werden, statt nach Erreichung eine Stufe für weiteres Vorwärtstreiben der Entwicklung auf die klassenlose sozialistische Gesellschaft hin zu sein.«[983] Gollwitzers Sozialismus widersetzt sich der Klassengesellschaft und strebt zugleich an, sich dem Zwang zu imperialistischer Politik zu entziehen.[984]

Die Problematik der Klassengesellschaft führt Gollwitzer letztlich zur Frage nach dem Verhältnis von Kirche und Klassenkampf. Das frühe Christentum entstand in einer Klassengesellschaft und setzte sich aus Gliedern verschiedener Klassen zusammen.[985] Nach Gollwitzer veränderte die konstantinische Wende aber die soziale Zusammensetzung der christlichen Gemeinde.[986] Die Oberschichten wurden als Mitglied in die christliche Gemeinde aufgenommen, und der hierarchische Aufbau der Kirche lief parallel zum feudalen Aufbau der Gesellschaft.[987] Die Kirche ließ sich in den Kernbereich der Macht-Probleme integrieren und verwandelte sich in »eine von der Oberschicht besetzte Organisation«.[988] Sie musste also für die Teilnahme von Christen an der Macht neue theologische Theorien entwickeln, die »die Klassenteilung, die bestehenden Besitzverhältnisse [...], die Machtverwaltung und den für sie geforderten Gehorsam der Untertanen« akzeptierten.[989] Das Christentum nach der konstantinischen Wende habe nur die soziale Verbesserung im Rahmen eines gegebenen Herrschaftssystems angestrebt, »ohne verbindliche Perspektive der Überwindung dieses Systems, ohne eine Strategie jener Reform im Dienste dieser Überwindung«.[990] Nach der Geburt der Individualität in der Neuzeit galt die Hauptsorge der Kirche und Theologie dem Einzelnen.[991] Deshalb konnte durch die herkömmliche christliche Sozialethik eine Verbindung von Christentum und sozialistischer Revolution nicht zustande kommen.[992]

---

[983] Gollwitzer, Die kapitalistische Revolution, S. 82.
[984] Ebd., S. 84f.
[985] Ebd., S. 87.
[986] Ebd., S. 89.
[987] Ebd., S. 89.
[988] Ebd., S. 90.
[989] Ebd., S. 91.
[990] Vgl. ebd., S. 96.
[991] Ebd., S. 100.
[992] Ebd., S. 102.

Gollwitzer stellt im Anschluss an die marxistische Religionskritik fest, dass die Kirche im Klassenkampf geschlossen rechts von der Barrikade stand, und ihre Negation der sozialen Revolution also in Wirklichkeit »Option für die Klassenherrschaft« war.[993] Diese Haltung der Kirche beruhe grundlegend auf einem Missverständnis des Evangeliums, das von der Individualisierung des Evangeliums ausgehe. Die Botschaft des Reiches Gottes fordere die Entscheidung des Menschen zur Umkehr, und die Ankündigung des kommenden Gottesreiches ziele nun darauf ab, die gegenwärtige Umkehr zu bewirken.[994] Aber bei den Begriffen Reich Gottes und »metanoia« (Umkehr/Buße) gehe es nicht nur um das Individuum: »Reich Gottes ist also Leben in Lebensbeziehungen zu Gott und zu den Mitmenschen, und Umkehr hat mit Reich Gottes zu tun, sofern sie jetzt schon Leben in Lebensbeziehungen zu Gott und zu den Mitmenschen ist.«[995] Diese Botschaft des Reiches Gottes sei »schlechthin revolutionär«, in ihrer Beanspruchung, Einladung und Ermächtigung der Hörer »zu einer diesen Todesweisen gänzlich widersprechenden neuen, welt-fremden Lebensweise«.[996] Das neue Leben umfasse durchaus »das ganze menschliche Leben, also auch das Leiblich-Materielle, sowohl, was die Bedürfnisse der Jünger anlangt [...], wie auch die Bedürfnisse der anderen: ihren Hunger, ihre Kleidung und Wohnung, ihre Gesundheit, ihre bürgerlichen Rechte; ebenso erstreckt sich die Umkehr auf die Änderung der bisherigen Erwerbs- und Besitzweise«.[997] Wegen der Universalität der Einladung zum neuen Leben trete der Jünger Jesu in »besondere Solidarität mit jeder Kategorie von Ausgeschlossenen, seien es die religiös (Heiden, Zöllner, Samariter) oder die moralisch (Prostituierte) oder die sozial (Sklaven) Ausgeschlossenen«.[998] Diese neue Lebensweise sei »a priori eine gemeinschaftliche«, und Umkehr heiße »schranklos gemeinschaftsfähig werden«.[999] Dies gelte aber nicht nur in Ich-Du-Beziehung, sondern auch »in Wir-Beziehung, die durch die Intensität der Ich-Du-Beziehungen vor der Unpersönlichkeit des Kollektivismus geschützt sind«.[1000] Vor diesem Hintergrund stellt Gollwitzer das Verhältnis von Gottes Tun und menschlichem Tun wie folgt dar:

Falsch wird jene Formulierung vom Reich Gottes allein als Gottes Tat, wo sie antithetisch das menschliche Wirken ausschließt. Die Formel Jesu verbindet dagegen Reich Gottes und ›metanoia‹, d. h. sehr wohl ein freilich erst

---

[993] Ebd., S. 107.
[994] Vgl. ebd., S. 110.
[995] Ebd., S. 111.
[996] Vgl. ebd., S. 112.
[997] Vgl. ebd., S. 112f.
[998] Vgl. ebd., S. 113.
[999] Vgl. ebd., S. 113.
[1000] Vgl. ebd., S. 113f.

vom Reich Gottes her bewirktes menschliches Wirken, in dem selbst Reich Gottes, nämlich Herrschen Gottes, gegenwärtig geschieht und durch das Reich Gottes, Herrschen Gottes, in die Todeswelt als Sauerteig, Salz und Licht hereinkommt und sich ausbreitet. Gottes Tun und menschliches Tun stehen hier nicht in exklusiver Konkurrenz, sondern Gottes Tun realisiert sich im menschlichen Tun, in menschlichen Gedanken, Worten und Werken, im Werden einer menschlichen Bruderschaft.[1001]

Das neue Leben im Neuen Testament bedeute auch »die Verneinung des gesellschaftlichen Privilegiensystems als einer Todesmacht, die abgetan sein wird im Reich Gottes«.[1002] Aber das Christentum als Reformismus habe durch einige Uminterpretationen und Akzentverschiebung »den revolutionären Sprengstoff« aus der im Neuen Testament als kanonisch aufbewahrten urchristlichen Tradition herausgezogen.[1003] Gollwitzer erinnert an die pervertierte Kirchengeschichte und fordert zur christlichen Selbstkritik, die zur »metanoia« führt, auf:

So machte die Ausbreitung des Christentums der Sklaverei nicht ein Ende, sondern hielt sie aufrecht bis in die Mitte des 19. Jahrhunderts. So hat die Kirche dem Kolonialismus nicht widerstanden, sondern ihre Mission mit ihm verbunden. So hat sie erst die feudale, dann die bürgerliche Klassengesellschaft legitimiert und bestenfalls reformistisch temperiert. [...] Man wird immer wieder fassungslos darüber erschrecken müssen, daß es die von der christlichen Predigt bestimmte Kultur christlich getaufter Völker war, die durch Kolonialismus, Kapitalismus und Imperialismus, durch immer neue strukturelle Inhumanitäten die Menschheit in ihre heutige Katastrophe gebracht hat. Nur eine bis auf den Grund gehende christliche Selbstkritik, die nicht wieder in neuen reformistischen Illusionen steckenbleibt und sich beruhigt, kann zu der »metanoia« führen, die das Evangelium meint.[1004]

Diese Kritik geht allerdings von der Überzeugung aus, dass das Urchristentum die revolutionäre Kraft des Evangeliums hatte und sie heute noch wirksam ist.[1005]

Gollwitzers Neuinterpretation des urchristlichen Evangeliums zielt nun darauf ab, »eine Perspektive (Barth: ›Richtung und Linie‹) für politische Beratung von Christen« abzuleiten, die Kriterium für jedes politische Programm sein muss.[1006] Dies bezieht sich vor allem darauf, »*alle Verhältnisse umzuwerfen*, in denen der Mensch ein erniedrigtes, ein geknechtetes, ein verlassenes, ein verächtliches Wesen ist«.[1007] Mit dieser radika-

---

[1001] Ebd., S. 116.
[1002] Vgl. ebd., S. 119.
[1003] Vgl. ebd., S. 123.
[1004] Ebd., S. 125f.
[1005] Ebd., S. 127f.
[1006] Ebd., S. 128; zu Barths »Linie und Richtung« vgl. Barth, Christengemeinde und Bürgergemeinde, S. 60
[1007] Gollwitzer, Die kapitalistische Revolution, S. 128; zit. nach: Marx, Zur Kritik der Hegelschen Rechtsphilosophie. Einleitung, S. 385: »Die Kritik der Religion endet mit der Lehre, daß *der Mensch das höchste Wesen für den Menschen* sei, also mit dem *kategorischen Imperativ*, alle Verhältnisse umzuwerfen, in denen der Mensch ein erniedrigtes, ein geknechtetes, ein verlassenes, ein verächtliches Wesen ist, [...]«

len Grundperspektive trete die Jüngergemeinde in die Gestaltung der Gesellschaft ein, und sie sei also »durch ihre Existenz in der Gesellschaft ein Subjekt permanenter Revolution«.[1008] Gollwitzer sieht historisch-materialistische Geschichtsbetrachtung und Gesellschaftskritik als »unentbehrliche Instrumente« für die stets nötige Selbstbefreiung der christlichen Gemeinde.[1009] Er geht so weit zu sagen: »Für den Kampf um die politische Macht, die zur Überwindung der Klassengesellschaft nötig ist, können die Erfahrungen und Kriterien nützlich werden, die in der Kirche nach dem Eintritt ins politische Leben zur Domestizierung der staatlichen Gewalt, besonders des Krieges, ausgearbeitet worden sind; sie rücken, angewandt auf Befreiungskämpfe, endlich an ihre richtige Stelle.«[1010] Diese Äußerung bezieht sich offenbar auf Gollwitzers Ableitung einer Lehre von der gerechten Revolution aus der Lehre vom gerechten Krieg.[1011] Der folgende Satz zeigt den Kern von Gollwitzers politischen Theologie: »Die ›metanoia‹ der Christen muß radikal sein, und das heißt in politisch-sozialer Sicht: revolutionär [...].«[1012] Es geht um eine radikale Demokratie als gesellschaftliche Entsprechung des Reiches Gottes.[1013]

4.4.3. Bergpredigt und Zwei-Reiche-Lehre

Gollwitzer hielt einen Vortrag mit dem Titel *Bergpredigt und Zwei-Reiche-Lehre* auf der Tagung der Gesellschaft für evangelische Theologie über »Nachfolge und Bergpredigt« in der Evangelischen Akademie Arnoldshain vom 23. bis 25. Februar 1981. Sein

---

[1008] Vgl. Gollwitzer, Die kapitalistische Revolution, S. 128f; zum Begriff der permanenten Revolution vgl. Trotzki, Die permanente Revolution (Anm. 231), S. 151, u. dazu Römerbrief I, S. 519.

[1009] Gollwitzer, Die kapitalistische Revolution, S. 129.

[1010] Ebd., S. 129.

[1011] Zu Gollwitzers Verständnis der revolutionären Gewalt und der christlichen Beteiligung an ihr vgl. Helmut Gollwitzer, Zum Problem der Gewalt in der christlichen Ethik [1972], in: Gollwitzer-AW 4, S. 100–124, bes. S. 116f; vgl. auch S. 123f: »Wenn es um den Sturz unerträglicher Staatsgewalt geht, dann wird dem alle Gewalt vom Zentrum seines Glaubens her verabscheuenden Christen die Beteiligung an revolutionärer Gewalt, die der pervertierten Staatsgewalt entgegentritt, näher liegen als der soldatische oder polizeiliche oder Untertanen-Gehorsam gegen eine nur ihrem Klasseninteresse dienende Obrigkeit. [...] Schuld am gewaltsamen Zusammenstoß zwischen Unterdrückungssystemen und revolutionären Gruppen trägt vor allem die breite Masse derjenigen, die die Unterdrückung durch Mitmachen oder Dulden und schweigende Apathie erst möglich gemacht haben, die breite Masse der Bürger und häufig auch der frommen Christen. Wer, statt die friedliche Revolution zu betreiben, nichts tut, der ist der Hauptschuldige daran, daß die Herrschenden dem unblutigen Druck nicht weichen, daß vielmehr ihre Gewalt die Gegengewalt der Unterdrückten hervorruft.«

[1012] Gollwitzer, Die kapitalistische Revolution, S. 130.

[1013] Andreas Pangritz, Helmut Gollwitzer – ein radikaler Demokrat, in: »Ich werde nicht sterben, sondern leben«, S. 69–77, hier S. 76f.

Vortrag dreht sich um die Frage nach der Bedeutung der Bergpredigt für heutige Christen.[1014] Darin wird zuerst versucht, die lutherische Zwei-Reiche-Lehre in Verbindung mit der Bergpredigt neu zu interpretieren:

> Luthers Bemühen war, den Anspruch der Bergpredigt an den Christen, den Anspruch des neuen Lebens, nicht abzuschwächen und dennoch den Christen realitätsfähig zu machen zu verantwortlichem, die Gesellschaft besserndem Handeln in der Welt. Dem diente seine Form der Zwei-Reiche-Lehre, insbesondere seine Unterscheidung von Person und Amt. [...] Luther hat nicht, wie oft dargestellt, den Christen dualistisch auseinandergerissen in eine »Christperson« und eine »Welt-« oder »Amtsperson«. Ihm ging es vielmehr gerade um die Einheit des Christen angesichts der faktischen Dualität des alten und des neuen Lebens, der Welt als des Bereichs des alten Lebens und der Kirche als des Bereichs des neuen Lebens.[1015]

Gollwitzer setzt sich mit den Vorurteilen gegen die lutherische Zwei-Reiche-Lehre auseinander und zeigt, dass die Zwei-Reiche-Lehre die Erhaltung und Besserung der alten Welt als einen Auftrag der Christen betrachtet.[1016] Die Möglichkeit, die alte Welt zu bessern, stehe »unter dem eschatologischen Vorbehalt, unter den aus menschlicher Kraft nicht aufzuhebenden Rahmenbedingungen der alten Menschheit«.[1017] Der stets neu durch die Wandlungsmacht des heiligen Geistes zur Selbstlosigkeit befreite Christ diene mit seiner von der Liebe geleiteten Vernunft in Zusammenarbeit mit anderen der Selbstzerstörung vernünftig entgegenarbeitenden Menschen den lebenserhaltenden Ordnungen in der alten Gesellschaft.[1018] Für diese Mitarbeit an der Welterhaltung sei der Christ »ausgerüstet durch das Gesetz im usus civilis seu politicus«.[1019] Weiter legt Gollwitzer das Verhältnis von Bergpredigt und Dekalog so dar: »Die Bergpredigt mit ihrer Radikalisierung des Dekalogs beschreibt einerseits die neue Möglichkeit des zu selbstlosem Dienst durch den heiligen Geist befreiten Christen, andererseits zeigt sie als schärfster Ausdruck der göttlichen Forderung dem Christen im Gewissensgericht coram Deo sein unverändertes Sündersein, seine bleibende Vergebungsbedürftigkeit (usus elenchthicus).«[1020]

Das rein individualistische Verständnis der Bergpredigt ist für Gollwitzer unhaltbar: »Jesu Wirken gilt dem ganzen Volk Israel. Er verkündigt den nahe bevorstehenden

---

[1014] Helmut Gollwitzer, Bergpredigt und Zwei-Reiche-Lehre, in: Gollwitzer-AW 4, S. 40–68, hier S. 40.
[1015] Ebd., S. 43.
[1016] Ebd., S. 43f; zu Gollwitzers Verständnis der lutherischen Zwei-Reiche-Lehre in seiner Bonner Zeit vgl. Gollwitzer, Die christliche Gemeinde in der politischen Welt (Anm. 764), S. 7–31, bes. S. 18f. u. S. 23f.
[1017] Vgl. Gollwitzer, Bergpredigt und Zwei-Reiche-Lehre, S. 44.
[1018] Vgl. ebd., S. 44.
[1019] Vgl. ebd., S. 44.
[1020] Ebd., S. 44f.

Einbruch der Gottesherrschaft als das erfüllende Heil für Israel und damit für die Menschheit. [...] Das Kommen des Heils soll Motiv für gänzliche Lebensänderung sein.«[1021] Die Bergpredigt stelle »das der Gottesherrschaft entsprechende Leben« dar,[1022] und im Matthäusevangelium sei sie als »Aufdeckung des wahren Grundsinnes der Thora (Kap. 5,17–20)« konzipiert.[1023] Hier kommt ein brüderliches Sozialverhalten ins Spiel:

> Ganz Israel ist eine von Gott gesetzte Bruderschaft. Unbrüderliches Verhalten ist also Abfall von Gott. [...] Wie die Thora auf das ganze Volksleben sich richtet, auf das Sozialverhalten der Menschen Israels und auf die Sozialordnung, so auch Jesu Predigt. [...] Jetzt, in der messianischen Zeit, in der Zeit der Verkündigung des messianischen Heils, muß uneingeschränkte Brüderlichkeit sich durchsetzen. [...] Verheißungen wie Imperativ der Bergpredigt zielen auf ein neues Sozialverhalten, also nicht so sehr auf die Introspektion im Gewissensgericht (Luther) als vielmehr auf ein brüderliches Verhalten im Dienste des bedrängten Nächsten (Mt 25,37ff.). Mit der Jüngerschar bildet Jesus eine Gruppe, die jetzt – in der messianischen Zeit als der Vorbereitungszeit auf die bald hereinbrechende Gottesherrschaft – ein neues Sozialverhalten lebt und dadurch als Licht, Salz und Sauerteig im Volksleben sich auswirken soll mit dem Ziele, daß endlich Israel als Ganzes Licht, Salz und Sauerteig unter den Völkern werde.[1024]

Aus der Bergpredigt ergibt sich ein neues Sozialverhalten, d. h. das brüderliche Sozialverhalten, und das neue Sozialverhalten hat heute eine gerechte und brüderliche Sozialordnung zur Folge.[1025] Die neue Sozialordnung baut vor allem Privilegien und die damit verbundene Gesellschaftsordnung ab. Die Bergpredigt beschreibe Bevorzugungssituationen als »Dienstgelegenheiten«, und damit greife sie die bestehenden Gesellschaftsordnungen an, die »aus Vorzügen Vorurteil machen und diese Vorteile festschreiben und vererbbar machen in der Privilegiensicherung der Klassengesellschaften«.[1026] Mit der sozialistischen Interpretation der Bergpredigt strebt Gollwitzer an, die kapitalistische Gesellschaftsordnung und ihr Privilegiensystem zu überwinden.

Beim Problem der Privilegien handelt es sich für ihn auch um die Ausübung von Staatsgewalt, weil es ohne das Bemühen um Sicherung von Privilegieninteressen keinen Staat gebe.[1027] Aber wie einst Luther ist Gollwitzer auch der Meinung, dass Jesus die weltlichen Ämter, besonders »das Amt der Rechtswahrung« nicht aufgehoben ha-

---

[1021] Ebd., S. 46f.
[1022] Vgl. ebd., S. 47.
[1023] Vgl. ebd., S. 47.
[1024] Ebd., S. 47f.
[1025] Ebd., S. 48.
[1026] Vgl. ebd., S. 49f.
[1027] Vgl. ebd., S. 50.

be.[1028] Deshalb dürfen Christen die Gewalt im Dienste des Rechts und die christliche Beteiligung an ihr bejahen.[1029] Der Fehler der ganzen traditionellen christlichen Sozialethik war, dass »diese Bejahung pauschal und abstrakt geschah, d. h. ohne Anlegung der Kriterien, die von der Bergpredigt her für jedes konkrete Recht sich ergaben«.[1030] Unter diesem Gesichtspunkt hebt Gollwitzer weiter hervor, dass sich das politische Engagement von Christen gegen das Privilegiensystem und für sozial Schwache und Unterdrückte richten solle:

> Die »göttliche Anordnung« über dem Staat, nämlich »mit Androhung und Anwendung von Gewalt für Recht und Frieden zu sorgen« (Barmen V) [...] besagt vielmehr, wofür das faktische Vorhandensein des Staates als eines Apparates, der Gewalt androhen und anwenden kann, von Gottes Liebeswillen beschlagnahmt wird: die Schwächeren vor den Stärkeren zu schützen, genauer: den Schwächeren gegen die Stärkeren zu ihrem Recht zu verhelfen und dadurch den durch die Gewalttat der Stärkeren gestörten Rechtsfrieden wiederherzustellen. »Recht« und »Frieden« sind nicht einfach vorhandene Zustände, sondern Aufgaben. Wer also am staatlichen Gewaltapparat sich aktiv beteiligt (passiv sind wir ja ohnehin alle beteiligt), wird durch die »göttliche Anordnung« in eine der historischen Hauptaufgabe des Staatswesens gegenläufige Richtung gesetzt: entgegen dem Privilegienrecht, zu dessen Gunsten der gesellschaftliche Friede mit Androhung und Anwendung von Gewalt erzwungen wird, für kritische Scheidung gemäß der Frage: Was ist im bestehenden Rechtssystem (offen oder verschleiert) Klassenrecht, und wo sind schon Elemente eines solchen Rechtes, das dem wahren Gemeinwohl dient, an dem alle gleichmäßig interessiert sind? Indem die Bergpredigt uns das »Recht des Nächsten« (Erik Wolf) zur Aufgabe macht, ist sie die inhaltliche Beratung für diese kritische Scheidung und für die Tendenz, in der wir uns in der Beteiligung am Staatsleben bewegen sollen.[1031]

In seinem Vortrag legt Gollwitzer immer wieder besonderes Gewicht auf das politische Engagement gegen das Privilegiensystem und für sozial Schwache und Unterdrückte.[1032] Unter diesem Aspekt ist die folgende Äußerung in einigen nachträglichen Bemerkungen zu diesem Vortrag sehr bemerkenswert:

[1028] Vgl. ebd., S. 51.
[1029] Ebd., S. 51f.
[1030] Ebd., S. 52.
[1031] Ebd., S. 53.
[1032] Ebd., S. 54: »Schlimm wäre es, wenn wir durch unsere Teilhabe an unserem Privilegiensystem uns bestechen ließen, es zu rechtfertigen (als angeblich unveränderbar, als Gottes Ordnung für die gefallene Welt usw.) und zu beschönigen durch Ignorierung oder Bagatellisierung seiner Brutalitäten, die die massenhaften Opfer unseres Systems mehr zu spüren bekommen als wir. [...] Die Bergpredigt [...] fordert uns auf, die Unbrüderlichkeit und Brutalität unserer Privilegienordnung unbeschönigt ins Auge zu fassen. In der Verstrickung *gegen* das Verstrickende zu arbeiten, ist die von der Bergpredigt uns gestellte Aufgabe: sowohl indem wir die uns gegebenen Spiel- und Freiräume ausnützen, um im Einzelnen, systemimmanent, zu korrigieren, was sich korrigieren läßt, wie auch durch praktische politische Beteiligung an Bestrebungen zur Überwindung des mörderischen Privilegiensystems, im Sinne der Grundregel von Mt 7,12.«

> Die Bergpredigt stellt uns zu den Armen dieser Erde, also nach links. [...] ›Links‹ bedeutet hier [...] die Tendenz der Änderung des bestehenden Privilegiensystems zugunsten der in diesem System Benachteiligten. Die Beschränkung der Bergpredigt auf den einzelnen hatte ihre Beschränkung auf das Einzelleben abseits vom politischen Leben zur Folge. [...] Die Beziehung der Bergpredigt auf das politische Leben hat eine andere Einschätzung des Gesetzes zur Folge: nicht mehr die Entgegenstellung des Gesetzes zum Evangelium, aus der die Irrelevanz der Bergpredigt für die Ordnung des Gesellschaftslebens durch Gesetze folgte, sondern die Umsetzung der Weisungen der Bergpredigt in die Gesetze der Sozialordnung.[1033]

Christen müssen zwar gemäß der Bergpredigt ihr Handeln vom Liebesgebot leiten lassen, aber sie müssen zugleich erkennen, dass die Imperative der Bergpredigt weder als buchstäblich auszuführende Handlungsvorschriften noch als abstrakte und pauschale Prinzipien aufzufassen sind.[1034] Vor diesem Hintergrund wird das Thema Staatsgewalt und Krieg weiter behandelt. Gollwitzer zufolge ist die Aufhebung des Faustrechts durch das staatliche Gewaltmonopol ein zivilisatorischer Fortschritt, den der Jünger Jesu bejahen muss, und die Erhaltung und Verbesserung des Rechtsstaates gehört zu seinen Aufgaben.[1035] Das politische Engagement von Christen für den Rechtsstaat entspringt aus dem Liebesgebot, und das gilt für ihre Beteiligung an Militär und Krieg.[1036] Aber nach den bisher entwickelten Kriterien vom gerechten Krieg habe »ein mit den heutigen Massenvernichtungsmitteln (A-B-C-›Waffen‹) geführter Krieg keine Chance, ein gerechter Krieg zu sein«.[1037] Christen können sich also an ihm nicht beteiligen. Die heutige Abschreckungstheorie gehe vom schlimmsten Fall aus, unterstelle der Gegenseite Wahnsinn und beruhe auf einer Abschreckungspsychose.[1038] Es sei die Aufgabe der christlichen Kirche, »durch ihre Verkündigung dieser Psychose entgegenzuwirken und zu einer Sanierung der Vernunft beizutragen«.[1039] Die Verwüstung der Erde sei ein gemeinsamer Feind von Ost und West, aber die atomare Rüstung verhindere, dass »es zu den gemeinsamen Anstrengungen kommt«, und »sie beschleunigt durch ihre riesenhafte Vergeudung die Verwüstung der Welt«.[1040] Hier komme »Friedensdienst ohne Waffen« ins Spiel. Er sei »als Absage an Rüstung und Kriegsbeteiligung heute ›ein deutlicheres Zeugnis des gegenwärtigen Friedensangebotes unseres Herrn‹ (Erklärung der DDR-Kirchen ›Zum Friedensdienst der Kirche‹, 1965)«.[1041]

[1033] Ebd., S. 67.
[1034] Ebd., S. 54.
[1035] Ebd., S. 55f.
[1036] Ebd., S. 56.
[1037] Vgl. ebd., S. 58.
[1038] Vgl. ebd., S. 59; dazu siehe Gollwitzer, Die Christen und die Atomwaffen, S. 24f. u. S. 37.
[1039] Vgl. Gollwitzer, Bergpredigt und Zwei-Reiche-Lehre, S. 59.
[1040] Vgl. ebd., S. 61.
[1041] Vgl. ebd., S. 62.

Abschnitt 4.4. hat erläutert, dass die marxistische Religionskritik in Gollwitzers politischer Theologie in seiner Berliner Spätzeit als Kontroverspunkt zurücktrat. Stattdessen kam die »Theologie der Revolution« in der politischen Theologie Gollwitzers zur Geltung. In *Die kapitalistische Revolution* fordert Gollwitzer die Kirche als »ein Subjekt permanenter Revolution« auf, das gesellschaftliche Privilegiensystem zu verneinen. In *Bergpredigt und Zwei-Reiche-Lehre* hebt Gollwitzer das der Gottesherrschaft entsprechende Leben hervor, bei dem es um ein brüderliches Sozialverhalten gehe.

Insgesamt lässt sich bei Gollwitzer eine zunehmende Radikalisierung der politischen Theologie in Anknüpfung an den frühen Barth beobachten. Im nächsten Kapitel soll im Vergleich dazu die »neue« politische Theologie Moltmanns untersucht werden, die ihren Ausgangspunkt ebenfalls beim frühen Barth nahm.

5. Politische Hermeneutik und Ethik der Hoffnung bei Jürgen Moltmann

5.1. Theologie der Hoffnung als politische Theologie

Mit seinem Werk *Theologie der Hoffnung* wollte Jürgen Moltmann der Christenheit ihre authentische Hoffnung für die Welt zurückgeben, und er nahm damit die von Ernst Bloch gesammelten Hoffnungen einer »Welt ohne Gott« kritisch auf, um sie mit dem »Gott der Hoffnung« (Röm 15,13) aus den jüdischen und christlichen Überlieferungen zu verbinden.[1042] Seine Hoffnungstheologie beruht auf der theologischen Entwicklung Barths in der Safenwiler Frühzeit,[1043] weshalb Barths kritische Reaktion auf *Theologie der Hoffnung* für Moltmann völlig unerwartet war.[1044] Moltmanns Antwortbrief zeigt, dass die *Theologie der Hoffnung* vom Barthschen Verständnis des Reiches Gottes in der Safenwiler Frühzeit geprägt wurde.[1045] Diese Diskussion wird in der Schlussbetrachtung ausführlich aufgegriffen. Die Theologie der Hoffnung geht von »Ansätzen einer nachbarthianischen Reich-Gottes-Theologie« aus, zu der ihr »Christoph Blumhardt und Dietrich Bonhoeffer« verholfen hatten.[1046] Sie zielte zwar ursprünglich nicht auf den Aufbau einer politischen Theologie, aber die theologischen Systeme von Moltmann und Metz konvergierten im Verlauf ihrer Entwicklung in einem Punkt, d. h. der neuen politischen Theologie. Indem Metz die Verkürzungen einer anthropologisch gewendeten Theologie kritisierte,[1047] berief er sich auf die Hoffnungstheologie als Grundlage für die neue politische Theologie.[1048] Moltmann nahm diese Richtung gern auf, weil er urteilte, dass sie ihm »sehr« entspreche.[1049] In dieser Hinsicht kann die Theologie der Hoffnung als eine politische Theologie betrachtet werden. Trotz des

---

[1042] Moltmann, Weiter Raum (Anm. 51), S. 106.
[1043] Ebd., S. 114f.
[1044] Karl Barth, Brief an Prof. Dr. Jürgen Moltmann (17.11.1964), in: Briefe 1961–1968, hrsg. v. Jürgen Fangmeier u. Hinrich Stoevesandt, Karl Barth-Gesamtausgabe, Abt. V. Briefe, Zürich 1975, S. 274–277, bes. 275f.
[1045] Jürgen Moltmann, Brief an K. Barth (4. 4.1965), in: Briefe 1961–1968, S. 558–560, hier 559f.
[1046] Moltmann, Weiter Raum, S. 103.
[1047] Metz, Zur Theologie der Welt (Anm. 1), S. 83: »Der Versuch, die ganze Theologie als Anthropologie zu lesen und zu verstehen, ist eine wichtige Errungenschaft gegenwärtiger theologischer Arbeit. Doch diese ›anthropologisch gewendete‹ Theologie bleibt so lange in Gefahr, welt- und geschichtslos zu werden, als sie nicht ursprünglicher als Eschatologie verstanden wird. Nur im eschatologischen Horizont der Hoffnung erscheint nämlich Welt als Geschichte.«
[1048] Ebd., S. 106: »*Jede eschatologische Theologie muß daher zu einer politischen Theologie als einer (gesellschafts-)kritischen Theologie werden.*«
[1049] Vgl. Moltmann, Weiter Raum, S. 157.

Unterschiedes ihrer theologischen Grundlage entwickelten Moltmann und Metz darum seit 1968 gemeinsam die neue politische Theologie.[1050]

5.1.1. Eschatologische Hoffnung und Weltveränderung

In der Einleitung von *Theologie der Hoffnung* (1964) kritisiert Moltmann vor allem die traditionelle Begriffsbestimmung von Eschatologie als »Lehre von den letzten Dingen«.[1051] Denn die sog. Endereignisse verloren »ihre weisende, aufrichtende und kritische Bedeutung für alle jene Tage, die man hier, diesseits des Endes, in der Geschichte zubrachte«, indem man sie auf den »jüngsten Tag« vertagte.[1052] Mit diesem Verständnis konnte die christliche Eschatologie keine Beziehung zu den Lehren von Kreuz und Auferstehung, Erhöhung und Herrschaft Christi aufbauen, und dies führte zur Verzerrung der eschatologischen Lehren.[1053] Moltmann verleiht der Eschatologie einen neuen Sinn: »In Wahrheit aber heißt Eschatologie die Lehre von der christlichen Hoffnung, die sowohl das Erhoffte wie das von ihm bewegte Hoffen umfaßt.«[1054] Infolgedessen verbindet sich die Eschatologie untrennbar mit der Christologie.[1055] Die Zukunft wird im Christusgeschehen mit der Gegenwart verbunden.[1056] Damit beweist christliche Hoffnung als »Auferstehungshoffnung« ihre Wahrheit »im Widerspruch der darin in Aussicht gestellten und verbürgten Zukunft der Gerechtigkeit gegen die Sünde, des Lebens gegen den Tod, der Herrlichkeit gegen das Leiden, des Friedens gegen die Zerrissenheit«.[1057]

[1050] Moltmann, Politische Theologie in ökumenischen Kontexten (Anm. 1), S. 1: »Johann Baptist Metz kam von Karl Rahner zur Politischen Theologie. Ich kam von Karl Barth an diese neue Front der Nachkriegstheologie in Deutschland.«

[1051] Jürgen Moltmann, Theologie der Hoffnung. Untersuchungen zur Begründung und zu den Konsequenzen einer christlichen Eschatologie [1964], München 1966 (5., durchgesehene Auflage), S. 11.

[1052] Ebd., S. 11.

[1053] Ebd., S. 11.

[1054] Ebd., S. 11f.

[1055] Ebd., S. 13.

[1056] Ebd., S. 13: »Alle Christusprädikate sagen nicht nur, wer er war und ist, sondern implizieren Aussagen darüber, wer er sein wird und was von ihm zu erwarten ist. Sie alle sagen: ›Er ist unsere Hoffnung‹ (Kol. 1,27). Indem sie so verheißend seine Zukunft zur Welt ankündigen, weisen sie den Glauben an ihn in die Hoffnung auf seine noch ausstehende Zukunft. Die Hoffnungssätze der Verheißung greifen der Zukunft vor. In den Verheißungen kündigt sich die verborgene Zukunft schon an und wirkt durch erweckte Hoffnung in die Gegenwart hinein.«

[1057] Ebd., S. 14.

In der Theologie der Hoffnung wird Glaube als »Grenzen überschreiten, transzendieren und im Exodus stehen« verstanden.[1058] Er kann »die in Leid, Schuld und Tod vermauerten Grenzen des Lebens nur dort überschreiten, wo sie real durchbrochen sind«, und dort »kann und muß sich der Glaube zur Hoffnung weiten«.[1059] Die Hoffnung ist nichts anderes als »die Erwartung der Dinge, die nach der Überzeugung des Glaubens von Gott wahrhaftig verheißen sind«.[1060] Das Aufeinanderwirken von Glauben und Hoffnung macht einen entscheidenden Unterschied zwischen der Hoffnung des Glaubens und einer utopischen Hoffnung: »Ohne die Christuserkenntnis des Glaubens wird die Hoffnung zur Utopie, die sich in leere Luft streckt. Ohne die Hoffnung aber verfällt der Glaube, wird er zum Kleinglauben und endlich zum toten Glauben.«[1061] Der christliche Glaube kann also »nichts mit Weltflucht, Resignation und Ausflucht zu tun« haben.[1062] Im Gegenteil widersteht er der pervertierten Welt, die als »die Welt des Todes« bezeichnet wird.[1063] Die Hoffnung des Glaubens macht die christliche Gemeinde zu »einer beständigen Unruhe« in menschlichen Gesellschaften, die sich zur »bleibenden Stadt« stabilisieren wollen, und zum »Quellort immer neuer Impulse für die Verwirklichung von Recht, Freiheit und Humanität hier im Lichte der angesagten Zukunft«.[1064]

Die Sünde der Verzweiflung ist der Hoffnung des Glaubens diametral entgegengesetzt. Wenn der Glaube für sein Leben auf die Hoffnung angewiesen ist, ist die Sünde des Unglaubens von der »Hoffnungslosigkeit« getragen.[1065] Die Hoffnungslosigkeit kann zwei Formen – Verzweiflung und Vermessenheit – annehmen. Nach Moltmann liegt die Kraft der Erneuerung des Lebens weder in der Vermessenheit noch in der Verzweiflung, sondern nur in der Hoffnung.[1066] Allein die Hoffnung sei »realistisch« zu nennen, weil nur sie mit den Möglichkeiten, die alles Wirkliche durchziehen, ernst mache.[1067] Solange die Hoffnung nicht das Denken und Handeln von Menschen umgestaltend ergreife, bleibe sie aber auf dem Kopf stehen und unwirksam.[1068] Darum

---

[1058] Ebd., S. 15.
[1059] Ebd., S. 15.
[1060] Ebd., S. 16.
[1061] Ebd., S. 16.
[1062] Ebd., S. 16.
[1063] Ebd., S. 17.
[1064] Ebd., S. 17.
[1065] Ebd., S. 18.
[1066] Ebd., S. 20.
[1067] Vgl. ebd., S. 20.
[1068] Vgl. ebd., S. 28.

müsse die christliche Eschatologie den Versuch machen, Hoffnung ins weltliche Denken und Denken in die Hoffnung des Glaubens zu bringen.[1069] Moltmann liegt viel daran, dass sich die christliche Hoffnung auf die sozialen politischen Bereiche auswirkt, weil er beweisen will, dass sie »die *Vermessenheit* in diesen Hoffnungen auf bessere Freiheit des Menschen, auf gelungenes Leben, auf Recht und Würde für den Mitmenschen, auf Beherrschung der Möglichkeiten der Natur, zerstören« werde.[1070] Aus seiner Sicht hat die Zerstörung der Vermessenheit dann zur Folge, »die *Keime der Resignation* in diesen Hoffnungen zu zerstören, die sich spätestens im ideologischen Terror der Utopien zeigen, mit denen die erhoffte Versöhnung mit dem Dasein zur erpreßten Versöhnung wird«.[1071] Damit kann die christliche Hoffnung auch den »Bewegungen geschichtlicher Veränderung« neue Impulse geben, weil diese Bewegungen in den Horizont des »novum ultimum« der Hoffnung rücken.[1072] Die Bewegungen werden »zu vorlaufenden und darin auch vorläufigen Bewegungen«, und ihre Ziele werden zu »vorläufigen, vorletzten, darum beweglichen Zielen«, indem sie ihre utopische Starrheit verlieren.[1073] Die christliche Hoffnung kann sich nicht mit der bestehenden Weltordnung abfinden und sich mit der Utopie des bestehenden Zustandes verbünden.[1074] Die christliche Eschatologie, die auf dieser Hoffnung beruht, strebt auf dem Feld der Geschichte und der ganzen Wirklichkeit in der Welt »den intellectus fidei et spei« an, und dies ermögliche »ein schöpferisches Handeln aus Glauben«.[1075]

5.1.2. Die Eschatologie der Offenbarung

In *Theologie der Hoffnung* versucht Moltmann, eine kopernikanische Wende der Theologie einzuleiten, indem er den hermeneutischen Horizont der Eschatologie erweitert. Sein Reich-Gottes-Verständnis geht zwar von Barths Lehre von der Königsherrschaft Christi aus, aber es strebt an, über diese Lehre hinauszugehen. Moltmann übt vor allem Kritik am transzendental-eschatologischen Ansatz Barths:

Programmatisch heißt es in der 2. Auflage des »Römerbriefs« bei *Karl Barth* 1921: »Christentum, das nicht ganz und gar und restlos Eschatologie ist, hat mit Christus ganz und gar und restlos nichts zu tun.« Was aber heißt hier

---

[1069] Vgl. ebd., S. 28.
[1070] Vgl. ebd., S. 28.
[1071] Ebd., S. 29.
[1072] Ebd., S. 29.
[1073] Ebd., S. 29.
[1074] Ebd., S. 29.
[1075] Vgl. ebd., S. 30.

»Eschatologie«? Nicht die Geschichte, die stumm und unabsehbar weiterläuft, bringt die eschatologische Zukunftshoffnung in eine Krise, wie Albert Schweitzer sagte, sondern umgekehrt bringt nun das transzendental einbrechende Eschaton jede Geschichte des Menschen in ihre letzte Krise. Damit aber wird das Eschaton zur transzendentalen Ewigkeit, zum transzendentalen Sinn aller Zeiten, allen Zeiten der Geschichte gleich nah und ferne.[1076]

Nach Moltmann ist Offenbarung Gottes im Zusammenhang mit der Verheißung zu verstehen.[1077] Das Christentum verlor aber bei seiner Transformation in die griechische Kultur »seine beunruhigende, kritische Kraft eschatologischer Hoffnung«.[1078] Deshalb müsse die konventionelle Offenbarungstheologie durch die eschatologische Hoffnung ergänzt werden. Die Offenbarung Gottes ist »eschatologisch [...] im Verheißungs- und Erwartungshorizont der Zukunft der Wahrheit« zu verstehen.[1079] Trotz der Bemühungen der Reformatoren, Offenbarung von Verheißung her zu verstehen, entstand der Dualismus von Vernunft und Offenbarung, und die theologische Rede von Offenbarung wurde zunehmend irrelevant für das Erkennen und den Umgang des Menschen mit der Wirklichkeit. Daraus ergibt sich für Moltmann die Aufgabe, das jeweilige Welt- und Selbstverständnis des Menschen »in den eschatologischen Horizont der Offenbarung als Verheißung der Wahrheit« hineinzunehmen.[1080]

Moltmann bezeichnet Barths und Bultmanns Eschatologie als »transzendentale Eschatologie«.[1081] Unabhängig davon, ob ihre Eschatologie so genannt werden kann,[1082] fallen damit Offenbarung und Eschaton jeweils zusammen in jenem Punkt, »der als Gottes oder des Menschen ›Selbst‹ bezeichnet wird«, und Offenbarung wird zur »Apokalypse der transzendenten Subjektivität Gottes oder des Menschen«.[1083] Die trans-

---

[1076] Ebd., S. 33; vgl. Römerbrief 2, S. 430: »Direkte Mitteilung von Gott ist keine Mitteilung von *Gott*. Christentum, das nicht ganz und gar und restlos Eschatologie ist, hat mit *Christus* ganz und gar und restlos nichts zu tun. Geist, der nicht in jedem Augenblick der Zeit aufs neue Leben aus dem Tode ist, ist auf alle Fälle nicht der *heilige* Geist. ‹Denn was sichtbar ist, das ist zeitlich› (2. Kor. 4,18).«
[1077] Moltmann, Theologie der Hoffnung, S. 34.
[1078] Ebd., S. 35.
[1079] Ebd., S. 37. In *Theologie der Hoffnung* verwendet Moltmann den Begriff des Horizontes im Sinne Hans-Georg Gadamers (ebd., S. 95 u. S. 173). Siehe Hans-Georg Gadamer, Hermeneutik I: Wahrheit und Methode. Grundzüge einer philosophischen Hermeneutik [1960], Hans-Georg Gadamer-Gesammelte Werke, Bd. 1, Tübingen ⁶1990, S. 307–312 u. S. 379ff.
[1080] Moltmann, Theologie der Hoffnung, S. 37.
[1081] Ebd., S. 39.
[1082] Zu Barths Verständnis von Offenbarung vgl. Karl Barth, Das christliche Verständnis der Offenbarung (ThEx NF 12), München 1948, S. 5f; zu Bultmanns Verständnis von Offenbarung vgl. Rudolf Bultmann, Der Begriff der Offenbarung im Neuen Testament [1929], in: ders., Glauben und Verstehen. Gesammelte Aufsätze, 3. Bd., Tübingen ³1965, S. 1–34, bes. S. 2f.
[1083] Moltmann, Theologie der Hoffnung, S. 39.

zendentale Eschatologie wird von Moltmann auf die Philosophie des deutschen Idealismus zurückgeführt. Um diesem philosophischen System zu entkommen, bemüht er sich, »diese Abstraktionsprodukte moderner Negation von Geschichte wieder flüssig zu machen und als geschichtliche Gestalten des Geistes in einem eschatologischen Prozeß zu verstehen, der durch die Verheißung aus Kreuz und Auferstehung Christi in Hoffnung und in Gang gehalten wird«.[1084] Moltmann bezeichnet seine Eschatologie als »Eschatologie der Offenbarung«, d. h. die Offenbarung des auferstandenen Christus ist keine Gestalt der griechischen Epiphanie der ewigen Gegenwart, sondern nötigt zu »einem Verständnis von Offenbarung als Apokalypsis verheißener Zukunft der Wahrheit«.[1085] Die Offenbarung erkennt und verkündigt auf Grund der Ostererscheinungen des Auferstandenen »die Identität des Auferstandenen mit dem Gekreuzigten«.[1086] Moltmann stellt dabei klar, dass der Auferstandene den Osterzeugen nicht der »Verewigte«, sondern der »Kommende« ist, – anders ausgedrückt, dass er nicht in zeitloser Ewigkeit ist, sondern in seiner kommenden Herrschaft sein wird.[1087] Um für seine These zu argumentieren, werden Sätze aus Barths Versöhnungslehre (KD IV/3) angeführt.[1088] Die Zukunft Jesu Christi ist nicht nur die Enthüllung eines Verborgenen, sondern auch die Erfüllung eines Verheißenen, weil sich der Glaube hoffend und erwartend auf »die Offenbarung dessen, was er in Christus schon verborgen gefunden hat« bezieht.[1089] Aus dem Verständnis der Offenbarung als Verheißung entsteht eine neue Identität der Christen:

Der Mensch, der von dieser Offenbarung Gottes in Verheißung betroffen wird, wird identifiziert – als das, was er ist – und zugleich differenziert – als das, was er sein wird. Er kommt zu »sich selbst«, aber in Hoffnung, denn er ist noch nicht dem Widerspruch und dem Tod entnommen. Er findet zum Leben, aber verborgen in der verheißenen, noch nicht erschienenen Zukunft Christi. So wird der Glaubende wesentlich zum Hoffenden. Er ist »sich

---

[1084] Ebd., S. 43.
[1085] Ebd., S. 74f.
[1086] Ebd., S. 75.
[1087] Ebd., S. 77.
[1088] Ebd., S. 77; vgl. Karl Barth, Die Kirchliche Dogmatik, 4. Bd.: Die Lehre von der Versöhnung, 3. Teil [= KD IV/3], 1. Hälfte, Zollikon-Zürich 1959, S. 377f: »Er [= Jesus Christus] selbst begegnet uns hier auch in dem konkreten Sinn als Lebendiger, daß er [...] sich offenbar gerade hier in Bewegung, auf seinem Weg als gottmenschlicher Mittler, im Ausschreiten von seinem Anfang her zu dem in ihm schon beschlossenen und angezeigten Ziel befindet. [...] Als Offenbarer seines Werkes ist er selbst noch nicht an seinem Ziel, geht ihm vielmehr selbst erst entgegen: von seinem Anfang in der Offenbarung seines Lebens her entgegen dem Ziel seiner noch nicht geschehenen Offenbarung des in seinem Leben beschlossenen Lebens aller Menschen, der ganzen Kreatur, ihres Lebens als neue Schöpfung auf einer neuen Erde unter einem neuen Himmel. [...] In diesem Abschluß seiner Wiederkunft ist er sich selbst noch Zukunft.«
[1089] Moltmann, Theologie der Hoffnung, S. 77f.

selbst« noch Zukunft und ist sich verheißen. Seine Zukunft hängt ganz und gar am Ausgang des Prozesses des Auferstandenen, denn er hat seine Zukunft auf die Zukunft Christi gesetzt.[1090]

Die christliche Hoffnung ist nicht mit der positivistischen Weltanschauung, die in der modernen Gesellschaft herrscht, zu verbinden. Denn sie kann nur dann in der Liebe wirksam werden, wenn die Welt selber »alles Möglichen voll« ist.[1091] Unter diesem Aspekt kann die christliche Theologie den modernen hermeneutischen Horizont überwinden, indem sie die geschichtliche Gestalt und Bedeutung des Positivismus und die Endlichkeit seines Erkenntnishorizontes aufdeckt.[1092]

5.1.3. Kapitalismuskritisches Bewusstsein und politische und soziale Veränderungen

Das letzte Kapitel der *Theologie der Hoffnung* wendet sich der Frage nach dem »*eschatologischen Verständnis der Christenheit in der modernen Gesellschaft*« zu.[1093] Auf der Grundlage von Hegels Analyse der bürgerlichen Gesellschaft befasst sich Moltmann zunächst mit dem Einfluss der neuzeitlichen Entwicklung der Gesellschaft auf die Kirche:

> Die moderne Gesellschaft aber hat ihr Wesen und ihre Kraft gerade durch ihre Emanzipation von dieser religiösen Mitte gewonnen. Als einer der ersten hat *Hegel* die Entstehung der neuzeitlichen, emanzipierten und alle Herkunftsmächte zerstörenden Gesellschaft erkannt und der englischen Nationalökonomie zufolge ein »System der Bedürfnisse« analysiert. [...] Das bedeutet, daß diese Gesellschaft im Gegensatz zu allen vorangehenden sich auf diejenigen sozialen Beziehungen beschränkt, die die Einzelnen in der Bedürfnisbefriedigung durch geteilte Arbeit miteinander verbinden. Menschen assoziieren sich hier notwendig lediglich als Träger von Bedürfnissen, als Produzenten und Konsumenten.[1094]

[1090] Ebd., S. 80.
[1091] Ebd., S. 81.
[1092] Ebd., S. 82: »Die christliche Theologie wird sich also nicht abfinden können, sondern wird sich lösen müssen von der kosmologisch-mechanistischen Denkweise, wie sie in den positivistischen Wissenschaften vorliegt; im Positivismus der wissenschaftlichen Entzauberung der Welt, mit welchem die Welt nicht nur ›gottlos‹ wird, wie Max Weber sagte, sondern auch eine Welt ohne Alternative und ohne Möglichkeiten und ohne Zukunft wird, und in den versachlichten und institutionalisierten Verhältnissen der wissenschaftlichen Zivilisation der modernen Gesellschaft, welcher ebenfalls mit der Zukunft auch ihre eigene Geschichtlichkeit verloren zu gehen droht.«
[1093] Ebd., S. 280.
[1094] Ebd., S. 283; vgl. G. W. F. Hegel, Grundlinien der Philosophie des Rechts oder Naturrecht und Staatswissenschaft im Grundrisse. Mit Hegels eigenhändigen Notizen und den mündlichen Zusätzen, G. W. F. Hegel-Werke 7, Frankfurt a. M. 1970, S. 346.

Moltmanns Kritik an der Entwicklung der bürgerlichen Gesellschaft richtet sich vor allem gegen die moderne Subjektivität.[1095] Denn die christliche Kirche büßte durch diese Entwicklung ihren Charakter als »cultus publicus« ein und wurde zum »cultus privatus«.[1096] Sie gewinnt zwar unendliche Variationsmöglichkeiten, aber sie sind nichts anderes als »Möglichkeiten der Selbstbewegung und Selbstentfaltung im modus der allgemeinen gesellschaftlichen Stilllegung des Christlichen als des Religiösen«.[1097] Darum verurteilt Moltmann die neuen Rollen der Christenheit, die die industrielle Gesellschaft von ihr verlangt.

Die erste und wichtigste soziale Rolle ist »Religion als Kult der Subjektivität«. Sie besteht in »der transzendenten Bestimmung der neuen, freigesetzten Subjektivität«.[1098] In der bürgerlichen Gesellschaft beschränkt sich die Religion in erster Linie auf »die Rettung und Wahrung personaler, individueller und privater Humanität«.[1099] An die Stelle der kosmologischen Metaphysik trat eine »Metaphysik der Subjektivität«,[1100] in der die gegenständliche Welt der Planung durch das menschliche Subjekt unterworfen ist. Infolgedessen entstand eine Theologie, »die den in den gesellschaftlichen Verhältnissen belanglos gewordenen Kult des Absoluten als transzendenten Hintergrund der neuzeitlichen Existenz pflegt«.[1101] In der bürgerlichen Gesellschaft wirken die moderne Metaphysik der Subjektivität und der christliche Glaube wechselseitig aufeinander

---

[1095] Moltmann, Theologie der Hoffnung, S. 284: »Mit der bürgerlichen Gesellschaft wird über dem System der Bedürfnisse und der Arbeitsteilung notwendigerweise die ›Privatperson, welche ihr eigenes Interesse zu ihrem Zwecke hat‹, zum Bürger (citoyen) und zum Subjekt dieser Gesellschaft. Das Individuum wird zum ›Sohn der bürgerlichen Gesellschaft‹. So kommt die revolutionäre Idee der Freiheit aller Menschen aus der französischen Revolution mit der Geburt der modernen Arbeitsgesellschaft aus der industriellen Revolution zum Zug. [...] Die moderne Subjektivität, in welcher heute individuelles und persönliches Menschsein erfahren wird, ist ein Resultat der Entlastung durch die Versachlichung des Gesellschaftsverkehrs.«

[1096] Ebd., S. 286.

[1097] Ebd., S. 286.

[1098] Ebd., S. 287.

[1099] Ebd., S. 287; zur »Privatisierungstendenz« der modernen Theologie vgl. Metz, Zur Theologie der Welt, S. 100ff.

[1100] Moltmann übernimmt den Terminus Metaphysik der Subjektivität von Heidegger. Siehe Martin Heidegger, Nietzsches Wort »Gott ist tot« (1943), in: ders., Holzwege, Martin Heidegger-Gesamtausgabe, I. Abteilung: Veröffentliche Schriften 1914–1970, Bd. 5, Frankfurt a. M. 1977, S. 209–267, bes. S. 257: »Das Bewußtmachen ist ein notwendiges Instrument des Wollens, das aus dem Willen zur Macht will. Es geschieht hinsichtlich der Vergegenständlichung in der Gestalt der Planung. Es geschieht im Bezirk des Aufstandes des Menschen in das Sichwollen durch das fortgesetzte Zergliedern der historischen Situation. Metaphysisch gedacht ist die Situation stets die Station der Aktion des Subjekts. Jede Analyse der Situation gründet, ob sie es weiß oder nicht, in der Metaphysik der Subjektivität.«

[1101] Moltmann, Theologie der Hoffnung, S. 288.

ein.[1102] Der christliche Glaube wird also »transzendent gegenüber jedem sozial mitteilbaren Sinnzusammenhang«.[1103] Die christliche Ethik vermag »keine sachbezogenen ethischen Weisungen mehr für das politische und soziale Leben zu erteilen«, und die christliche Nächstenliebe wird nichts mehr mit dem Recht und der Gesellschaftsordnung zu tun haben.[1104] Damit drohe diese Theologie zur religiösen Ideologie der romantischen Subjektivität zu werden, zur Religion im Raume der sozial entlasteten Individualität.[1105]

Die zweite Rolle der Christenheit ist »Religion als Kult der Mitmenschlichkeit«.[1106] Sie besteht in »der transzendenten Bestimmung der Mitmenschlichkeit als Gemeinschaft«.[1107] Seit Beginn der industriellen Revolution suchten die neuzeitlichen Romantiker, durch den Gedanken der Gemeinschaft das Problem der Entfremdung des Menschen zu lösen. Sie fassten Gesellschaft als »eine gemachte, willkürliche, organisierte, zweck- und sachvermittelte Übereinkunft von Menschen« und »Pseudogemeinschaft«.[1108] Sie setzten ihr den Gedanken der Gemeinschaft entgegen. Nach Moltmann liegt dieser Gedanke dem *Kommunistischen Manifest* von Marx und Engels zugrunde.[1109] Aber dieses Ideal der Gemeinschaft büßte im Fortschritt der industriellen Gesellschaft seine revolutionäre Kraft ein und wurde in das industrielle System integriert.[1110] In der spätkapitalistischen Gesellschaft ist das soziale und politische Engagement der Kirche darum nicht mehr von großer Relevanz.

Die dritte Rolle der Christenheit ist »Religion als Kult der Institution«.[1111] Sie liegt in »der Institution mit allem, was an Öffentlichkeit und öffentlichen Ansprüchen damit verbunden ist«.[1112] Nach Moltmann konsolidiert sich die Industriegesellschaft in den hochindustrialisierten Ländern wieder in neuen Institutionen, die den Menschen vom permanenten Entscheidungsdruck entlasten.[1113] Die Institutionalisierung des öffentlichen Lebens bewirkt in diesen Ländern »den überall spürbaren Ideologieschwund«,

---

[1102] Ebd., S. 289.
[1103] Ebd., S. 289.
[1104] Ebd., S. 290.
[1105] Vgl. ebd., S. 292.
[1106] Ebd., S. 292.
[1107] Ebd., S. 292.
[1108] Ebd., S. 292.
[1109] Ebd., S. 292f.
[1110] Ebd., S. 294.
[1111] Ebd., S. 296.
[1112] Ebd., S. 296.
[1113] Ebd., S. 296f.

und ideologische Zielsetzungen und Sinngebungen des Lebens wurden »beliebig und privat«.[1114] Diese sozialen Umstände wirken sich in der christlichen Theologie negativ aus, und so entsteht »die religiöse Verhaltensweise der institutionalisierten Unverbindlichkeit«.[1115] Dagegen arbeitet Moltmann die Relation des theologischen Selbstverständnisses des christlichen Glaubens zum sozial Selbstverständlichen heraus, denn nur »wo dieser Zusammenhang kritisch ins Bewusstsein gehoben wird, kann diese Symbiose gelöst werden und das Eigene des christlichen Glaubens im Konflikt mit den gesellschaftlichen Selbstverständlichkeiten zum Ausdruck kommen«.[1116] Dadurch befreit sich die Christenheit von ihren gesellschaftlichen Rollen. Dies führt zum Widerstand der Christenheit gegen die institutionelle Stabilisierung der Verhältnisse in der spätkapitalistischen Gesellschaft.[1117]

Das soziale und politische Engagement der Kirche in *Theologie der Hoffnung* geht vom kritischen Bewusstsein gegenüber der spätkapitalistischen Gesellschaft aus. Damit kommt das Thema des Verhältnisses von Reich Gottes und Veränderung der Gesellschaftsordnung zur Sprache. Nach Moltmann orientiert sich die christliche Gemeinde im Neuen Testament als »eschatologische Heilsgemeinde« an ihrer Sammlung und Sendung in einem eschatologischen Erwartungshorizont.[1118] Sie hat ihr Wesen als Leib Christi nur, »wo sie in konkreten Diensten der Sendung in die Welt gehorsam ist«.[1119] »Kirche für die Welt« heißt aber nicht ideenlose Solidarität und hoffnungslose Mitmenschlichkeit, sondern »Dienst an der Welt und Wirken in der Welt dort und so, wo und wie Gott es will und erwartet«.[1120] Im Erwartungshorizont des Reiches Gottes ist ihre Sendung an ihrem sozialen und politischen Engagement für die Erneuerung der Welt erkennbar, das sich auf Recht, Leben, Humanität und Sozialität bezieht:

Diese Sendung erfolgt nicht im Erwartungshorizont der sozialen Rollen, die die Gesellschaft der Gemeinde zubilligt, sondern geschieht in dem ihr eigenen eschatologischen Erwartungshorizont des kommenden Reiches Gottes, der kommenden Gerechtigkeit und des kommenden Friedens, der kommenden Freiheit und Würde des Menschen. [...] Darum kann »Kirche für die Welt« nichts anders heißen, als »Kirche für das Reich Gottes« und die Erneuerung der Welt. Das geschieht so, daß die Christenheit die Menschlichkeit, und konkret die Gemeinde die Gesellschaft, mit der sie lebt, in ihren Erwartungshorizont eschatologischer Erfüllung von Recht, Leben, Hu-

---

[1114] Ebd., S. 297.
[1115] Ebd., S. 298.
[1116] Ebd., S. 298f.
[1117] Ebd., S. 299.
[1118] Ebd., S. 300; zum Begriff der eschatologischen Heilgemeinde vgl. Otto Weber, Grundlagen der Dogmatik, 2. Bd., Neukirchen-Vluyn ⁵1977, S. 567.
[1119] Moltmann, Theologie der Hoffnung, S. 301f.
[1120] Ebd., S. 302.

manität und Sozialität hineinnimmt und in ihren eigenen geschichtlichen Entscheidungen ihr Offenheit, Bereitschaft und Elastizität für diese Zukunft vermittelt.[1121]

Das soziale und politische Engagement der Kirche geschieht erst in der missionarischen Verkündigung des Evangeliums. Aber damit ist keineswegs eine Ausbreitung ihres Herrschaftsanspruchs oder eine Rückgewinnung jener Privilegien aus dem Kult des Absoluten verbunden.[1122] Es geht durchaus um die Realisierung der Herrschaft Gottes in der Welt und die damit verbunden sozialen Veränderungen. Diese Veränderungen werden aber wie folgt dargestellt:

> Die naheherbeigekommene Gottesherrschaft tritt mit der Auferstehung Christi in den Prozeß ihrer Realisierung ein, indem Juden und Heiden, Hellenen und Barbaren, Knechte und Freie zum Glaubensgehorsam kommen und darin zur eschatologischen Freiheit und Menschenwürde gelangen. Nimmt man diesen prophetischen eschatologischen Hintergrund ernst, auf dem sich die Verkündigung des Evangeliums durch die Christenheit erhebt, so muß auch das Ziel der christlichen Sendung deutlich werden. [...] Das bedeutet nicht Seelenheil, individuelle Rettung aus der bösen Welt, Trost im angefochtenen Gewissen allein, sondern auch Verwirklichung eschatologischer *Rechtshoffnung*, *Humanisierung* des Menschen, *Sozialisierung* der Menschheit, *Frieden* der ganzen Schöpfung.[1123]

Damit kann die Christenheit »die ihr zugemuteten religiösen Entlastungsfunktionen an einer sich selbst überlassenen Gesellschaft überwinden und neue Impulse für die Gestaltung des öffentlichen, gesellschaftlichen und politischen Lebens der Menschen gewinnen«.[1124]

Weil die Hoffnung und Erwartung der kommenden Herrschaft Christi das Leben, Handeln und Leiden in der Gesellschaftsgeschichte prägt, bedeutet »Sendung« nicht nur Ausbreitung des Glaubens und der Hoffnung, sondern auch »geschichtliche Veränderung des Lebens«.[1125] Aus Moltmanns Sicht sind Gerechtigkeit und Frieden des Reiches Gottes Verhältnisbegriffe und betreffen auch die Verhältnisse der Menschen untereinander.[1126] Die Berufung zur Nachfolge Christi bedeutet darum »die Berufung zur Mitarbeit am Reiche Gottes«.[1127] An dieser Stelle übernimmt Moltmann von Ernst Wolf den Begriff »schöpferische Nachfolge« und von Wolfhart Pannenberg den Be-

---

[1121] Ebd., S. 302.
[1122] Ebd., S. 302.
[1123] Ebd., S. 303.
[1124] Ebd., S. 303.
[1125] Ebd., S. 304.
[1126] Ebd., S. 304.
[1127] Ebd., S. 307

griff »schöpferische Liebe«.[1128] Der Mensch habe sich von der industriellen Revolution entfremdet, und er sei darum bestrebt gewesen, das Problem »Mensch und Gesellschaft« oder »Freiheit und Entfremdung« durch einen »Humanismus von der transzendentalen Subjektivität« oder durch »transzendentale Reflexion« zu lösen.[1129] Das Problem der Entfremdung des Menschen in der kapitalistischen Gesellschaft könne nur durch die Hoffnung und den daran gebunden Erwartungshorizont gelöst werden.[1130] Die *Theologie der Hoffnung* bringt ein kapitalismuskritisches Bewusstsein zum Ausdruck und fordert entsprechende politische und soziale Veränderungen. Zum letzten Punkt ist noch auf den Ansatz der politischen Theologie als politischer Hermeneutik hinzuweisen. Für Moltmann geht es bei der Auferstehungshoffnung auch um »ein neues Weltverständnis«.[1131] Die epistemologische Wende des Verständnisses der Welt wird auf dem »Erwartungshorizont, der diese Welt transzendiert«, durchgeführt, und das neue Weltverständnis ruft das politische Engagement von Christen für die wesentliche Veränderung der bestehenden Welt hervor:

Die Welt ist noch nicht fertig, sondern wird als in Geschichte befindlich begriffen. Sie ist darum die Welt des Möglichen, in der man der zukünftigen verheißenen Wahrheit, Gerechtigkeit und dem Frieden dienen kann. Es ist die Zeit der Diaspora, der Saat auf Hoffnung, der Hingabe und des Opfers, denn diese Zeit steht im Horizont einer neuen Zukunft. So wird die Entäußerung in diese Welt, die alltägliche hoffende Liebe möglich und wird menschlich in jenem Erwartungshorizont, der diese Welt transzendiert. [...] Ihr den Horizont der Zukunft des gekreuzigten Christus zu eröffnen, ist die Aufgabe der christlichen Gemeinde.[1132]

Indem sich der erkenntnistheoretische Horizont auf dem politischen Gebiet erweitert, beginnt eine politische Hermeneutik.

Wie in Abschnitt 5.1. dargelegt, verbindet Moltmann in *Theologie der Hoffnung* die Eschatologie mit der Christologie, indem er die Eschatologie als »die Lehre von der christlichen Hoffnung« definiert. Auf dieser Basis bekräftigt seine Theologie der Hoffnung, dass das Problem der Entfremdung des Menschen in der kapitalistischen Gesellschaft nur durch die Hoffnung und den daran gebunden Erwartungshorizont gelöst

---

[1128] Ebd., S. 308; vgl. Ernst Wolf, Schöpferische Nachfolge, in: Friedrich Karrenberg/Wolfgang Schweitzer (Hg.), Spannungsfelder der evangelischen Soziallehre. Aufgaben und Fragen vom Dienst der Kirche an der heutigen Gesellschaft, Hamburg 1960, S. 26–38, bes. S. 36, u. Wolfhart Pannenberg, Zur Theologie des Rechtes, ZEE 7 (1963), S. 1–23, bes. 1ff. u. 20ff.

[1129] Vgl. Moltmann, Theologie der Hoffnung, S. 309.

[1130] Vgl. ebd., S. 311.

[1131] Ebd., S. 312.

[1132] Ebd., S. 312.

werden könne. Im nächsten Abschnitt soll untersucht werden, wie sich die Theologie der Hoffnung zur Theologie der Revolution und Theologie der Befreiung verhält.

5.2. Christliche Hoffnung und demokratischer Sozialismus

5.2.1. Hoffnung und Revolution

Das soziale und politische Engagement der Kirche für die befreiende Veränderung der pervertierten kapitalistischen Gesellschaftsordnung ist in *Theologie der Hoffnung* selbstverständlich. An dieser Stelle kann man die Frage stellen, in welchem Zusammenhang diese Veränderung mit dem Begriff der Revolution in Barths und Gollwitzers Theologien steht. Der Vortrag, den Moltmann zur Eröffnung der Christlichen Weltstudentenkonferenz in Turku vom 22. bis 31. Juli 1968 hielt, zeigt, dass seine Theologie der Hoffnung und der Linksbarthianismus den gleichen theologischen Ansatz der sozialen Revolution teilen. Diese Konferenz nahm das Thema der unmittelbar vorangegangenen Vollversammlung des Ökumenischen Rates der Kirchen in Uppsala »Siehe, ich mache alles neu« auf.[1133] Hier trug Moltmann seine sieben Thesen zu *Gott in der Revolution* vor.

»These 1: Wir leben in einer revolutionären Situation. Wir werden in Zukunft Geschichte immer mehr als Revolution erfahren. Wir können die Zukunft des Menschen nur noch revolutionär verantworten.«[1134]

[1133] Jürgen Moltmann, Gott in der Revolution [1968], in: Feil/Weth, Diskussion zur »Theologie der Revolution«, S. 65–81, hier S. 65. Vom 04. bis 20. Juli 1968 fand die 4. Vollversammlung des Ökumenischen Rates der Kirchen in Uppsala statt. Wegen der Christlichen Weltstudentenkonferenz in Turku konnte Moltmann nicht an dieser Vollversammlung teilnehmen, während Gollwitzer daran teilnahm. Moltmann glaubte, dass aufgrund von »Genf 1966« und neben »Uppsala 1968« das die entscheidende Frage sei, ob es ein dem Christentum selbst immanentes revolutionäres Potential gibt, das man entdecken kann, das man bewusst machen und in gesellschaftliche Praxis umsetzen kann, und dass diese Studentenkonferenz auf diese Frage eine Antwort geben sollte (ebd., S. 69; zum Zusammenhang von »Genf 1966« und »Uppsala 1968« vgl. Gollwitzer, Die Weltverantwortung der Kirche in einem revolutionären Zeitalter, S. 69). Nach der Rückkehr von Uppsala trug Gollwitzer auf Synode der EKD zur *Weltverantwortung der Kirche in einem revolutionären Zeitalter* am 08. Oktober 1968 ein Referat vor, das sich mit den Konsequenzen von Uppsala beschäftigt. Seine Schrift *Die reichen Christen und der arme Lazarus* (Anm. 915) wurde als Entwurf dieses Referats begonnen.

[1134] Moltmann, Gott in der Revolution, S. 65; Unter Revolution versteht Moltmann »eine Veränderung in den Grundlagen eines ökonomischen, politischen, moralischen und seelischen Systems« (siehe ebd., S. 66).

Moltmann ist davon überzeugt, dass man die Herausforderungen des revolutionären Zeitalters an wenigstens drei Stellen findet: den antikolonialistischen und antiimperialistischen Befreiungskämpfen in Asien, Afrika und Südamerika, der technischen Revolution und der 68er Studentenbewegung.[1135] Aber in dieser Welt findet sich noch »eine Diskrepanz zwischen Möglichkeit und Wirklichkeit, zwischen Zukunft und Gegenwart«.[1136] Die Welt ist eine »Welt nicht realisierter, aber realisierbarer Menschlichkeit«, und ihre globalen Probleme, z. B. Hunger, Überbevölkerung, können nur dadurch gelöst werden, dass »Systeme, die die Realisierung dieser Möglichkeiten verhindern, von Grund auf geändert werden«.[1137] Um die Zukunft des Menschen revolutionär zu verantworten, müssen die Christen wissenschaftliche Theorien mit dem Imperativ zur Veränderung der Wirklichkeit prüfen, weil wissenschaftliche Erkenntnisse erst dann ein Mittel zur Selbstbefreiung des Menschen von undurchschauten Abhängigkeiten seien, wenn sie in der Verantwortung vor einer humaneren Zukunft angewendet werden.[1138] Geschichte heute revolutionär zu verantworten, heiße, »die Einheit von Erkennen und Handeln« zu finden.[1139]

»These 2: Durch die neue revolutionäre Situation ist das Christentum in eine fundamentale Identitätskrise geraten. Kirchen und Christen können ihr wahres Selbstbewußtsein nur wiederfinden, wenn sie die eigene religiöse Entfremdung und die von ihnen ausgehende Verhinderung der freien Selbstverwirklichung des Menschen überwinden.«[1140]

Theologie der Revolution ist für Moltmann »eine Laientheologie der leidenden und kämpfenden Christen in der Welt«.[1141] Sie zielt auf das revolutionäre Wirken der Christen und eine fundamentale Reform der Kirche und ist von einem dem Christentum selbst immanenten revolutionären Potential überzeugt.[1142] Um dieses Potential in gesellschaftliche Praxis umsetzen zu können, müsse der christliche Glaube seine Identitätskrise überwinden. In einer tiefen Diskrepanz zwischen der bisher verwirklichten

---

[1135] Ebd., S. 65f; Gollwitzer und Moltmann teilen eine gemeinsam Epistemologie von einem revolutionären Zeitalter. Zur Epistemologie Gollwitzers vgl. Gollwitzer, Die Weltverantwortung der Kirche in einem revolutionären Zeitalter (Anm. 916), S. 70.
[1136] Moltmann, Gott in der Revolution, S. 67.
[1137] Ebd., S. 67.
[1138] Vgl. ebd., S. 68.
[1139] Vgl. ebd., S. 68.
[1140] Ebd., S. 68.
[1141] Ebd., S. 68.
[1142] Ebd., S. 69.

Form des Christentums und seinen nicht realisierten Möglichkeiten suchten Christen nach »einem freien Glauben, der mit Hoffnung auf die Zukunft verbunden ist«, und der »Gemeinschaft mit dem gekreuzigten Menschensohn, der in den Hungernden, Nackten, Gefangenen und Rechtlosen auf die Taten der Gerechten wartet«.[1143]

»These 3: Aus der eschatologischen und messianischen Tradition der Hoffnung kann es zu einer Wiedergeburt des christlichen Glaubens in der revolutionären Gegenwart kommen.«[1144]

Die dritte These enthält eine Kritik an der modernen Erkenntnistheorie. In der Weltanschauung der Neuzeit werde der Mensch zum Herrn der Natur und zum Herrn seiner eigenen Geschichte.[1145] »Zukunft« bedeute für ihn Möglichkeit und Freiheit und die Chance des Neuen.[1146] Die neuzeitliche Ausrichtung auf mögliche, freie und neue Zukunft habe die vertrauten religiösen Vorstellungen des Glaubens in eine tiefe Krise gebracht und sei der Ansatzpunkt der modernen Religionskritik.[1147] Im Gegensatz zu dieser Erkenntnis hebt Moltmann die Hoffnung als »das dem Christentum immanente revolutionäre Potential« auf dem politischen Gebiet hervor.[1148] Das Christentum könne auf diese neue Weltsituation »nur durch Selbstbesinnung auf die eigene [...] prophetische Hoffnung« antworten, und das sei das dem Christentum immanente revolutionäre Potential.[1149] Moltmann bezeichnet die revolutionäre Eigenart des christlichen Glaubens als »Radikales Christentum«.[1150]

»These 4: Das neue Kriterium der Theologie und des Glaubens liegt in der Praxis.«[1151]

Die vierte These setzt ein kritisches Verständnis der neuzeitlichen Kirchengeschichte voraus, da sich die christliche Tradition der Hoffnung auf den kommenden Gott und die neue Schöpfung in der Vergangenheit nicht immer an das neuzeitliche Wahrheits-

---

[1143] Ebd., S. 70.
[1144] Ebd., S. 70.
[1145] Vgl. ebd., S. 70.
[1146] Vgl. ebd., S. 70.
[1147] Vgl. ebd., S. 71.
[1148] Ebd., S. 71.
[1149] Vgl. ebd., S. 71.
[1150] Ebd., S. 72.
[1151] Ebd., S. 73.

kriterium der Praxis gehalten habe.[1152] Darum nimmt Moltmann die marxistische Religionskritik positiv auf: »Das Ziel der Religionskritik von Marx war der kategorische Imperativ, ›alle Verhältnisse umzuwerfen, in denen der Mensch ein erniedrigtes, ein geknechtetes, ein verlassenes, ein verächtliches Wesen ist‹. Nicht nur für ihn, sondern für die gesamte Neuzeit ist die ethische und politische Praxis zum Prüfstein der Theorien geworden.«[1153] In den neuzeitlichen Verhältnissen wurde die eschatologische Symbolik der christlichen Hoffnung als mythisch missverstanden.[1154] Dagegen bringt Moltmann die Hoffnung in die revolutionäre Praxis der 68er Studentenbewegung ein: »Entdecken Studenten heute, daß die ›Wahrheit revolutionär ist‹, so entdecken Christen, daß die Wahrheit Jesu ›frei macht‹ und daß sie ›getan‹ werden will, wie es im Johannesevangelium heißt.«[1155] Der christliche Glaube bezieht sich nicht nur auf »die inneren Bekehrungen und Befreiungen der Herzen«, sondern auch auf »Reformationen, Renaissancen und Revolutionen der Verhältnisse«.[1156] Für die christliche Hoffnung sei die Welt »nicht ein belangloser Wartesaal für die Himmelsreise der Seele, sondern der Schauplatz der Neuschöpfung aller Dinge und der Kampfplatz der Freiheit«.[1157]

»These 5: Die Kirche ist nicht die himmlische Schiedsrichterin im Streit der Welt. Christen müssen im gegenwärtigen Kampf um Freiheit und Gerechtigkeit Partei für die Menschlichkeit der Unterdrückten ergreifen.«[1158]

Die fünfte These verlangt von Christen die Parteinahme für sozial Schwache und politische Unterdrückte. Moltmann ist davon überzeugt, dass Christen nicht die Liebe Gottes zu allen Menschen verlieren, auch wenn sie im politischen Kampf Partei ergreifen.[1159] Aus seiner Sicht steht die Parteinahme der Christen nicht dem christlichen Universalismus entgegen:

Das Ziel des christlichen Universalismus kann gerade durch die Dialektik der Parteinahme für die Erniedrigten realisiert werden. [...] Die Liebe Gottes und die Humanität Christi sind parteilich für die Mühseligen und Beladenen, für die Erniedrigten und Beleidigten. [...] Die humane Revolution aber will nicht die Knechte zu Herren machen, sondern das abscheuliche Herr-Knecht-Verhältnis abschaffen, damit in Zukunft Menschen menschlicher miteinander umgehen. [...] Darum ist auch die christliche Parteinahme für die »Verdammten dieser Erde« (F.

[1152] Vgl. ebd., S. 73.
[1153] Ebd., S. 73.
[1154] Ebd., S. 74.
[1155] Ebd., S. 74.
[1156] Ebd., S. 74.
[1157] Vgl. ebd., S. 74f.
[1158] Ebd., S. 75.
[1159] Ebd., S. 75.

Fanon) ein Weg zur Erlösung der Verdammten und der Verdammer. Erst durch parteiliche Dialektik kommt der Universalismus des Gekreuzigten in die Welt. Der kirchliche Integralismus ist dagegen eine unzeitige Vorwegnahme des Reiches Gottes.[1160]

Aus dem Verständnis des christlichen Universalismus und der christlichen Parteinahme ergibt sich die Forderung nach dem politischen Engagement von Christen für sozial Schwache und Unterdrückte.

»*These 6: Das Problem von Gewaltanwendung und Gewaltlosigkeit ist ein Scheinproblem. Es gibt nur die Frage nach berechtigter und unberechtigter Gewaltanwendung und die Frage nach der Verhältnismäßigkeit der Mittel gegenüber den Zielen.*«[1161]

Mit dieser These stellt Moltmann klar, dass Christen unter dem Vorwand der Gewaltlosigkeit nicht ihr politisches Engagement für die Revolution verneinen können, und er kritisiert, dass die Kirche aufgrund ihrer kategorischen Ablehnung der Gewalt verbietet, dass sich Christen für die politische Revolution engagieren.[1162] Nicht alle Ziele der Revolution können aber gerechtfertigt werden: »Die Anwendung revolutionärer Macht muß durch die humanen Ziele der Revolution legitimiert werden.«[1163] Moltmann kritisiert die Machtstruktur der bestehenden Gesellschaft, weil sie in ihrer Inhumanität als nackte Gewalt erkannt werden müsse.[1164] So hängt die Legitimation der Anwendung revolutionärer Gewalt durchaus von der Humanität ab. Daraus leitet Moltmann den Schluss ab, dass eine Revolution der Gegenwart zugunsten einer besseren und menschlichen Zukunft sich nicht dem Schema der zu überwindenden alten Welt gleichstellen dürfe.[1165]

[1160] Ebd., S. 75ff.
[1161] Ebd., S. 77.
[1162] Ebd., S. 77f: »Zur Gewaltlosigkeit mahnen heute am liebsten diejenigen, die Polizeigewalt haben. Zur revolutionären Gewalt bekennen sich gerne diejenigen, die keine Machtmittel besitzen. Das ist paradox. Es ist völlig klar, daß die Veränderung von Herrschaftsverhältnissen nur durch Anwendung von Macht und Übernahme von Herrschaft möglich ist.« Zur Absage an die prinzipielle Ablehnung von Gewalt vgl. Gollwitzer, Die Weltverantwortung der Kirche in einem revolutionären Zeitalter, S. 75.
[1163] Moltmann, Gott in der Revolution, S. 78. Zur Rechtfertigung einer politischen Revolution vgl. Gollwitzer, Die Weltverantwortung der Kirche in einem revolutionären Zeitalter, S. 75f: »Das Wesen der politischen Revolution ist nicht die Gewalt, sondern der radikale Umbruch der politischen *und* sozialen Strukturen, und gerade der Umbruch der sozialen Struktur zum Besseren hin ist es, der eine Revolution rechtfertigt und deshalb die Teilnahme der Christen an ihr denkbar macht.«.
[1164] Vgl. Moltmann, Gott in der Revolution, S. 78.
[1165] Vgl. ebd., S. 79.

»These 7: Die Präsenz der Christen in den Revolutionen kann bewirken, daß die Revolutionen vom Zwang des Gesetzes befreit werden.«[1166]

Nach Moltmann drückt die letzte These eine Hoffnung aus.[1167] Die Christen, die an Gottes Gegenwart mitten in der Revolution glauben, sollten sich vor dem Moralismus in den neuzeitlichen Revolutionen hüten.[1168] Das politische Engagement von Christen für die soziale und politische Revolution grenzt sich einerseits – in Bezug auf die Methodik der Revolution – von den revolutionären Bewegungen der Neuzeit ab: »Eine Revolution kann auch im Martyrium wie ein Festzug der Befreiten aussehen. [...] Die Freiheit *zum* revolutionären Handeln kann im Glauben verbunden werden mit der Freiheit *vom* revolutionären Handlungszwang.«[1169] Die Christen »lieben« die Revolution, aber sie »lachen auch über sie, weil sie die Vorboten einer noch größeren Revolution sind, in der noch ganz andere Widersprüche durch Gott aufgehoben werden, als sie die Revolution hier im Auge haben kann«.[1170] Andererseits – in Bezug auf die Motivation der Revolution – gehen die Christen ganz anders auf die Revolution ein: »Die weltverändernde Tat der Gerechtigkeit entspricht, wo sie gelingt, der Gerechtigkeit Gottes auf Erden. Dennoch bleibt sie angewiesen auf die Überwindung dieser Welt durch Gott, in der auch das Beste noch nicht ›sehr gut‹ ist. Weltverändernde Liebe ist getragen von weltüberwindender Hoffnung.«[1171] Der christliche Glaube ist kein Gegensatz zur sozialen und politischen Revolution, sondern er schließt sie in sich. Darum spricht Moltmann überzeugt davon:

Der Marxismus spricht von der Umwandlung der Arbeit in freie Selbsttätigkeit. Das ist der Übergang vom »Reich der Notwendigkeit« in das »Reich der Freiheit«. Dieser Gedanke hat eine lange Vorgeschichte und ist aber auch im Christentum lebendig. Hier meint er die Befreiung vom Gesetz der Werke durch den Glauben, der freie Frucht der Liebe bringt. [...] Was heißt Glauben anderes, als schon heute und hier mitten im Reich der Not und der Notwendigkeit mit der Zukunft der Freiheit, der Liebe und des Spiels zu bringen?! – Wo dieser Geist der Freiheit, der Freiheit nicht nur von Herrschern und Ausbeutern, sondern auch der Freiheit des Menschen von sich selbst, wo dieser Geist der Festlichkeit und des Lachens sich ausbreitet, dort vollzieht sich die Revolution in der Revolution, die Erlösung der Revolution von ihrer entfremdeten Form.[1172]

[1166] Ebd., S. 79.
[1167] Ebd., S. 79.
[1168] Ebd., S. 79f.
[1169] Ebd., S. 80.
[1170] Ebd., S. 80.
[1171] Ebd., S. 81.
[1172] Ebd., S. 81.

Diese 7 Thesen entwickeln sich später zu »einer politischen Kreuzestheologie, die mit der ›Theologischen Kritik der Politischen Religion‹ 1969 begann und in dem Buch *Der gekreuzigte Gott* 1972 zur Vollendung kam«, weiter.[1173]

5.2.2. Konflikt mit der Befreiungstheologie und demokratischer Sozialismus

Als ein Sammelbegriff für Tendenzen umfasst »Politische Theologie« zwar eigentlich die Theologie der Befreiung in Lateinamerika, aber aufgrund der unterschiedlichen sozialen Praxis entstand eine Differenz zwischen Moltmann und den Befreiungstheologen. Die Differenz liegt im Unterschied des Verständnisses des Marxismus:

> In der Sache waren die Politische Theologie im geteilten Europa und die Theologie der Befreiung im armen, unterdrückten Lateinamerika ein Herz und eine Seele – dachte ich, bis 1975 eine Gruppe von Studenten aus Argentinien und Brasilien Tübingen besuchte und uns erklärte, dass sie Befreiung von der europäischen Kultur- und Theologiedominanz suchten. Barth, Bultmann und Moltmann läsen sie nicht mehr, denn Karl Marx habe gesagt: »Geschichte ist Klassenkampf«. Auf die Frage, wo denn Marx geboren sei, antworteten sie nicht. Das ärgerte mich, und ich schrieb einen offenen Brief an meinen Freund José Miguez-Bonino in Buenos Aires und kritisierte den Seminarmarxismus und die jugendliche Revolutionsromantik. Das hat mir viel Kritik eingebracht.[1174]

Dieser Unterschied geht vom Zweifel an der »preferential option« für die Armen und Unterdrückten aus, der sich in der politischen Theologie des späteren Moltmann findet:

> Manche Befreiungstheologen glauben, dass die Armen zur Verwirklichung einer wahrhaft menschlichen Gesellschaft und die Unterdrückten zur Errichtung einer menschengerechten Gesellschaft von Gott berufen seien: »Die Letzten werden die Ersten sein«. Mir kommt das wie eine Überforderung der Armen und Unterdrückten vor, deren »preferential option« wahrlich nicht die Armut ist. Wer weiß, was Armut und Unterdrückung sind, muss noch nicht wissen, was Leben und Freiheit sind. Die soziale Situation macht noch nicht die richtige Überzeugung.[1175]

[1173] Moltmann, Weiter Raum, S. 157; siehe ders., Theologische Kritik der Politischen Religion, in: Johann Baptist Metz/Jürgen Moltmann/Willi Oelmüller, Kirche im Prozeß der Aufklärung. Aspekte einer neuen »politischen Theologie«, München/Mainz 1970, S. 11–51 u. ders., Der gekreuzigte Gott. Das Kreuz Christi als Grund und Kritik christlicher Theologie [1972], Gütersloh ^{9}2007.

[1174] Moltmann, Politische Theologie in ökumenischen Kontexten, S. 4f; vgl. auch ders., Weiter Raum, S. 220.

[1175] Jürgen Moltmann, Ethik der Hoffnung, Gütersloh 2010, S. 207. Vgl. auch ders., Politische Theologie in ökumenischen Kontexten, S. 5: »Meine Probleme mit der Formel der ›preferential Option for the Poor‹ sind einmal, dass diese Option nicht die Option ›of the Poor‹ ist, zum anderen, dass die Armen nicht nur auf das angesprochen werden wollen, was ihnen in Beziehung zu den Reichen fehlt, sondern zuerst auf das, was sie sind, auf ihre Kräfte, ihre Kultur, ihre Rasse, ihr Geschlecht, ihre Religion und ihr Ethos.«

Im offenen Brief von Moltmann an José Miguez Bonino (1976) lässt sich die Differenz deutlich erkennen. In seinem Werk *Theologie im Kontext der Befreiung* unterscheidet Miguez Bonino zwischen »der fortschrittlichen europäischen Theologie« und der Theologie der Befreiung, indem er Lucio Geras Analyse der römisch-katholischen Kirche Argentiniens übernimmt.[1176] Moltmann ist vor allem besorgt, dass die Tendenz der Befreiungstheologie zum Abbau des europäischen theologischen Imperialismus zur Provinzialisierung der Theologie führe.[1177] Es scheint ihm widerspruchsvoll, dass die Befreiungstheologen aufgrund der Theorien von Marx und Engels harte Kritik an westlicher Theologie üben, während sie so tun, als ob Marx und Engels lateinamerikanische Entdeckungen wären.[1178] Darum kritisiert Moltmann wie folgt:

> Er [= Miguez Bonino] stellt die positive Beziehung von Reich Gottes und menschlicher Unternehmung in der Geschichte als Ruf, Einladung und Antrieb zum Engagement dar. Unsere konkreten historischen Optionen sollen dem Reich »entsprechen« (treu nach Barth). Er spricht von der »utopischen Funktion« der christlichen Eschatologie, vom christlichen Glauben als *stimulus and challenge* für revolutionäre Aktion und von dem eschatologischen Glauben, der die Investition des Lebens für den Aufbau einer zeitlichen, unvollkommenen Ordnung sinnvoll macht, und von der Auferstehung der Toten als dem Triumph der Liebe Gottes und seiner Solidarität mit allen Menschen, worin das Unvollkommene vollendet wird (treu nach Moltmann). Das alles kann man bei Bonhoeffer, Barth, Gollwitzer, Metz und anderen Europäern auch lesen. [...] Gutierrez stellt den Prozeß der Befreiung in Lateinamerika als Nachholung der europäischen Freiheitsgeschichte dar. Man erfährt von dieser Freiheitsgeschichte, indem man über Kant und Hegel, Rousseau und Feuerbach, Marx und Freud aufgeklärt wird. Der »Säkularisierungsprozeß« wird an Hand von Gogarten, Bonhoeffer, Cox und Metz ausführlich dargestellt. Das ist alles selbständig erarbeitet und bietet viele neue Einsichten – aber eben nur in Europas Geschichte, kaum in die Lateinamerikas. [...] Die lateinamerikanischen Befreiungstheologen empfehlen zwar den Theologen in aller Welt die Anwendung marxistischer Klassenanalyse, um auf den Boden der konkreten Geschichte ihres Volkes zu kommen, aber sie führen diese Klassenanalyse nicht an der Geschichte ihres eigenen Volkes durch, sondern zitieren nur einige Grundbegriffe von Marx so allgemein, daß man kaum etwas über den Kampf, die Lebens- und Leidensgeschichte des lateinamerikanischen Volkes, sondern nur etwas von den Lesefrüchten der Theologen erfährt.[1179]

Daher verwirft Moltmann befreiungstheologische Verständnisse von Marxismus als »Deklamationen des Seminarmarxismus als Weltanschauung«.[1180]

Die andere wichtige Differenz zwischen Moltmann und den lateinamerikanischen Befreiungstheologen liegt in der Einschätzung der verschiedenen geschichtlichen Situa-

---

[1176] Jose Miguez Bonino, Theologie im Kontext der Befreiung, Göttingen 1977, S. 16f.
[1177] Vgl. Jürgen Moltmann, Hoffnung und Befreiung. Offener Brief an José Miguez-Bonino, EvKomm 9 (1976), S. 755–757, hier S. 755.
[1178] Ebd., S. 755.
[1179] Ebd., S. 755f.
[1180] Ebd., S. 756.

tionen. Es geht um das Subjekt der Revolution. Moltmann nimmt auch wohl die »Notwendigkeit einer baldigen und gründlichen Veränderung der sozioökonomischen Verhältnisse« wahr, aber er fragt sich, ob das geschichtliche Subjekt der Revolution schon bereit sei.[1181] Das Subjekt revolutionärer Befreiung könne allein das unterdrückte, ausgebeutete Volk selbst sein.[1182] Aus der 68er-Studentenbewegung und der Anti-Vietnam-Bewegung leitet Moltmann ab, dass die revolutionären Eliten nicht in erster Linie das geschichtliche Subjekt der Revolution vertreten.[1183] Daraus lässt sich auch sein Leitgedanke ableiten, dass in Europa nur »der demokratische Sozialismus« realistisch und zukunftsträchtig sei.[1184] Moltmann bringt seinen demokratischen Sozialismus wie folgt zum Ausdruck:

Er entspricht der Tradition der deutschen Arbeiterbewegung. Neben Marx gab es auch Lassalle; neben der ökonomischen Befreiung von Ausbeutung gab es auch den Kampf um das allgemeine Wahlrecht. [...] Wobei, historisch gesehen, auch die Umkehrung richtig ist: Man kann in den europäischen Ländern – wir nehmen die USA hinzu – keinen Sozialismus auf Kosten der Demokratie verwirklichen. [...] Demokratischer Sozialismus muß auf beiden Feldern zugleich vorangehen, auf dem Weg der Demokratisierung der politischen Institutionen und auf dem Weg der Sozialisierung der wirtschaftlichen Verhältnisse. Er wird beim Positiven und beim vorhandenen Potential einsetzen und gewerkschaftlich durch Mitbestimmung wirtschaftliche Macht teilen und so verteilen, daß diese durch das Volk kontrolliert werden kann. Er wird seine politische Organisationen aus Gesinnungsparteien zu Volksparteien machen, denn es ist wichtiger, die Interessen der kleinen Leute, der Masse der Arbeitnehmer und Arbeitslosen, zu vertreten, als dem Phantom der reinen Theorie nachzujagen.[1185]

Mit dem demokratischen Sozialismus meint Moltmann aber auch, dass unter Umständen die Klassenherrschaft und die Diktatur von rechts »durch eine zeitweise linke Diktatur, eine Schutz- und Übergangsdiktatur für den Aufbau von Sozialismus und Demokratie« überwunden werden könnten.[1186] Entscheidend ist, dass das Volk durch den demokratischen Sozialismus »zum Subjekt seiner eigenen Freiheitsgeschichte« wird, und der Mensch »zu seiner unbehinderten Menschlichkeit« kommt.[1187] Der demokratische Sozialismus spielt auch in Moltmanns Barth-Interpretation eine entscheidende Rolle, so dass Moltmann in seinem Werk *Politische Theologie – Politische Ethik* meint, dass dieser Begriff die politische Gesamtauffassung in *Christengemeinde und*

[1181] Vgl. ebd., S. 756.
[1182] Vgl. ebd., S. 756.
[1183] Ebd., S. 757.
[1184] Vgl. ebd., S. 757.
[1185] Ebd., S. 757.
[1186] Vgl. ebd., S. 757.
[1187] Ebd., S. 757.

Bürgergemeinde vertrete.[1188] Hier stimmt Moltmann Gollwitzer und Marquardt in Bezug auf die fundamentaldemokratische Forderung des Sozialismus zu.[1189]

5.2.3. Die Befreiung der Unterdrücker

Moltmann dachte eigentlich, mit seinem Brief an José Miguez-Bonino ein Angebot zur Zusammenarbeit zu machen.[1190] Darum arbeitet er die gemeinsame theologische Ansicht in der Differenz heraus, obwohl er einräumt, dass die lateinamerikanische Orthopraxis ein anderes Gesicht als die westeuropäische Orthopraxis haben wird.[1191] Tatsächlich aber wurde sein Brief von vielen lateinamerikanischen Befreiungstheologen als Absage an die Befreiungstheologie aufgefasst.[1192] 1977 erreichte der Konflikt mit den Befreiungstheologen in einer Konferenz »Encounter of Theologies« vom 6. bis zum 10. Oktober 1977 in Mexico City seinen Höhepunkt. Nach dem Ende dieser Konferenz bemühte sich Moltmann, seine politische Ethik auszuweiten und zu vertiefen.[1193] Der erste Schritt dazu findet sich in seinem Aufsatz über *Die Befreiung der Unterdrücker* (1978).

Am Anfang seines Aufsatzes stellt er fest: »Die Unterdrückung von Menschen ist ein Verbrechen gegen das Leben.«[1194] Unterdrückung zerstöre die Menschlichkeit auf beiden Seiten von Unterdrücker und Unterdrückten, aber auf verschiedene Weise: »auf der einen Seite durch das Böse, auf der anderen Seite durch das Leiden«.[1195] Die Befreiung der Unterdrückten vom Leiden an der Unterdrückung gehe also zusammen mit der Befreiung der Unterdrücker von der Sünde der Unterdrückung.[1196] Die Befreiungstheologie zielt nach Moltmann auf die »Befreiung der Unterdrückten«, und sie bringt in ihren besten Teilen den Glauben der Opfer zum Ausdruck und erweckt ihre Hoffnung.[1197] Aus seiner Sicht sind die Befreiung der Unterdrückten und die Befreiung der Unterdrücker aber untrennbar miteinander verbunden. Wer Unterdrückten zur

---

[1188] Vgl. Moltmann, Politische Theologie – Politische Ethik (Anm. 1), S. 148.
[1189] Ebd., S. 148.
[1190] Moltmann, Weiter Raum, S. 220.
[1191] Moltmann, Hoffnung und Befreiung, S. 757.
[1192] Moltmann, Weiter Raum, S. 220.
[1193] Moltmann, Ethik der Hoffnung, S. 53.
[1194] Jürgen Moltmann, Die Befreiung der Unterdrücker, EvTh 38 (1978), S. 527–537, hier S. 527.
[1195] Vgl. ebd., S. 527.
[1196] Vgl. ebd., S. 527.
[1197] Ebd., S. 527.

Freiheit helfen wolle, müsse aufhören, ihr Unterdrücker zu sein.[1198] Es gebe jedoch keine Theologie der Befreiung der Unterdrücker. Nach Moltmann liegt der Grund wohl darin, dass »wir Glieder der weißen, männlichen Welt der Mittelklassen zwar die Befreiung der anderen anerkennen möchten, aber nicht uns selbst als ihre ›Unterdrücker‹ erkennen wollen«.[1199]

Moltmann fragt nach der Ursache für die Phänomene des Rassismus, des Sexismus und des Kapitalismus, um den Ursprung und die Mechanismen der Unterdrückung zu verdeutlichen. Die Ursachen des Rassismus und des Sexismus fanden sich in einem seelischen Mechanismus der Selbstgerechtigkeit und einem ideologischen Mechanismus der Unterwerfung des Anderen.[1200] Der Kapitalismus habe zwar eine ähnliche Struktur wie Rassismus und Sexismus, aber er nehme eine ganz andere Gestalt an. Seine Gestalt beruhe unmittelbar auf seiner imperialistischen Natur:

Während im Rassismus die eigene Rasse und im Sexismus das eigene Geschlecht zur Begründung von Selbsteinschätzung und Selbstgerechtigkeit mißbraucht werden, ist es im Kapitalismus das aus eigener, meistens jedoch aus fremder Arbeit angehäufte Kapital. Arbeit und Kapital sind nicht wie Rasse und Geschlecht begrenzt, sondern grundsätzlich grenzenlos, dh. imperialistischer Natur. [...] Durch die Anhäufung und zinsbringende Investition von Kapital wird ferner Macht akkumuliert, was durch bloßen Rassismus oder Sexismus noch nicht geschieht.[1201]

Die Akkumulation des Kapitals münde zwangsläufig in den kapitalistischen Imperialismus, der auf grenzenlose Expansion drängt. Darum würden Rassismus und Sexismus heute »in ihrer Kombination mit Kapitalismus gemeingefährlich«.[1202] Der Kapitalismus setze »die Aggressivität« frei, um seine Welt zu bauen, und sie habe ihre Quelle »in einer bodenlosen Angst«.[1203] Das Gleiche gelte für Rassismus und Sexismus. In diesem Sinne seien die Phänomene des Rassismus, des Sexismus und des Kapitalismus nichts anderes als »Phänomene der Aggression«, und diese Aggressionen wurzelten in der Angst, die aus dem »Zwang der Selbstbehauptung« entspringe.[1204] Aber diese Phänomene als solche sind für Moltmann nicht »die Wurzel alles Übels«, über die es zu Auseinandersetzungen mit den Befreiungstheologen kommt, weil sich

---

[1198] Vgl. ebd., S. 528.
[1199] Ebd., S. 527f.
[1200] Ebd., S. 529f.
[1201] Ebd., S. 531.
[1202] Vgl. ebd., S. 531.
[1203] Vgl. ebd., S. 532.
[1204] Vgl. ebd., S. 532.

»die *Phänomene* der Sünde« auf »den *Ursprung* der Sünde« zurückführen ließen.[1205] Nach der christlichen Lehre von der Erbsünde gehöre Sünde »weder in die Moral noch in die Tragödie«, sondern nach Augustin sei »*Ursprüngliche Sünde* [...] *verunglückte Liebe zu Gott*«.[1206] Unter diesem Aspekt sei Sünde nichts anderes als »die Perversion der Gottesliebe«.[1207] Darum werde die Befreiung der Unterdrücker durch die Liebe Gottes, die im Leiden des menschgewordenen Gottes offenbar wird, vollzogen. Der Begriff der Sünde als Perversion der Gottesliebe macht eine Differenz zwischen Moltmanns politischer Theologie und der Befreiungstheologie aus.[1208] Aufgrund dieses Sündenbegriffs hofft seine politische Theologie immer auf die Menschwerdung der Unterdrücker:

> Die Menschwerdung der Unterdrücker geschieht durch den Glauben. Durch den Glauben entdeckt der Unterdrücker den menschgewordenen Gott und entdeckt in ihm jene Menschlichkeit, die er an sich selbst und anderen verfolgte, unterdrückte und zerstörte. [...] In diesem Schmerz Gottes am Kreuz endet des Sünders Aggression. In diesem Leiden Gottes wird die göttliche Liebe zum verunglückten Geschöpf offenbar. [...] Der verzweifelte Kampf um die Macht endet in dem Maß, wie Menschen das unendliche Leiden Gottes erkennen, das sich in ihren Opfern ansammelt. Sie werden durch diese Erkenntnis frei von Angst und vom Zwang zur Aggression. Sie werden ergriffen von der göttlichen Leidenschaft, die dieses Leiden trägt. Diese Leidenschaft ist göttliche Liebe zur Gemeinschaft mit dem Menschen.[1209]

Hier finden sich noch weitere signifikante Unterschiede zwischen Moltmanns politischer Theologie und der Befreiungstheologie. Erstens hebt Moltmann die Zusammenarbeit der befreiten Unterdrücker und der befreiten Unterdrückten bei der Überwindung des Kapitalismus hervor: »Die Überwindung des Kapitalismus beginnt im Kapitalismus selbst, und zwar aus einem Bündnis zwischen der Arbeiterklasse und den Klassenverrätern in den herrschenden Klassen. [...] Die Unterdrückung muß auf beiden Seiten zugleich aufgehoben werden. Darum arbeiten befreite Unterdrücker und be-

---

[1205] Ebd., S. 532.
[1206] Vgl. ebd., S. 532.
[1207] Vgl. ebd., S. 533.
[1208] Zum Sündenbegriff in der Befreiungstheologie vgl. Gustavo Gutiérrez, Theologie der Befreiung [1973]. Mit der neuen Einleitung des Autors und einem neuen Vorwort von Johann Baptist Metz, Mainz 1992 (10., erweiterte u. neubearbeitete Auflage), S. 239f: »Jedoch geht es in der Theologie der Befreiung nicht um die Sünde als eine individuelle, private und rein innerliche Wirklichkeit, die nur einer ›geistigen‹ Erlösung bedarf, ohne jedoch die Ordnung, in der wir leben, in Frage zu stellen. Sünde ist vielmehr eine soziale und geschichtliche Tatsache. [...] Sünde wird greifbar in unterdrückerischen Strukturen, in der Ausbeutung des Menschen durch den Menschen, in der Beherrschung und Versklavung von Völkern, Rassen und sozialen Klassen. Sünde erscheint so vielmehr als fundamentale Entfremdung und Wurzel einer Situation, die durch Ungerechtigkeit und Ausbeutung gekennzeichnet ist. [...] Sünde fordert eine radikale Befreiung, die jedoch notwendigerweise eine politische Befreiung miteinschließt.«
[1209] Moltmann, Die Befreiung der Unterdrücker, S. 534.

freite Unterdrückte zusammen.«[1210] Zweitens übt Moltmann Kritik an der Definition der Freiheit als »*Herrschaft*« und »geschichtliche Eroberung«.[1211] Im Gegensatz dazu findet Moltmann die Wahrheit der Freiheit in »der unbehinderten Gemeinschaft«, weil er glaubt, dass die Wahrheit der menschlichen Freiheit Liebe sei.[1212] Der Ausgangspunkt dieser Definition ist seine Feststellung, dass Befreiung zu »einer unbehinderten und offenen Gemeinschaft ohne Angst« führe, wenn sie Befreiung zur Freiheit und nicht zur Herrschaft sei.[1213]

Im Vergleich mit Bonhoeffers doppeltem Freiheitsbegriff stellt sich aber die Frage, ob sich die Freiheitsverständnisse von Moltmann und den Befreiungstheologen tatsächlich widersprechen. Bonhoeffer definiert Freiheit als »eine Beziehung zwischen zweien«.[1214] Die Freiheit des Menschen hat zwei Seiten: die Freiheit »von« und die Freiheit »für«.[1215] Die beiden Freiheitsverständnisse widersprechen sich in Bonhoeffers Theologie nicht: »Es gibt kein ›Frei-sein von‹ ohne das ›Frei-sein-für‹, es gibt kein Herrschen ohne den Dienst an Gott, mit dem einen verliert der Mensch notwendig auch das andere.«[1216] Insofern geht die Differenz des Verständnisses von Freiheit zwischen Moltmann und den Befreiungstheologen auf die Differenz des Kontextes zurück. Moltmanns Freiheitsverständnis vertritt das Freiheitsverständnis in den europäischen demokratisierten Gesellschaften in der Nachkriegszeit, während das Freiheitsverständnis der lateinamerikanischen Befreiungstheologen, das Freiheitsverständnis der Menschen, die immer noch von diktatorischen politischen Systemen unterdrückt werden, vertritt. Deshalb legt Moltmanns Freiheitsverständnis den Akzent auf die Freiheit für den anderen Menschen/Nächsten, während das Freiheitsverständnis der Befreiungstheologen den Akzent auf die Freiheit von der Herrschaft des Menschen legt.

Abschnitt 5.2. hat beschrieben, dass Moltmann die Theologie der Revolution positiv aufnahm, indem er die Hoffnung als »das dem Christentum immanente revolutionäre Potential« hervorhob. Seit 1975 sorgte er sich zusehends um die Kritik der Befreiungs-

---

[1210] Ebd., S. 536.
[1211] Ebd., S. 536.
[1212] Vgl. ebd., S. 536.
[1213] Vgl. ebd., S. 537.
[1214] Dietrich Bonhoeffer, Schöpfung und Fall, hrsg. v. Martin Rüter u. Ilse Tödt, DBW 3, München 1989, S. 59. Vgl. auch ebd., S. 59: »Freisein heißt, ›frei-sein-für-den- anderen‹, weil der andere mich an sich gebunden hat. Nur in der Beziehung auf den anderen bin ich frei. Kein substanzieller, kein individualistischer Freiheitsbegriff vermag Freiheit zu denken.«
[1215] Ebd., S. 80.
[1216] Ebd., S. 63.

theologie an europäischer Theologie. Dagegen betonte er, dass die Befreiung der Unterdrückten vom Leiden an der Unterdrückung mit der Befreiung der Unterdrücker von der Sünde der Unterdrückung zusammenhänge. Im nächsten Abschnitt soll verdeutlicht werden, wie sich die neue politische Theologie Moltmanns von diesen Voraussetzungen her in den 80er Jahren zur politischen Kreuzestheologie weiterentwickelte.

5.3. Neue Politische Theologie als politische Hermeneutik

5.3.1. Politische Hermeneutik der Hoffnung und Kreuzestheologie

Moltmanns politische Hermeneutik und Kreuzestheologie liegen seiner politischen Theologie zugrunde. Er legt das Verhältnis seiner politischen Theologie zu seiner politischen Hermeneutik und Kreuzestheologie wie folgt dar:

> Politische Hermeneutik reflektiert die neue Situation Gottes in den unmenschlichen Situationen des Menschen, um Herrschaftsverhältnisse, die ihn entmündigen, abzubauen und der Entfaltung seiner Menschlichkeit zu dienen. […] Politische Hermeneutik des Glaubens ist keine Reduktion der Kreuzestheologie auf eine politische Ideologie, sondern ihre Interpretation in politischer Nachfolge. Sie ist keine unvermittelte Politisierung der Kirche, sondern eine Kritik an einer schlechten, weil bedrückenden theologischen Kirchenpolitik durch eine christliche, d. h. Befreiende politische Theologie. Politische Hermeneutik will die sozioökonomischen Bedingungen der theologischen Institutionen und Sprachen erkennen, um ihren befreienden Gehalt in politische Dimensionen zu bringen und in der realen Befreiung des Menschen von seinem Elend in bestimmten Teufelskreisen relevant zu machen.[1217]

In *Politische Theologie – Politische Ethik* wird Moltmanns politische Theologie auf dieser Grundlage entfaltet. Sie entspringt aus der theologischen Kritik der »bürgerlichen Religion« und zielt auf die »Befreiung des christlichen Glaubens aus dieser neuen babylonischen Gefangenschaft zur messianischen Hoffnung«.[1218] Auf der Grundlage des kritisch politischen Bewusstseins ist sie an einer gesellschaftskritischen Theologie orientiert:

> Politische Theologie beginnt mit einer Analyse der politischen und praktischen Situation, in der Theologie gedacht, diskutiert und verbreitet wird. Sie ist keine Theorie, die nach einer Praxis ruft, sondern eine Reflexion der vorhandenen Praxis im Lichte des welterneuernden Evangeliums. Das Verhältnis von Theorie und Praxis wird

---

[1217] Moltmann, Der gekreuzigte Gott, S. 294.
[1218] Moltmann, Politische Theologie – Politische Ethik, S. 9.

nicht mehr einlinig idealistisch vorgestellt, sondern in dialektischer Verschränkung gesehen. [...] Im Licht des befreienden Evangeliums korrigieren sich Praxis und Theorie gegenseitig.[1219]

Am Auffallendsten ist hier, dass die politische Theologie prinzipiell auf »einer realistischen *politischen Hermeneutik*« beruht.[1220]

Unter Hermeneutik versteht Moltmann »die Kunst des Übersetzens von der Vergangenheit in die Gegenwart«, d. h. die Kunst, Vergangenes zu vergegenwärtigen.[1221] In der Vergangenheit stecke etwas, »was über sich in die Zukunft hinausweist«, und in diesem Sinne sei sie »Hoffnung im modus der Erinnerung«.[1222] Das Gleiche gilt aus seiner Sicht für die christliche Hermeneutik: »Christliche Hermeneutik liest die Bibel als Zeugnis der Verheißungsgeschichte Gottes und der Hoffnungsgeschichte von Menschen.«[1223] Sie ist zugleich an die Befreiung der sozial Schwachen und politisch Unterdrückten gebunden.[1224] In der christlichen Hermeneutik stehen Geschichte und Prophetie in Wechselbeziehung: »Entdeckt der Historiker Hoffnung im modus der Erinnerung, so entwirft der Prophet Erinnerung im modus der Hoffnung. Denn jene Macht der Zukunft, die in der biblischen Verheißungsgeschichte antizipiert wird, erstreckt sich weit über die Gegenwart und ihre Möglichkeiten hinaus.«[1225] Daraus entsteht die »messianisch« orientierte Hermeneutik der Geschichte, an die die politische Hermeneutik anknüpft.[1226] Moltmann bezeichnet seine Hermeneutik als »politische Hermeneutik der Hoffnung«.[1227] Sie wolle von der erinnerten Hoffnung über das Verstehen zu einer neuen Praxis der Hoffnung führen, und sie folge damit auf ihre Weise der 11. Feuerbachthese von Karl Marx.[1228] Sie bezieht sich auf die Dialektik von Reflexion und Aktion, die den Gegensatz von Theorie und Praxis überwindet:

Drängt die erinnerte Verheißung auf die Befreiung der Menschen und auf die Humanisierung ihrer Verhältnisse, so gilt aber auch die Umkehrung der These von Karl Marx: Es kommt darauf an, die Veränderungen wieder kritisch zu interpretieren. Der Weg politischer Hermeneutik kann nicht einseitig den Weg von der Reflexion zur

---

[1219] Ebd., S. 9.
[1220] Ebd., S. 12; zu Moltmanns früherem Verständnis der politischen Hermeneutik vgl. Anm. 47.
[1221] Ebd., S. 159.
[1222] Vgl. ebd., S. 159.
[1223] Ebd., S. 159.
[1224] Ebd., S. 159f.
[1225] Ebd., S. 160.
[1226] Ebd., S. 160.
[1227] Ebd., S. 160.
[1228] Vgl. ebd., S. 160f; siehe Karl Marx, Thesen über Feuerbach [1845], in: MEW 3, Berlin 1958, S. 5–7, bes. S. 7: »Die Philosophen haben die Welt nur verschieden *interpretiert*, es kömmt drauf an, sie zu *verändern*.«

205

Aktion gehen. Das wäre reiner Idealismus. Die Aktion würde blind werden. Sie muß Reflexion und Aktion dialektisch verbinden und zur Reflexion in der Aktion sowie zur Aktion in der Reflexion führen.[1229]

Moltmanns politische Theologie ruft das politische Engagement von Christen für die Veränderung der bestehenden Gesellschaftsordnung hervor.[1230] Als gesellschaftskritische Theologie zielt sie darauf ab, die »politischen Implikationen einer christlichen Theologie des Kreuzes« zu explizieren.[1231] Moltmann macht darauf aufmerksam, dass in der eschatologischen Botschaft Jesu von der Freiheit implizit ein viel größerer Angriff auf den religiösen Staat, d. h. das römische Reich, steckt, und dass in diesem Sinne seine Kreuzigung politisch konsequent war.[1232] Er fragt zugleich danach, wie der Konflikt Jesu mit den öffentlichen Mächten zum Inhalt des christlichen und kirchlichen Lebens in der Öffentlichkeit gemacht werden kann. Hier kommt die politische Kreuzestheologie zur Sprache:

> Politische Kreuzestheologie wird an dieser Front zur kritischen Macht der Befreiung vom politischen Götzendienst und von der politischen Entmündigung und Entfremdung der Menschen. [...] Kreuzestheologie ist die radikale Durchführung des alttestamentlichen Bilderverbotes, und zwar a) in der mythischen Theologie durch Entmythologisierung und b) in der natürlichen Theologie durch Profanisierung der göttlichen Natur in und außerhalb des Menschen und c) in der politischen Theologie durch fundamentale Demokratisierung von Herrschaftsverhältnissen.[1233]

Politischer Götzendienst und politische Entfremdung entstehen in der repräsentativen Demokratie, »wenn die Repräsentanten denen über den Kopf wachsen, die sie repräsentieren sollen, und wenn sich das Volk vor seiner eigenen Regierung beugt«.[1234] Die Wirkung der Befreiung vom Götzendienst beschränkt sich nicht nur auf den Bereich der religiösen Entfremdung, sondern sie wird in den Bereichen der sozialen, ökonomischen, politischen und rassischen Entfremdung des Menschen durchgeführt.[1235]

Politische Kreuzestheologie ist untrennbar mit politischem Engagement für die sozial Schwachen und Unterdrückten verbunden. Moltmann legt »das Reich Gottes der Armen« wie folgt aus:

[1229] Moltmann, Politische Theologie – Politische Ethik, S. 161.
[1230] Ebd., S. 40.
[1231] Ebd., S. 42.
[1232] Ebd., S. 56.
[1233] Ebd., S. 57f; zum Verhältnis von politischer Kreuzestheologie und politischem Götzendienst vgl. Moltmann, Theologische Kritik der Politischen Religion, S. 35–45, bes. S. 38.
[1234] Moltmann, Politische Theologie – Politische Ethik, S. 62.
[1235] Ebd., S. 63.

Jesus verkündete »das Reich Gottes der Armen«. Seine Seligpreisungen gelten den Armen, Traurigen, Hungernden und Verfolgten. Paulus verkündete die Rechtfertigung allein aus Gnaden den Rechtlosen und Ungerechten. In der Gemeinde, die sich unter dieser Botschaft sammelt, sieht er den erwählenden und verwerfenden Gott am Werk: Die Schwachen, Unedlen, Habenichtse und Verachteten werden durch das Wort vom Kreuz erwählt, damit die zu Schanden werden, die sich für stark, edel, reich und ansehnlich halten (1Kor 1,26–28). [...] Die Zukunft Gottes hat sich durch den Gekreuzigten mit denen verbunden, die eine sich selbst bestätigende und auf innere Homogenität drängende Gesellschaft ins Nichts drängt. Daraus entsteht – wie soll man sagen – ein gewisser »Messianismus« der Unterdrückten. Sie sind nicht die Objekte der Wohltätigkeit und der Entwicklungshilfe der Reichen, sondern die Subjekte des Gerichtes und der Erlösung der Reichen.[1236]

Zwischen Gesandtsein und Erwartetwerden stehe die Kirche in einer doppelten Bruderschaft, d. h. der manifesten Bruderschaft der Glaubenden und der verborgenen Bruderschaft der Armen.[1237] Sie habe die Aufgabe, diese doppelte Bruderschaft zu realisieren. Kritisiert wird, dass sie triumphalistisch den auferstandenen Herrn repräsentiert und sich selbst für das Reich Gottes hält.[1238]

5.3.2. Ethik der Hoffnung

Nach Moltmann muss eine gesellschaftskritische politische Theologie die grundlegenden Konzeptionen christlicher Ethik im politischen Bereich aufnehmen und durchdenken.[1239] Diese Konzeptionen hängen letztlich von den christologischen Grundentscheidungen, z. B. der lutherischen Zwei-Reiche-Lehre und Barths Lehre von der Königsherrschaft Christi, ab. Moltmann konstatiert, dass die Zwei-Reiche-Lehre von manchen deutschen Lutheranern zur wohlwollenden Neutralität gegenüber Adolf Hitler im Dritten Reich pervertiert worden war, während die Bekennende Kirche auf Grund von Barths Lehre von der Königsherrschaft Christi dem NS-Regime Widerstand leistete.[1240] Vor dem Hintergrund des Widerstandsrechts – parallel zur Widerstandspflicht – interpretiert Moltmann die erste und zweite These der Barmer Theologischen Erklärung, in denen sich die grundlegenden und wegweisenden Formulierungen der Königsherrschaft-Christi-Lehre finden: »Die Bekennende Kirche hat dieses zentrale Christusbekenntnis im Blick auf den Totalitätsanspruch des modernen Staates, der Nation und der Gesellschaft wiederholt. Wo immer politische Mächte, ökonomische und soziale Interessen die Kirche zu ihrem Diener machen wollen, muß die Herrschaft

---

[1236] Ebd., S. 65.
[1237] Vgl. ebd., S. 66f.
[1238] Ebd., S. 67.
[1239] Ebd., S. 9f.
[1240] Ebd., S. 123.

Christi, und zwar die Alleinherrschaft Christi über seine Kirche bekannt und durch Widerstand öffentlich bezeugt werden.«[1241] Die Königsherrschaft-Christi-Lehre habe die Befreiung der Menschen von den gottlosen und menschlichen Bindungen dieser Welt zur Folge.[1242] Moltmann bezeichnet seine Christologie als eschatologische Christologie.[1243] Seine Christologie hatte auf der Grundlage der Christologie Barths begonnen, und sie entwickelte sich in Auseinandersetzung mit ihr.[1244] Die »Ethik der Hoffnung«, die in *Politische Theologie – Politische Ethik* Moltmanns politische Ethik charakterisiert, ergibt sich in erster Linie aus der eschatologischen Christologie.[1245]

In der Entwicklungsgeschichte gesehen, entwickelte sich die Ethik der Hoffnung seit 1963 allmählich.[1246] In *Politische Theologie – Politische Ethik* gewinnt sie eine systematische Gestalt, und ihre Weiterentwicklung findet sich in *Ethik der Hoffnung* (2010). Sie geht »von Barth« aus und strebt danach, »über ihn« hinauszugehen.[1247] Dies zeigt sich treffend in der folgenden Äußerung:

Wenn Karl Barth in der Ethik von Gleichnissen, Zeichen und Analogien für das Reich Gottes spricht, so ist auch das sakramentale Sprache. Denn die Vermittlung des zukünftigen Reiches in die Geschichte hinein vollzieht sich christlich über die Sakramente. […] Versteht man christliche Ethik so, dann reicht es aber nicht aus, im befreienden und heilenden Handeln hier nur ein Gleichnis, nur ein Zeichen und nur einen Hinweis auf die Freiheit und das Heil dort zu sehen. Man muß einen Schritt weiter gehen und das Unbedingte im Bedingten, das Letzte im Vorletzten und das Eschatologische im Ethischen entdecken, ebenso wie man das Blut und den Leib Christi im Brot und im Wein der Eucharistie gegenwärtig glaubt.[1248]

Nach Moltmann orientiert sich die Ethik der Hoffnung daran, christliche Ethik zu »einer messianischen Ethik« werden zu lassen, indem sie die Erinnerung des Leidens Christi und die Hoffnung auf sein Reich vergegenwärtigt und in der Einheit von Erin-

---

[1241] Ebd., S. 139.
[1242] Vgl. ebd., S. 140f.
[1243] Ebd., S. 162.
[1244] Moltmann, Ethik der Hoffnung, S. 56.
[1245] Moltmann, Politische Theologie – Politische Ethik, S. 162.
[1246] Moltmann, Ethik der Hoffnung, S. 53: »Meine frühen Vorstellungen einer Ethik der Hoffnung wurden angeregt durch die Civil-Rights-Movement in den USA und Martin Luther Kings Proklamation seines ›Traumes‹ in Washington am 28. August 1963. Sie gewannen konkretere Gestalt in der Botschaft der Vierten Vollversammlung des Ökumenischen Rates der Kirche in Uppsala vom 19. Juli 1968, die unter dem Motto zusammengekommen war: ›Siehe, ich mache alles neu‹. Ich habe diese Botschaft aufgenommen auf der Weltmissionskonferenz in Bangkok 1973 im Sektionsbericht II und in Tübinger Vorlesungen über Christliche Ethik, die ich als Messianische Ethik verstanden wissen wollte. Seit 1978 habe ich mich bemüht, diese Botschaft auszuweiten und zu vertiefen.«
[1247] Moltmann, Politische Theologie – Politische Ethik, S. 162.
[1248] Ebd., S. 163.

nerung und Hoffnung die gegenwärtige Freiheit demonstriert.[1249] Dafür ist das soziale und politische Engagement von Christen gefordert. Moltmann bezeichnet ihr Engagement als das messianische Handeln, und dieses Handeln geschieht heute: »1. im Kampf um ökonomische Gerechtigkeit gegen die Ausbeutung des Menschen durch den Menschen, 2. im Kampf um Menschenrecht und Freiheit gegen die politische Unterdrückung des Menschen durch den Menschen. 3. Im Kampf um menschliche Solidarität gegen die kulturelle, die realistische und die sexistische Entfremdung des Menschen vom Menschen, 4. im Kampf um den ökologischen Frieden mit der Natur gegen die industrielle Zerstörung der Natur durch den Menschen, 5. im Kampf um die Gewißheit gegen die Apathie im persönlichen Leben.«[1250] So entwickelt Moltmann seine politische Theologie im Zusammenhang mit dem politischen Engagement von Christen für sozial Schwache und politisch Unterdrückte und für die Veränderung der bestehenden Gesellschaftsordnung. Dies gilt auch für den späten Moltmann.[1251]

5.3.3. Politisches Engagement für Menschenrechte und Widerstand gegen Massenvernichtungsmittel

Auch wenn die Bedeutung der Befreiung von der politischen Unterdrückung (oder von einem diktatorischen System) in Moltmanns Theologie nach 1975 nicht mehr in gleicher Weise wichtig ist wie früher, gilt der Begriff der Befreiung immer noch als ein wichtiges Thema. Die Präsenz Gottes erscheint in »der konkreten Gestalt seiner [= des Menschen] Befreiung von Hunger, Unterdrückung, Entfremdung, Feindschaft und Verzweiflung«, und in der politischen Dimension ist Gott »als Menschenwürde und Freiheit« präsent.[1252] Von hier aus treten das politische Engagement von Christen für Menschenrechte und der Widerstand gegen Massenvernichtungsmittel in den Vordergrund der Ethik der Hoffnung. Im Allgemeinen müssen die Menschenrechte »im jeweiligen Kontext der konkreten Leidensgeschichte und des gegenwärtigen Befreiungskampfes der Menschen, der Völker und der Staaten« begriffen werden, weil in der verschiedenen politischen, ökonomischen und sozialen Geschichte der Völker ihre ver-

---

[1249] Ebd., S. 163.
[1250] Ebd., S. 163f.
[1251] Moltmann, Politische Theologie in ökumenischen Kontexten, S. 4: »Für die neue Politische Theologie steht demgegenüber das Subjekt Kirche ›mit dem Gesicht zur Welt‹ oder einfacher: die Weltchristenheit im Zentrum. Es geht überhaupt nicht um eine Staatsmetaphysik oder eine apokalyptische Begründung des permanenten Weltkriegs, sondern um das politische Engagement der Kirche in der Welt der Armen und des christlichen Engagements für ›Gerechtigkeit, Frieden und die Bewahrung der Schöpfung‹.«
[1252] Moltmann, Politische Theologie – Politische Ethik, S. 164.

schiedenen Seiten besonders betont und durchgesetzt werden.[1253] Moltmann bemüht sich dennoch, die fundamentalen Menschenrechte theologisch zu begründen: »Den theologischen Beitrag der christlichen Kirche sehen wir in der Begründung der fundamentalen *Menschenrechte* auf dem *Recht Gottes auf den Menschen*, auf des Menschen Würde, auf seine Gemeinschaft, seine Herrschaft über die Erde und seine Zukunft.«[1254] In der biblischen Geschichte beziehen sich die Menschenrechte einerseits auf »die Befreiung und Erlösung des Menschen von seiner sündigen Gottlosigkeit und seiner tödlichen Unmenschlichkeit«, andererseits auf »die Erfüllung seiner ursprünglichen Bestimmung zum *Ebenbild Gottes*«.[1255] Die Befreiungsgeschichte der Bibel gilt noch heute, und sie liegt Moltmanns politischer Theologie zugrunde:

Indem christliche Theologie die Befreiung, den Bund und das Reich Gottes nach den biblischen Zeugnissen *reflektiert*, entdeckt sie auch die Freiheit, den Bund und die Rechte der Menschen heute. Sie *provoziert* deshalb den *Schmerz* an den gegenwärtigen, inneren und äußeren Versklavungen der Menschen sowie den *Kampf* um die Befreiung von ihnen zu einem Leben in der Würde, den Rechten und Pflichten der Gemeinschaft mit Gott. In einer Welt, die noch nicht das Reich Gottes ist, kann die Christenheit keinen Bereich des Lebens ohne das Zeugnis der göttlichen Befreiung, des Bundes Gottes und der Würde des Menschen lassen. Das biblische Zeugnis von Befreiung, Bund und Recht Gottes führt zu einer ihm entsprechenden Praxis der Christenheit und einer ihm entsprechenden Theologie.[1256]

Moltmann führt vier Thesen zum Verhältnis des Ebenbildes Gottes und der Menschenrechte an. Die erste These heißt: »*Ebenbild Gottes ist der Mensch in allen seinen Lebensbezügen.*«[1257] Aus Moltmanns Sicht geht es beim Menschen in allen seinen Lebensbezügen als Ebenbild Gottes letztlich um die individuellen Rechte und Pflichten der Menschen, und die Menschenrechte und Menschenpflichten gehen immer wieder der Herrschaft des Gesellschaftlichen voran. Daraus folgt »die prinzipielle Demokratisierung jeglicher Herrschaft von Menschen über Menschen«.[1258] Die Rechtsgleichheit zwischen Regierenden und Regierten ist das Fundament der Demokratisierung.[1259] Zu den fundamentalen Menschenpflichten gehört »das *Widerstandsrecht* und die *Widerstandspflicht* gegenüber illegaler, illegitimer und unmenschlicher Herrschaft zugunsten des Rechtes des Nächsten«.[1260]

[1253] Ebd., S. 166.
[1254] Ebd., S. 167.
[1255] Ebd., S. 167f.
[1256] Ebd., S. 168.
[1257] Ebd., S. 169.
[1258] Ebd., S. 169.
[1259] Ebd., S. 169f.
[1260] Ebd., S. 170.

Die zweite These lautet: »*Ebenbild Gottes ist der Mensch mit den Menschen.*«[1261] Es geht um die sozialen Rechte und Pflichten der menschlichen Gemeinschaft. Die sozialen Rechte und die individuellen Rechte stehen »in einem *genetischen Zusammenhang* wechselseitiger Bedingung wie auch die Sozialisation und die Individuation des Menschen sich geschichtlich gegenseitig bedingen«.[1262] Die Rechte der Person könnten nur in einer gerechten Gesellschaft, und eine gerechte Gesellschaft könne nur aufgrund der Rechte der Person verwirklicht werden.[1263] Die Freiheit der Person könne nur in einer freien Gesellschaft, und eine freie Gesellschaft könne nur aufgrund der Freiheit der Person konstituiert werden.[1264] Zudem erweitert sie sich zu den »Rechten der Menschheit auf die einzelnen Gemeinschaften und Menschen«, weil die einzelnen Gesellschaften und Staaten mit ihren sozialen Rechten und Pflichten nicht nur den Menschen, die in ihnen leben, verantwortlich sind, sondern gleichermaßen auch der Menschheit.[1265] Darum weist Moltmann darauf hin, dass »der *kollektive Egoismus* […] die Menschenrechte ebensosehr wie der *individuelle Egoismus*« bedroht,[1266] und er betont Folgendes:

Das Menschenrecht ist unteilbar. Es kann kein Privileg sein. Nationale Außenpolitik kann darum nur als »Weltinnenpolitik« legitimiert werden. Die internationale *Solidarität* in der Überwindung der Hungersnöte und der militärischen Weltkrisen hat dabei kraft der Rechte der Menschheit einen Vorrang gegenüber der Loyalität im eigenen Volk, der eigenen Klasse, Rasse oder Nation. Einzelne Gemeinschaften und Staaten haben Menschenpflichten gegenüber den Rechten der ganzen Menschheit auf Leben, Freiheit und Gemeinschaft. Darum weisen die Menschenrechte hin auf eine *universale Rechtsgemeinschaft aller Menschen*, in der allein sie verwirklicht werden können.[1267]

Die dritte These ist wie folgt: »*Ebenbildlichkeit Gottes begründet das Recht der Menschen auf die Herrschaft über die Erde und die Gemeinschaft mit der nichtmenschlichen Schöpfung.*«[1268] In dieser These enthalten ökonomische Grundrechte die sozialistische Kapitalismuskritik, und ökologische Grundpflichten sind mit den ökonomischen Grundrechten verbunden:

Die weitverbreitete Vorenthaltung der ökonomischen Grundrechte, die Verelendung ganzer Völker und Bevölkerungsgruppen, der weltweite Hungertod und aufgrund des politischen und ökonomischen Imperialismus in unse-

---

[1261] Ebd., S. 170.
[1262] Ebd., S. 171.
[1263] Vgl. ebd., S. 171.
[1264] Vgl. ebd., S. 171.
[1265] Ebd., S. 171.
[1266] Ebd., S. 171.
[1267] Ebd., S. 172.
[1268] Ebd., S. 172.

rer geteilten und zerrissenen Welt sind eine Schändung der Gottebenbildlichkeit des Menschen und des Rechtes Gottes auf jeden und alle Menschen. Ohne die Verwirklichung der fundamentalen ökonomischen Grundrechte des Menschen auf Leben, Nahrung, Arbeit und Schutz können weder die individuellen noch die sozialen Menschenrechte verwirklicht werden. [...] Ist mit dem Recht des Menschen auf die Erde auch das *»Recht« der Erde auf den Menschen* gesetzt, dann sind mit diesen *ökonomischen Grundrechten* auch ökologische Grundpflichten verbunden.[1269]

Die dritte These entwickelt sich später zur »Ethik der Erde« weiter.[1270]

Die vierte These heißt: »*Ebenbildlichkeit Gottes begründet das Recht des Menschen auf seine Zukunft und seine Verantwortung für seine Nachkommen.*«[1271] Die Menschenrechte in der Gegenwart haben das Recht auf Selbstbestimmung und die eigene Verantwortung vor der Zukunft unabdingbar nötig: »Es gibt keine Menschenrechte in der Gegenwart ohne das Recht auf Selbstbestimmung und die eigene Verantwortung vor der Zukunft, denn der Mensch lebt persönlich, kollektiv, ökonomisch und ökologisch in Zeit und Geschichte.«[1272] Entsprechend seiner wahren und ewigen Zukunft in der Hoffnung wird der Mensch »für das Recht auf zeitliche Zukunft und für das *Lebensrecht seiner Nachkommen*« eintreten.[1273]

Heutzutage werden die Menschenrechte immer wieder missachtet, obwohl die Unmenschlichkeit des Menschen als Sünde zu betrachten ist.[1274] Deshalb bedarf es umso mehr des politischen Engagements von Christen für Menschenrechte. Der »*Dienst der Versöhnung*« kennzeichnet dieses Engagement.[1275] »Durch den ›Dienst der Versöhnung‹ werden also die Würde und das Recht des Menschen in dieser unmenschlichen Welt wiederhergestellt. Wo immer des Menschen Würde geachtet und des Menschen Recht hergestellt wird, da geschieht dieser Dienst der Versöhnung.«[1276] In Hinblick auf die politische Wirkung des Evangeliums kann der Dienst der Versöhnung in Entsprechung mit Barths Begriff des politischen Gottesdienstes betrachtet werden.[1277] In

---

[1269] Ebd., S. 172f.
[1270] Zur Ethik der Erde vgl. Moltmann, Ethik der Hoffnung, S. 127–185.
[1271] Moltmann, Politische Theologie – Politische Ethik, S. 173.
[1272] Ebd., S. 174.
[1273] Ebd., S. 174.
[1274] Ebd., S. 175.
[1275] Ebd., S. 176.
[1276] Ebd., S. 176.
[1277] Ebd., S. 176f; vgl. Barth, Gotteserkenntnis und Gottesdienst, S. 206f.

Bezug auf Prioritäten und Wiederherstellung der Menschenrechte bemerkt man besonders den kapitalismuskritischen Charakter der Ethik der Hoffnung.[1278]

Im letzten Kapitel seines Werkes beschäftigt sich Moltmann mit der Friedensaufgabe und dem Friedensdienst der Christen im Atomzeitalter. Er stellt die Lehre vom gerechten Atomkrieg und die von der gerechten Atomrüstung in Frage und kritisiert die Abschreckungssysteme bezüglich der Massenvernichtungsmittel.[1279] Daraus wird das Verbot der Atomwaffenanwendung bzw. der Vorbereitung einer Erstschlagskapazität abgeleitet.[1280] Aus Moltmanns Sicht ist die Unterscheidung von Besitz der Atomwaffen und ihrer Anwendung nichts anderes als eine Illusion.[1281] Die gegenseitige Abschreckung führe nicht zu einem Gleichgewicht der Rüstung, sondern sie löse nur einen Rüstungswettlauf aus. Mit der Feindesliebe, die auf den Friedenswillen Gottes zurückgeführt wird, müssten sich Christen gegen atomare Rüstung engagieren.[1282] Die modernen militärischen Massenvernichtungsmittel stehen dem christlichen Glauben diametral entgegen. Mit einem Zitat aus der Erklärung der Bruderschaften von 1958 macht Moltmann wiederum klar: »Wenn die *Anwendung* von Massenvernichtungsmitteln Sünde ist, dann kann auch der *Besitz* von Massenvernichtungsmitteln zum Zweck der Bedrohung und Abschreckung der Feinde christlich nicht gerechtfertigt werden. Weil diese Drohung nur wirksam ist, wenn man sie auch anzuwenden bereit ist, muß auch schon die Drohung mit Massenvernichtungsmitteln als *Sünde* angesehen werden.«[1283] Dabei setzt Moltmann drei Schwerpunkte für den Friedensdienst der Christen. Erstens: »*Feindesliebe lernen:* Kriege werden durch *Freund-Feind-Denken* vorbereitet.«[1284] Das Gebot der Feindesliebe fordert die im Kalten Krieg künstlich aufgemachten Feindbilder abzubauen und die durch sie erzeugten Ängste und Aggressionen zu überwinden.[1285] Zweitens: »*Die wirklichen Gefahren erkennen und an ihrer Überwindung mitarbeiten:* Während die Großmächte ihren *Ost-West-Konflikt* wiederauf-

---

[1278] Moltmann, Politische Theologie – Politische Ethik, S. 177–179, bes. S. 177: »Jeder *Fortschritt* auf einem Gebiet des Lebens bringt jedoch das Lebenssystem aus dem Gleichgewicht. Das einseitige, unkontrollierte und unkoordinierte ökonomische Wachstum in manchen Nationen hat das politische, soziale und persönliche Gleichgewicht der Menschen in diesen Gesellschaften an die Grenze der Zerstörung gebracht.«

[1279] Ebd., S. 185; zum Abschreckungssystem (und zur Abschreckungstheorie) vgl. Gollwitzer, Bergpredigt und Zwei-Reiche-Lehre, S. 59.

[1280] Moltmann, Politische Theologie – Politische Ethik, S. 185; zur Kritik an der Atomrüstung vgl. Gollwitzer, Die Christen und die Atomwaffen, S. 24f. u. S. 37.

[1281] Moltmann, Politische Theologie – Politische Ethik, S. 186.

[1282] Vgl. ebd., S. 190f.

[1283] Ebd., S. 191.

[1284] Ebd., S. 191.

[1285] Ebd., S. 192.

nehmen und verstärken, verdrängen sie den viel gefährlicheren *Nord-Süd-Konflikt* und die Gefahr der *ökologischen Katastrophe* aus dem öffentlichen Bewußtsein.«[1286] Der Friedensdienst der Christen zielt darauf ab, »den Nord-Süd-Konflikt wieder stärker in das öffentliche Bewußtsein zu bringen und mitten im Streit um Auf- und Nachrüstungen zum Anwalt der schweigenden und sterbenden Völker zu werden«.[1287] Drittens: »*Eine Friedenskirche werden*: Je mehr die Kirche von einer *an den Staat gebundenen Kirche* zu einer *freien Kirche* wird, desto klarer kann ihr Friedenszeugnis, und desto eindeutiger kann ihr Einsatz für den Frieden werden.«[1288]

Abschnitt 5.3. hat gezeigt, dass Moltmann auf der Grundlage »einer realistischen *politischen Hermeneutik*« seine politische Theologie entfaltete. Als »Ethik der Hoffnung« wurzelt seine politische Ethik in der eschatologischen Christologie. Auch die Kreuzestheologie, die »zur kritischen Macht der Befreiung vom politischen Götzendienst und von der politischen Entmündigung und Entfremdung der Menschen« wird, liegt dieser Ethik zugrunde. Im nächsten Abschnitt soll gezeigt werden, wie diese politische Kreuzestheologie zu Beginn des 21. Jahrhunderts schließlich als »Ethik der Hoffnung« ausformuliert wurde.

5.4. Ethik der Hoffnung als politische Ethik

5.4.1. »Ethik der Hoffnung« und Kapitalismuskritik

Wie bereits erwähnt, entwickelt Moltmann die Ethik der Hoffnung seit 1963 allmählich. In seinem Werk *Ethik der Hoffnung* (2010) findet sich ihre reife Form. Er erklärt den Grund für den langen Entwicklungsvorgang – bzw. für die lange zeitliche Verschiebung – wie folgt:

Seit der Veröffentlichung der *Theologie der Hoffnung* 1964 stand eine *Ethik der Hoffnung* auf meiner Agenda. [...] Die politischen und alternativkulturellen Bewegungen nach »1968« hatten mich zu Stellungnahmen provoziert, für die die Politische Theologie und die Theologie der Befreiung den theologischen Rahmen lieferten. [...] So wollte ich am Ende der siebziger Jahre eine *Ethik der Hoffnung* schreiben. Zur Enttäuschung meiner Freunde und Kollegen aber veröffentlichte ich 1980 mit *Trinität und Reich Gottes* stattdessen eine soziale Trinitätslehre. Warum? In Diskussionen zu Fragen medizinischer Ethik erfuhr ich schmerzlich die Grenzen meiner Kenntnisse.

[1286] Ebd., S. 192.
[1287] Ebd., S. 192.
[1288] Ebd., S. 192.

Die Notwendigkeit einer ökologischen Ethik erwuchs erst aus der Wahrnehmung der *Grenzen des Wachstums*, die uns 1973 der Club of Rome klar machte. Ich hatte aber noch keine ökologische Schöpfungslehre und konnte die einzelnen konkreten Entscheidungen, die ich getroffen hatte, nicht in größeren Zusammenhängen plausibel machen. Die politischen Zeitumstände waren nach 1968 nicht nur in der Bundesrepublik Deutschland so widerspruchsvoll, dass heutige Entscheidungen morgen schon obsolet waren. Kurzum: Ich war Ende der siebziger Jahre noch nicht so weit.[1289]

Die Ethik der Hoffnung umfasst u. a. bioethische, medizinethische und ökologisch-ethische Themenbereiche. Aber auch die politische Ethik besitzt einen beträchtlichen Umfang innerhalb des Werkes *Ethik der Hoffnung*. Inhaltlich gesehen, gilt für die Ethik der Hoffnung der Grundsatz: »– Aus Schwertern keine christlichen Schwerter machen; – kein Rückzug von den Schwertern zu den Pflugscharen, – sondern: Aus Schwertern Pflugscharen machen!«[1290] Es geht um eine transformative Ethik.[1291] Diese Ethik folgt aus der »Hoffnung auf die eschatologische Transformation der Welt durch Gott«, und sie versucht dieser Zukunft im unzureichenden Material und mit den schwachen Kräften der Gegenwart gerecht zu werden und nimmt sie vorweg.[1292] Weiter sind in den Kapiteln dieses Werkes über die Ethik des Lebens, der Erde und der Gerechtigkeit viele Grundlinien einer ökonomischen Ethik enthalten, und diese ist vom Zusammenbruch der kapitalistischen Finanzsysteme seit 2008 geprägt.[1293]

Im ersten Kapitel entfaltet sich die Ethik der Hoffnung im Blick auf das Verhältnis von Eschatologie und Ethik. Es geht um das Aufeinanderwirken von Hoffen und Handeln: »Wir werden aktiv, so weit wir hoffen. Wir hoffen, so weit wir in den Bereich zukünftiger Möglichkeiten blicken. [...] Von Hoffnung getragenes Handeln ist ein freies, nicht ein genötigtes Tun.«[1294] Die Hoffnung erweckt den Möglichkeitssinn der Menschen, und im konkreten Handeln beziehen die Menschen immer die Möglichkeit auf das Wirkliche, das Gegenwärtige auf das Zukünftige. In der Hoffnung verbinden sie Fernziele also mit erreichbaren Nahzielen.[1295] Jedes christliche Handeln ist tief in einer bestimmten Spiritualität verwurzelt. Moltmann formuliert die benediktinische Formel »Ora et labora« (bete und arbeite) als Beten und Wachen um, um eine Spiritualität der

---

[1289] Moltmann, Ethik der Hoffnung, S. 13.
[1290] Ebd., S. 14.
[1291] Edb., S. 15.
[1292] Ebd., S. 15.
[1293] Ebd., S. 16.
[1294] Ebd., S. 20.
[1295] Ebd., S. 20. Diese Äußerung legt eine Erinnerung an das Verhältnis von absoluter Utopie und relativer Utopie bei Gollwitzer nahe. Siehe Gollwitzer, Die Weltverantwortung der Kirche in einem revolutionären Zeitalter, S. 74.

christlichen Hoffnung zum Ausdruck zu bringen.[1296] Im Wachen erkennen Christen »den verborgenen Christus, der gegenwärtig in den Armen, Kranken, Mühseligen und Beladenen auf uns wartet (Mt 25,37)«, und sie sehen »im Gesicht des armen Volk das Angesicht des gekreuzigten Gottes«.[1297] Die Gegenwärtigkeit der Zukunft in der Hoffnung zeigt sich auch im neutestamentlichen Verhältnis von »Warten und Eilen«:

> Alle »Theologen der Hoffnung« von Comenius bis Blumhardt haben aus der Hoffnung auf Gottes Zukunft diese beiden Einstellungen zum Leben gepriesen: »Warten und Pressieren«, nannte es Christoph Blumhardt. Es ist der 2. Petrusbrief 3,12, der die Christen aufruft, »zu warten und zu eilen zur Zukunft des Herrn«. Mit ihr ist die neue Erde gemeint, »auf der Gerechtigkeit wohnt«. Warten und Eilen, das klingt wie ein Widerspruch. Warten wir, dann ist das noch nicht da, worauf wir warten; eilen wir, dann ist das Erwartete schon in Sicht.[1298]

Von Christoph Blumhardt übernahm Moltmann den Begriff »Warten und Eilen«.[1299] Daraus kommen Grundbegriffe einer Ethik der Hoffnung. Sie sind »Vorausschauen, Möglichkeiten wahrnehmen und vorwegnehmen, was morgen sein soll«, und »Warten und Eilen zur Zukunft des Herrn« heißt heute »*Widerstand und Vorwegnehmen*«.[1300] Vor diesem Hintergrund stellt Moltmann fest, dass jede christliche Ethik von einer vorausgesetzten Eschatologie bestimmt ist, und dass Christen in verschiedenen ethischen Entscheidungen immer mit theologischen Grundentscheidungen in der Eschatologie und ihr folgend in der Christologie zu tun haben.[1301] Seine Christologie nennt er als eschatologische Christologie.[1302] Sie ist eine Christologie »in messianischen Dimensionen«.[1303] Der eschatologischen Christologie folgt die Ethik der Hoffnung. Als eine

---

[1296] Moltmann, Ethik der Hoffnung, S. 23f.
[1297] Ebd., S. 24.
[1298] Ebd., S. 24. Vgl. auch ebd., S. 24ff: »*Warten*: Damit ist kein passives Abwarten, sondern ein aktives Erwarten gemeint. [...] Gottes Kommen entfaltet eine transformierende Kraft in der Gegenwart. In der gespannten Erwartung werden wir der Zukunft Gottes gewärtig und diese Zukunft wird in unserer Gegenwart mächtig. [...] *Eilen*: [...] ›Zur Zukunft‹ zu eilen überträgt diese Bewegung aus dem Raum in die Zeit der Geschichte. In der Zeit zu ›eilen‹ meint das Überschreiten der Grenzen der Wirklichkeit in die Bereiche des zukünftig Möglichen. Im Überschreiten dieser Grenzen nehmen wir die Zukunft vorweg, auf die wir hoffen. Mit jedem Tun des Gerechten bereiten wir der ›neuen Erde, auf der Gerechtigkeit ›wohnen‹ wird, den Weg. Schaffen wir etwas Recht denen, die Gewalt leiden, dann leuchtet Gottes Zukunft in ihre Welt hinein.«
[1299] Christoph Blumhardt, Hoffnung (2. Petr. 3,13–15), in: ders., Gottes Reich kommt!: Predigten und Andachten aus den Jahren 1907 bis 1917, Eine Auswahl aus seinen Predigten, Andachten und Schriften, hrsg. v. R. Lejeune, 4. Bd., Erlenbach-Zürich u. Leipzig 1932, S. 57–62, bes. S. 58; dazu siehe auch Johann Christoph Blumhardt, Warten und Eilen, in: Schriftauslegung, Johann Christoph Blumhardt-Ausgewählte Schriften in Drei Bänden, 1. Bd., Zürich 1947, S. 139–152.
[1300] Moltmann, Ethik der Hoffnung, S. 26.
[1301] Ebd., S. 27.
[1302] Ebd., S. 56; vgl. Moltmann, Politische Theologie – Politische Ethik, S. 162.
[1303] Moltmann, Ethik der Hoffnung, S. 56. Vgl. auch Jürgen Moltmann, Der Weg Jesu Christi. Christologie in messianischen Dimensionen, München 1989, S. 9: »Weil ich meine Theologie im ganzen als ›messianische

transformative Ethik ruft sie ein aktives soziales und politisches Engagement von Christen hervor: »Christen haben die große Wende aller Dinge in der Auferweckung des gekreuzigten Christus im Rücken und hoffen darum auf die eschatologische Weltenwende. Sie arbeiten an einer entsprechenden Umwertung der Werte dieser Welt, um der kommenden Welt Gottes gerecht zu werden.«[1304] Ihr Engagement soll sich nicht auf sozial und politisch privilegierte Menschen, sondern auf sozial Schwache und politisch Unterdrückte ausrichten, weil Gott auf der Seite der sozial Schwachen und politisch Unterdrückten steht und ihnen Recht schafft.[1305] Christliche Ethik sei in diesen Dimensionen weder angepasste Weltverantwortung noch separatistische Weltflucht, sondern eine Anleitung zur Weltveränderung.[1306] Entsprechend legt Moltmann seine Ethik der Hoffnung wie folgt dar:

> Eine Ethik der Hoffnung sieht die Zukunft im Licht der Auferstehung Christi. Die Vernunft, die sie voraussetzt und benutzt, ist das Veränderungswissen. Sie leitet zum transformierenden Handeln an, um nach Möglichkeiten und Kräften die Neuschöpfung aller Dinge vorwegzunehmen, die Gott verheißen und Christus in Kraft gesetzt hat. Die Befreiung der Unterdrückten, die Aufrichtung der Erniedrigten, die Heilung der Kranken und die Gerechtigkeit der Armen sind ihre bekannten und praktikablen Stichworte.[1307]

Im zweiten Kapitel seines Werkes entwirft Moltmann eine »*Ethik des Lebens*, die in einer *Theologie des Lebens* gründet und auf die vielfältigen tödlichen *Lebensgefahren* der Gegenwart antwortet«.[1308] Die modernen Menschen leben heute in einer Zeit, in der der Terror des Todes herrscht. Dabei beschränke sich der Terror des Todes nicht auf eine islamische Terrorideologie gegen die westliche Welt, sondern er beziehe sich auf eine neue »Religion des Todes«.[1309] Der Terror des Todes komme auch in Gestalt des sozialen Verelendungsgefälles. Moltmanns Kapitalismuskritik zeigt sich in seiner Analyse des sozialen Verelendungsgefälles. Die Tatsache, dass heute eine kleine, reiche Oberschicht die Massen verelendeter Menschen beherrscht, sei eine große Gefahr für die Demokratie, weil Demokratie nicht nur in Freiheit, sondern auch im als gerecht empfundenen Ausgleich gründe.[1310] Ohne soziale Gerechtigkeit in den Lebenschancen und Lebensverhältnissen sterbe das Gemeinwohl und damit der Zusammenhalt einer

---

Theologie‹ zu kennzeichnen gewagt habe, steht diese Christologie *in messianischen Dimensionen.*«
[1304] Moltmann, Ethik der Hoffnung, S. 58.
[1305] Ebd., S. 59.
[1306] Vgl. ebd., S. 59.
[1307] Ebd., S. 60.
[1308] Ebd., S. 61.
[1309] Vgl. ebd., S. 62.
[1310] Vgl. ebd., S. 64.

Gesellschaft.[1311] Moltmann erklärt die destruktiven Triebkräfte für dieses Verelendungsgefälle moderner Gesellschaften in sozialpsychologischer Perspektive, die an eine scharfe Kritik am Kapitalismus geknüpft ist:

> Mit dem Hinweis auf Mängel in allen Lebensbereichen wird eine Wachstumsideologie als Motor des modernen Fortschrittsglaubens begründet. Durch den allgemeinen Kampf um Arbeitsplätze, Einkommen und Gewinnchancen sollen die Energien der Bürgerinnen und Bürger mobilisiert werden. [...] Die Gemeinschaft der modernen Gesellschaft zerfällt in Gewinner und Verlierer [...]. Die Lebensangst, »es nicht zu schaffen«, führt zu grenzenloser Lebensgier und unersättlichem Machthunger. [...] Aus dem Verlust von Solidarität und Engagement für das Gemeinwohl und aus dem Verlust von Vertrauen entstehen jene Spaltungen der Gesellschaften in Arm und Reich, die Differenzen zwischen der gegenwärtigen und der zukünftigen Generation, die Verelendungen des Volkes in den Ländern der Dritten Welt.[1312]

In Bezug auf das politische Engagement von Christen ist die folgende Äußerung zu beachten: »Diese Folgen sind kein Schicksal und nicht zwangsläufig, sondern selbst erworbene Krankheiten der modernen Welt. Sie sind heilbar. ›Eine andere Welt ist möglich‹, wie Attac mit Recht verkündet.«[1313]

5.4.2. Ethik des gerechten Friedens und soziale Gerechtigkeit

In *Ethik der Hoffnung* dreht sich der politisch-ethische Diskurs um »das konkrete Engagement angesichts der heute drohenden Weltgefahren«.[1314] Im vierten Kapitel seines Werkes konzentriert sich Moltmann auf den Inhalt politischer Ethik, der »*Frieden*« heißt, und er geht vor allem davon aus, dass Frieden politisch in der Anwesenheit von Gerechtigkeit besteht.[1315] Eine politische Ethik des Friedens ist für ihn keine idealistische Utopie vom Paradiesfrieden, sondern die realistische Konfrontation mit den Gefahren einer friedlosen Welt.[1316] Moltmann stellt fest, dass ohne Gleichheit und Gerechtigkeit der Friede nicht erreicht werden könne und erinnert zugleich, dass die Menschheit jetzt in der ungerechten Welt auf globale Gefahren stoße:

> Grundlage jeder Demokratie ist die Gleichheit ihrer Bürger. Nach der Tradition demokratischer Konstitutionen kommt die Gleichheit vor der Freiheit, denn Freiheit gibt es nur auf der Basis der Gleichheit, nur der soziale Ausgleich kann den inneren Frieden einer Gesellschaft sichern. Auch zwischen den Nationen sichert allein die

---

[1311] Vgl. ebd., S. 64.
[1312] Ebd., S. 64f.
[1313] Ebd., S. 65.
[1314] Ebd., S. 185.
[1315] Ebd., S. 185.
[1316] Ebd., S. 185

Gerechtigkeit den Frieden, nicht die Vormachtstellung einer Nation oder eines Imperiums. [...] An egoistischen Partikularinteressen wird die Welt zugrunde gehen, nur in einer Gemeinschaft der Menschen kann sie überleben. Die Menschenrechte sind ein erster Entwurf für ein universales Grundgesetz der Menschheit.[1317]

Angesichts der Tatsache, dass die Gefahren der modernen Welt global werden, während die politischen Institutionen lokal geblieben sind, sind »nicht nur Systemreparaturen gefordert, sondern auch Umbauten in den chaotischen Grundlagen der bisherigen politischen Weltsysteme«.[1318] Dabei dürfe Friedenspolitik nicht Machtpolitik, sondern müsse demokratische Politik, die auf Vertrauen beruht, sein.[1319] So beruht die Ethik des gerechten Friedens im Prinzip auf Gerechtigkeit und Vertrauen.

In Bezug auf Gerechtigkeit kritisiert Moltmann erst die »Do-ut-des« (Ich gebe, damit du gibst)-Religion und den Tun-Ergehen-Zusammenhang, um dann auf die traditionelle Definition der »justitia distributiva« (Verteilungsgerechtigkeit) einzugehen. Als sozialer Ausgleich, der auf der Grundlage der Gegenseitigkeit und der Gleichheit geschieht, wird »justitia distributiva« von Moltmann kritisch beurteilt: »Als soziales Ideal einer absoluten Harmonie einer menschlichen Gesellschaft kann diese Definition der Gerechtigkeit allenfalls das Ziel der Überwindung stets vorhandener und neu entstehender Ungerechtigkeiten sein. Als Beschreibung der Realität taugt sie nicht.«[1320] Außerdem enthalte sie, wie in der Karma-Lehre und der Tun-Ergehen-Vorstellung, auch eine »*einseitige Täterorientierung*« und eine »Vernachlässigung der *Rücksicht auf die Opfer*«.[1321] Deshalb richtet Moltmann den Blick auf den Begriff der »justitia justificans«, d. h. »der schöpferischen, rettenden und zurechtbringenden Gerechtigkeit«.[1322] Er erläutert den Ursprung und Einfluss dieser Gerechtigkeitsvorstellung wie folgt:

Israel hat früh diesen kreativen und transformierenden Begriff der Gerechtigkeit aus Babylon aufgenommen. JHWH wird als »die Sonne der Gerechtigkeit« gepriesen (Mal 3,20). Auch nach der Bergpredigt Jesu lässt Gott »seine Sonne aufgehen über Böse und Gute« (Mt 5,45), damit beide leben können. Damit wird die Feindesliebe begründet, die an die Stelle der Vergeltung der Feindschaft mit Feindschaft treten soll. Zwar steht JHWH nicht nur wie die Sonne als Lebenskraft im Kosmos, sondern als Schöpfer seiner Schöpfung auch frei gegenüber. Aber seine Gerechtigkeit ist überall rettende, heilende und schöpferische Gerechtigkeit. Sie wird nicht nur in den

---

[1317] Ebd., S. 186.
[1318] Ebd., S. 187.
[1319] Vgl. ebd., S. 188.
[1320] Ebd., S. 196.
[1321] Vgl. ebd., S. 198.
[1322] Ebd., S. 198.

lebendfördernden Kreisläufen des Kosmos, sondern auch in den kontingenten Ereignissen der Heilsgeschichte des Volkes offenbar und in der persönlichen Lebensgeschichte erfahren.[1323]

Diese Gerechtigkeitsvorstellung ist eng mit der Kapitalismuskritik verbunden: »In einer kapitalistischen Wettbewerbsgesellschaft geht es nicht gerecht zu, weil ständig neue Ungleichheiten geschaffen werden.«[1324] Man erfahre Unrecht und Gewalt »nicht nur individuell als ihre Opfer oder ihre Täter und nicht nur sozial in Konflikten zwischen Tätern und Opfern, sondern in hochorganisierten Gesellschaften auch und zumeist systemisch in den ökonomischen, sozialen und politischen Verhältnissen«.[1325] Besonders die kapitalistischen Gesellschaftssysteme bestehen aus ungerechten Strukturen und werden von »voller *systemischer Gewalttätigkeit*« getragen.[1326] Moltmann erörtert die Folgen dieser Gewalttätigkeit wie folgt:

> Die ökonomischen Gesetze des Marktes machen viele Menschen arm und zu Verlierern im Kampf um Gewinne; die sozialen Strukturen lassen viele Menschen nicht hochkommen, sondern halten sie unter der Armutsgrenze. [...] Das *Leben auf Kosten anderer* ist in den genannten Systemen organisiert. [...] In diesen Systemen ist es nicht so sehr das Unrecht, das wir tun, das uns anklagt, sondern vielmehr das Gerechte, das wir nicht tun. Sie sind zwar zu objektiven Mächten verfestigt, die uns durch Gewalt und Angst beherrschen, aber sie sind kein Schicksal, das wir hinnehmen müssen, sondern sind von Menschen gemacht. [...] Die großen Finanzsysteme, die auf Untreue und Schulden aufgebaut waren, sind im Jahr 2008 zusammengebrochen. Das zeigt, wie sehr diese objektivierten Mächte jenen Häusern gleichen, die auf Sand gebaut sind.[1327]

In dieser Welt folgt die Christenheit Jesus, indem sie auf gerechte und gewaltfreie Verhältnisse von Opfern und Tätern drängt.[1328] Christen wenden sich zuerst den Opfern zu. Denn die Gerechtigkeit Gottes ist »*opferorientiert*: Gott schafft Recht denen, die Unrecht und Gewalt erleiden«.[1329] Und dann wenden sie sich den Tätern zu: »Von früh an sah die Christenheit aber im Leiden und Sterben Christi auch die stellvertretende Sühne für die Schuld der Täter.«[1330] Das führt aber nicht automatisch zu einem Ablass für ihre Schuld. Doch Gott könne die Fesseln der Schuld an das Geschehene auflösen und das Geschehene zur Vergangenheit machen, die die Gegenwart nicht mehr bedrücke, und so einen neuen Anfang setzen.[1331]

[1323] Ebd., S. 199.
[1324] Ebd., S. 200.
[1325] Vgl. ebd., S. 202.
[1326] Ebd., S. 202.
[1327] Ebd., S. 202f.
[1328] Ebd., S. 203.
[1329] Ebd., S. 204.
[1330] Ebd., S. 204.
[1331] Vgl. ebd., S. 204.

Die Gerechtigkeit Gottes für Opfer und Täter werde durch Christen in die Gesellschaft gebracht.[1332] Das werde durch »*Diakonie und Prophetie*«, d. h. »durch Zuwendung zu den Opfern und Kritik an den Tätern«, durchgesetzt.[1333] Um zu verhindern, dass die Kirchen von Staat und Gesellschaft zur Schadensbegrenzung ihres systemischen Unrechts benützt werden, »muss der diakonischen Zuwendung zu den Opfern dieser Gesellschaft die öffentliche, kritische Prophetie an den systemischen Missständen entsprechen«.[1334] Die Christenheit müsse »auf entsprechende Rechtsordnungen und Rechtsreformen drängen, denn das christliche Verständnis der Gottesgerechtigkeit ist nicht nur für Christen da, sondern als Vorwegnahme der neuen Erde für alle Menschen«.[1335] Dabei ist bemerkenswert, dass Moltmann trotz des Zweifels an der »preferential option« für die Armen und Unterdrückten in der Befreiungstheologie mit dem jungen Marx dazu neigt, dass die menschliche Emanzipation der Menschen damit beginnt, dass alle Verhältnisse umgestürzt werden, »in denen der Mensch ein erniedrigtes, ein geknechtetes, ein verlassenes, ein verächtliches Wesen ist«.[1336] Moltmann stellt zudem fest, dass die Erfüllung materieller Bedürfnisse der Anfang der Gerechtigkeit sei, weil die erniedrigenden Verhältnisse ökonomisch seien.[1337] Ökonomische Befreiung und Menschenwürde stehen zueinander in Wechselbeziehung: »Menschliche Würde ist ohne ökonomische Befreiung so wenig möglich wie umgekehrt die ökonomische Befreiung ohne die Anerkennung der Menschenwürde und die Inanspruchnahme der Menschenrechte«.[1338] So zeigt der Zusammenhang der Gerechtigkeit Gottes mit der Menschenwürde, dass die Ethik des gerechten Friedens auch auf dem kapitalismuskritischen Bewusstsein beruht.

5.4.3. Politisches Engagement gegen die Aggressivität der neoliberalen Weltordnung

Der Diskurs um Gerechtigkeit führt weiter zum Thema der gewaltfreien Veränderung der bestehenden politischen Ordnungen. Moltmann übt Kritik am Klerikalismus und der »Unschuld der Macht« im politischen Bereich, und er beschäftigt sich mit dem Gewaltmonopol des Staates und dem Widerstandsrecht des Volkes. Er betrachtet die bei-

---

[1332] Vgl. ebd., S. 206.
[1333] Vgl. ebd., S. 207.
[1334] Ebd., S. 207.
[1335] Vgl. ebd., S. 207.
[1336] Ebd., S. 207; zit. nach: Marx, Zur Kritik der Hegelschen Rechtsphilosophie. Einleitung, S. 385.
[1337] Vgl. Moltmann, Ethik der Hoffnung, S. 208.
[1338] Ebd., S. 208.

den als Voraussetzungen für gerechte politische Machtausübung.[1339] Aber das Gewaltmonopol des Staates soll wohl an Recht und Gerechtigkeit gebunden sein. Heute zerfallen einerseits die Staaten, die ihr Gewaltmonopol nicht durchsetzen können, obwohl sie die Garantie der öffentlichen Sicherheit übernehmen sollen, und andererseits wird das staatliche Gewaltmonopol »von jenen Reichen untergraben, die ›Sicherheit‹ zur Ware machen, sich in gated communities zurückziehen und private Sicherheitsdienste engagieren«.[1340] Moltmann gibt der neoliberalen Weltordnung die Schuld am zweiten Fall: »Die neoliberale Privatisierung der Sicherheit befördert den Terror, weil sie das Volk den kriminellen Banden ausliefert. Sie ist nichts anderes als Anarchismus.«[1341] Angesichts dieses globalen politischen Problems wird das Widerstandsrecht des Volkes im Fall staatlichen Machtmissbrauchs und des Terrors betont. Nach Moltmann kann man zivilen Ungehorsam nicht formal fordern oder verbieten.[1342] Ziviler Ungehorsam werde erst legitim, wenn er sich gegen ungerechte Aktionen von Regierungsorganen, Rechtsbrüche der Regierung und Menschenrechtsverletzungen richte, aber er sei nicht legitim, wenn er Ungerechtigkeit zu verbreiten suche, wenn er Ausländerhetze und Rassismus betreibe oder den Sturz des demokratischen Grundgesetzes durch faschistische Diktatur zum Ziel habe.[1343] Für Moltmann geht es bei dem Widerstandsrecht letztlich um das politische Engagement von Christen für die gewaltfreie Veränderung der bestehenden politischen Ordnung, wie im Beispiel von Martin Luther King.[1344]

Das politische Engagement dehnt sich auch auf die Friedens- und Antiatomwaffenbewegung aus. In Verbindung mit der Lehre vom gerechten Krieg lehnt Moltmann die Behauptung vom gerechten Atomkrieg kategorisch ab.[1345] Das politische Engagement von Christen für die Friedensbewegung und gegen die weltweite atomare Rüstung habe nichts mit Rache oder Vergeltung zu tun. Darum sei die »Überwindung der entstehenden Rachegefühle in einem selbst durch den Durst nach Gerechtigkeit« gefordert.[1346] Moltmann betont aufgrund der Bergpredigt, dass Feindesliebe Feindschaft überwinden und dem gemeinsamen Leben dienen solle.[1347] Feindesliebe müsse intelli-

---

[1339] Ebd., S. 216.
[1340] Ebd., S. 216f.
[1341] Ebd., S. 217.
[1342] Ebd., S. 218.
[1343] Vgl. ebd., S. 218.
[1344] Ebd., S. 218.
[1345] Ebd., S. 220f.
[1346] Vgl. ebd., S. 225.
[1347] Vgl. ebd., S. 225.

gent sein und gehe rational vor.[1348] Mit »rationaler Feindesliebe« werden sich Christen bemühen, »Feinde auch davor zu bewahren, immer tiefer in die Feindschaft hineinzugeraten«.[1349] In diesem Sinne sei Feindesliebe »realistische Verantwortungsethik«.[1350] Diese christliche Ethik führe im Prinzip zur »verantwortlichen Weltveränderung«.[1351]

Der Diskurs um Vertrauen, das die andere wesentliche Komponente der Ethik des gerechten Friedens ist, orientiert sich auf die Veränderung der vom Neoliberalismus geprägten politischen und ökonomischen Ordnungen. Er beginnt mit der Kritik am Dilemma des Überwachungsstaates, das Karl Marx vorausgesehen habe.[1352] Der sowjetische Überwachungsstaat habe nicht nach dem Vertrauen gestrebt, sondern nur nach der Kontrolle, obwohl die Kontrolle nicht den Frieden schafft. Nach dem Zusammenbruch der real-existierenden sozialistischen Überwachungsstaaten breite sich der Überwachungswahn viel mehr in demokratischen Strukturen aus.[1353] Er spitze sich durch die neoliberale Weltordnung immer mehr zu. In dieser Situation komme es auf das Vertrauen auf der politischen Ebene an: »Auf der politischen Ebene können feindselige Verhältnisse durch ›vertrauensbildende Maßnahmen‹ aufgelöst werden. Kraft des Vertrauens in eine alternative Zukunft von Frieden und Zusammenarbeit kann Vertrauen an die Stelle des Misstrauens gesetzt werden.«[1354] Wie man im Diskurs um Gerechtigkeit feststellt, wirken die sozialen, die ökonomischen, und die politischen Ordnungen aufeinander ein. Moltmann ist davon überzeugt, dass eine entsprechende Demokratisierung der Verhältnisse auch auf der Ebene der großen Wirtschaftsunternehmen und der staatlichen Bürokratien möglich ist, wie auf der politischen Ebene in den letzten 20 Jahren die erfolgreiche Umwandlung von Diktaturen in Demokratien möglich war.[1355]

Aber die Demokratisierung der Organisationen in Wirtschaft und Verwandlung ist nicht im Sinne der liberalen Demokratie, sondern der sozialen Demokratie zu verstehen. Moltmann kritisiert, dass die liberale Demokratie nur auf die individuellen Rechte der Menschen dränge:

[1348] Vgl. ebd., S. 226.
[1349] Ebd., S. 226f.
[1350] Vgl. ebd., S. 227.
[1351] Vgl. ebd., S. 229.
[1352] Vgl. ebd., S. 231.
[1353] Vgl. ebd., S. 232.
[1354] Ebd., S. 238.
[1355] Ebd., S. 238.

Es war jedoch eine Einseitigkeit der westlichen Freiheitsgeschichte, die individuellen Rechte der Menschen gegenüber politischer Herrschaft zu betonen und ihre soziale Gleichheit zu vernachlässigen. So wurde die liberale Demokratie ausgebildet, aber die soziale Demokratie zurückgesetzt. Die Freiheit der Individuen wurde geschützt, ihre Solidarität blieb unterentwickelt. Das Privateigentum wurde geheiligt, das Gemeineigentum nur schwach geschützt.[1356]

Die Freiheit der Individuen und ihre Solidarität stehen für Moltmann nicht im Widerspruch. Die menschliche Solidarität habe die gleiche göttliche Würde wie die menschliche Personalität, und es könne darum im Prinzip keinen Vorrang der individuellen vor den sozialen Menschenrechten geben.[1357] Im Vergleich mit dem Freiheitsverständnis in *Die Befreiung der Unterdrücker* kann man eine Veränderung des Freiheitsverständnisses in der folgenden Äußerung erkennen: »Die Freiheitsrechte der Personen können nur in einer solidarisch gerechten Gesellschaft verwirklicht werden und eigene gerechte Gesellschaft wird nur in den Rechten aller Personen verwirklicht.«[1358] Mit diesem Freiheitsverständnis spielt Moltmann auf Bonhoeffers Freiheitsverständnis an.[1359]

Die Kritik des Neoliberalismus spielt auch in der Integration der ökonomischen Menschenrechte und der ökologischen Rechte der Natur eine bemerkenswerte Rolle. Nach Moltmann gehören »soziale und ökonomische Mindestvoraussetzungen wie Schutz vor Hunger, Krankheit und Obdachlosigkeit sowie die Rechte auf Arbeit, persönliches Eigentum und Mitbestimmung im öffentlichen Leben« zur Menschenwürde.[1360] Ohne bessere Gerechtigkeit durch Demokratisierung der Weltwirtschaft komme es zu einer ökonomischen und dann auch zu einer ökologischen Katastrophe der Menschheit.[1361] Den ökonomischen Grundrechten der Menschheit seien ökologische Grenzen gesetzt.[1362] Moltmann warnt also vor »Wachstumsfetischismus«:

> Ökonomisches Wachstum ist nur begrenzt möglich. Darum lässt sich soziale Gerechtigkeit auch nicht durch mehr ökonomisches Wachstum gewinnen, obwohl noch heute das versprochene Wachstum soziale Ungerechtigkeiten ausgleichen soll. Das ist Wachstumsfetischismus. Es gibt eine negative Entsprechung zwischen dem Sozialverhältnis der Menschen und ihrem Naturverhältnis: Herrscht im Sozialverhältnis die Ausbeutung der Arbeitskraft vor, dann wird auch das Naturverhältnis durch Ausbeutung der Bodenschätze der Erde bestimmt. Das ausbeuterische Verhältnis der Menschen zur Natur wird erst aufhören, wenn auch das ausbeuterische Verhältnis

---

[1356] Ebd., S. 244.
[1357] Vgl. ebd., S. 245.
[1358] Ebd., S. 245; vgl. Moltmann, Die Befreiung der Unterdrücker, S. 536f.
[1359] Siehe Bonhoeffer, Schöpfung und Fall, S. 59 u. S. 61f.
[1360] Moltmann, Ethik der Hoffnung, S. 245.
[1361] Vgl. ebd., S. 246.
[1362] Vgl. ebd., S. 246.

der Menschen zueinander aufhört. Ökologische Gerechtigkeit wird nur zusammen mit ökonomischer Gerechtigkeit gewonnen. Beide beginnen mit dem ökologischen Umbau der Industriegesellschaft und dem entsprechenden sozialen Ethos.[1363]

Die kapitalistische Gesellschaft wurde auf der Basis der modernen Spaltung in Subjekt und Objekt gegründet. Aus der modernen Spaltung in Seele und Körper, Subjekt und Objekt, Person und Sache folgt nach Moltmann, dass die menschliche Leiblichkeit zerstört und die natürliche Lebensgemeinschaft mit der Erde ruiniert werden.[1364] Der Neoliberalismus verschärfe dieses Problem. Deshalb fordert Moltmann eine radikale epistemologische Wende, die wieder von »der leib-seelischen Ganzheit der Menschen« ausgeht.[1365] In Bezug auf politisches Engagement von Christen sei auch zu beachten, dass souveräne Staaten allein die Menschenrechte nicht durchsetzen können. Immer mehr Menschen beteiligten sich daher an den zivilgesellschaftlichen non-governmental organisations (NGO) zur globalen Durchsetzung der Menschenrechte und der Rechte der Natur.[1366] Moltmann schätzt ihre Rolle hoch ein und fordert Christen zur Zusammenarbeit mit Menschenrechtsgruppen und ökologischen Organisationen auf.[1367]

Abschnitt 5.4. hat erläutert, dass die Ethik der Hoffnung auf der »Hoffnung auf die eschatologische Transformation der Welt durch Gott« beruht. Ihre wichtigste Komponente ist die Gegenwärtigkeit der Zukunft in der Hoffnung, die sich im neutestamentlichen Verhältnis von »Warten und Eilen« zeigt. Die Ethik der Hoffnung fordert Christen zu aktivem sozialem und politischem Engagement für sozial Schwache und politisch Unterdrückte heraus.

[1363] Ebd., S. 246.
[1364] Ebd., S. 247.
[1365] Ebd., S. 247.
[1366] Ebd., S. 249.
[1367] Ebd., S. 250.

6. Schlussbetrachtung

6.1. Ergebnisse der Untersuchung

a) Politische Theologie bei Karl Barth

In seiner Safenwiler Frühzeit war Barth vom Religiösen Sozialismus stark geprägt. Er war von der inneren Verbindung zwischen der Lehre Jesu und dem Sozialismus überzeugt, und seine Überzeugung kristallisierte sich in der These: »Jesus ist die soziale Bewegung, und die soziale Bewegung *ist* Jesus Christus in der Gegenwart.«[1368] Die Identifikation des Reiches Gottes mit sozialer Bewegung geht vom Gottesverständnis als einem »solidarischen, sozialen Gott« aus,[1369] das nicht im Widerspruch mit dem Begriff des persönlichen Gottes steht.[1370] Nach Barth verbieten das Christentum und der Sozialismus im ursprünglichen Sinne den kapitalistischen Militarismus.[1371] Mit der kritischen Reflexion über die Schuld der Christen und der Sozialisten am Ersten Weltkrieg beginnen aber die Überlegungen zu einem »*radikalen Sozialismus*« und einem »*radikale[n] Christentum*«.[1372] Als ein Sozialismus im ursprünglichen Sinn der Marxschen Konzeption lässt sich der radikale Sozialismus nicht auf eine parteipolitische Ideologie beschränken. Er ist aber zugleich untrennbar mit dem radikalen Christentum verbunden.[1373] Das radikale Christentum drückt Barths neues religiös-sozialistisches Bewusstsein aus. Aus seinen »sozialistischen Reden« kann abgeleitet werden, dass die theologische Wende in der Safenwiler Zeit, die der Erste Weltkrieg brachte, nicht nur als ein Bruch mit dem alten religiös-sozialistischen Verständnis, sondern auch als die Herausbildung eines neuen religiös-sozialistischen Verständnisses aufzufassen ist. Barth akzeptiert zwar die russische Revolution in ihrer historischen Notwendigkeit, aber er beurteilt die Gewaltverherrlichung und die Kriegsführung der Bolschewiki im Bürgerkrieg sehr kritisch und lehnt den Moskauer Zentralismus ab.[1374] Mit

---

[1368] Barth, Jesus Christus und die soziale Bewegung, S. 386f.
[1369] Ebd., S. 405.
[1370] Barth, Der Glaube an den persönlichen Gott, S. 552ff.
[1371] Barth, Krieg, Sozialismus und Christentum I, S. 87.
[1372] Ebd., S. 91f.
[1373] Ebd., S. 92f.
[1374] Barth, Schweizerischer Parteitag und internationale Konferenz, 441ff. u. ders., Demokratie und Diktatur, S. 501. Siehe auch ders., Brief an Eduard Thurneysen vom 11. 12. 1920, S. 454 u. ders., Brief an Eduard Thurneysen vom 20. 6.1921, S. 496; vgl. Luxemburg, Die russische Revolution, S. 138f.

seiner konstruktiv kritischen Einstellung zum Bolschewismus knüpft er an das Sozialismusverständnis Rosa Luxemburgs und Kurt Eisners an.[1375]

Das radikale Christentum wird auf Barths neues Gottesverständnis zurückgeführt. Marquardt bezeichnet es als »Ganz-Andersheit der Transzendenz Gottes«.[1376] In Barths Konzeption der Transzendenz Gottes sind das Göttliche und das Menschliche voneinander unterschieden, aber nicht getrennt.[1377] Auf dieser hermeneutischen Grundlage entfaltete Barth seine politische Ethik nach dem Ersten Weltkrieg. Gewalt und Gewaltstaat, die in der ersten Auflage des *Römerbriefs* aufs schärfste kritisiert werden, sind die Charakteristika des kapitalistischen Imperialismus und seiner Expansionspolitik.[1378] Dagegen fordert Barth die Christen dazu auf, dass sie sich zugunsten der sozial Schwachen und der politisch Unterdrückten politisch engagieren.[1379] Unter diesem Gesichtspunkt bezeichnet er das Reich Gottes innerhalb der sozialen und kulturellen Gegensätze als »Bewegung von unten her«.[1380] Im Zusammenhang mit der Parteinahme Gottes für die Niedrigen und die Kleinen kann die Bewegung von unten her als eine soziale Bewegung für die »arme[n] Klasse« im Sinne des jungen Marx gesehen werden.[1381] Allerdings ist auch nicht zu übersehen, dass Barth verlangt, dass sich die Christen auf »die *absolute* Revolution von Gott aus« konzentrieren.[1382] Die Revolution Gottes unterscheidet sich durch ihre Radikalität und Vollkommenheit von einer sozialistischen Revolution.[1383] Aber sie kommt in Gestalt einer sozialen Revolution und schließt die sozialistische Revolution in sich ein. In der von Gewalt geprägten Welt müssen Christen dem kapitalistischen Imperialismus durch »die Solidarität mit dem Feinde« widerstehen.[1384] Nach Barth ist diese Solidarität die wahre proletarische Solidarität. Dadurch dienen die Christen der »wirklichen, radikalen Revolutionierung« der Welt.[1385]

[1375] Zu Eisner vgl. Barth, Der Generalstreik im November 1918, S. 450 u. ders., Der internationale Sozialistenkongress in Bern, S. 480.
[1376] Marquardt, Eia, wärn wir da, S. 480.
[1377] Römerbrief I, S. 488f.
[1378] Ebd., S. 499f. u. S. 501f.
[1379] Ebd., S. 489f.
[1380] Ebd., S. 490.
[1381] Marx, Verhandlungen des 6. Rheinischen Landtags. Dritter Artikel, S. 209.
[1382] Römerbrief I, S. 506.
[1383] Ebd., S. 506f.
[1384] Ebd., S. 498.
[1385] Ebd., S. 498.

Im Tambacher Vortrag bemüht sich Barth, die Totalität Gesellschaft mit der neuen Totalität Gott in Beziehung zu setzen. Denn im Christentum als einer Religion und dem Religiösen Sozialismus als einer falschen Säkularisation des Christentums kann die Verbindung zwischen den beiden Totalitäten nicht hergestellt werden.[1386] Barth lehnt zuerst alle Kombinationen von Theologie und Politik, die eine Vermischung von Gott und Welt voraussetzen, ab, indem er die Akzente auf die Ganz-Andersheit Gottes setzt.[1387] Das Christentum muss an der Bewegung des Reiches Gottes teilnehmen. Diese Bewegung, die in der ersten Auflage des *Römerbriefs* als die Bewegung von unter her im Hinblick auf das Subjekt der Bewegung in der Gesellschaft bezeichnet wird, wird im Tambacher Vortrag als die Bewegung »senkrecht von oben her« (in Parallele zur »Bewegung *von Gott her*«) im Hinblick auf ihren Ursprung und ihr Ziel verstanden.[1388] Die Bewegung Gottes wird auch als »die in Jesus enthüllte Lebensbewegung« bezeichnet.[1389] Barth sah diese Lebensbewegung als die vollkommene Revolution und die wahre soziale Bewegung an, weil sie die Gesellschaft nach dem Willen Gottes verändert.[1390] Die Bewegung Gottes benötigt das politische Engagement von Christen und durchläuft drei Phasen: »regnum naturae«, »regnum gratiae« und »regnum gloriae«. Bei diesem Schema geht es um »Schöpfung, Erlösung, Vollendung der Welt durch Gott und in Gott«.[1391] Damit wollte Barth nicht eine christliche Lehre, die auf dem Sozialismus beruht, aufrichten, sondern eine sozialistische Theorie und Praxis, die auf dem Reich Gottes beruht.

In der zweiten Auflage des *Römerbriefs* kommt die Transzendenz Gottes in Gestalt des unendlichen qualitativen Unterschieds, dessen Begriff auf Sören Kierkegaard zurückgeführt wird, zur Geltung.[1392] Aufgrund der Transzendenz Gottes ist die Ethik des Reiches Gottes »keine ‹Praxis› *neben* der Theorie«, sondern »die *Theorie der Praxis*«.[1393] Barths Kritik an dem Widerspruch von Praxis und Theorie richtet sich auch gegen die menschliche Revolution.[1394] Aber der Gegenstand seiner Kritik ist nicht die menschliche Revolution selbst, sondern der Widerspruch von Anspruch und Wirklichkeit in ihr. Die Revolution Gottes kommt in Gestalt einer menschlichen Revolution,

---

[1386] Barth, Der Christ in der Gesellschaft, S. 559.
[1387] Ebd., S. 560.
[1388] Zur Bewegung senkrecht von oben her vgl. ebd., S. 564; zur Bewegung von Gott her vgl. ebd., S. 566.
[1389] Ebd., S. 566.
[1390] Ebd., S. 570f.
[1391] Ebd., S. 576.
[1392] Römerbrief 2, S. 17.
[1393] Ebd., S. 575.
[1394] Ebd., S. 644.

obwohl sie nicht mit einer sozialistischen Revolution zu identifizieren ist. Es ist nicht zu bestreiten, dass die Beziehung Barths zum Religiösen Sozialismus in seiner dialektischen Phase (1922–1931) nicht mehr in gleicher Weise wie zu seiner Safenwiler Frühzeit deutlich war. Aber es wird durch seinen Eintritt in die SPD von 1932 bestätigt, dass »der sozialistische Hintergrund« in dieser Phase präsent bleibt.[1395] Barth entwickelte seine politische Ethik in Verbindung mit der sozialistischen Gesellschaftskritik und der marxistischen Wirtschaftstheorie.[1396] In Bezug auf die Lehre vom gerechten Krieg verneinte er zwar nicht den Verteidigungskrieg eines Volkes, aber er erkannte auf keinen Fall den Angriffskrieg an.[1397] Es wird in seiner Ethikvorlesung aufs schärfste kritisiert, dass die christliche Ethik Kriegsideologie treibt.[1398] In seiner Kritik am Verhältnis von individuellem Kriegsdienst und Volkskrieg kommt die kollektive Verantwortung in den Blick, obwohl er den Terminus der Kollektivschuld vermeidet.[1399]

Während Barths Professur in Deutschland weckte die Machtergreifung der Nationalsozialisten 1933 erneut sein politisches Engagement.[1400] In der Barmer Theologischen Erklärung (1934) und Barths Rede vom »politischen Gottesdienst« (1937–1938) sprechen sich seine neuen theologischen Reflexionen gegen diese Machtergreifung aus. Barth sah, dass die Kirchenpolitik der Deutschen Christen (DC) dem Willen Gottes entgegensteht. Deshalb war er der festen Überzeugung, dass die Bekennende Kirche (BK) darauf bekenntnismäßig reagieren müsse, indem sie durch die Barmer Erklärung dagegen argumentierte.[1401] Im Gegensatz zur Trennung von Theologie und Politik ist die Barmer Erklärung auf das Miteinander von Theologie und Politik gegründet. Barths Abhandlung *Evangelium und Gesetz* (1935) wird ohne explizite politische Begriffsanwendung durchgeführt und argumentiert meistens in theologischer Perspektive gegen die Position der DC und des konservativen Luthertums, die die Priorität des Gesetzes vor dem Evangelium behaupteten. Barth hebt besonders »die *Priorität*« des Evangeliums vor dem Gesetz hervor,[1402] die an das positive Verhältnis von

---

[1395] Winzeler, Widerstehende Theologie, S. 89.
[1396] Barth, Ethik I, S. 277ff.
[1397] Ebd., S. 264.
[1398] Ebd., S. 269.
[1399] Ebd., S. 278f.
[1400] Barth, »Musik für einen Gast«, S. 22.
[1401] Vgl. Barth, Kurze Erläuterung der Barmer Theologischen Erklärung, S. 12 u. S. 16.
[1402] Barth, Evangelium und Gesetz, S. 7.

Evangelium und Gesetz angeknüpft ist,[1403] um aufgrund dieser Priorität die Gesetze des totalitären Staates zu verwerfen.

Als theologischer Terminus tritt der politische Gottesdienst zum ersten Mal in den »Gifford-Lectures« (1937–1938) auf.[1404] Er ist ein Gottesdienst in der politischen Welt, der sich darauf bezieht, im politischen Bereich äußerliches Recht, äußerlichen Frieden und äußerliche Freiheit zu schaffen und zu erhalten.[1405] Er weist zwei Merkmale auf. Das erste ist die innere Verbindung von Kirche und Staat unter der Königsherrschaft Christi.[1406] Sofern die politische Ordnung äußerliches Recht, äußerlichen Frieden und äußerliche Freiheit schafft und erhält, nimmt die Kirche auch sie in Anspruch als »eine *gottesdienstliche* Ordnung«.[1407] Das zweite Merkmal ist die Relativierung der staatlichen Autorität. Wenn der Staat zum totalitären Staat und die politische Macht zur Tyrannei werden, wird der gottesdienstliche Sinn der politischen Ordnung undeutlich bzw. völlig unterdrückt.[1408] Der Staat und die politischen Machthaber haben keine rechtmäßige Autorität, wenn sie ihre Pflicht nicht tun, das Recht, den Frieden und die Freiheit zu schützen.[1409] Daraus ergibt sich die Forderung nach der aktiven Resistenz gegen Totalitarismus. Der totalitäre Staat ist nichts anderes als »das Tier aus dem Abgrund« von Offb 13.[1410] Nach Barth gibt es nach dem Schottischen Bekenntnis unter Umständen eine göttlich geforderte Resistenz gegen politische Macht. Diese Resistenz ist »eine *aktive* Resistenz, sogar eine Resistenz, bei der es dann unter Umständen auch darum gehen kann, *Gewalt* gegen Gewalt zu setzen«.[1411] Hier wird die Ausübung von Gegengewalt gegen die Tyrannei und für unschuldig politisch Unterdrückte anerkannt. Jede gewaltsame Lösung des Konfliktes ist aber nur »ultima ratio«.[1412]

In seinem Vortrag *Rechtfertigung und Recht* (1938) betrachtet Barth den politischen Sinn der Verkündigung der göttlichen Rechtfertigung. Hier wird eine enge innere Verbindung zwischen göttlicher Rechtfertigung und menschlichem Recht (parallel zu Kir-

---

[1403] Ebd., S. 27.
[1404] Barth, Gotteserkenntnis und Gottesdienst, S. 203.
[1405] Ebd., S. 207.
[1406] Ebd., S. 206.
[1407] Ebd., S. 206f.
[1408] Ebd., S. 209.
[1409] Ebd., S. 209.
[1410] Ebd., S. 210.
[1411] Ebd., S. 213.
[1412] Ebd., S. 215.

che und Staat) hervorgehoben, und das Recht wird als Gegenstand des christlichen Glaubens, der christlichen Verantwortung und des christlichen Bekenntnisses angesehen. In dieser Hinsicht wird der politische Gottesdienst definiert als ein Dienst Gottes, »der [...] in irgend einer Anerkennung, Förderung, Verteidigung, Verbreitung menschlichen Rechtes [...] wegen der göttlichen Rechtfertigung bestehen« wird.[1413] Er setzt den »positiven *Zusammenhang*« zwischen Kirche und Rechtsstaat und den Gegensatz zwischen Kirche und dem totalitären Staat voraus.[1414] Barth erinnert an die Verantwortlichkeit der Kirche für den Staat und ihren »prophetischen Wächterdienst«.[1415] Die Kirche soll auf Grund der Realität der heiligen Stadt von Offb 21,2 (»das neue Jerusalem«) alle irdischen Staaten relativieren und eine kritische Opposition gegen den Staat spielen, den Missbrauch der politischen Macht verhindern und über diese Macht wachen.[1416] Sie leistet dem Staat, der die Guten belohnt und die Bösen bestraft, Gehorsam, und sie leistet dem Staat, der die Bösen ehrt und die Guten straft, Widerstand.[1417] »Wie die göttliche Rechtfertigung *das* rechtliche Kontinuum ist, so ist die Kirche *das* politische Kontinuum.«[1418]

Nach dem Zweiten Weltkrieg bemühte sich Barth, eine christologisch bestimmte demokratische Staatstheorie zu entwerfen. Seine Abhandlung *Christengemeinde und Bürgergemeinde* (1946) ist die Frucht dieser Bemühung. Nach Barth bedürfen alle Menschen einer Obrigkeit, die »unter einer, durch überlegene Autorität und Gewalt geschützten, äußerlichen, relativen und vorläufigen Rechtsordnung« steht.[1419] Als Rechtsstaat dient die Bürgergemeinde der Vorsehung und dem Heilsplan Gottes, indem sie »für die Aufrichtung menschlichen Rechtes und für Freiheit, Frieden und Humanität« sorgt.[1420] Denn sie ist »– außerhalb der Kirche, aber nicht außerhalb des Herrschaftskreises Jesu Christi – ein Exponent dieses seines Reiches«.[1421] Im inneren Kreis des Staates steht die Kirche, und außerhalb ihres besonderen Kreises der Staat. Deshalb beteiligt sich die Christengemeinde in Erfüllung ihrer eigenen Aufgabe auch an der Aufgabe der Bürgergemeinde. Ein Christ dürfe eine bestimmte ideologische

---

[1413] Barth, Rechtfertigung und Recht, S. 5.
[1414] Ebd., S. 10.
[1415] Ebd., S. 10.
[1416] Ebd., S. 26f.
[1417] Ebd., S. 38f.
[1418] Ebd., S. 41.
[1419] Barth, Christengemeinde und Bürgergemeinde, S. 53.
[1420] Ebd., S. 55.
[1421] Ebd., S. 55.

Überzeugung haben, aber er solle nicht blind der Ideologie folgen.[1422] Hier kommt »eine unter allen Umständen zu erkennende und innezuhaltende Richtung und Linie der im politischen Raum zu vollziehenden christlichen Entscheidungen« ins Spiel.[1423] Die Richtung und Linie setzt sich den liberalen Staatstheorien, den klerikalistischen Ideologien und der Anarchie entgegen. Sie richtet sich an der Unterstützung der sozial Schwachen und der politisch Unterdrückten aus und ist mit den verschiedenen sozialistischen Möglichkeiten verbunden.[1424] Die negative Darstellung des parteipolitischen Engagements der Christen als Christen bildet den Hintergrund der Kritik an der Gründung der Christlich Demokratischen Union (CDU).[1425]

Im Blick auf Barths politische Theologie in seiner Spätzeit ist *Das christliche Leben. Die Kirchliche Dogmatik IV/4, Fragmente aus dem Nachlaß Vorlesungen 1959–1961* von großer Bedeutung. Nach Barth erweist sich die Echtheit menschlichen Eifers um die Ehre Gottes im Tun der Christen im Gehorsamen gegen Gottes Gebot. Es geht um den Kampf der Christen »*um menschliche Gerechtigkeit*«.[1426] Als »die große [...] *Unordnung*« wurzelt das Übel in »des Menschen *Abfall* und *Entfremdung* von Gott«.[1427] Darum können seine Fähigkeiten zu »herrenlos hausenden Gewalten« werden.[1428] Sie werden im Neuen Testament als »die in aller Politik wirksame und sichtbare *Dämonie des Politischen*« verstanden.[1429] Die Dämonie des Politischen besteht in »der [...] unmenschlichen Idee des *Imperiums*«.[1430] Die christliche Kirche ist der »Widersacher« dieses Phänomens.[1431] Die herrenlosen Gewalten werden auch als »*Mammon*« bezeichnet.[1432] Barths Einstellung zum Mammon steht in Analogie zur Fetischismus- und Arbeitswerttheorie von Marx. Die herrenlosen Gewalten kommen auch in Gestalt von Ideologien und der chthonischen Mächte. Barth sieht die Verabsolutierung der Ideologien als einen Götzendienst. Die chthonischen Mächte haben zwei Eigenschaften: die naturwissenschaftliche Veränderung des gesamten Kosmos und die Konsumkultur des Spätkapitalismus. Um das Problem der herrenlosen Gewalten zu lösen,

---

[1422] Vgl. ebd., S. 57 u. S. 59f.
[1423] Ebd., S. 60.
[1424] Ebd., S. 62.
[1425] Ebd., S. 76ff.
[1426] Barth, Das christliche Leben, S. 348.
[1427] Ebd., S. 363.
[1428] Ebd., S. 365.
[1429] Ebd., S. 374.
[1430] Ebd., S. 374.
[1431] Ebd., S. 376.
[1432] Ebd., S. 378.

muss man vor allem wahrnehmen, dass die herrenlosen Gewalten außer Kontrolle geraten sind und die Menschen unterjochen. Das Problem der herrenlosen Gewalten führt schließlich zur Bitte um das Kommen des Reiches Gottes, auf dass die Abschaffung der menschlichen Unordnung erfolgen möge.[1433]

b) Die Radikalisierung der politischen Theologie bei Helmut Gollwitzer

Der Ansatz zu Gollwitzers politischer Theologie findet sich im evangelischen Kirchenkampf. Nach der Kristallnacht predigte Gollwitzer am 16. November 1938 über Lukas 3,3–14. Seine Predigt greift die Verantwortung der Christen für die Judenpogrome auf. Die Buße, zu der in seiner Predigt aufgefordert wird, deutet letztlich auf die Buße für die Pogromnacht hin. Manche Sätze in seiner Predigt deuten zudem die Kollektivverantwortung für die Judenverfolgung im Dritten Reich an.[1434] Das soziale und politische Engagement von Christen für die verfolgten Juden wird als ein Zeichen dafür verstanden, dass Christen wahre Buße tun.[1435] In *...und führen, wohin du nicht willst* (1951) wird Gollwitzers kritische Einstellung zum sowjetischen Kommunismus vermittelt. Seine Kritik richtet sich vor allem gegen die Unmenschlichkeit des sowjetischen totalitären Systems.[1436] Die Abscheu gegen totalitäre Systeme zieht sich durch seinen Gefangenschaftsbericht hindurch.

In seiner Bonner Zeit (1950–1957) stand Gollwitzer der marxistischen Religionskritik kritisch gegenüber. Er war davon überzeugt, dass sich der Marxismus an der kompletten »Selbstlösung der Menschheit« orientiere,[1437] und dass der sowjetische Totalitarismus in den Gegensatz von Religion und Kommunismus zurückreiche.[1438] Aber Gollwitzer verneinte nicht das politische Engagement von Christen im Kalten Krieg. Er wollte die Hoffnung auf die Koexistenz von Osten und Westen verbreiten, indem er auf die Problematik und Beschränktheit der beiden Systeme hinwies und durch den Glauben an das Herrsein Christi die Ideologien relativierte.[1439] Das politische Engagement von Christen werde also nicht auf eine Partei, eine Klasse und eine Nation

---

[1433] Vgl. ebd., S. 400.
[1434] Gollwitzer, Predigt über Lukas 3,3–14, S. 57.
[1435] Ebd., S. 60.
[1436] Gollwitzer, ...und führen, wohin du nicht willst, S. 8.
[1437] Vgl. Gollwitzer, Christentum und Marxismus, S. 47.
[1438] Vgl. ebd., S. 53.
[1439] Gollwitzer, Der Christ zwischen Ost und West, S. 144f.

beschränkt bleiben.[1440] Trotz seiner anfänglichen Bejahung der Wiederaufrüstung engagierte sich Gollwitzer seit 1954 zunehmend gegen die deutsche Wiederbewaffnung, vor allem gegen die Atombewaffnung der Bundeswehr, obwohl er mit der prinzipiellen Ablehnung von Krieg im christlich-pazifistischen Sinne nicht einverstanden war.[1441] Die Atomwaffen erlaubten als Kriegsziel jedoch nur die Vernichtung des Gegners, und ihre Eigenschaften machten die christliche Kriegsethik, die auf der Lehre vom gerechten Krieg basiert, unwirksam.[1442] Daraus ergibt sich die christliche Forderung nach der Abschaffung der Atomwaffen. Gollwitzer widerspricht auch der Behauptung der friedenshaltenden Funktion der Atomwaffen und fordert die Christen dazu auf, sich nicht an der atomaren Rüstung zu beteiligen.[1443] Denn der Ausschluss der Atomwaffen als Mittel der Kriegsführung ist für Christen eine Frage des Gehorsams gegenüber Gottes Wort. In dieser Hinsicht sei die Verwendung der ABC-Waffen also nichts weniger als ein praktischer Atheismus.[1444]

Gollwitzers Reise nach Israel im Frühjahr 1958 löste in seiner Berliner Frühzeit (1957–1968) eine grundlegende theologische Einsicht aus. Er sah die Gründung und Entwicklung des Staates Israel als Verwirklichung des humanistischen Zionismus von Martin Buber,[1445] und er schätzte die neue israelische Gesellschaft als ein alternatives Gesellschaftsmodell gegen die kapitalistische Gesellschaft hoch.[1446] Weiter forderte er die Aufnahme der diplomatischen Beziehungen als nächsten Schritt für die Versöhnung zwischen Deutschen und Juden.[1447] Nach seiner Auffassung bedeutet die Entstehung des Staates Israel auch für die arabischen Länder in ihrer gegenwärtigen Evolution aus dem Mittelalter ins 20. Jahrhundert eine Chance.[1448] Seine verschiedenen Vorträge verweisen auf die Mitverantwortung und Schuld der Christen an Antisemitismus, weil »der rassische Antisemitismus […] seine Vorgeschichte, seine Vorbereitung und seine immer neue Ermöglichung im christlichen Antisemitismus« habe.[1449] In *Die marxistische Religionskritik und der christliche Glaube* (1965) tritt die kritische Einstellung zum marxistischen Atheismus stark in den Vordergrund. Gollwitzer findet den

---

[1440] Vgl. Gollwitzer, Die Kirche in der zerspaltenen Welt, S. 160.
[1441] Orth, Helmut Gollwitzer, S. 72f. u. S. 76f.
[1442] Gollwitzer, Die Christen und die Atomwaffen, S. 22 u. S. 24.
[1443] Ebd., S. 36f.
[1444] Vgl. ebd., S. 47f.
[1445] Gollwitzer, Israel – und wir, S. 86f.
[1446] Ebd., S. 87f.
[1447] Ebd., S. 94.
[1448] Ebd., S. 95f.
[1449] Vgl. Gollwitzer, Israel und wir Deutsche, S. 251.

Ursprung des sowjetischen militanten Atheismus in der Modifikation durch den Leninismus.[1450] Die Überanstrengung der Utopie durch den Messianismus im Marxismus zeigt den Widerspruch zwischen der faktischen Beschränktheit der Utopie und ihrem messianischen Anspruch auf. Gollwitzer betont, dass die radikalere und umfassendere christliche Hoffnung Christen zum sozialen und politischen Engagement für die Veränderung der Welt motiviere.[1451] Aber er lehnt nicht die christliche Begegnung mit dem Atheismus ab.[1452]

Mit der Erfahrung der 68er-Studentenbewegung, mit der seine Berliner Spätzeit (1968 –1993) beginnt, tritt die Bedeutung der marxistischen Religionskritik in Gollwitzers politischer Theologie als Kontroverspunkt zurück, und damit tritt die »Theologie der Revolution« in den Vordergrund. Die Theologie der Revolution will »den revolutionären Charakter der biblischen Botschaft« herausarbeiten und die Christen freimachen »zur aktiven Teilnahme an [...] radikaler Veränderung bisheriger Gesellschaftsordnungen«.[1453] Weiter unterstreicht sie die Verantwortung der Kirche »für die *Demokratie* und für die *Hungernden in der Welt*«.[1454] In *Die kapitalistische Revolution* (1974) fordert Gollwitzer die Kirche auf, den Klassengegensatz zu überwinden. Mit seiner fundamentalen Analyse der kapitalistischen Klassengesellschaft denkt er noch vor der Gründung einer »grünen« Partei an die drohende ökologische Katastrophe.[1455] Aufgrund der Universalität der Einladung zum neuen Leben trete die Jüngergemeinde, die die revolutionäre Kraft des Evangeliums im Urchristentum hat, in »besondere Solidarität mit jeder Kategorie von Ausgeschlossenen«[1456] und verneine das gesellschaftliche Privilegiensystem.[1457] Sie sei also durch ihre Existenz in der Gesellschaft »ein Subjekt permanenter Revolution«.[1458] In *Bergpredigt und Zwei-Reiche-Lehre* (1981) stellt Gollwitzer fest, dass die Bergpredigt im Matthäusevangelium als »Aufdeckung des wahren Grundsinnes der Thora (Kap. 5,17–20)« konzipiert sei und »das der Gottesherrschaft entsprechende Leben« darstelle.[1459] Es gehe bei diesem Leben um ein brüderliches Sozialverhalten, das heute eine gerechte und brüderliche Sozialordnung zur

---

[1450] Gollwitzer, Der marxistische Religionskritik und der christliche Glaube, S. 77f.
[1451] Vgl. ebd., S. 99.
[1452] Ebd., S. 132f.
[1453] Gollwitzer, Die Weltverantwortung der Kirche in einem revolutionären Zeitalter, S. 73f.
[1454] Ebd., S. 78.
[1455] Pangritz, Helmut Gollwitzers Schrift über die »Kapitalistische Revolution«, S. 16.
[1456] Vgl. Gollwitzer, Die kapitalistische Revolution, S. 113.
[1457] Vgl. ebd., S. 119.
[1458] Vgl. ebd., S. 128f.
[1459] Vgl. Gollwitzer, Bergpredigt und Zwei-Reiche-Lehre, S. 47.

Folge habe.¹⁴⁶⁰ Diese Sozialordnung überwinde die kapitalistische Gesellschaftsordnung und ihr Privilegiensystem.

c) Jürgen Moltmanns Weg von der Theologie der Hoffnung zur Ethik der Hoffnung

In *Theologie der Hoffnung* (1964) verbindet Moltmann die Eschatologie mit der Christologie, indem er die Eschatologie als »die Lehre von der christlichen Hoffnung, die sowohl das Erhoffte wie das von ihm bewegte Hoffen umfaßt«, definiert.¹⁴⁶¹ Dadurch wird der hermeneutische Horizont der Eschatologie erweitert, und die christliche Hoffnung wirkt sich auf die sozialen und politischen Bereiche aus. Aus Moltmanns Sicht kann die christliche Theologie die hermeneutische Grenze der Neuzeit überwinden, indem sie die geschichtliche Gestalt und Bedeutung des Positivismus und die Endlichkeit seines Erkenntnishorizontes aufdeckt.¹⁴⁶² In der bürgerlichen Gesellschaft beschränke sich die Religion in erster Linie auf »die Rettung und Wahrung personaler, individueller und privater Humanität«.¹⁴⁶³ Als »eschatologische Heilsgemeinde« orientiere sich die christliche Gemeinde im Neuen Testament aber an ihrer Sammlung und Sendung in einem eschatologischen Erwartungshorizont.¹⁴⁶⁴ Im Erwartungshorizont des Reiches Gottes sei ihre Sendung an ihrem sozialen und politischen Engagement für die Erneuerung der Welt erkennbar.¹⁴⁶⁵ Die missionarische Verkündigung des Evangeliums bedeute auch »Verwirklichung eschatologischer *Rechtshoffnung*, *Humanisierung* des Menschen, *Sozialisierung* der Menschheit, *Frieden* der ganzen Schöpfung«.¹⁴⁶⁶ Das Problem der Entfremdung des Menschen in der kapitalistischen Gesellschaft könne nur durch die Hoffnung und den daran gebunden Erwartungshorizont gelöst werden.¹⁴⁶⁷ Die *Theologie der Hoffnung* gründet im kapitalismuskritischen Bewusstsein und fordert entsprechende politische und soziale Veränderungen.

In *Gott in der Revolution* (1968) macht Moltmann wie Gollwitzer auf die Herausforderungen des revolutionären Zeitalters aufmerksam. Damit kommt auch die Theologie der Revolution zur Sprache. Sie ist »eine Laientheologie der leidenden und kämpfen-

---

¹⁴⁶⁰ Vgl. ebd., S. 48.
¹⁴⁶¹ Moltmann, Theologie der Hoffnung, S. 11f.
¹⁴⁶² Ebd., S. 82.
¹⁴⁶³ Vgl. ebd., S. 287.
¹⁴⁶⁴ Vgl. ebd., S. 300.
¹⁴⁶⁵ Vgl. ebd., S. 302.
¹⁴⁶⁶ Vgl. ebd., S. 303.
¹⁴⁶⁷ Vgl. ebd., S. 311.

den Christen in der Welt« und zielt auf das revolutionäre Wirken der Christen.[1468] Moltmann hebt die Hoffnung als »das dem Christentum immanente revolutionäre Potential« auf dem politischen Gebiet hervor.[1469] Die christliche Parteinahme für sozial Schwache und politisch Unterdrückte stehe dem christlichen Universalismus nicht entgegen.[1470] Aber die Legitimation der Anwendung revolutionärer Gewalt hänge durchaus von der Humanität ab.[1471] Seit 1975 machte sich Moltmann Sorgen darum, dass die Befreiungstheologen aufgrund der Theorien von Marx und Engels harte Kritik an westlicher Theologie übten. Er verwarf befreiungstheologische Verständnisse von Marxismus als »Deklamationen des Seminarmarxismus als Weltanschauung«.[1472] Aus der 68er-Studentenbewegung und der Anti-Vietnam-Bewegung leitete er ab, dass die revolutionären Eliten nicht in erster Linie das geschichtliche Subjekt der Revolution vertraten, und dass in Europa nur »der demokratische Sozialismus« realistisch und zukunftsträchtig sei.[1473] In *Die Befreiung der Unterdrücker* (1978) wird sogar hervorgehoben, dass die Befreiung der Unterdrückten vom Leiden an der Unterdrückung mit der Befreiung der Unterdrücker von der Sünde der Unterdrückung zusammengehe.[1474] Alle Mechanismen der Unterdrückung, z. B. Rassismus, Sexismus und Kapitalismus, seien nichts anderes als »Phänomene der Aggression«, die aus der Perversion der Gottesliebe entspringe.[1475] Deshalb werde die Befreiung der Unterdrücker durch die Liebe Gottes, die im Leiden des menschgewordenen Gottes offenbar wird, vollzogen.[1476]

In *Politische Theologie – Politische Ethik* (1985) entfaltet Moltmann auf der Grundlage »einer realistischen *politischen Hermeneutik*« seine politische Theologie.[1477] »Christliche Hermeneutik liest die Bibel als Zeugnis der Verheißungsgeschichte Gottes und der Hoffnungsgeschichte von Menschen.«[1478] Sie zielt darauf ab, die »politischen Implikationen einer christlichen Theologie des Kreuzes« zu explizieren.[1479] Hier kommt die politische Kreuzestheologie ins Spiel. Sie wird »zur kritischen Macht der Befreiung vom politischen Götzendienst und von der politischen Entmündigung und

---

[1468] Moltmann, Gott in der Revolution, S. 68f.
[1469] Ebd., S. 70.
[1470] Vgl. ebd., S. 75f.
[1471] Vgl. ebd., S. 78.
[1472] Moltmann, Hoffnung und Befreiung, S. 756.
[1473] Vgl. ebd., S. 757.
[1474] Vgl. Moltmann, Die Befreiung der Unterdrücker, S. 527f.
[1475] Vgl. ebd., S. 532.
[1476] Vgl. ebd., S. 534.
[1477] Moltmann, Politische Theologie – Politische Ethik, S. 12.
[1478] Ebd., S. 159.
[1479] Ebd., S. 42.

Entfremdung der Menschen«,[1480] und sie liegt der politischen Ethik zugrunde, die Moltmann als »Ethik der Hoffnung« bezeichnet.[1481] Die Ethik der Hoffnung wurzelt in der eschatologischen Christologie und orientiert sich daran, christliche Ethik zu einer messianischen Ethik werden zu lassen, indem sie die Erinnerung des Leidens Christi und die Hoffnung auf sein Reich vergegenwärtigt und in der Einheit von Erinnerung und Hoffnung die gegenwärtige Freiheit demonstriert.[1482] Die Präsenz Gottes erscheint in der konkreten Gestalt der Befreiung des Menschen »von Hunger, Unterdrückung, Entfremdung, Feindschaft und Verzweiflung«, und in der politischen Dimension ist Gott »als Menschenwürde und Freiheit« präsent.[1483] Heutzutage werden die Menschenrechte immer wieder missachtet, obwohl die Unmenschlichkeit des Menschen als Sünde zu betrachten ist.[1484] Deshalb bedarf es umso mehr des politischen Engagements von Christen für Menschenrechte. Dabei stellt Moltmann die Lehre vom gerechten Atomkrieg und die von der gerechten Atomrüstung in Frage und kritisiert die Abschreckungssysteme bezüglich der Massenvernichtungsmittel.[1485]

Die *Ethik der Hoffnung* (2010), die auf der »Hoffnung auf die eschatologische Transformation der Welt durch Gott« beruht, ist eine transformative Ethik.[1486] Ihre wichtigste Komponente ist die Gegenwärtigkeit der Zukunft in der Hoffnung, die sich im neutestamentlichen Verhältnis von »Warten und Eilen« zeigt.[1487] Die Ethik der Hoffnung ruft also ein aktives soziales und politisches Engagement von Christen hervor.[1488] Ihr Engagement soll sich auf sozial Schwache und politisch Unterdrückte ausrichten, weil Gott auf ihrer Seite steht und ihnen Recht schafft.[1489] Dabei bekräftigt Moltmann den Friedensauftrag der Christen. Der gerechte Friede hat im Prinzip Gerechtigkeit und Vertrauen nötig. Die kapitalistischen Gesellschaftssysteme bestehen aber aus ungerechten Strukturen und werden von »voller *systemischer Gewalttätigkeit*« getragen.[1490] Die Gerechtigkeit Gottes für Opfer und Täter werde durch Christen in diese Gesellschaft gebracht.[1491] Das werde durch »*Diakonie und Prophetie*«, d. h. »durch

---

[1480] Ebd., S. 57.
[1481] Ebd., S. 162.
[1482] Ebd., S. 163.
[1483] Ebd., S. 164.
[1484] Ebd., S. 175.
[1485] Ebd., S. 185.
[1486] Moltmann, Ethik der Hoffnung, S. 15.
[1487] Ebd., S. 24.
[1488] Ebd., S. 58.
[1489] Ebd., S. 59.
[1490] Ebd., S. 202.
[1491] Vgl. ebd., S. 206.

Zuwendung zu den Opfern und Kritik an den Tätern«, durchgesetzt.[1492] Angesichts der Tatsache, dass sich nach dem Zusammenbruch der sozialistischen Überwachungsstaaten anstelle des Vertrauens der Überwachungswahn in demokratischen Strukturen ausbreitet und durch die neoliberale Weltordnung immer mehr zuspitzt, fordert Moltmann eine radikale epistemologische Wende.[1493] So stehen z. B. die Freiheit der Individuen und ihre Solidarität für ihn nicht im Widerspruch.[1494] »Ökologische Gerechtigkeit wird nur zusammen mit ökonomischer Gerechtigkeit gewonnen.«[1495] Moltmann schätzt die Rolle der zivilgesellschaftlichen NGOs hoch und fordert Christen zur Zusammenarbeit mit Menschenrechtsgruppen und ökologischen Organisationen auf.[1496]

6.2. Konsequenzen

a) Die neue Interpretation von Ganz-Andersheit der Transzendenz Gottes bei Barth

In Barths politischer Theologie ist das radikale Christentum nicht nur ein Zeichen des Bruches mit dem alten religiös-sozialistischen Verständnis, sondern auch ein Zeichen der Herausbildung eines neuen religiös-sozialistischen Verständnisses. Es entwickelt sich zunehmend zum Begriff des politischen Gottesdienstes. Aus hermeneutischer Sicht ist es auf Barths neues Gottesverständnis zurückzuführen. Zwar findet sich sein Ansatz schon in den im Ersten Weltkrieg verfassten Schriften und Vorträgen, aber nach dem Ende des Ersten Weltkrieges nimmt es feste Gestalt an. Marquardt bezeichnet den Ansatz als »Ganz-Andersheit der Transzendenz Gottes«.[1497] In Barths Theologie werden Gott und die Welt voneinander unterschieden, aber nicht getrennt. Es gibt eine Beziehung zwischen Gott und der Welt. Barth sah die Beziehung zwischen Gott und Mensch als »das Thema der Bibel und die Summe der Philosophie in Einem« an.[1498] Diese Beziehung setzt den Begriff der Transzendenz Gottes in der ersten Auflage des *Römerbriefs* und den Vortrag *Der Christ in der Gesellschaft* voraus. In der zweiten Auflage des *Römerbriefs* kommt die Transzendenz Gottes in Gestalt des unendlichen

---

[1492] Vgl. ebd., S. 207.
[1493] Ebd., S. 232f. u. S. 247.
[1494] Ebd., S. 245.
[1495] Ebd., S. 246.
[1496] Ebd., S. 249f.
[1497] Marquardt, Eia, wärn wir da (Anm. 200), S. 480.
[1498] Römerbrief 2, S. 17.

qualitativen Unterschieds. Marquardt vergleicht »radikale Transzendenz« im Sinne von Emmanuel Lévinas mit diesem neuen Gottesverständnis, das das Problembewusstsein von Lévinas vorwegnehme.[1499] Damit weist Marquardt die politische Bedeutung des neuen Gottesverständnisses Barths auf:

> Gott, der bis dahin unserem Volk »Eisen wachsen« ließ (E. M. Arndt), der es ertrug, auf deutschen Koppelschlössern als »Gott mit uns« dem Krieg und der Gewalt assimiliert zu werden, der als Segner unseres Landes, unserer Kriegsregierung und unseres guten Volkes gut integriert war in unsere Staatsraison, unser öffentliches Bewußtsein, erst recht in die persönliche Frömmigkeit von Protestanten, auch von Katholiken, sogar von Juden – nun wurde er bei Barth sogar zum »totaliter aliter«: zu einer ganz anderen Totalität von Wirklichkeit. Seine Transzendenz war nicht nur als graduelle, politisch-abgestufte Andersheit gemeint, sondern als »radikale Transzendenz« im Sinne von Lévinas – eine völlig andere Wirklichkeits-Ganzheit, als eine andere Welt; und Barth hoffte damals noch auf eine *neue* Welt; im Zeichen jener Weltrevolution aus dem gleichen Jahr 1917 sprach er wie von der Ganz-Andersheit der Transzendenz Gottes auch von »der Revolution Gottes« – wie Lévinas, viel später, von der »rohen Wildheit der Andersheit« sprach.[1500]

Marquardts Vergleich folgt daraus, dass Barth und Lévinas das epistemologische Problembewusstsein teilen. Es gibt einen hermeneutischen Zusammenhang des Verständnisses von Gott bei Barth und des Verständnisses des Anderen bei Lévinas. Denn der neuzeitliche Mensch nimmt Gott genauso wahr, wie das neuzeitliche Subjekt das Objekt oder den Anderen wahrnimmt.

Die neuzeitliche Erkenntnistheorie beruht auf der Unterscheidung zwischen den körperlichen Substanzen (»res extensa«) und den denkenden Substanzen (»res cogitans«).[1501] Das Subjekt erfasst das Sein als etwas, das dem Subjekt als Gegenstand gegenübersteht, auf das das Subjekt als auf ein ihm gegenüberstehendes Objekt gerichtet ist. Nach Karl Jaspers brachte die neuzeitliche Erkenntnistheorie die »Subjekt-Objekt-Spaltung« hervor.[1502] Deshalb beschäftigten sich viele große Denker des 20. Jahrhunderts mit diesem epistemologischen Problem. Hier kommt die instrumentalisierte Vernunft im Sinne von Max Horkheimer und Theodor W. Adorno ins Spiel. Mit aufklärerischer Vernunft strebt das Subjekt an, durch »die Entzauberung der Welt« wahre Erkenntnisse über das Objekt (die Welt) zu gewinnen.[1503] Aber diese Vernunft wandelte

---

[1499] Vgl. Marquardt, Eia, wärn wir da, S. 478f; siehe Römerbrief 2, S. 66: »Die Treue Gottes ist es, daß er uns als der ganz andere, als der Heilige mit seinem Nein in so unentrinnbarer Weise entgegentritt und nachgeht.«

[1500] Marquardt, Eia, wärn wir da, S. 480.

[1501] Georg Zenkert, Art. Dualismus, III. Philosophisch, RGG⁴ 2 (1999), Sp. 1007.

[1502] Karl Jaspers, Einführung in die Philosophie [1949], in: ders., Was ist Philosophie?. Ein Lesebuch, München 1976, S. 33–118, hier S. 46.

[1503] Max Horkheimer/Theodor W. Adorno, Dialektik der Aufklärung. Philosophische Fragmente, Frankfurt a. M. 1969 (Neuausgabe), S. 9.

sich zu einer instrumentellen und zweckbestimmten. Die instrumentelle Vernunft betrachtet die Welt und die Menschen einzig unter dem Aspekt des Nutzens. Hinzu kommt, dass ohne Rücksicht auf Unterschiede die Welt dem Menschen untertan wird.[1504] Die Beziehungen zwischen den Individuen werden unter Auflösung tradierter Bindungen weitgehend versachlicht und objektiviert. Sie reduzieren sich zunehmend auf bloße Tauschverhältnisse. Demnach entsteht eine verwaltete Welt, die gegenüber dem Einzelnen umfassende soziale Kontrolle ausübt und ihn konsequent unterdrückt. Horkheimer sah die verwaltete Welt als die Welt an, »in der alles so gut geregelt ist, daß der einzelne Mensch sehr viel weniger Phantasie und Geist entfalten muß, um sich durchzusetzen«.[1505] Für Adorno ist die verwaltete Welt eine Welt, »in der die Schlupfwinkel verschwinden«.[1506] In der neuzeitlichen Subjekt-Objekt-Spaltung wurde der Andere vom Subjekt instrumentalisiert und entfremdet. In gleicher Weise wurde Gott als ein Mittel der Erhaltung des kapitalistischen Imperialismus instrumentalisiert, wodurch er entfremdet wurde. Darum analysierte Dannemann den unendlichen qualitativen Unterschied Barths in Hinblick auf Adornos Negative Dialektik.[1507]

Lévinas beschäftigte sich auch mit diesem erkenntnistheoretischen Problem, und darum liegt ihm viel an der »Andersheit des Anderen«.[1508] Er macht Versuche, das Problem der Instrumentalisierung und der Entfremdung des Anderen zu lösen, indem er die rohe Wildheit der Andersheit betont. Schließlich hat die Hervorhebung der Andersheit die Totalitarismuskritik zum Ziel.[1509] Das Verständnis des Verhältnisses von Mensch und Gott bei Barth und das Verständnis des Verhältnisses von Subjekt und Objekt bei Lévinas hängen zusammen. Insofern kann Barths neues Gottesverständnis als Vorwegnehmen des Problembewusstseins von Lévinas verstanden werden.

[1504] Ebd., S. 14.
[1505] Max Horkheimer, Verwaltete Welt: Gespräch mit Otmar Hersche (1970), in: Vorträge und Aufzeichnungen 1949–1973, hrsg. v. Gunzelin Schmid Noerr, Max Horkheimer-Gesammelte Schriften, Bd. 7, Frankfurt a. M. 1985, S. 363–384, hier S. 371.
[1506] Theodor W. Adorno, Kultur und Verwaltung [1960], in: Soziologische Schriften I, hrsg. v. Rolf Tiedemann, Theodor W. Adorno-Gesammelte Schriften, Bd. 8, Frankfurt a. M. ^{3}1990, S. 122–146, hier S. 145.
[1507] Dannemann, Theologie und Politik im Denken Karl Barths (Anm. 268), S. 99f. Vgl. dazu Theodor W. Adorno, Negative Dialektik [1966], Frankfurt a. M. 1980, S. 360 u. S. 369–374.
[1508] Emmanuel Lévinas, Die Philosophie und die Idee des Unendlichen, in: ders., Die Spur des Anderen, München 1987, S. 185–208, hier S. 187.
[1509] Klaas Huizing, Art. Lévinas, Emmanuel, RGG^4 5, (2002), Sp. 296–297, bes. Sp. 297.

b) Die politische Theologie Gollwitzers im Vergleich zu Barth

Um den Zusammenhang zwischen den politischen Theologien Gollwitzers und Barths zu verstehen, sollte man vor allem in Betracht ziehen, dass Gollwitzers politische Theologie der Barthschen Theologie entsprang. Sie entfaltete sich auf der Grundlage von Barths Lehre von der Königsherrschaft Christi. Dabei ist nicht zu übersehen, dass Gollwitzer und Barth Luthers Kriegsethik teilen,[1510] indem sie nicht mit der prinzipiellen Ablehnung einer Kriegsbeteiligung der Christen einverstanden sind.[1511] Im Gegensatz zu Barth akzentuiert Gollwitzer aber die positive Wirkung der lutherischen Zwei-Reiche-Lehre.[1512] In seiner Berliner Spätzeit nimmt er diese Lehre in Anspruch, um die Gefahr der Vermischung der beiden Reiche und der Vermischung von Gesetz und Evangelium abzuwehren.[1513] Denn er war davon überzeugt, dass der Weg der Theologie der Revolution etwa in der Mitte zwischen der ideologischen Politisierung der Kirche und ihrer formalen Neutralisierung liegt.[1514] Gollwitzers politische Theologie entwickelte sich fort, indem sie sich mit dem tiefen Zusammenhang von Reich Gottes und Sozialismus systematisiert und verstärkt. Insbesondere wurde Gollwitzers Linksbarthianismus in der Berliner Spätzeit von Barths radikal eschatologischem Verständnis vom Reich Gottes in der Safenwiler Zeit geprägt.

Gollwitzers Abhandlung *Reich Gottes und Sozialismus bei Karl Barth* greift im Anschluss an Friedrich-Wilhelm Marquardts Werk *Theologie und Sozialismus. Das Beispiel Karl Barths* das Verhältnis von Reich Gottes und Sozialismus in Barths Theologie auf. Hier zeigt sich, wieweit dieses Reich-Gottes-Verständnis Barths in Gollwitzers politische Theologie aufgenommen wurde. Das drückt sich besonders in den folgenden Sätzen aus:

Durch die Stimmen des Religiösen Sozialismus – Christoph Blumhardt, Leonhard Ragaz, Hermann Kutter – wird ihm [= Barth] klar, daß dieses Evangelium nicht nur aufs Heil des einzelnen vor Gott geht, sondern auf eine Weltumwälzung, auf eine Weltrevolution. [...] Gott will das Reich Gottes, eine neue Welt, eine neue Gesellschaft. Darauf geht der ganze Inhalt des Evangeliums. Dieses Neue kann auch genannt werden: Sozialismus – nicht als Ideologie, sondern als Wirklichkeit. »Jesus ist die soziale Bewegung.« »Sozialistisch« ist also, so wird man sagen müssen, ein Prädikat des Evangeliums. Gott will Sozialismus. Das Reich Gottes ist der wahre Sozialismus, –

[1510] Siehe Barth, Ethik I, S. 259f. u. Gollwitzer, Die Christen und die Atomwaffen, S. 13–16.
[1511] Siehe Barth, Ethik I, S. 269 u. ders., Rechtfertigung und Recht, S. 43. Siehe auch Gollwitzer, Was geht den Christen die Politik an?, S. 66 u. ders., Die christliche Gemeinde in der politischen Welt, S. 48 u. ders., Bergpredigt und Zwei-Reiche-Lehre, S. 56f.
[1512] Gollwitzer, Die christliche Gemeinde in der politischen Welt, S. 18f. u. 23f.
[1513] Gollwitzer, Die Weltverantwortung der Kirche in einem revolutionären Zeitalter, S. 88f.
[1514] Ebd., S. 90.

sowohl als Ziel der Geschichte Gottes mit seiner Menschheit wie schon jetzt, in der gegenwärtigen Bewegung hier auf Erden: Wo es um das Reich Gottes geht, da geht es immer auch um Sozialismus. Aber auch: Wo es um Sozialismus geht, da geht es immer schon um das Reich Gottes.[1515]

Das Reich-Gottes-Verständnis Barths in der Safenwiler Frühzeit wurde in Gollwitzers politischer Theologie in der Berliner Spätzeit positiv aufgenommen. Aus Gollwitzers Sicht gehören Theologie und Politik in Barths Theologie »unlösbar« zusammen, d. h. »die Politik interpretiert die Predigt, und die Predigt interpretiert die Politik«.[1516] Trotz der relativen Undeutlichkeit von Barths politischer Haltung in den 20er Jahren war Gollwitzer davon überzeugt, dass Barth »immer politisch bewußter Theologe« war,[1517] und dass er an »seiner Identifikation von Reich Gottes und wahrem Sozialismus« nicht irre wurde.[1518] Hier spielt der Begriff des wahren Sozialismus (oder des »Sozialismus Gottes«) eine entscheidende Rolle. Er ist dem menschlichen Sozialismus »immer unendlich überlegen« und schließt zugleich den »Kampf für die revolutionäre Umwälzung der jetzigen gottwidrigen Gesellschaftsordnung zu einer dem Sozialismus Gottes besser entsprechenden« ein.[1519] Gollwitzer unterscheidet aber streng zwischen zwei Weisen der Identifikation von Reich Gottes und Sozialismus:

> Es ist etwas anderes, ob wir die Identität von Reich Gottes und Sozialismus erkennen, oder wir unseren Sozialismus (als Idee, Bewegung und schließlich erreichten Zustand) mit dem Reiche Gottes identifizieren. Im ersten Fall folgen wir der Bewegung des Evangeliums, dienend und seiner Verheißung glaubend und gehorchend; im zweiten Fall bedienen wir uns Gottes für unsere Zwecke und haben dann – nur scheinbar revolutionär – nur eine neue Seite der alten Sünden der Kirche und der Religionen, der Verwendung Gottes im Dienste unserer jeweiligen Interessen, eine neue Seite auch des bürgerlichen Kulturprotestantismus aufgeschlagen, und das Ergebnis wird nicht Befreiung, sondern neue Versklavung der Menschen sein.[1520]

Diese Unterscheidung steht parallel zu der Warnung vor der Vermischung von Göttlichem und Menschlichem in der zweiten Auflage des *Römerbriefs*.[1521] Dass man diese Warnung als Absage an Barths bisherige sozialrevolutionäre Aktivität verstehe, sei jedoch ein totales Missverständnis.[1522] Barths Dogmatik sei das Resultat seiner Bemühung, »ein solides Fundament für christliches Denken und Handeln in der Gegenwart

---

[1515] Gollwitzer, Reich Gottes und Sozialismus bei Karl Barth (Anm. 20), S. 7.
[1516] Ebd., S. 8.
[1517] Ebd., S. 15.
[1518] Ebd., S. 9.
[1519] Ebd., S. 9.
[1520] Ebd., S. 9f.
[1521] Ebd., S. 10; vgl. Römerbrief 2, S. 17.
[1522] Gollwitzer, Reich Gottes und Sozialismus bei Karl Barth, S. 10.

zu finden und zu legen«, und das sei »seine *politische* Aufgabe« gewesen.[1523] Die Bewegung des Reiches Gottes unterscheidet sich durch ihre Radikalität und Vollkommenheit von einer sozialistischen Bewegung. Aber sie kommt in Gestalt einer sozialen Bewegung und schließt die sozialistische Bewegung in sich. Deshalb betrachtet Gollwitzer Barths politisches Engagement immer im Zusammenhang mit dem Sozialismus.

Daß es sich um keine andere Praxis handelt, daß immer linke Politik mitgemeint ist, macht er nun nur noch punktuell deutlich: in seiner scharf bleibenden Kirchenkritik, im Widerspruch gegen nationalistische Studenten in Göttingen, im »Falle Dehn«, in seinem Eintritt in die SPD 1931 und schließlich in seinem Kampf gegen den Nationalsozialismus, nach 1945 in seinen Stellungnahmen zum Ost-West-Konflikt, gegen die Politik des Kalten Krieges, gegen die westdeutsche Remilitarisierung, gegen die Atomrüstung, für ein besseres Verständnis der christlichen Aufgabe seitens der Kirchen in den Staaten hinter dem »Eisernen Vorhang«. Das Wort Sozialismus gebraucht er nur noch selten, wenn aber, dann immer mit bedeutsamem Akzent.[1524]

Gollwitzer und Barth orientierten sich am Sozialismus im ursprünglichen Sinne von Marx. Im Vergleich mit seinen Zeitgenossen wurde Barth unmittelbar von Luxemburg und Eisner beeinflusst.[1525] Auch in Gollwitzers politischer Theologie findet sich Luxemburgs Einfluss.[1526] Dazu spielt der kritische Marxismus von Lukács in Gollwitzers Verständnis des Sozialismus eine prägnante Rolle.[1527]

Das Auffallendste ist, dass Gollwitzer den größten Teil seiner Abhandlung über Reich Gottes und Sozialismus bei Barth dafür verwendet, sozialistische Komponenten in *Die Kirchliche Dogmatik* näher zu erläutern. In KD III/4 bezeichne Barth das Reich Gottes als Revolution Gottes.[1528] Gollwitzer versteht dies als Wiederaufnahme des Themas des Tambacher Vortrags.[1529] Angesichts dessen, dass sich die Revolution Gottes weder von der sozialistischen Bewegung noch von der Bewegung für den sozialen Fortschritt ausschließt, ist seine Einsicht wohl begründet. Die Behauptung der Kontinuität zwischen dem frühen Barth in der Safenwiler Zeit und dem späteren Barth in *Die Kirchliche Dogmatik* hinsichtlich des Verhältnisses von Reich Gottes und Politik kennzeich-

---

[1523] Vgl. ebd., S. 11.
[1524] Ebd., S. 12f.
[1525] Siehe Anm. 1375 u. Anm. 1376.
[1526] Gollwitzer, Die kapitalistische Revolution, S. 66. Siehe auch ders., Bergpredigt und Zwei-Reiche-Lehre, S. 67: »Rosa Luxemburgs Alternative vom Anfang unseres Jahrhunderts: ›Sozialismus oder Barbarei‹ hat sich als prophetisch erwiesen. Die Menschheit steht am Ende dieses Jahrhunderts im barbarischsten Zeitalter ihrer Geschichte.«
[1527] Siehe Gollwitzer, Christentum und Marxismus, S. 47 u. ders., Kirche und Marxismus in der Krise Europas, S. 150. Siehe auch ders., Die marxistische Religionskritik und der christliche Glaube, S. 14 u. S. 16.
[1528] KD III/4 (Anm. 44), S. 626.
[1529] Gollwitzer, Reich Gottes und Sozialismus bei Karl Barth, S. 14.

net Gollwitzers sozialistische Barth-Interpretation. Gollwitzer meint, dass sich diese Kontinuität im ganzen Werk *Die Kirchliche Dogmatik* finde: »Die ›Einheit von Dogmatik und Ethik‹ (KD I/2) ist nichts als die theologische Programmformel für die in Safenwil praktizierte Erkenntnis: Gott geht es um das Reich Gottes, und das Reich Gottes ist der wahre Sozialismus, und darum ist die sozialistische Bewegung ›Spiegelung‹ des Reiches Gottes [...].«[1530] Der Sozialismus gehöre zu den »selbstständig erwählten« Zielen und Zwecken in KD I/2.[1531] Auch der Durchbruch zur Einheit von Evangelium und Gesetz in Barths Abhandlung *Evangelium und Gesetz* sei nichts anderes als »die theologisch geklärte Wiederaufnahme der Einheit von Reich Gottes und Sozialismus der Safenwiler Zeit«.[1532] Anschließend wendet Gollwitzer den unendlichen qualitativen Unterschied zwischen Schöpfer und Geschöpf in der zweiten Auflage des *Römerbrief*s auf das Verhältnis von »dem wahren Sozialismus des Reiches Gottes« und »dem immer unreinen Sozialismus menschlicher Politik« an.[1533] Das Verhältnis von Reich Gottes und Sozialismus in *Die Kirchliche Dogmatik* lasse sich im Grunde auf die Bewegung Gottes in der ersten Auflage des *Römerbrief*s zurückführen.[1534]

Gollwitzer betrachtet Barths Ekklesiologie im Zusammenhang mit der sozialen und politischen Verantwortung der Kirche. Barth setze auf die christliche Gemeinde als »Subjekt der nötigen Revolution«, und er wolle sie für diesen Auftrag ausrüsten.[1535] Im Zusammenhang der Kirchenkritik in KD IV/2 fordere Barth von der Christengemeinde ein »vorbildliches Recht«, dem aber die Bürgergemeinde nie ganz gleich ziehen könne.[1536] Das Gegenüber des Rechts der Christengemeinde zu dem Recht der Bürgergemeinde sei jedoch, so Gollwitzer, »eine Konstruktion, die ein ideales kirchliches Recht mit dem historisch-empirischen weltlichen Recht vergleicht«.[1537] Als Kirchenrechtler und Sozialethiker konstruiere Barth ein Gegenüber von Kirche und Welt und bringe das immer wieder mit dem Gegenüber von Kirche und Staat zusammen, aber in seiner universalistischen Christologie und Pneumatologie sehe er die ganze

---

[1530] Ebd., S. 19.
[1531] Vgl. Karl Barth, Die Kirchliche Dogmatik, 1. Bd.: Die Lehre vom Wort Gottes. Prolegomena zur kirchlichen Dogmatik, 2. Halbband [= KD I/2], Zollikon-Zürich ⁵1960, S. 367f.
[1532] Vgl. Gollwitzer, Reich Gottes und Sozialismus bei Karl Barth, S. 21.
[1533] Ebd., S. 21.
[1534] Vgl. ebd., S. 22f.
[1535] Vgl. ebd., S. 24.
[1536] Vgl. ebd., S. 25; siehe Karl Barth, Die Kirchliche Dogmatik, 4. Bd.: Die Lehre von der Versöhnung, 2. Teil [= KD IV/2], Zollikon-Zürich 1955, S. 815; zur Kirchenkritik in KD IV/2 vgl. KD IV/2, S. 815–824, bes. S. 817 u. S. 819f.
[1537] Vgl. Gollwitzer, Reich Gottes und Sozialismus bei Karl Barth, S. 25.

Welt als Hoffnungs- und Wirkungsgebiet Jesu Christi.[1538] Von hier aus relativiere sich ihm ebenso wie von der Sündenlehre aus der Unterschied zwischen Kirche und Welt.[1539] Im »Voraussein der Kirche« gründe ihr Unterschied vom Staat.[1540] In diesem Unterschied wirken Kirche und Staat wechselseitig aufeinander ein. Gollwitzer räumt allerdings eine Akzentverschiebung bezüglich der Verbindung von Reich Gottes und Sozialismus in Barths Theologie ein: »Es ist kein Zufall, daß Barths Äußerungen über den Sozialismus (worauf Marquardt hinweist) am zurückhaltendsten sind, ja eher degradierend, ausgerechnet in der Zeit, in der er wieder ins öffentliche politische Engagement zurückkehrt, in der Zeit um und nach 1933. Gegenüber dem zur Religion erhobenen Nationalismus konnte ihm ein religiös potenzierter Sozialismus nicht als Heilmittel erscheinen.«[1541] Aber es ist für Gollwitzer selbstverständlich, dass es in Barths Theologie nie zum Bruch mit dem »wahren Sozialismus« kam.[1542]

Gollwitzer hebt den revolutionären Charakter der Barthschen Theologie hervor. Die Worte »*Revolution*« und »*Gleichnis*« in Barths Theologie seien nicht Phrasen, und jedes von ihnen beiden sei wörtlich ernst zu nehmen.[1543] Aus Gollwitzers Sicht fordert Barths Theologie, dass die Existenzweise des Menschen in einem revolutionären Maß real verändert werden muss:

Die Radikalität der reformatorischen Gnadenlehre enthält ein Revolutionsbild, das für Barth maßgebend bleibt, seitdem er (auch dies schon mit Genfer Calvin-Lektüre beginnend) – parallel zum Sozialismus und zur sozialen Frage! – die Reformationstheologie entdeckt hat. Von daher werden ihm alle Revolutionen, die die Bedingungen dieses Revolutionsbildes nicht erfüllen, nur noch »Revoluti*ön*chen« sein. Er wird sie, wie Marquardt richtig sieht, prinzipiell von links kritisieren, d. h. von je größeren Erwartungen und Ansprüchen her, die an das zu stellen sind, was sich Revolution zu nennen wagt.[1544]

Barth wolle in der andeutenden Aufzählung von »wahren Worten« außerhalb der Kirche in KD IV/3 die Christen verantwortlich machen, »den Krisen, die die sozialistische Bewegung und die sozialistischen Menschen durchmachen, nicht unbeteiligt zuzuschauen, sondern in diesen Kampf als in den ihrigen verantwortlich einzutreten«.[1545] Die Beteiligung am »Kampf des *vorwärts*schreitenden Siegers Jesus Christus« in KD

[1538] Vgl. ebd., S. 25f.
[1539] Vgl. ebd., S. 26.
[1540] Vgl. ebd., S. 26.
[1541] Ebd., S. 28.
[1542] Ebd., S. 29.
[1543] Vgl. ebd., S. 30.
[1544] Ebd., S. 31.
[1545] Vgl. ebd., S. 34f; siehe KD IV/3, S. 140.

IV/3 dürfe man zwar nicht mit menschlichen Fortschrittsideen verwechseln, aber dies bedeute nicht eine Distanzierung vom Kampf um den Fortschritt der Menschheit.[1546] Der Mensch werde durch das Wort der Gnade zum Mitkämpfer Gottes berufen.[1547]

Barth gebe zwar in seinem Brief an Eberhard Bethge zu dessen Bonhoeffer-Buch (1967) seine politische Zurückhaltung in den 20er Jahren zu, aber zugleich spreche er von »der von mir stillschweigend vorausgesetzten oder nur nebenbei betonten Richtung: Ethik – Mitmenschlichkeit – dienende Kirche – Sozialismus – Friedensbewegung – und in und mit dem Allem, eben Politik«.[1548] Gollwitzer zufolge versteht sich die Entwicklung dieser Richtung seit dem Ende des Zweiten Weltkrieges »nicht im Geringsten als einen anderen Weg gegenüber den Intentionen und dem sozialistischen Engagement des Safenwiler Pfarrers, sondern als die Fortsetzung, Vertiefung, Läuterung, Klärung, theologische Begründung des damals mit allzu geringem Rüstzeug Begonnenen«.[1549] Gollwitzer betont zum Schluss seiner Abhandlung, dass sich »Politik« und »deutsche Befreiung« im Vorwort zu KD I/1 auf »Sozialismus« beziehen,[1550] obwohl er selbst anerkennt, dass »die Safenwiler Deutlichkeit sich zwar in jenen immerhin deutlichen Signalen, aber doch nicht in der gleichen offenen Teilnahme an sozialistischer Praxis fortgesetzt hat, so daß dadurch ein Streit über seine Meinung hat entstehen können«.[1551]

In Bezug auf den Zusammenhang von Gollwitzer und Barth sind nun folgende Punkte zusammenzufassen:

1. Gollwitzer betrachtet die politische Verantwortung der Kirche für die Welt und die Umwälzung der bestehenden Gesellschaftsordnung als Merkmale von Barths politischer Theologie. Diese Merkmale sind auch die von Gollwitzers politischer Theologie.

2. Gollwitzers politische Theologie entfaltete sich auf der Grundlage von Barths Lehre von der Königsherrschaft Christi, und sie entwickelte sich fort, indem sie sich mit dem tiefen Zusammenhang von Reich Gottes und Sozialismus systematisiert und verstärkt.

[1546] Vgl. Gollwitzer, Reich Gottes und Sozialismus bei Karl Barth, S. 33; siehe KD IV/3, S. 188 u. S. 285ff.
[1547] Vgl. Gollwitzer, Reich Gottes und Sozialismus bei Karl Barth, S. 39.
[1548] Vgl. ebd., S. 42. Siehe auch Barth, Brief an E. Bethge (Anm. 28), S. 555f.
[1549] Gollwitzer, Reich Gottes und Sozialismus bei Karl Barth, S. 42.
[1550] Ebd., S. 60; siehe KD I/1, S. XIf.
[1551] Gollwitzer, Reich Gottes und Sozialismus bei Karl Barth, S. 57.

Der späte Gollwitzer versteht das Reich Gottes im Zusammenhang mit Barths radikal eschatologischem Verständnis vom Reich Gottes in der Safenwiler Zeit.

3. Gollwitzer und Barth teilen Luthers Kriegsethik, weshalb sie nicht mit der prinzipiellen Ablehnung einer Kriegsbeteiligung der Christen einverstanden sind.

4. In Bezug auf den Sozialismus teilen Gollwitzer und Barth, wie bereits erwähnt, das Verständnis des Sozialismus im ursprünglichen Sinne von Marx. In den politischen Theologien Gollwitzers und Barths findet sich auch Luxemburgs Einfluss.

Die folgenden Unterschiede von Gollwitzer und Barth sind jedoch zu beachten:

1. In Bezug auf das Verständnis der lutherischen Zwei-Reiche-Lehre besteht ein grundlegender Unterschied zwischen Gollwitzer und Barth. Im Gegensatz zu Barth akzentuiert Gollwitzer die positive Wirkung der lutherischen Zwei-Reiche-Lehre. Er nimmt diese Lehre in Anspruch, um die Gefahr der Vermischung der beiden Reiche und der Vermischung von Gesetz und Evangelium abzuwenden.

2. Barth wurde als Sozialist unmittelbar von seinen Zeitgenossen Luxemburg und Eisner beeinflusst. In Gollwitzers Verständnis des Sozialismus spielt daneben der kritische Marxismus von Lukács eine prägnante Rolle.

c) Die politische Theologie Moltmanns im Vergleich zu Barth

In *Theologie der Hoffnung* lässt sich der Einfluss der Barthschen Theologie klar erkennen. Moltmanns Hoffnungstheologie wurde vom Barthschen Verständnis des Reiches Gottes in der Safenwiler Frühzeit geprägt, weshalb Barths kritische Reaktion auf *Theologie der Hoffnung* für Moltmann völlig unerwartet war. So schrieb Barth:

Aber, lieber Herr Moltmann, *Dasjenige*, was jenseits der KD und meines ganzen Treibens heute kommen müßte, kann ich in Ihrer «Theologie der Hoffnung» nun doch *noch* nicht erkennen. Ich will Ihnen nicht mit Gollwitzer ankreiden, daß gerade konkrete Angaben über eine Ethik in diesem durch die ἔσχατα bestimmten und begrenzten Raum in Ihrem Buch fehlen – auch dies mir noch Wichtigere *nicht*: daß man sich darin vergeblich nach einer *konkreten* Eschatologie, d. h. nach einer Erhellung von Begriffen wie Wiederkunft, Totenauferstehung, ewiges Leben etc. umsieht. [...] Spitz gefragt: ist Ihre «*Theologie* der Hoffnung» etwas Anderes als das getaufte «*Prinzip*

Hoffnung» des Herrn Bloch? Eben das macht mich bedenklich: daß die Theologie bei Ihnen so *prinzipiell* (nun eben prinzipiell eschatologisch) wird.[1552]

Moltmanns Antwortbrief zeigt, dass seine Hoffnungstheologie vom Barthschen Verständnis des Reiches Gottes in der Safenwiler Frühzeit geprägt wurde.

Am meisten Kopfzerbrechen macht mir natürlich der Angelpunkt Ihrer Kritik: an die Stelle der Eschatologie habe – um der «prinzipiellen» Einlinigkeit zu entgehen – die Lehre von der immanenten Trinität als Auslegungskanon für die Verkündigung der Herrschaft Jesu Christi zu treten. Ich muß gestehen, daß mir bei meinem Studium der «Kirchlichen Dogmatik» an diesen Stellen immer die Luft zu Atmen ausging. [...] Da ich in Göttingen bei O. Weber und E. Wolf studiert habe, ist die Kirchliche Dogmatik mein ständiger Begleiter. [...] Eigentlich wollte ich aus dieser Burg nur einen Ausfall in die Niederungen der heutigen Streitigkeiten machen. Daß ich dabei auch etwas herausgefallen bin und an manchen Stellen die Kritik des Verfassers an seinen früheren Aufstellungen zu einer Kritik an seinen späteren Ausführungen fortsetzte, war doch nicht als Distanzierung gemeint.[1553]

Moltmanns Reich-Gottes-Verständnis geht zwar von Barths Lehre von der Königsherrschaft Christi aus, aber es strebt an, über diese Lehre hinauszugehen. Moltmann legt die Herausbildung seiner eschatologischen Christologie wie folgt dar: »Gegenüber Barths Zeit-Ewigkeits-Eschatologie habe ich seine anfängliche, im Geist Christoph Blumhardts betriebene Vorwärts-Eschatologie aufgenommen und weitergeführt.«[1554] Moltmann stellte seine eschatologische Christologie auf, indem er in Barths Christologie einen eschatologischen Horizont einfügte.[1555] Auf dieser Grundlage entfaltete er seine Theologie der Hoffnung mit Hilfe von »Ansätze[n] einer nachbarthianischen Reich-Gottes-Theologie«, zu der ihm »Christoph Blumhardt und Dietrich Bonhoeffer« verholfen hatten.[1556] Hier ist aber nicht zu übersehen, dass Moltmanns Verständnis von Blumhardt in *Theologie der Hoffnung* einen engen Zusammenhang mit der Blumhardt-Interpretation Barths hat.[1557] Dieser Zusammenhang zeigt sich auch im Begriff

---

[1552] Barth, Brief an Prof. Dr. Jürgen Moltmann (Anm. 1044), S. 275f.
[1553] Moltmann, Brief an K. Barth (Anm. 1045), S. 559f. Interessanterweise verabschiedete Moltmann sich später gerade durch Konzentration auf die Trinitätslehre aus der politischen Theologie.
[1554] Moltmann, Ethik der Hoffnung, S. 57.
[1555] Moltmann, Weiter Raum, S. 108.
[1556] Ebd., S. 103.
[1557] Ebd., S. 114f; siehe Barth, Vergangenheit und Zukunft, S. 540: »Man kann das Neue und Neutestamentliche, das in Boll wieder aufging, zusammenfassen in das eine Wort: *Hoffnung:* Hoffnung auf eine sichtbare und greifbare *Erscheinung* der Herrschaft Gottes über die Welt [...], Hoffnung auf eine radikale *Hilfe* und Errettung aus dem gestrigen Weltzustand [...] , Hoffnung für alle, für die *Menschheit* [...], Hoffnung für die *leibliche* Seite des Lebens, so gut wie für die geistige, in dem Sinn, dass nicht nur Sünde und Traurigkeit, sondern auch Armut, Krankheit und Tod einmal aufgehoben werden sollen [...].«

»Warten und Eilen« in *Ethik der Hoffnung*.[1558] Dieser Begriff ist schon ein zentrales Motiv beim frühen Barth, der es von Christoph Blumhardt übernahm.[1559]

Im Allgemeinen beginnt die neue politische Theologie Moltmanns auf der Grundlage der Barth/Wolfschen Lehre von der Königsherrschaft Christi. In *Politische Theologie – Politische Ethik* erörtert Moltmann diese Lehre im Anschluss an Barths Theologie. Nach Moltmann finden sich die grundlegenden und wegweisenden Formulierungen dieser Lehre in der ersten und zweiten These der Barmer Theologischen Erklärung. Hier spiele das Widerstandrecht der Kirche gegen die pervertierte politische Macht eine entscheidende Rolle.[1560] Ihr Widerstandsrecht beruhe auf der Herrschaft Christi, und sie habe die Befreiung der Menschen von den gottlosen und menschlichen Bindungen dieser Welt zur Folge. Diese dogmatische Grundentscheidung stamme aus »der Theologie *Karl Barths*«.[1561] Barth versuche mit seinen Werken *Evangelium und Gesetz* (1935), *Rechtfertigung und Recht* (1938) und *Christengemeinde und Bürgergemeinde* (1946) das Verhältnis von Kirche und Welt christologisch zu erfassen.[1562] Moltmann fasst das Verhältnis von Kirche und Welt in den drei Werken Barths wie folgt zusammen:

a) Die ganze Welt ist objektiv schon in Christus und unter seiner Herrschaft. Es gibt keinen weltgeschichtlichen Kampf mehr zwischen dem *regnum Dei* und *regnum diaboli*. [...] Der christliche Glaube lebt in der Siegesgewißheit Christi. [...] Die eschatologische Zukunft bringt deshalb nur noch die öffentliche und universale *Enthüllung* dieses schon vollbrachten Sieges Christi. b) Ist Christus der Herr, so ist ihm schon alle Gewalt im Himmel und auf Erden gegeben. [...] c) Barth hat vor allem bemerkt, daß das Neue Testament die Ordnung der neuen Schöpfung nicht mit religiösen, sondern mit politischen Begriffen beschreibt: Reich Gottes (basileia), himmlische Stadt (polis), himmlische Bürgerschaft (politeuma). Barth folgert daraus: ›Nicht in einem himmlischen Spiegelbild ihrer eigenen Existenz, sondern gerade in dem realen himmlischen Staat sieht die reale irdische Kirche ihre Zukunft und Hoffnung‹ (Rechtfertigung, 23f). [...] Darum sind der irdische, unvollendete Staat und die menschliche, unvollkommene Gesellschaft auf die kommende Gottesherrschaft ausgerichtet.[1563]

[1558] Moltmann, Ethik der Hoffnung, S. 24ff. Vgl. auch Anm. 1299.
[1559] Barth, Auf das Reich Gottes warten (Anm. 354), S. 290. Dazu siehe ders., Biblische Fragen, Einsichten und Ausblicke (1920), in: Vorträge u. kleinere Arbeiten 1914–1921, S. 662–701, bes. S. 691. Vgl. auch Busch, Karl Barths Lebenslauf, S. 97: »Und dann hielt Barth sich vom 10. Bis 15. April eben in Bad Boll auf. [...] Barth hörte eine Andacht Blumhardts (über ›Der Friede sei mit euch‹) und führte mit ihm in diesen Tagen ausgiebige Gespräche, in denen ihm offenbar eben jene differenzierte Kombination von aktiv-tätigem ›Eilen‹ des Menschen in Richtung auf Zeichen und ›Durchbrüche‹ des Reiches Gottes *und* stillem, geduldigem ›Warten‹ auf Gottes, allein von ihm selber zu vollstreckendes und alles entscheidendes Tun wichtig wurde.«
[1560] Vgl. Moltmann, Politische Theologie – Politische Ethik, S. 139.
[1561] Vgl. ebd., S. 141.
[1562] Vgl. ebd., S. 141.
[1563] Ebd., S. 142f.

Nach Moltmann kennzeichnen die »*christologische Eschatologie*: ›Jesus ist der Sieger‹«, die »*universale Christologie*« (»Christus ist der Pantokrator«) und die »*christokratische Ethik* der gehorsamen Nachfolge auf allen Lebensbereichen« Barths Christologie und die damit verbundene Ethik.[1564] Damit wird gezeigt, dass das dualistische Verständnis des Verhältnisses von Kirche und Welt für Barth unhaltbar ist. Von hier aus formuliert Moltmann zwei Fragen: die eine ist, nach welchen Maßstäben und in welchen Richtungen die politische Nachfolge Christi geschehen muss, und die andere ist, wie die Kirche politisch auf den Staat einwirken soll. Um diese Fragen zu beantworten, befasst sich Moltmann mit *Christengemeinde und Bürgergemeinde*. Er richtet in erster Linie seine Aufmerksamkeit auf das Aufeinanderwirken von Kirche und Staat, und er stellt anschließend klar, dass der demokratische Sozialismus in *Christengemeinde und Bürgergemeinde* eine prägnante Rolle spielt:

> Wenn man seine Schrift aber genau liest und sich fragt, welche politische Gesamtauffassung dahinter steht, so stößt man auf die Grundelemente des *demokratischen Sozialismus* als der vorläufig und heute relativ besten Entsprechung zur Herrschaft Christi und zum Reich Gottes. Genau in diesen Rahmen gehört auch Barths Forderung nach der öffentlichen Transparenz aller politischen Verhandlungen und Entscheidungen. Es ist eine fundamentaldemokratische Forderung des Sozialismus, die theologisch und politisch unmittelbar einleuchtet. [...] Für Barth war der *demokratische Sozialismus* nicht das Reich Gottes auf Erden. Er wird es auch nie werden. Aber er war für Barth und kann durchaus das gegenwärtig und damit vorläufig beste politische Gleichnis für das Reich Gottes sein. Barths politische Option für den demokratischen Sozialismus hieß niemals affirmativ nur: »Christen für den Sozialismus«, sondern immer zugleich kritisch: »Sozialismus um des Reiches Gottes willen« und genau so weit, wie er dem Reich Gottes entspricht und ihm nicht widerspricht.[1565]

Aber es gibt einen klaren Unterschied zwischen Barths Lehre von der Königsherrschaft Christi und Moltmanns Christologie. Um den Unterschied zu verdeutlichen, muss man sich Moltmanns Kritik an der Barthschen Lehre vor Augen halten. Moltmann weist zuerst auf die Möglichkeit der Missbräuche dieser Lehre hin. Aus seiner Sicht kann Barths Vorordnung der Kirche vor Staat und Gesellschaft leicht zur klerikalen Bevormundung führen.[1566] Denn er hält Barths Definition der rechten Kirche als Vorbild für die Bürgergemeinde für unrealistisch:

> *Aber wo gibt es die rechte Kirche?* Die faktische Landeskirche wirkt in ihrer feudalistischen Verfassung, ihren anachronistischen Symbolen und Riten und ihrer veralteten Sprache in den meisten Fällen weniger als ein *Vorläufer* der Bürgergemeinde als vielmehr als das *Schlußlicht* der kulturellen Entwicklung. Wenn nun aber die Möglichkeit und die Kraft, Gleichnisse zur Herrschaft Christi im politischen Leben zu schaffen, von dem

---

[1564] Ebd., S. 143.
[1565] Ebd., S. 148.
[1566] Ebd., S. 148.

Vorrang und dem Vorbild der Christengemeinde abhängt, wird die Gleichnistheorie Barths in der Praxis kläglich scheitern.[1567]

Zum Zweiten formuliert Moltmann zwei kritische Einwände gegen die dogmatischen Grundlagen. Der eine ist, dass Barths Lehre von der Königsherrschaft Christi in der christologischen Eschatologie gründet: »*Christus ist der Pantokrator*, der jetzt schon über Himmel und Erde herrscht«, aber das sei nach Ernst Käsemann »eine enthusiastische Gemeindefrömmigkeit, die den Gekreuzigten vergißt und die Realität der Erde verläßt«.[1568] Der zweite ist, dass »Barths Lehre von der schon präsenten Herrschaft Christi« über alle politischen Mächte zu folgender Zweideutigkeit führt: »entweder dienen dann alle Mächte, auch die *Staaten*, ob sie es wissen oder nicht, jetzt schon dem *Pantokrator Christus*, oder der Pantokrator herrscht über die Christenheit und nur erst *durch sie* in allen staatlichen Bereichen dieser Welt«.[1569] Daher kritisiert Moltmann Barths »Staatsmetaphysik« wie folgt:

In »Rechtfertigung und Recht« sagt Barth: »Daß die Predigt der Rechtfertigung als Predigt vom Reich Gottes schon jetzt und hier das wahre Recht, den wahren Staat begründet« (25). Das führt zu einer christlich begründeten Staatsmetaphysik. In »Christengemeinde und Bürgergemeinde« sagt er dagegen: »Die Christengemeinde ist nicht in der Lage, eine Lehre als die christliche Lehre vom *rechten Staat* aufzustellen« (12f). [...] Die Barth folgende Diskussion in Deutschland ist darum von der *theologischen Staatsbegründung* überhaupt abgerückt. Die *Herrschaft Christi* reicht *nach unserer Erfahrung* so weit, wie Menschen ihr, befreit durch seinen Tod von der Sünde, gehorsam sind. Aus seiner Herrschaft lassen sich wohl Direktiven für die *politische Nachfolge* der Christen im politischen Leben ableiten, aber keine *Staatsmetaphysik*, die für Christen und Nichtchristen gleichermaßen gilt. *Christokratische Ethik* kann nur *Nachfolgeethik* sein. Sie ist *Ethik für Christen*, aber keine christliche Ethik für den Staat. Sie ist politische Ethik der Christengemeinde, aber keine christliche Politik der Bürgergemeinde.[1570]

Damit aber nimmt Moltmann de facto Barths Kritik einer christlichen Politik in *Christengemeinde und Bürgergemeinde* auf, wo dieser sich gegen die Christdemokratie ausspricht.

[1567] Ebd., S. 148f.
[1568] Vgl. ebd., S. 149. Siehe Ernst Käsemann, Römer 13,1–7 in unserer Generation, ZThK 56 (1959), S. 316–376, bes. S. 370: »Hier rächt sich, daß der Ausgangspunkt der Spekulation, nämlich die neutestamentliche Verkündigung von Christus als dem κοσμοκράτωρ, nicht historisch-kritisch analysiert worden ist. Denn dann wäre herausgetreten, daß die urchristlichen Hymnen als Träger dieser Verkündigung einer enthusiastischen Gemeindefrömmigkeit entstammen, welche schon durch Paulus in die Schranken gewiesen und korrigiert worden ist, sich gleichwohl aber selbst im paulinischen Bereich der Kirche ungebrochen erhalten hat.«
[1569] Ebd., S. 150.
[1570] Ebd., S. 150f.

Weiter äußert sich Moltmann zur Differenz zwischen ihm und Barth wie folgt: »Anders als Barth begann sie [= die neue politische Theologie] mit der Kritik und der Neubestimmung der sozialen und politischen Funktionen der Kirche unter den Bedingungen der Neuzeit.«[1571] Moltmann hält die neue politische Theologie für die Antwort auf das Problem der neuzeitlichen Erkenntnistheorie.[1572] Seine Kritik an Barth ist letztlich mit der Hoffnungsfrage verbunden: »Barth war mit seiner Lehre vom Pantokrator Christus in den Enthusiasmus geraten. Die Kreuzgestalt der Herrschaft Christi in dieser Welt verschlingt aber nicht die Hoffnung, sondern hält sie offen. [...] Wohl ist der Gekreuzigte schon der Herr, aber er ist als solcher noch unterwegs zu seiner Herrschaft über alles.«[1573] Nach Moltmann geht die Ethik der Hoffnung von Barth aus und über ihn hinaus.[1574] Sie gründet in Barths politischer Ethik, die aus seiner Lehre von der Königsherrschaft Christi folgt, und will darüber hinausgehen. Moltmann erklärt das Verhältnis von Christengemeinde und Reich Gottes im Anschluss an Barths Theologie wie folgt:

> Barths politische Gleichnisse, Abbilder und Analogien in der Bürgergemeinde sind Antworten auf das schon vollendete Heilsgeschehen in Christus und das Vorbild der Christengemeinde. Geht man aber von der dargestellten eschatologischen Christologie aus und versteht man die Geschichte als Geschichte der Zukunft Gottes, dann haben jene politischen Gleichnisse und sozialen Analogien [...] einen nach vorne ausgerichteten Antizipationscharakter. Indem die Gemeinde im politischen und sozialen Handeln Christus zu entsprechen versucht, nimmt sie zugleich das Reich Gottes vorweg. Diese Antizipationen sind noch nicht das Reich Gottes selbst. Sie sind aber reale Vermittlungen des Reiches Gottes in den begrenzten Möglichkeiten der Geschichte.[1575]

Im Blick auf den Zusammenhang mit dem Verständnis des Reiches Gottes variiert Moltmann durch die eschatologische Christologie Barths Lehre von der Königsherrschaft Christi. In dieser Hinsicht ist Moltmanns Verständnis des Reiches Gottes nicht als Ersatz des Barthschen Verständnisses, sondern als seine Ergänzung zu verstehen.

Moltmann stimmt mit Barth in folgenden Punkten überein:

1. Die politische Theologie des frühen Moltmann wurde vom Barthschen Verständnis des Reiches Gottes in der Safenwiler Frühzeit geprägt und entwickelte sich auf der Grundlage von Barths Lehre von der Königsherrschaft Christi. Aus diesem Grund hat Moltmanns politische Theologie trotz ihrer Kritik an Barths Lehre von »der schon prä-

---

[1571] Ebd., S. 152.
[1572] Ebd., S. 153f.
[1573] Ebd., S. 158.
[1574] Ebd., S. 162.
[1575] Ebd., S. 162.

senten Herrschaft Christi« über alle politischen Mächte der Begriff des Dienstes der Versöhnung in *Politische Theologie – Politische Ethik* eine Ähnlichkeit mit Barths Begriff des politischen Gottesdienstes.[1576] Der Dienst der Versöhnung kann in Hinblick auf die politische Wirkung des Evangeliums in Entsprechung mit Barths Begriff des politischen Gottesdienstes betrachtet werden. Dabei hat Moltmanns Verständnis von Blumhardt in *Theologie der Hoffnung* einen engen Zusammenhang mit der Blumhardt-Interpretation Barths.

2. Wie Barth setzt Moltmann den Akzent auf die negative Wirkung der lutherischen Zwei-Reiche-Lehre.[1577] Gleichwohl nimmt er Luthers Kriegsethik positiv auf, und darum findet sich die Absage an die prinzipielle Ablehnung einer Kriegsbeteiligung der Christen oft in seiner politischen Theologie.[1578]

3. Moltmanns Sozialismusverständnis vor 1975 hat viele Ähnlichkeiten mit dem radikalen Sozialismus Barths nach dem Ausbruch des Ersten Weltkrieges. Sein demokratischer Sozialismus nach 1975 hingegen ähnelt Barths Sozialismusverständnis in der dialektischen Phase.

Im folgenden Punkt unterscheidet sich Moltmanns politische Theologie von Barth:

Moltmann kritisiert Barths Lehre von »der schon präsenten Herrschaft Christi« über alle politischen Mächte, mit der die Begriffe »Christus als Pantokrator« und »die rechte Kirche als Vorbild für die Bürgergemeinde« zusammenhängen. Darum richtet er seine Aufmerksamkeit kaum auf die Realität der heiligen Stadt von Offb 21,2, die Barths Verständnis des Reiches Gottes zugrunde gelegt ist.[1579] Dagegen entwickelt er seine politische Theologie fort, indem er auf die Königsherrschaft-Christi-Lehre einen

---

[1576] Ebd., S. 176f: »Die Christenheit hat den göttlichen Auftrag, das *Recht der Versöhnung* in den weltweiten Kampf um Privilegien und Herrschaft hineinzubringen. Es ist die Aufgabe der Christenheit, in den realen Weltkonflikten, in denen sie lebt, das rechtfertigende Evangelium zu verkünden, den befreienden Glauben zu leben, den Dienst der Versöhnung auszurichten und in ihren Gemeinden die versöhnte Menschheit in der Gemeinschaft von Männern und Frauen, Juden und Heiden, Griechen und Barbaren, Freien und Sklaven darzustellen (Gal 3,28). [...] Indem sie Gottes rechtfertigende Gerechtigkeit verkündet, verkündet sie die Würde des Menschen. Indem sie das Recht der Gnade praktiziert, praktiziert sie fundamentales Menschenrecht.« Vgl. Barth, Gotteserkenntnis und Gottesdienst, S. 206f.
[1577] Siehe Moltmann, Politische Theologie – Politische Ethik, S. 123.
[1578] Ebd., S. 184f.
[1579] Siehe Barth, Rechtfertigung und Recht, S. 25.

eschatologischen Akzent setzt und in Barths Christologie einen eschatologischen Horizont einfügt.

d) Die politische Theologie Moltmanns im Vergleich zu Gollwitzer

Die politischen Theologien Gollwitzers und Moltmanns wurden vom Barthschen Verständnis des Reiches Gottes in der Safenwiler Frühzeit geprägt, und sie gingen von Barths Lehre von der Königsherrschaft Christi aus, obwohl ernstliche Differenzen zwischen Gollwitzer und Moltmann im Verlauf ihrer weiteren theologischen Entwicklung entstanden. Hinsichtlich der Übereinstimmungen der politischen Theologien Gollwitzers und Moltmanns sind folgende Punkte zu berücksichtigen:

1. Gollwitzer und Moltmann teilen eine ähnliche Einstellung zur christlichen Hoffnung. Während Gollwitzer in *Die marxistische Religionskritik und der christliche Glaube* (1965) auf das Problem der utopischen Hoffnung hinweist, beschreibt er die christliche Hoffnung wie folgt:

> Viel radikaler und umfassender ist die christliche Hoffnung: sie entsteht durch ein Empfangen der Verheißung, daß wirklich die Schöpfung zu ihrem Ziele kommen soll, auch die Übel, aber mehr noch: der Tod – mehr noch: der Tod in uns, das Böse, die Sünde in ihrer tiefsten Wurzel. Allerdings geht diese Hoffnung nicht auf ein einstiges irdisches Paradies, sondern auf »einen neuen Himmel und eine neue Erde«, d. h. auf eine Erfüllung, die unsere hiesigen Vorstellungen transzendiert und deren Kern ein neues Verhältnis zwischen Mensch und Gott ist. [...] Die Hoffnung des christlichen Glaubens mobilisiert einerseits den Christen, hier auf Erden Zeichen des Reiches Gottes sichtbar zu machen durch tätigen Protest gegen das Elend, gegen die Trägheit und Phantasielosigkeit des reaktionären Beharrens, und stellt ihn damit an die Seite des Revolutionärs, verbindet ihn mit dessen Empörung gegen das Bestehende und macht möglich, daß je und je eine ganze Anzahl von Schritten gemeinsam getan werden.[1580]

Unabhängig davon, dass der späte Barth Gollwitzers Verständnis des Reiches Gottes in der Berliner Frühzeit begrüßte, während er Moltmanns Verständnis in *Theologie der Hoffnung* relativ negativ beurteilte,[1581] hat diese Beschreibung große Ähnlichkeit mit Moltmanns Auffassung in *Theologie der Hoffnung* (1964).[1582]

2. In Hinblick auf die christliche Kriegsethik teilen Gollwitzer und Moltmann Luthers Lehre, und darum sind sie wie Barth nicht mit der prinzipiellen Ablehnung einer

---

[1580] Gollwitzer, Die marxistische Religionskritik und der christliche Glaube, S. 98f.
[1581] Barth, Brief an Prof. Dr. Jürgen Moltmann, S. 275f.
[1582] Siehe Moltmann, Theologie der Hoffnung, S. 16f., S. 20f. u. S. 28f.

Kriegsbeteiligung der Christen einverstanden. Gollwitzer und Moltmann haben ein gemeinsames kritisches Bewusstsein gegen die atomare Rüstung. In Bezug auf die Friedensaufgabe und den Friedensdienst der Christen im Atomzeitalter stellt Moltmann wie Gollwitzer die Lehre vom gerechten Atomkrieg und die von der gerechten Atomrüstung in Frage, kritisiert die Abschreckungssysteme der Massenvernichtungsmittel und fordert das Verbot der Atomwaffen bzw. der Vorbereitung einer Erstschlagskapazität.[1583] Aus seiner Sicht ist die Unterscheidung von Besitz der Atomwaffen und ihrer Anwendung nichts anderes als eine Illusion.[1584] Noch der späte Gollwitzer weist auf dasselbe Problem hin: »Die heutige Abschreckungstheorie geht vom schlimmsten Fall (worst case) aus, unterstellt der Gegenseite Wahnsinn und beruht auf einer Abschreckungspsychose [...].«[1585] Er bekräftigt zugleich, dass die gegenseitige Abschreckung nicht zu einem Gleichgewicht des Schreckens führt, sondern nur einen Rüstungswettlauf auslöst.

3. Moltmanns Vortrag *Gott in der Revolution* (1968) zeigt, dass seine Theologie der Hoffnung und der Linksbarthianismus Gollwitzers den gleichen theologischen Ansatz im Blick auf die soziale Revolution teilen. In *Die Weltverantwortung der Kirche in einem revolutionären Zeitalter* (1968) beschreibt Gollwitzer die damals rapiden sozialen und politischen Veränderungen wie folgt:

Es ist in der Überschrift behauptet, wir leben heute in einem revolutionären Zeitalter, womit ein Unterschied unserer Zeit von früheren angegeben sein soll. [...] Daß wir in einem rapiden Wandel der menschlichen Verhältnisse leben, im Unterschied zur allmählichen Veränderung früherer Jahrhunderte, ist uns allen bewußt. Ohne nähere Schilderung mögen dafür einige vielgebrauchte Stichworte genügen: technische Revolution, koloniale Revolution, sexuelle Revolution, atomare Revolution, kybernetische Revolution, strategische Revolution usw. Kein Wunder, daß in solcher Zeit der Begriff einer ›Theologie der Revolution‹ aufgekommen ist.[1586]

In *Gott in der Revolution* von Moltmann zeigt sich eine ähnliche Erkenntnis von einem revolutionären Zeitalter:

Die Situation, in der wir leben und glauben, ist objektiv »revolutionär« geworden. Wir finden diese Herausforderung an wenigstens drei Stellen: Die Vorherrschaft der weißen Industrienationen hat ein System entwickelt, in dem diese Nationen immer reicher werden und die anderen Nationen im Vergleich dazu immer weiter zurückbleiben. Das hat zu den antikolonialistischen und antiimperialistischen Befreiungskämpfen in Asien, Afrika und

---

[1583] Moltmann, Politische Theologie – Politische Ethik, S. 185. Vgl. Gollwitzer, Die Christen und die Atomwaffen, S. 24f. u. S. 37.
[1584] Moltmann, Politische Theologie – Politische Ethik, S. 186.
[1585] Gollwitzer, Bergpredigt und Zwei-Reiche-Lehre, S. 59.
[1586] Gollwitzer, Die Weltverantwortung der Kirche in einem revolutionären Zeitalter, S. 70.

Südamerika geführt und wird zu einer globalen Krise in den nächsten Jahrzehnten führen. [...] In den fortgeschrittenen Industrienationen selber laufen heute die technischen Produktivkräfte den bisherigen kapitalistischen, nationalen und staatsbürokratischen Produktionsverhältnissen davon. Das ist die technologische Revolution. [...] An den Universitäten finden wir Anzeichen einer kommenden Bildungsrevolution. [...] In den studentischen Protestbewegungen kommt ein Aufstand der politischen Vernunft gegen die Überfremdung durch die nur technische Vernunft, der moralischen Vernunft gegen die angeblich »wertfreie« instrumentale Vernunft heraus.[1587]

In den von 1968 bis 1974 verfassten verschiedenen Vorträgen und Büchern von Gollwitzer und Moltmann findet sich ein ähnliches Problembewusstsein über die spätkapitalistischen Gesellschaftsstrukturen und Weltordnungen.[1588]

4. Gollwitzer und Moltmann haben eine gemeinsame Ansicht über das Problem von Gewaltanwendung und Gewaltlosigkeit in einer politischen Revolution. Gollwitzer weist das Argument zurück, dass die Kirche aufgrund der kategorischen Ablehnung der Gewalt verbietet, dass sich Christen für die politische Revolution engagieren.

Denn die gleichen Kirchen, die das Verbot der Revolution der Gewalt wegen ausgesprochen haben, haben ja keineswegs allgemein unbedingte Gewaltlosigkeit gepredigt, sondern Gewaltanwendung immer, allerdings in einem sehr bedingten und begrenzten Maße, gutgeheißen, dann nämlich, wenn sie von der Instanz ausging, die im Besitze des legalen Gewaltmonopol war, von der legitima potestas, von der »Obrigkeit«, und sie haben von da aus eine Lehre nicht nur von der legitimen Gewalt der Polizei, sondern auch vom »gerechten Kriege« entwickelt, über die sich heute, im Zeitalter des entfesselten Krieges, leicht spotten und richten läßt, die aber zu ihrer Zeit ein ernsthafter Versuch der Bändigung der Gewalt-Dämonie gewesen ist. Ist in dieser Weise die Möglichkeit legitimer Gewalt und legitimer Beteiligung des Christen an Gewaltanwendung erst einmal konzediert, dann kann gegen die revolutionäre Gewalt nicht auf einmal im Namen der Gewaltlosigkeit polemisiert werden. Wer den Militärdienst für vereinbar mit der christlichen Existenz hält und die Teilnahme an einer gewaltsamen Revolution nicht, wer also zum Kriege sich nicht-pazifistisch und zur Revolution sich pazifistisch verhält, der arbeitet mit einer doppelten Buchführung; denn genau die gleichen Bedingungen, unter denen christliche Ethik bisher staatliche Gewalt als ultima ratio bejaht hat, und die gleichen Mahnungen, mit denen sie das begleitet hat, gelten auch für die revolutionäre Gewalt.[1589]

Moltmann erkennt die berechtigte Gewaltanwendung in der Revolution an und stimmt Gollwitzer zu:

Für viele Menschen ist es sehr schwierig, sich auf die Fragen revolutionärer Gewalt überhaupt einzulassen. Die einen sind noch in der Vorstellung befangen, daß legitime Gewalt allein der Polizei und dem Militär gehöre. Das

---

[1587] Moltmann, Gott in der Revolution, S. 65f.
[1588] Siehe Gollwitzer, Die reichen Christen und der arme Lazarus, S. 84ff. u. 91ff; vgl. Jürgen Moltmann, Christliche Hoffnung für die Humanisierung der modernen Gesellschaft [1969], in: ders., Umkehr zur Zukunft, Gütersloh ²1977, S. 56–70, bes. S. 68f.
[1589] Gollwitzer, Die reichen Christen und der arme Lazarus, S. 75f. Vgl. auch ders., Die Weltverantwortung der Kirche in einem revolutionären Zeitalter, S. 75f.

Wort »Revolution« und gar der Gedanke »revolutionärer Gewaltanwendung« ist für sie nur ein Schreckwort. […] Der christliche Glaube hat sich bisher immer gern aus der Polizei in sein eigenes Reich zurückgezogen. Die Kirchen haben eine Lehre von der legitimen Obrigkeit, der legitimen Polizeigewalt und sogar von »gerechten Kriegen« entwickelt. Zur revolutionären Gewalt haben sie selten ein Verhältnis gefunden. Wer aber den Militärdienst für vereinbar mit der christlichen Existenz hält, die Teilnahme an revolutionären Veränderungen jedoch nicht, wer zur militären Gewalt ja sagt, der revolutionären Gewalt jedoch das Ideal der Gewaltlosigkeit vorhält, der arbeitet, wie Helmut Gollwitzer mit Recht sagte, mit doppelter Buchführung.[1590]

5. Moltmanns Sozialismusverständnis vor 1975 stimmt mit Gollwitzers Verständnis nach 1968 überein. Es ist auch nicht zu übersehen, dass Moltmann in *Politische Theologie – Politische Ethik* (1985) Gollwitzer und Marquardt in Bezug auf die fundamental demokratische Forderung des Sozialismus zustimmt,[1591] obwohl sich Moltmann seit 1975 von den lateinamerikanischen Befreiungstheologen allmählich absetzte. Außerdem arbeitet Moltmann in *Ethik der Hoffnung* heraus, dass die Menschen in der Hoffnung Fernziele mit erreichbaren Nahzielen verbinden.[1592] Diese Äußerung legt eine Erinnerung an das Verhältnis von absoluter Utopie und relativer Utopie bei Gollwitzer nahe.[1593]

In Bezug auf die Unterschiede von den politischen Theologien Gollwitzers und Moltmanns sind folgende Punkte zu beachten:

1. Gollwitzer entwickelte seine politische Theologie fort, indem er in Verbindung mit der Königsherrschaft-Christi-Lehre den Zusammenhang von Reich Gottes und Sozialismus herausarbeitete, während Moltmann seine politische Theologie fortentwickelte, indem er in die Königsherrschaft-Christi-Lehre einen eschatologischen Horizont einfügte. Moltmann kritisierte Barths Lehre von »der schon präsenten Herrschaft Christi« über alle politischen Mächte, und er stellte auf der Grundlage der eschatologischen Christologie und der damit verbundenen christlichen Hoffnung seine politische Theologie auf. Im Gegensatz dazu kritisiert Gollwitzer kaum diese Barthsche Lehre,[1594] obwohl er und Moltmann eine ähnliche Einstellung zur christlichen Hoffnung teilen.

[1590] Jürgen Moltmann, Gewalt und Liebe [1969], in: Umkehr zur Zukunft, S. 45–55, hier S. 49f. u. S. 54f. Vgl. auch ders., Gott in der Revolution, S. 77f.
[1591] Moltmann, Politische Theologie – Politische Ethik, S. 148.
[1592] Moltmann, Ethik der Hoffnung, S. 20.
[1593] Siehe Gollwitzer, Die Weltverantwortung der Kirche in einem revolutionären Zeitalter, S. 74: »Aus der absoluten Utopie der guten Gesellschaft des Reiches Gottes folgt die relative Utopie einer besseren Gesellschaft, für die wir arbeiten sollen.«
[1594] Siehe Gollwitzer, Kirche und Marxismus in der Krise Europas, S. 145 u. S. 153. Siehe auch ders., Die christliche Gemeinde in der politischen Welt, S. 31–39, bes. 31f.

Gollwitzer verstand das Reich Gottes im Zusammenhang mit Barths radikalem eschatologischem Verständnis vom Reich Gottes in der Safenwiler Zeit und entwickelte Barths Lehre von der präsenten Herrschaft Christi fort, indem er die Entsprechung zwischen der Bewegung des Reiches Gottes und der (wahren) sozialistischen Bewegung systematisierte und verstärkte.

2. Moltmanns Sozialismusverständnis – besonders sein demokratischer Sozialismus nach 1975 – unterscheidet sich durch geringere Radikalität von Gollwitzers Verständnis, das sich auf die radikale Veränderung der bestehenden kapitalistischen Gesellschaftsordnung bzw. Weltordnung hinorientiert, obwohl Moltmann in Bezug auf die sozialistische Barth-Interpretation Gollwitzer und Marquardt zustimmt. Der Kernpunkt des Sozialismusverständnisses des späten Gollwitzer ist »der radikale Umbruch der politischen *und* sozialen Strukturen«.[1595] Gollwitzers politische Theologie in seiner Berliner Spätzeit orientierte sich an der sozialistischen Revolution, die die kapitalistische Revolution unter Kontrolle bringt.[1596] Sein Sozialismus widersetzt sich der Klassengesellschaft und strebt zugleich an, sich dem Zwang zu imperialistischer Politik zu entziehen.[1597] Weiter will er Privilegien abbauen und die damit verbundene Gesellschaftsordnung revolutionieren.[1598] Moltmanns politische Theologie nach 1975 hat weder solchen Umbruch noch solche Revolution zum Ziel. Sowohl bei Gollwitzer als auch bei Moltmann werden die sozialistische Gesellschaftskritik und die marxistische Religionskritik positiv aufgenommen. Während sie aber in Gollwitzers Berliner Spätzeit im Zentrum der politischen Theologie stehen, stehen sie in Moltmanns politischer Theologie nach 1978 eher am Rande. In dieser Hinsicht ist es schwierig zu sagen, ob die politische Theologie des späten Moltmann sozialistische Züge trägt, obgleich sie noch als kapitalismuskritisch gelten kann. Im Gegensatz dazu trägt die politische Theologie des späten Gollwitzer radikal-sozialistische Züge.

3. Parallel zur Veränderung des Verständnisses des Sozialismus ist die Bedeutung der Befreiung der Unterdrückten von der politischen Unterdrückung in Moltmanns Theologie nach 1975 nicht mehr in gleicher Weise zentral wie früher, auch wenn politisches Engagement von Christen für die Befreiung eines der wichtigsten Themen in seiner politischen Theologie bleibt.[1599] »Befreiung« zielt jetzt aber zugleich auf die Befrei-

---

[1595] Gollwitzer, Die Weltverantwortung der Kirche in einem revolutionären Zeitalter, S. 75.
[1596] Gollwitzer, Die kapitalistische Revolution, S. 66.
[1597] Ebd., S. 84f.
[1598] Gollwitzer, Bergpredigt und Zwei-Reiche-Lehre, S. 49f.
[1599] Siehe Moltmann, Die Befreiung der Unterdrücker, S. 527, S. 532 u. S. 536. u. ders., Politische Theologie –

ung der Unterdrücker. Dagegen spielt der Begriff der Befreiung in Gollwitzers politischer Theologie in der Berliner Spätzeit weiterhin eine wichtige Rolle. Bei Gollwitzer bleibt »Befreiung« parteilich im Sinne der Befreiung der Unterdrückten.

6. 3. Ausblick

Die vorliegende Untersuchung zeigt, dass trotz ihrer politisch-hermeneutischen Unterschiede die politischen Theologien von Barth, Gollwitzer und Moltmann in Bezug auf politisches Engagement von Christen zu einem gemeinsamen Schluss kommen, dass sich die Christen für sozial Schwache und Unterdrückte politisch engagieren sollen. Ihr politisches Engagement zielt vor allem auf die radikale Veränderung der bestehenden Gesellschaftsordnung bzw. Weltordnung, durch die die sozial Schwachen und die politisch Unterdrückten benachteiligt sind. Es steht einer Politisierung der Kirche entgegen, die die Erhaltung des Privilegiensystems und die Interessen der privilegierten Schicht zum Ziel hat. Es lässt sich mit zwei Begriffen charakterisieren: Widerstand gegen totalitäre Systeme und Umwälzung der bestehenden sozialen Ordnungen, die die sozial Schwachen und die politisch Unterdrückten benachteiligen. In Barths Rede vom »politischen Gottesdienst« drücken sich diese Charakteristika sehr explizit aus. »Die Richtung und Linie« in *Christengemeinde und Bürgergemeinde* (1946), die als ein theologischer Entwurf für eine politische Ethik in der Nachkriegszeit gilt, ist im Zusammenhang mit dem politischen Gottesdienst zu erfassen.

Gollwitzers Theologie der Revolution und Moltmanns Theologie der Hoffnung zeigen, inwiefern sich Barths politische Theologie in verschiedenen sozialen und politischen Situationen fortentwickeln kann. Gollwitzers Analyse des Verhältnisses der Kirche zur spätkapitalistischen Gesellschaft in *Die kapitalistische Revolution* und Moltmanns Analyse des Verhältnisses der Kirche zur neoliberalen Weltordnung in *Ethik der Hoffnung* ergänzen Barths politische Theologie. Nach ihren Analysen zeigt sich, dass sich die spätkapitalistischen Strukturen nach dem Ende des Zweiten Weltkrieges nicht grundsätzlich veränderten. Die Aggressivität der neoliberalen Weltordnung wurzelt letztlich in diesen Strukturen. Angesichts dieser Tatsache kann man davon ausgehen, dass das politische Engagement von Christen in der Gegenwart weiterhin von dem politischen Gottesdienst im Sinne Barths abhängt.

Politische Ethik, S. 67.

Die Probleme der spätkapitalistischen Gesellschaftsordnung und der neoliberalen Weltordnung beschränken sich nicht auf Deutschland oder die Eurozone. Sie sind globale Probleme. Daher stößt die koreanische Minjung-Theologie auch darauf, aber hat bisher keine rechte Antwort darauf gefunden. Aus hermeneutischer Perspektive betrachtet, ist der beschränkte Verständnishorizont der Minjung-Theologie einer der entscheidenden Gründe. »Minjung« war eigentlich ein umfassender Begriff, der die sozial Schwachen und die politisch Unterdrückten in sich schließt.[1600] Aber unter der langen Militärdiktatur (1961–1987) entstand eine Modifikation des Begriffs durch die Demokratiebewegung der südkoreanischen Christen, d. h. das Minjung wurde überwiegend als die politisch Unterdrückten verstanden. Infolgedessen bedeutete das politische Engagement von Christen für die meisten Minjung-Theologen den politischen Widerstand gegen die Militärdiktatur. Auf das politische Engagement von Christen für die sozial Schwachen, z. B. Behinderte, sexuelle Minderheiten und Frauen usw. wurde weniger aufmerksam gemacht. Dieser beschränkte Verständnishorizont wurde aber seit der Demokratisierung der südkoreanischen Gesellschaft ab 1987 zu einem entscheidenden Faktor, der zur Verhinderung der Fortentwicklung der Minjung-Theologie führte. Mit diesem engen Verständnishorizont können die sozialen, politischen und wirtschaftlichen Unterdrückungsmechanismen nicht überwunden werden, die in der spätkapitalistischen Gesellschaft und in der neoliberalen Weltordnung wechselseitig aufeinander wirken. Die Minjung-Theologie hat also die Aufgabe, den Horizont des Begriffs zu erweitern. Die politisch-theologischen Einsichten von Barth, Gollwitzer und Moltmann können zu dieser Horizonterweiterung beitragen. Die politischen Theologien von Barth, Gollwitzer und Moltmann erweiterten auf der Grundlage der komplexen Analysen der spätkapitalistischen Gesellschaften und Strukturen den Diskurs zur politischen Ethik, und darum wirken sie immer noch fort.

Barths politische Theologie kam unter den Minjung-Theologen in den 70er Jahren kaum zur Sprache. Denn die Begründer der Minjung-Theologie Ahn Byung-Mu und Suh Nam-Dong wollten die Minjung-Theologie auf eine neue Grundlage im koreanischen Kontext stellen. Hinzu kommt, dass der bedeutende Vertreter Ahn so stark von Günter Bornkamm, der ein Schuler von Rudolf Bultmann war, beeinflusst wurde, da Ahn von 1956 bis 1965 in Heidelberg bei Bornkamm studierte und promovierte. Die Minjung-Theologen richteten ihre Aufmerksamkeit kaum auf Barths politische Theologie, obwohl Gollwitzers einzelne Forschungen zur politischen Ethik schon Anfang der 70er Jahre in Südkorea bekannt waren. Seit seiner ersten Reise nach Südkorea

---

[1600] Ahn, Jesus und das Minjung im Markusevangelium (Anm. 4), S. 113f. u. 122f.

1975 begeisterte Moltmanns Theologie der Hoffnung die Minjung-Theologen. Er besuchte später Südkorea immer wieder, und es kamen auch viele Südkoreaner zum Studium zu ihm nach Tübingen.[1601] Dadurch wurde auch seine politische Theologie in Südkorea positiv aufgenommen. Anfang der 80er Jahre kam die sozialistische Barth-Interpretation Marquardts unter den Minjung-Theologen zur Sprache und machte sie auf Barths politische Ethik aufmerksam. Die Untersuchungen zur Barthschen Theologie an sich wurden m. E. jedoch vor 1993 von den Minjung-Theologen noch nicht ausreichend durchgeführt. Deshalb wurde keine neue theologische Strömung herausgebildet, die zur weiteren Entwicklung der Minjung-Theologie beitragen konnte. Angesichts der heutigen Krise der Minjung-Theologie sollten die Minjung-Theologen erstens ihren Blick auf die Dynamik der politischen Theologie Barths richten. Als der Religiöse Sozialismus nach dem Ausbruch des Ersten Weltkrieges in die Krise geriet, erweiterte Barth mit dem Begriff »radikales Christentum« den Verständnishorizont des alten Religiösen Sozialismus, und nach der Machtergreifung der Nationalsozialisten entwickelte er ihn zum politischen Gottesdienst weiter. »Die Richtung und Linie« nach dem Ende des Zweiten Weltkrieges hängt mit dem politischen Gottesdienst eng zusammen. In kritischer Anknüpfung an Barths politische Theologie stellten Gollwitzer und Moltmann ihre politischen Theologien auf. Zweitens sollten die Minjung-Theologen durch Gollwitzers politische Ethik in der Berliner Spätzeit und Moltmanns Ethik der Hoffnung ihren Erkenntnishorizont vom Verhältnis der Kirche zur spätkapitalistischen Gesellschaft und zur neoliberalen Weltordnung erweitern.

Dazu ist ergänzend in Betracht zu ziehen, dass Gollwitzers Rede vom politischen Engagement von Christen für die Koexistenz von Osten und Westen heute noch für die koreanische Konfliktsituation von Norden und Süden gilt. Seit dem Koreakrieg (1950–1953) trägt die Majorität der südkoreanischen Kirchen – außer den von der Minjung-Theologie geprägten Kirchen – stark christlich-fundamentalistische Züge, und sie sind zugleich an die politische Rechte geknüpft, die durch die antikommunistische bzw. antisozialistische Propaganda im politischen Bereich eine Mehrheit bildet. Wie eine politische Religion vermischt sich der christlich-fundamentalistische Glaube mit der antikommunistischen und antisozialistischen Ideologie, und die meisten fundamentalistischen Christen verteufeln das nordkoreanische Regime, im extremen Fall leichtsinnigerweise die ganze nordkoreanische Bevölkerung. Aufgrund dieser südkoreanischen Situationen lässt sich Gollwitzers Rede vom politischen Engagement der Christen für die Koexistenz von Osten und Westen in seiner Bonner Zeit – besonders z. B. in *Der*

[1601] Moltmann, Weiter Raum, S. 181.

Christ zwischen Ost und West (1950) – parallel auf das politische Engagement von Christen für die Koexistenz von Nord- und Südkorea anwenden. Die koreanischen Christen sollten vor allem frei von der Freund-Feind-Kategorie sein.[1602] Sie sollten nur bedingt ihrer Partei anhängen und ihr nicht bedingungslos Recht geben, weil sie nicht ihre Religion ist.[1603] Wie Gollwitzer fordert, dürfen die Christen in Nordkorea und Südkorea nicht ablassen, sich gegenseitig ernst zu fragen, aber sie dürfen nur sehr vorsichtig und zurückhaltend sich gegenseitig beurteilen.[1604] Die koreanischen Christen können den Weg zur Koexistenz der beiden Systeme finden, indem sie die Problematik und Beschränktheit der beiden Systeme erkennen und durch den Glauben an das Herrsein Christi die Propaganda vom Norden und Süden und die politischen Ideologien relativieren.[1605]

[1602] Siehe Gollwitzer, Der Christ zwischen Ost und West, S. 129.
[1603] Siehe ebd., S. 131.
[1604] Siehe ebd., S. 133.
[1605] Siehe ebd., S. 144f.

Literaturverzeichnis

1. Monographien

Adorno, Theodor W., Negative Dialektik [1966], Frankfurt a. M. 1980.

Balthasar, Hans Urs von, Karl Barth. Darstellung und Deutung seiner Theologie [1951], Einsiedeln ⁴1976.

Barth, Karl, Der Römerbrief (Erste Fassung) 1919 [= Römerbrief 1], hrsg. v. Hermann Schmidt, Karl Barth-Gesamtausgabe, Abt. II. Akademische Werke 1919, Zürich 1985.

Ders., Der Römerbrief (Zweite Fassung) 1922 [= Römerbrief 2], hrsg. v. Cornelis van der Kooi u. Katja Tolstaja, Karl Barth-Gesamtausgabe, Abt. II. Akademische Werke 1922, Zürich 2010.

Ders., Ethik I (Vorlesung Münster Sommersemester 1928, wiederholt in Bonn, Sommersemester 1930), hrsg. v. Dietrich Braun, Karl Barth-Gesamtausgabe, Abt. II. Akademische Werke 1928, Zürich 1928.

Ders., Die Kirchliche Dogmatik, 1. Bd.: Die Lehre vom Wort Gottes. Prolegomena zur kirchlichen Dogmatik, 1. Halbband [= KD I/1], München 1932.

Ders., Theologische Existenz heute! (1933), neu hrsg. u. eingel. v. Hinrich Stoevesandt (ThEx 219), München 1984.

Ders., Nein! Antwort an Emil Brunner (ThEx 14), München 1934.

Ders., Evangelium und Gesetz [1935] (ThEx NF 50), München 1956.

Ders., Die Kirchliche Dogmatik, 1. Bd.: Die Lehre vom Wort Gottes. Prolegomena zur kirchlichen Dogmatik, 2. Halbband [= KD I/2], Zollikon-Zürich ⁵1960.

Ders., Gotteserkenntnis und Gottesdienst nach reformatorischer Lehre. 20 Vorlesungen (Gifford-Lectures) über das Schottische Bekenntnis von 1560 gehalten an der Universität Aberdeen, Zollikon 1938.

Ders., Die Kirchliche Dogmatik, 2. Bd.: Die Lehre von Gott, 1. Halbband [= KD II/1], Zollikon-Zürich ³1948.

Ders., Das christliche Verständnis der Offenbarung (ThEx NF 12), München 1948.

Ders., Die Kirchliche Dogmatik, 3. Bd.: Die Lehre von der Schöpfung, 4. Teil [= KD III/4], Zollikon-Zürich 1951.

Ders., Politische Entscheidung in der Einheit des Glaubens (ThEx NF 34), München 1952.

Ders., Die Kirchliche Dogmatik, 4. Bd.: Die Lehre von der Versöhnung, 2. Teil [= KD

IV/2], Zollikon-Zürich 1955.
Ders., Die Kirchliche Dogmatik, 4. Bd.: Die Lehre von der Versöhnung, 3. Teil [= KD IV/3], 1. Hälfte, Zollikon-Zürich 1959.
Ders., Die Kirchliche Dogmatik, 4. Bd.: Die Lehre von der Versöhnung, 4. Teil: Das christliche Leben (Fragment). Die Taufe als Begründung des christlichen Lebens [= KD IV/4], Zürich 1967.
Ders., Das christliche Leben. Die Kirchliche Dogmatik IV/4, Fragmente aus dem Nachlaß Vorlesungen 1959–1961, hrsg. v. Hans-Anton Drewes u. Eberhard Jüngel, Karl Barth-Gesamtausgabe, Abt. II. Akademische Werke 1959–1961, Zürich 1976.
Bonhoeffer, Dietrich, Schöpfung und Fall, hrsg. v. Martin Rüter u. Ilse Tödt, Dietrich Bonhoeffer Werke, 3. Bd. [= DBW 3], München 1989.
Ders., Nachfolge, hrsg. v. Martin Kuske u. Ilse Tödt, DBW 4, München 1989.
Busch, Eberhard, Karl Barths Lebenslauf. Nach seinen Briefen und autobiographischen Texten [1975], Zürich 2005 (Unveränderte Neuauflage).
Ders., Karl Barth – Einblicke in seine Theologie, Göttingen 2008.
Cornu, Daniel, Karl Barth und die Politik. Widerspruch und Freiheit, Wuppertal 1969.
Dannemann, Ulrich, Theologie und Politik im Denken Karl Barths, München/Mainz 1977.
Gadamer, Hans-Georg, Hermeneutik I: Wahrheit und Methode. Grundzüge einer philosophischen Hermeneutik [1960], Hans-Georg Gadamer-Gesammelte Werke, Bd. 1, Tübingen ^{6}1990.
Gollwitzer, Helmut, ... und führen, wohin du nicht willst. Bericht einer Gefangenschaft [1951], München ^{3}1952.
Ders. Die Christen und die Atomwaffen (ThEx NF 61), München 1957.
Ders., Die marxistische Religionskritik und der christliche Glaube, Tübingen 1965.
Ders., Die reichen Christen und der arme Lazarus. Die Konsequenzen von Uppsala, München 1968.
Ders., Reich Gottes und Sozialismus bei Karl Barth (ThEx 169), München 1972.
Ders., Die kapitalistische Revolution [1974]. Mit einer Einführung von Andreas Pangritz, Tübingen 1998.
Groll, Wilfried, Ernst Troeltsch und Karl Barth – Kontinuität im Widerspruch, München 1976.
Gutiérrez, Gustavo, Theologie der Befreiung [1973]. Mit der neuen Einleitung des Autors und einem neuen Vorwort von Johann Baptist Metz, Mainz 1992 (10., erweiterte u. neubearbeitete Auflage)
Hegel, G. W. F., Grundlinien der Philosophie des Rechts oder Naturrecht und Staatswissenschaft im Grundrisse. Mit Hegels eigenhändigen Notizen und den mündli-

chen Zusätzen, G. W. F. Hegel-Werke 7, Frankfurt a. M. 1970.

Horkheimer, Max/**Adorno**, Theodor W., Dialektik der Aufklärung. Philosophische Fragmente, Frankfurt a. M. 1969 (Neuausgabe).

Kierkegaard, Sören, Einübung im Christentum [1850], Sören Kierkegaard-Gesammelte Werke, 26. Abt., Düsseldorf/Köln 1962.

Klappert, Bertold, Versöhnung und Befreiung. Versuche, Karl Barth kontextuell zu verstehen, Neukirchen-Vluyn 1994.

Lessing, Eckhard, Das Problem der Gesellschaft in der Theologie Karl Barths und Friedrich Gogartens, Gütersloh 1972.

Ludwig, Ralph, Der Querdenker. Wie Helmut Gollwitzer Christen für den Frieden gewann, Berlin 2008.

Lukács, Georg, Die Zerstörung der Vernunft, Georg Lukács-Werke, Bd. 9, Neuwied/Berlin 1962.

Marquardt, Friedrich-Wilhelm, Theologie und Sozialismus. Das Beispiel Karl Barths [1972], München 1985 (3., erweiterte Auflage).

Ders., Der Christ in der Gesellschaft: 1919–1979. Geschichte, Analysen und aktuelle Bedeutung von Karl Barths Tambacher Vortrag (ThEx 206), München 1980.

Ders., Eia, wärn wir da – eine theologische Utopie, Gütersloh 1997.

Marx, Karl, Das Kapital. Kritik der politischen Ökonomie, 1. Bd., Buch I: Der Produktionsprozeß des Kapitals, Karl Marx-Friedrich Engels-Werke, Bd. 23 [= MEW 23], Berlin ^{21}2005.

Ders., Das Kapital. Kritik der politischen Ökonomie, 3. Bd., Buch III: Der Gesamtprozeß der kapitalistischen Produktion, MEW 25, Berlin ^{14}1988.

Metz, Johann Baptist, Zur Theologie der Welt, Mainz/München 1968.

Miguez Bonino, Jose, Theologie im Kontext der Befreiung, Göttingen 1977.

Moltmann, Jürgen, Theologie der Hoffnung. Untersuchungen zur Begründung und zu den Konsequenzen einer christlichen Eschatologie [1964], München 1966 (5., durchgesehene Auflage).

Ders., Der gekreuzigte Gott. Das Kreuz Christi als Grund und Kritik christlicher Theologie [1972], Gütersloh ^{9}2007.

Ders., Politische Theologie – Politische Ethik, München/Mainz 1984.

Ders., Der Weg Jesu Christi. Christologie in messianischen Dimensionen, München 1989.

Ders., Weiter Raum. Eine Lebensgeschichte, Gütersloh 2006.

Ders., Ethik der Hoffnung, Gütersloh 2010.

Orth, Gottfried, Helmut Gollwitzer. Zur Solidarität befreit, Mainz 1995.

Plonz, Sabine, Die herrenlosen Gewalten. Eine Relektüre Karl Barths in befreiungstheologischer Perspektive, Mainz 1995.

Rohls, Jan, Protestantische Theologie der Neuzeit, Bd. II: Das 20. Jahrhundert, Tübingen 1997.

Schleiermacher, F. D. E., Hermeneutik und Kritik. Mit einem Anhang sprachphilosophischer Texte Schleiermachers, hrsg. u. eingeleitet v. Manfred Frank (stw 211), Frankfurt a. M. 1977.

Scholder, Klaus, Die Kirchen und das Dritte Reich, Bd. 1, Vorgeschichte und Zeit der Illusionen 1918 –1934, Frankfurt a. M. 1977.

Sölle, Dorothee, Politische Theologie. Auseinandersetzung mit Rudolf Bultmann, Stuttgart/Berlin 1971.

Trozki, Leo, Die permanente Revolution, Frankfurt a. M. 1981.

Weber, Max, Wirtschaft und Gesellschaft. Grundriss der verstehenden Soziologie, hrsg. v. Johannes Winckelmann, 2. Halbband, Tübingen 1976 (5., revidierte Auflage).

Weber, Otto, Grundlagen der Dogmatik, 2. Bd., Neukirchen-Vluyn ^{5}1977.

Winzeler, Peter, Widerstehende Theologie. Karl Barth 1920–35, Stuttgart 1982.

Wolf, Ernst, Barmen. Kirche zwischen Versuchung und Gnade, München 1984.

2. Aufsätze

Adorno, Theodor W., Kultur und Verwaltung [1960], in: Soziologische Schriften I, hrsg. v. Rolf Tiedemann, Theodor W. Adorno-Gesammelte Schriften, Bd. 8, Frankfurt a. M. ^{3}1990, S. 122–146.

Ahn, Byung-Mu, Jesus und das Minjung im Markusevangelium, in: Moltmann, Jürgen (Hg.), Minjung. Theologie des Volkes Gottes in Südkorea, Neukirchen-Vluyn 1984, S. 110–132.

Asmussen, Hans, Vortrag über die Theologische Erklärung zur gegenwärtigen Lage der Deutschen Evangelischen Kirche, in: Burgsmüller, Alfred/Weth, Rudolf (Hg.), Die Barmer Theologische Erklärung. Einführung und Dokumentation, mit einem Geleitwort von Eduard Lohse, Neukirchen-Vluyn ^{3}1984, S. 41–58.

Barth, Karl, Karl Barth, Zofingia und Sociale Frage (1906), in: Vorträge u. kleinere Arbeiten 1905– 1909, in Verbindung mit Herbert Helms hrsg. v. Hans-Anton Drewes u. Hinrich Stoevesandt, Karl Barth-Gesamtausgabe, Abt. III. Vorträge und kleinere Arbeiten, Zürich 1992, S. 61–103.

Ders., John Mott und die christliche Studentenbewegung (1911), in: Vorträge u. kleinere Arbeiten 1909–1914, In Verbindung mit Herbert Helms u. Friedrich-Wilhelm Marquardt hrsg. v. Hans-Anton Drewes u. Hinrich Stoevesandt, Karl Barth-Gesamtausgabe, Abt. III. Vorträge u. kleinere Arbeiten, Zürich 1993, S. 266–284.

Ders., Jesus Christus und die soziale Bewegung (1911), in: Vorträge u. kleinere Arbeiten 1909–1914, S. 380–409.

Ders., Der Glaube an den persönlichen Gott (1913), in: Vorträge u. kleinere Arbeiten 1904–1914, S. 494–554.

Ders., Evangelium und Sozialismus (1914), in: Vorträge u. kleinere Arbeiten 1909–1914, S. 729–733.

Ders., Politik, Idealismus und Christentum bei Friedrich Naumann (1914), in: Vorträge u. kleinere Arbeiten 1914–1921, In Verbindung mit Friedrich-Wilhelm Marquardt (†) hrsg. v. Hans-Anton Drewes, Karl Barth-Gesamtausgabe, Abt. III. Vorträge u. kleinere Arbeiten, Zürich 2012, S. 48–60.

Ders., Unsere Stellung als Schweizer zum Weltkrieg (1914), in: Vorträge u. kleinere Arbeiten 1914–1921, S. 80–85.

Ders., Krieg, Sozialismus und Christentum I (1914), in: Vorträge u. kleinere Arbeiten 1914–1921, S. 86–94.

Ders., Krieg, Sozialismus und Christentum II (1915), in: Vorträge u. kleinere Arbeiten 1914–1921, S. 105–117.

Ders., Christus und die Sozialdemokraten (1915), in: Vorträge u. kleinere Arbeiten 1914–1921, S. 131–137.

Ders., Die innere Zukunft der Sozialdemokratie (1915), in: Vorträge u. kleinere Arbeiten 1914–1921, S. 152–155.

Ders., Was heißt: Sozialist sein? (1915), in: Vorträge u. kleinere Arbeiten 1914–1921, S. 161–163.

Ders., Religion und Sozialismus (1915), in: Vorträge u. kleinere Arbeiten 1914–1921, S. 211–223.

Ders., Der Wille Gottes und der Krieg (1916), in: Vorträge u. kleinere Arbeiten 1914–1921, S. 260–264.

Ders., Auf das Reich Gottes warten (1916), in: Vorträge u. kleinere Arbeiten 1914–1921, S. 275–302.

Ders., Die Zukunft des Christentums und der Sozialismus (1917), in: Vorträge u. kleinere Arbeiten 1914–1921, S. 390–407.

Ders., Schweizerischer Parteitag und internationale Konferenz (1919), in: Vorträge u. kleinere Arbeiten 1914–1921, S. 437–443.

Ders., Der Generalstreik im November 1918 (1919), in: Vorträge u. kleinere Arbeiten 1914–1921, S. 444–463.

Ders., Der internationale Sozialistenkongress in Bern (1919), in: Vorträge u. kleinere Arbeiten 1914–1921, S. 464–480.

Ders., Die russische Revolution 1917 (1919), in: Vorträge u. kleinere Arbeiten 1914–1921, S. 481– 493.

Ders., Bolschewismus (1919), in: Vorträge u. kleinere Arbeiten 1914–1921, S. 494–500.

Ders., Demokratie oder Diktatur? (1919), in: Vorträge u. kleinere Arbeiten 1914–1921, S. 501–502.

Ders., Christliches Leben (1919), in: Vorträge u. kleinere Arbeiten 1914–1921, S. 503–513.

Ders., Vergangenheit und Zukunft (1919), in: Vorträge u. kleinere Arbeiten 1914–1921, S. 528–545.

Ders., Der Christ in der Gesellschaft (1919), in: Vorträge u. kleinere Arbeiten 1914–1921, S. 546–598.

Ders., Biblische Fragen, Einsichten und Ausblicke (1920), in: Vorträge u. kleinere Arbeiten 1914– 1921, S. 662–701.

Ders., Brief an Eduard Thurneysen vom 11. 12. 1920, in: Karl Barth–Eduard Thurneysen Briefwechsel, Band 1: 1913–1921 [= Barth–Thurneysen Briefwechsel I], bearbeitet u. hrsg. v. Eduard Thurneysen, Karl Barth-Gesamtausgabe, Abt. V. Briefe, Zürich 1973, S. 454.

Ders., Brief an Eduard Thurneysen vom 20. 6. 1921, in: Barth–Thurneysen Briefwechsel I, S. 494– 496.

Ders., Die kirchlichen Zustände in der Schweiz (1922), in: Vorträge u. kleine Arbeiten 1922–1925, hrsg. v. Holger Finze, Karl Barth-Gesamtausgabe, Abt. III. Vorträge u. kleinere Arbeiten, Zürich 1990, S. 14–38.

Ders., Grundfragen der christlichen Sozialethik. Auseinandersetzung mit Paul Althaus (1922), in: Vorträge u. kleine Arbeiten 1922–1925, S. 39–64.

Ders., Das Problem der Ethik in der Gegenwart (1922), in: Vorträge u. kleinere Arbeiten 1922–1925, S. 98–143.

Ders., Das Wort Gottes als Aufgabe der Theologie (1922), in: Vorträge u. Kleinere Arbeiten 1922– 1925, S. 144–175.

Ders./Thurneysen, Eduard/Merz, Georg, Abschied von »Zwischen den Zeiten« [1933], in: Moltmann, Jürgen (Hg.), Anfänge der dialektischen Theologie, Teil II, S. 313–331.

Ders., Autobiographische Skizzen Karl Barths aus dem Fakultätsalbum der Ev.-Theol. Fakultät in Münster (1927) und der Ev.-Theol. Fakultät in Bonn (1935 und 1946), in: Karl Barth–Rudolf Bultmann Briefwechsel 1911–1966, hrsg. v. Bernd Jaspert,

Karl Barth-Gesamtausgabe, Abt. V. Briefe, Zürich 1994 (2., revidierte u. erweiterte Auflage), S. 290–300.

Ders., Kurze Erläuterung der Barmer Theologischen Erklärung (Vortrag vor der Evangelischen Bekenntnisgemeinschaft Bonn am 9. Juni 1934), in: ders., Texte zur Barmer Theologischen Erklärung, mit einer Einleitung von Eberhard Jüngel u. einem Editionsbericht hrsg. v. Martin Rohkrämer, Zürich 1984, S. 9–24.

Ders., Kurze Kommentierung des ersten Satzes der Theologischen Erklärung des Barmer Synode vom 31. Mai 1934 (Vorlesung im Wintersemester 1937/38), in: Texte zur Barmer Theologischen Erklärung, Zürich 1984, S. 67–87.

Ders., Rechtfertigung und Recht [1938], in: ders., Rechtfertigung und Recht/Christengemeinde und Bürgergemeinde (ThSt 104), Zürich 1970, S. 5–48.

Ders., Christengemeinde und Bürgergemeinde [1946], in: ders., Rechtfertigung und Recht/Christengemeinde und Bürgergemeinde, S. 49–82.

Ders., Eine Frage und eine Antwort, in: ders., Karl Barth zum Kirchenkampf. Beteiligung, Mahnung, Zuspruch (ThEx NF 49), München 1956, S. 67–71.

Ders., Karl Barth, Brief an Prof. Dr. Jürgen Moltmann vom 17.11.1964, in: Briefe 1961–1968, hrsg. v. Jürgen Fangmeier u. Hinrich Stoevesandt, Karl Barth-Gesamtausgabe, Abt. V. Briefe, Zürich 1975, S. 274–277.

Ders., Brief an E. Bethge, EvTh 28 (1968), S. 555–556.

Ders., «Musik für einen Gast» (Eine Radiosendung), in: ders., Letzte Zeugnisse, Zürich 1969, S. 11–31.

Beckmann, Joachim, Der Weg zur Bekenntnissynode der Deutschen Evangelischen Kirche in Barmen 1934, in: Burgsmüller/Weth, Die Barmer Theologische Erklärung, S. 9–19.

Blumhardt, Christoph, Hoffnung (2. Petr. 3,13–15), in: ders., Gottes Reich kommt!: Predigten und Andachten aus den Jahren 1907 bis 1917, Eine Auswahl aus seinen Predigten, Andachten und Schriften, hrsg. v. R. Lejeune, 4. Bd., Erlenbach-Zürich u. Leipzig 1932, S. 57–62.

Blumhardt, Johann Christoph, Warten und Eilen, in: Schriftauslegung, Johann Christoph Blumhardt-Ausgewählte Schriften in Drei Bänden, 1. Bd., Zürich 1947, S. 139–152.

Bonhoeffer, Dietrich, Vortrag in Ciernohorské Kúpele: Zur theologischen Begründung der Weltbundarbeit [1932], in: Ökumene, Universität, Pfarramt 1931–1932, hrsg. v. Eberhard Amelung u. Christoph Strohm, DBW 11, Gütersloh 1994, S. 327–344.

Bultmann, Rudolf, Der Begriff der Offenbarung im Neuen Testament [1929], in: ders., Glauben und Verstehen. Gesammelte Aufsätze, 3. Bd., Tübingen ^{3}1965, S. 1–34.

Dehn, Günter, Engel und Obrigkeit: Ein Beitrag zum Verständnis von Röm 13,1–17, in:

Wolf, Ernst (Hg.), Theologische Aufsätze. FS Karl Barth zum 50. Geburtstag, München 1936, S. 90–109.

Dilthey, Wilhelm, Die Entstehung der Hermeneutik (1900), in: Die geistige Welt. Einleitung in die Philosophie des Lebens, 1. Hälfte: Abhandlungen zur Grundlegung der Geisteswissenschaften, Wilhelm Dilthey-Gesammelte Schriften, V. Bd., Stuttgart/Göttingen ⁴1964, S. 317–338.

Drewes, Hans-Anton, Vorwort, in: Barth, Vorträge u. kleinere Arbeiten 1914–1921, S. IX–XIX.

Drewes, Hans-Anton/**Jüngel**, Eberhard, Vorwort, in: Barth, Das christliche Leben, S. VII–XVIII.

Fetscher, Iring, Was wird unter Sozialismus verstanden?, in: Flammer, Helmuth (Hg.), Kirche und Sozialismus, Gütersloh 1981, S. 7–27.

Geiger, Max, Karl Barth-Tagungen auf dem Leuenberg, in: Eduard Thurneysen, Karl Barth. «Theologie und Sozialismus» in den Briefen seiner Frühzeit, Zürich 1973, S. 41–46.

Goeters, J. F. Gerhard, Karl Barth in Bonn 1930–1935. Dem Gedächtnis von Christoph Barth in herzlicher Erinnerung, EvTh 47 (1987), S. 137–150.

Gollwitzer, Helmut, Predigt über Lukas 3,3–14 (Bußtagspredigt, 16. November 1938), in: Dennoch bleibe ich stets an dir...: Predigten aus dem Kirchenkampf 1937–1940, hrsg. v. Joachim Hoppe, Helmut Gollwitzer-Ausgewählte Werke, Bd. 1 [= Gollwitzer-AW 1], München 1988, S. 52–61.

Ders., Christentum und Marxismus [1950], in: Umkehr und Revolution. Aufsätze zu christlichem Glauben und Marxismus, Bd. 1, hrsg. v. Christian Keller, Gollwitzer-AW 6, München 1988, S. 36–56.

Ders., Der Christ zwischen Ost und West [1950], in: Umkehr und Revolution. Aufsätze zu christlichem Glauben und Marxismus, Bd. 2, hrsg. v. Christian Keller, Gollwitzer-AW 7, München 1988, S. 125–145.

Ders., Kirche und Marxismus in der Krise Europas [1951], in: ders., Forderungen der Freiheit. Aufsätze und Reden zur politischen Ethik, München 1962, S. 141–155.

Ders., Was geht den Christen die Politik an? [1952], in: ders., Forderungen der Freiheit, S. 60–70.

Ders., Die Kirche in der zerspaltenen Welt [1954], in: Gollwitzer-AW 7, S. 146–161; in: Forderung der Freiheit, S. 155–167.

Ders., Die christliche Gemeinde in der politischen Welt [1955], in: ders., Forderungen der Freiheit, S. 3–60.

Ders., Gewissen und Staat in der Frage der Kriegsdienstverweigerung [1955], in: ders., Forderungen der Freiheit, S. 277–282.

Ders., Israel – und wir [1958], in: Auch das Denken darf dienen. Aufsätze zu Theologie und Geistesgeschichte, Bd. 2, hrsg. v. Friedrich-Wilhelm Marquardt, Gollwitzer-AW 9, München 1988, S. 82–102.
Ders., Israel und wir Deutsche [1959], in: ders., Forderungen der Freiheit, S. 249–255.
Ders., Die Judenfrage – eine Christenfrage [1960], in: ders., Forderungen der Freiheit, S. 255–268.
Ders., Die Weltbedeutung des Judentums [1961], in: ders., Forderungen der Freiheit, S. 268–274.
Ders., Die Weltverantwortung der Kirche in einem revolutionären Zeitalter [1968], in: ...daß Gerechtigkeit und Friede sich küssen. Aufsätze zur politischen Ethik, Bd. 1, hrsg. v. Andreas Pangritz, Gollwitzer-AW 4, München 1988, S. 69–99.
Ders., Zum Problem der Gewalt in der christlichen Ethik [1972], in: Gollwitzer-AW 4, S. 100–124.
Ders., Vom Nutzen und Grenzen soziologischer Theologiebetrachtung. Bemerkungen zu Eckhard Lessings Barth- und Gogarten-Interpretation, EvTh 33 (1973), S. 622–626.
Ders., Bergpredigt und Zwei-Reiche-Lehre, in: Gollwitzer-AW 4, S. 40–68.
Habermas, Jürgen, Der Universalitätsspruch der Hermeneutik, in: Bubner, Rüdiger/ Cramer, Konrad/Wiehl, Reiner (Hg.), Hermeneutik und Dialektik, FS Hans-Georg Gadamer zum 70. Geburtstag, Aufsätze I, Tübingen 1970, S. 73–103.
Heidegger, Martin, Nietzsches Wort »Gott ist tot« (1943), in: ders., Holzwege, Martin Heidegger-Gesamtausgabe, I. Abteilung: Veröffentliche Schriften 1914–1970, Bd. 5, Frankfurt a. M. 1977, S. 209–267.
Horkheimer, Max, Verwaltete Welt. Gespräch mit Otmar Hersche (1970), in: Vorträge und Aufzeichnungen 1949–1973, hrsg. v. Gunzelin Schmid Noerr, Max Horkheimer-Gesammelte Schriften, Bd. 7, Frankfurt a. M. 1985, S. 363–384.
Jaspers, Karl, Einführung in die Philosophie [1949], in: ders., Was ist Philosophie?. Ein Lesebuch, München 1976, S. 33–118.
Jüngel, Eberhard, Einführung in Leben und Werk Karl Barths, in: ders., Barth-Studien, Zürich-Köln/ Gütersloh 1982, S. 22–60.
Ders., Die theologische Anfänge. Beobachtungen, in: Barth-Studien, S. 61–126.
Ders., Theologische Zusammenfassung, in: Flammer, Kirche und Sozialismus, S. 112–128.
Käsemann, Ernst, Römer 13,1–7 in unserer Generation, ZThK 56 (1959), S. 316–376.
Lévinas, Emmanuel, Die Philosophie und die Idee des Unendlichen, in: ders., Die Spur des Anderen, München 1987, S. 185–208.
Lukács, Georg, Taktik und Ethik (1919), in: Geschichte und Klassenbewußtsein,

Frühschriften II, Lukács-Werke 2, Neuwied/Berlin 1968, S. 43–78.
Ders., Was ist orthodoxer Marxismus [1919], in: Lukács-Werke 2, S. 171–198.
Luther, Martin, Ob Kriegsleute auch in seligem Stande sein können (1526), in: D. Martin Luthers Werke: Kritische Gesamtausgabe, 19. Bd. [= WA 19], Weimar 1897, S. 616–662.
Luxemburg, Rosa, Militarismus, Krieg und Arbeiterklasse. Rede vor der Frankfurter Strafkammer [1914], in: dies., Politische Schriften II [= PS II], hrsg. v. Ossip K. Flechtheim, Frankfurt a. M. ²1968, S. 5–17.
Dies., Die Krise der Sozialdemokratie (Junius-Broschüre) [1916], in: PS II, S. 19–152.
Dies., Leitsätze über die Aufgabe der internationalen Sozialdemokratie, Anhang zu: Die Krise der Sozialdemokratie, in: PS II, S. 152–157.
Dies., Die russische Revolution, in: dies., Politische Schriften III [= PS III], hrsg. u. eingel. v. Ossip K. Flechtheim, Frankfurt a. M. 1968, S. 106–141.
Marquardt, Friedrich-Wilhelm, Sozialismus bei Karl Barth, Junge Kirche 33 (1972), S. 2–15.
Ders., Theologische und politische Motivationen Karl Barths im Kirchenkampf, Junge Kirche 34 (1973), S. 283–303.
Ders., Helmut Gollwitzer als Theologe [1977], in: ders., Verwegenheiten. Theologische Stücke aus Berlin, München 1981, S. 79–90.
Ders., Erster Bericht über Karl Barths »Sozialistische Reden«, in: ders., Verwegenheiten, S. 470–488.
Ders., Helmut Gollwitzer als Theologe [1993], in: Pangritz, Andreas (Hg.), »Ich werde nicht sterben, sondern leben «. Über Helmut Gollwitzer, Berlin 1998, S. 37–47.
Marsch, Wolf-Dieter, »Gerechtigkeit im Tal des Todes«. Christlicher Glaube und politische Vernunft im Denken Karl Barths [1966], in: Dantine, Wilhelm/Lüthi, Kurt (Hg.), Theologie zwischen gestern und morgen. Interpretationen und Anfragen zum Werk Karl Barths, München 1968, S. 167–191.
Marx, Karl, Verhandlungen des 6. rheinischen Landtags. Dritter Artikel: Debatten über das Holzdiebstahlsgesetz [1842], in: Karl Marx Werke, Artikel, Literarische Versuche bis März 1843, Karl Marx-Friedrich Engels-Gesamtausgabe, 1. Abt. (Werke, Artikel, Entwürfe), Bd. 1 [= MEGA² I.1], Berlin 1975, S. 199–236.
Ders., Zur Kritik der Hegelschen Rechtsphilosophie. Einleitung [1843/44], in: MEW 1, Berlin 1957, S. 378–391.
Ders., Thesen über Feuerbach [1845], in: MEW 3, Berlin 1958, S. 5–7.
Ders., Ansprache der Zentralbehörde an den Bund vom März 1850, in: MEW 7, Berlin 1973, S. 244–254.
Moltmann, Jürgen, Brief an K. Barth (4. 4.1965), in: Briefe 1961–1968, S. 558–560.

Ders., Existenzgeschichte und Weltgeschichte. Auf dem Wege zu einer politischen Hermeneutik des Evangeliums, in: ders., Perspektiven der Theologie. Gesammelte Aufsätze, München/Mainz 1968, S. 128–146.

Ders., Gott in der Revolution [1968], in: Feil, Ernst/Weth, Rudolf (Hg.), Diskussion zur »Theologie der Revolution«. Mit einer Einleitung, einem Dokumententeil und einer Bibliographie zum Thema, München/Mainz ²1970, S. 65–81.

Ders., Gewalt und Liebe [1969], in: ders., Umkehr zur Zukunft, Gütersloh ²1977, S. 45–55.

Ders., Christliche Hoffnung für die Humanisierung der modernen Gesellschaft [1969], in: Umkehr zur Zukunft, S. 56–70.

Ders., Theologische Kritik der Politischen Religion, in: Metz, Johann Baptist/Moltmann, Jürgen/Oelmüller, Willi, Kirche im Prozeß der Aufklärung. Aspekte einer neuen »politischen Theologie«, München/Mainz 1970, S. 11–51.

Ders., Hoffnung und Befreiung. Offener Brief an José Miguez-Bonino, EvKomm 9 (1976), S. 755–757.

Ders., Die Befreiung der Unterdrücker, EvTh 38 (1978), S. 527–537.

Ders., Vorwort, in: ders., Minjung, S. 7–13.

Ders., Politische Theologie in ökumenischen Kontexten, in: Fiorenza, Schüssler Francis/Tanner, Klaus/Welker, Michael (Hg.), Politische Theologie. Neuere Geschichte und Potenziale, Neukirchen-Vluyn 2011, S. 1–10.

Marx, Karl/**Engels**, Friedrich, Manifest der Kommunistischen Partei [1848], in: MEW 4, Berlin 1959, S. 459–493.

Pangritz, Andreas, Zur Einführung, in: Gollwitzer-AW 4, S. 7–19.

Ders., Politischer Gottesdienst. Zur theologischen Begründung des Widerstands bei Karl Barth, Communio Viatorum (1997), S. 215–247.

Ders., Helmut Gollwitzers Schrift über die »Kapitalistische Revolution«. Zur Einführung, in: Gollwitzer, Die kapitalistische Revolution, S. 7–24.

Ders., Helmut Gollwitzer – ein radikaler Demokrat, in: ders., »Ich werde nicht sterben, sondern leben«, S. 69–77.

Pannenberg, Wolfhart, Zur Theologie des Rechtes, ZEE 7 (1963), S. 1–23.

Ragaz, Leonhard, Unser Sozialismus (1917), in: ders., Weltreich, Religion und Gottesherrschaft, 2. Band, München/Leipzig 1922, S. 7–61.

Ricœur, Paul, Der Text als Modell: hermeneutisches Verstehen, in: Gadamer, Hans-Georg/Boehm, Gottfried (Hg.), Seminar: Die Hermeneutik und die Wissenschaften (stw 238), Frankfurt a. M. 1978, S. 83–117.

Sauter, Gerhard, Soziologische oder politische Barth-Interpretation?, EvTh 35 (1975), S. 173–183.

Schweitzer, Albert, Die Ehrfurcht vor dem Leben (Erste öffentliche Darlegung aus der Predigt zu St. Nicolai in Straßburg am 23. Februar 1919), in: ders., Die Ehrfurcht vor dem Leben. Grundtexte aus fünf Jahrzehnten, hrsg. v. Hans Walter Bähr, München ³1982, S. 32–37.

Steck, K. G., Vorbemerkung, in: Barth, Evangelium und Gesetz, S. 3.

Suh, Nam-Dong, Han: Darstellungen und theologische Reflexionen, in: Moltmann, Minjung, S. 27– 46.

Weber, Max, Deutschland unter den europäischen Weltmächten (Oktober 1916), in: ders., Gesammelte Politische Schriften. Mit einem Geleitwort von Theodor Heuss, hrsg. v. Johannes Winckelmann, Tübingen 1971 (3., erneut vermehrte Auflage), S. 157–177.

Wolf, Ernst, Die Königsherrschaft Christi und der Staat, in: Schmauch, Werner/Wolf, Ernst, Königsherrschaft Christi. Der Christ im Staat (ThEx NF 64), München 1958, S. 20–61.

Ders., Schöpferische Nachfolge, in: Karrenberg, Friedrich/Schweitzer, Wolfgang (Hg.), Spannungsfelder der evangelischen Soziallehre. Aufgaben und Fragen vom Dienst der Kirche an der heutigen Gesellschaft, Hamburg 1960, S. 26–38.

3. Kirchliche Erklärungen

[**Das Schottische Bekenntnis**] Confessio Scotica (Schottisches Bekenntnis) von 1560, in: Plasger, Georg/Freudenberg, Matthias (Hg.), Reformierte Bekenntnisschriften: Eine Auswahl von den Anfängen bis zur Gegenwart, Göttingen 2005, S. 124–150.

[**Die Barmer Theologische Erklärung**] Theologische Erklärung zur gegenwärtigen Lage der Deutschen Evangelischen Kirche [1934], in: Burgsmüller/Weth, Die Barmer Theologische Erklärung, S. 30–40.

[**Das Darmstädter Wort**] Wort des Bruderrates der Evangelischen Kirche in Deutschland zum politischen Weg unseres Volkes (vom 8. August 1947), in: Kirchliches Jahrbuch für die Evangelische Kirche in Deutschland 1945–1948, Gütersloh 1950, S. 220–222.

4. Kommissionsberichte

Bericht der Arbeitsgruppe »Friedensdienst der Jugend« auf der II. Allchristlichen Friedensversammlung in Prag vom 28. Juni bis 3. Juli 1964, in: Feil/Weth, Diskussion zur »Theologie der Revolution«, S. 291–297.

Goodall, Norman (Hg.), Bericht aus Uppsala 1968. Offizieller Bericht über die vierte Vollversammlung des Ökumenischen Rates der Kirchen in Uppsala vom 4. bis 20. Juli 1968, Genf 1968.

Vierte Vollversammlung des Ökumenischen Rates der Kirchen in Uppsala vom 4. bis 20. Juli 1968: »Siehe, ich mache alles neu«, in: Feil/Weth, Diskussion zur »Theologie der Revolution«, S. 312– 315.

5. Lexikonartikel

Altvater, Elmar, Art. Kapitalismus, RGG^4 4 (2001), Sp. 794–796.
Frenz, Thomas, Art. Kirchenstaat, TRE 19 (1990), S. 92–101.
Große Kracht, Klaus, Art. Imperialismus, RGG^4 4 (2001), Sp. 61-62
Honecker, Martin, Art. Politik und Christentum, TRE 27 (1997), S. 6–22.
Huizing, Klaas, Art. Lévinas, Emmanuel, RGG^4 5 (2002), Sp. 296–297.
Jacobs, Manfred, Art. Liberale Theologie, TRE 21 (1991), S. 47–68.
Jüngel, Eberhard, Art. Barth, Karl, TRE 5 (1980), S. 251–268.
Küster, Volker, Art. Minjung-Theologie, RGG^4 5 (2002), Sp. 1254–1256.
Lanczkowski, Günter, Art. Dualismus, TRE 9 (1982), S. 199–202.
Lehmann, Hartmut, Art. Absolutismus, RGG^4 1 (1998), Sp. 86–87.
Leonhard, Jörn, Weltkrieg, Erster, RGG^4 8 (2005), Sp. 1442–1445.
Metz, Johann Baptist/Kroh, Werner, Art. Politische Theologie, EKL 3 (1992), Sp. 1261–1265.
Schreiner, Lothar, Art. Kontextuelle Theologie, EKL 2 (1989), Sp. 1418–1422.
Sparn, Walter, Art. Natürliche Theologie, TRE 24 (1994), S. 85–98.
Wieland, Wolfgang, Art. Dialektik, RGG^4 2 (1999), Sp. 806–808.
Zenkert, Georg, Art. Dualismus, III. Philosophisch, RGG^4 2 (1999), Sp. 1007.
Ders., Art. Liberalismus, II. Philosophisch, RGG^4 5 (2002), Sp. 318–319.

The manufacturer's authorised representative in the EU is Springer Nature Customer Service Centre GmbH, Europaplatz 3, 69115 Heidelberg, Germany. If you have any concerns regarding our products, please contact ProductSafety@springernature.com

Printed and bound by CPI Group (UK) Ltd, Croydon, CR0 4YY

23/03/2026

02076740-0013